D1925424

Mosaik

bei GOLDMANN

Buch

Das eigene Zuhause ist für viele ein langgehegtes Ziel. Doch Kauf oder Bau einer Eigentumswohnung ist stets mit zahlreichen Risiken und Fragen verbunden. Auf diese Fragen und Risiken gehen die Autoren mit kompetenten Antworten und wertvollem Wissen ein. Sie bieten praktische Ratschläge zur Auswahl der richtigen Immobilie, für deren Ausgestaltung nach eigenen Wünschen und Bedürfnissen, zur Durchsetzung der eigenen Interessen in Kaufverhandlungen sowie zur Auswahl der richtigen Finanzierung, der optimalen Nutzung steuerlicher Möglichkeiten und bei Rechtsfragen. Checklisten helfen, die notwendigen Informationen schnell und übersichtlich zu finden.

Die Autoren

Dieter Diemann, Jahrgang 1936, ist als Diplomingenieur und Regierungsbaumeister Mitglied der Bayerischen Ingenieurkammer. Seit vielen Jahren ist er publizistisch tätig und hält zahlreiche Vorträge und Seminare ab. Außerdem ist er im Vorsitz des Bau-Ratgeber München e.V. (Internet: www.bauratgeberweb.de).

Edgar Dörner, Jahrgang 1944, bekleidete von 1980 bis 1993 das Amt eines Zivilrichters am Landgericht München II. Von 1994 bis 1996 war er Mitglied einer großen Strafkammer des Landgerichts München II und daneben bei den Rehabilitierungskammern des Landgerichts Chemnitz zuletzt als deren Vorsitzender tätig. Seit 1997 wirkt er wieder als Zivilrichter am Landgericht München II. Während seiner zivilrechtlichen Tätigkeit war und ist er ständig mit Fragen des Bauens und der Baufinanzierung befaßt.

DIETER DIEMANN
EDGAR DÖRNER

Der Weg zur Eigentumswohnung

Auswahlkriterien, Angebotsinhalte, Kaufverhandlungen, Finanzierung, Wohnungsabnahme

Mit Checklisten

Von Edgar Dörner,
Richter am Landgericht München II,
stammt der Anhang
»Die Finanzierung von Eigentumswohnungen«

Mosaik
bei GOLDMANN

Dieser Band ist bereits als
Goldmann Taschenbuch Nr. 10414 erschienen.

Für Christiane, Doris
und Marcus.

Umwelthinweis:
Alle bedruckten Materialien dieses Taschenbuches
sind chlorfrei und umweltschonend.

Völlig überarbeitete und aktualisierte Ausgabe Januar 2000
© 1988, 1993, 1995, 2000 Wilhelm Goldmann Verlag, München
in der Verlagsgruppe Bertelsmann GmbH
Umschlaggestaltung: Design Team München
unter Verwendung folgender Fotos:
Umschlag: Gruner + Jahr, Picture Press/H. Wittich
Umschlaginnenseiten:
Gruner + Jahr, Picture Press/Rosinfeld
Redaktion: Thomas Kröll
Satz: Filmsatz Schröter GmbH, München
Druck: Presse-Druck, Augsburg
Verlagsnummer: 16241
Kö · Herstellung: Max Widmaier
Made in Germany
ISBN 3-442-16241-6

1 3 5 6 9 10 8 6 4 2

INHALT

Vorwort ______ 9

1 ZUM EINARBEITEN
1.1–1.7 Sieben goldene Regeln für den Kauf von Eigentumswohnungen ______ 11
1.8–1.12 Fünf zusätzliche Regeln für Käufer von Gebrauchtwohnungen ______ 16

TEIL 1
Entscheidungshilfen für die Auswahl einer Eigentumswohnung
2 OPFERN SIE EINE STUNDE! ______ 23
3 WAS 90% DER KÄUFER VON NEUBAU-WOHNUNGEN FALSCH MACHEN ______ 24
3.1 Das große Geheimnis ______ 24
3.2 Ausstattungsinhalt oder Angebotsinhalt einer Immobilie? ______ 26
3.3 Wie sind die Sonderwünsche im Kaufvertrag geregelt? 29
4 VOM LUFTSCHLOSS ZUR TRAUMWOHNUNG ______ 31
4.1 Die Gratwanderung oder wie Sie an einem Wochenende Ihre Traumwohnung entwerfen ______ 33
5 MIT WOHNWERTEN NEUBAU- UND GEBRAUCHT-WOHNUNGEN SICHER BEURTEILEN ______ 40
Checklisten 1 bis 10 zum Lagewert ______ 45
Checklisten 11 bis 19 zum Gebäudewert ______ 55
5.1 Datenproblematik, Datenerhebung ______ 74
5.2 Die »Marktwertspanne« ______ 76
6 TIPS FÜR DEN KAUF VON GEBRAUCHT-WOHNUNGEN ______ 79
7 LERNEN SIE DEUTSCH: PROSPEKTDEUTSCH ______ 83
8 AUF DIE LAGE KOMMT ES AN ______ 91
9 PREISE TRANSPARENT GEMACHT ______ 95
9.1 Wohnflächenvergleiche ______ 95

9.1.1	*Anmerkungen zur Wohn-Nutzfläche*	99
9.1.2	*Anmerkungen zum Bauordnungs- und Bauplanungsrecht*	100
9.2	Berücksichtigung der Vermietbarkeit	101
9.3	Hausgeldvergleiche	105
9.4	Sonderfall: getrennt ausgewiesene Erschließungskosten	108
9.5	Spezielle Recherchen	109
10	**WAS IHNEN AN IHRER WOHNUNG GEHÖRT**	114
11	**DAS HAUS UND DAS DRUMHERUM**	115
11.1	Objektgröße und Wohnungsnachbarn	115
11.2	Das Haus von außen	117
11.3	Das Haus von innen	120
11.4	Die Bauweise	122
11.5	Wärmeschutz	125
11.6	Schallschutz	130
12	**GRUNDRISSE KRITISCH GESEHEN**	140
13	**REFERENZEN PRÜFEN**	146
14	**BILANZ DER WOHNUNGSAUSSTATTUNG**	149
15	**PRAKTISCHE TIPS FÜR KAUFVERHANDLUNGEN**	165

TEIL 2
Welche Sonderwünsche sind möglich, und wie setzen Sie sie (billigst) durch?

16	**WIE SIE IHRE SONDERWÜNSCHE (BILLIGST) DURCHSETZEN!**	175
16.1	Die VOB: das Gesangbuch der Leute vom Bau	178
16.2	Was können Sie von Bauträgern, Planern und Handwerkern verlangen, was nicht?	179
16.3	Kalkulieren wie ein Profi	180
17	**WELCHE SONDERWÜNSCHE SIND BEI NEUBAU-WOHNUNGEN MÖGLICH? ANREGUNGEN AUCH FÜR GEBRAUCHTWOHNUNGEN!**	182
17.1	Rohbau und Putz	182
17.2	Sanitärinstallation	183
17.2.1	*Sonderwünsche in Bad und WC*	184
17.2.2	*Sonderwünsche in der Küche*	186
17.2.3	*Gesonderter Waschmaschinenraum*	186
17.2.4	*Garten und Terrasse*	186
17.3	Heizungsinstallation und Lüftung	186

17.3.1 *Umplanung von Heizkörpern* 187
17.3.2 *Zusätzliche Lüftungen* 187
17.4 Elektroinstallation 188
17.4.1 *Vertraglicher Ausstattungsstandard – HEA-Tabellen* 188
17.4.2 *Sonderwünsche* 188
17.5 Fenster und Türen 190
17.5.1 *Änderungen und Sonderwünsche an Fenstern und Verglasung* 190
17.5.2 *Vertraglicher Ausstattungsstandard der Innentüren* 192
17.5.3 *Sonderwünsche bei Türen* 193
17.5.4 *Fensterbänke* 194
17.6 Fliesen 194
17.6.1 *Bad und WC* 194
17.6.2 *Küche* 195
17.6.3 *Bodenfliesen im Wohnbereich* 195
17.7 Bodenbeläge 195
17.7.1 *Parkett* 195
17.7.2 *Textile Bodenbeläge* 196
17.8 Decken und Wandanstriche 196

TEIL 3
Wissen auch Sie eigentlich schon, was Sie als Wohnungskäufer bei der Abnahme Ihrer Wohnung alles erwartet?
18 **MÄNGELFESTSTELLUNGEN BEI ABNAHMEN DES SONDEREIGENTUMS VON NEUBAUWOHNUNGEN! AUCH ANREGUNGEN FÜR DIE BESICHTIGUNG VON GEBRAUCHTWOHNUNGEN.** 199
18.1 Allgemeine Hinweise 199
18.2 Erläuterungen zur Checkliste 201
18.3 Checkliste X: Mängelfeststellungen bei der Wohnungsabnahme 205
19 **TROCKENWOHNEN – WOHNVERHALTEN** 229
20 **ACHT GOLDENE REGELN FÜR DIE VERGABE KLEINERER BAULEISTUNGEN** 231

TEIL 4
Die Finanzierung von Eigentumswohnungen
I Tendenzen und Hintergründe des Kapitalmarkt- und Hypothekenzinses für Baukredite 245

II Die Gesamtlaufzeit und der Effektivzins 248
III Erst kaufen, dann finanzieren oder umgekehrt – Was gilt? 252
IV Die Objektwahl 261
V Der »richtige« Kapitaleinsatz 276
VI Das Problem der Bereitstellungszinsen 280
VII Finanzierung mit oder ohne Disagio? 283
VIII Die Bausparkassentarife 289
IX Vorsorge ist besser als Nachsorge 291
X Begrenzung des Zinsrisikos durch Bausparauffüllungskredite 298
XI Tilgungsstreckung – am besten selbst gestrickt 304
XII »Tilgung« der Baudarlehen durch Kapitallebensversicherung? 308
XIII Die Risikolebensversicherung und ihre verschiedenartigen zivilrechtlichen Ausgestaltungen 316
XIV Das neue Darlehensrecht des BGB (§ 609a BGB) und der weitgehende Kündigungsausschluß 320
XV Interessante Fallgestaltungen zur Reduzierung des Kapitalaufwands bei selbstgenutzten Eigentumswohnungen 328
XVI Der geschickte Einsatz der Grundschuld 341
XVII Kauf einer »Studentenbude« für auswärts studierende Kinder 345
1. Kauf einer Eigentumswohnung am auswärtigen Studienort des Kindes zur Vermietung an das Kind 347
2. Kauf einer Eigentumswohnung am auswärtigen Studienort des Kindes zur unentgeltlichen Überlassung an das Kind 354
XVIII Checkliste wichtiger steuerrechtlicher Vergünstigungen 363
XIX Exkurs: wichtige Begriffe des Immobilienerwerbs 372

Anhang

I Einkommensteuerrechtliche Grund- und Splittingtariftabelle 1999 mit Solidaritätszuschlag 375
II Wohnflächenberechnung nach § 42–44 der II. Berechnungsverordnung 381

VORWORT

Das freistehende Einfamilienhaus liegt nach wie vor in der Beliebtheitsskala ganz vorn. Es ist allerdings auch die teuerste Form des Wohnens und läßt sich fast nur am Stadtrand oder weit vor der Stadt verwirklichen. Dies schuf im wesentlichen den Markt für die Eigentumswohnung, die immer weniger als bloßer Ersatz für das nicht mögliche Eigenheim im Grünen angesehen wurde. Eigentumswohnungen haben bedeutende Vorteile – gute Stadtlage, kurze Wege zu Wohnfolgeeinrichtungen und eine Hausverwaltung, die alle anfallenden Arbeiten erledigt.

Insbesondere für die große Zahl der Einpersonenhaushalte gibt es mittlerweile besondere Angebote: Service-Wohnen und Betreutes Wohnen, die verschiedenste Dienstleistungen einschließen.

Da einem das Haus aber nicht allein gehört, sollte jeder Käufer oder Besitzer die Eigenheiten dieser Art des Eigentums genau kennen. Sondereigentum und Gemeinschaftseigentum sind raffiniert miteinander verflochten, die Eigentümerversammlung hat feste Regeln.

Vor uns liegt ein lebendig geschriebenes Buch, das, im handlichen Format und gut verständlich, alles Wichtige zum Thema sagt. Seine Erfahrungen hat Dieter Diemann als Referent im Bauzentrum München und in langen Diskussionen mit Wohnungskäufern gewonnen. Hier schreibt also einer, der alles Für und Wider genau kennt und der weiß, wovon er spricht.

Rolf Ludwig Schön
Leiter des Bauzentrums München, der Immoblilien-Messen »Immofair« und »Exporial« in München sowie Herausgeber des Jahrbuchs »Bau-Ratgeber für den Großraum München«.

1 ZUM EINARBEITEN: SIEBEN GOLDENE REGELN FÜR DEN KAUF VON EIGENTUMSWOHNUNGEN

1.1 Stellen Sie fest, was Sie sich leisten können!

Irrtum Nr. 1 vieler Käufer: »Ich weiß genau, was ich mir leisten kann.«

(a) Ermitteln Sie Ihr Eigenkapital! Aus welchen familiären Töpfen gibt es noch etwas herauszukratzen, wie z. B. angesparte, nicht benutzte Bausparverträge und anderes mehr? Greift Ihr Arbeitgeber Ihnen mit einem Darlehen unter die Arme?

(b) Kalkulieren Sie mögliche private Risiken im familiären und im Arbeitsbereich ein, finanzieren Sie doch für viele Jahre, in denen vieles schiefgehen kann!

(c) Wieviel Eigenkapital können Sie nun wirklich einsetzen, ohne daß Sie die nächsten 15 bis 25 Jahre wie ein Galeerensklave arbeiten müssen?

(d) Berechnen Sie die Gesamtkosten einer Wohnung, die Sie sich leisten können, unter der Voraussetzung, daß Ihr Eigenkapital 20% bis 30% dieser Kosten abdeckt. Unter diesen Prozentsätzen beginnt im wahrsten Sinn des Wortes das »Va-Banque-Spiel«!

(e) Ermitteln Sie sich Ihre erschwinglichen Gesamtkosten nun noch einmal, aber ziehen Sie jetzt von den Gesamtkosten einen Sicherheitsbetrag für eventuelle Mehrkosten ab, z. B. für unerwartete Wohnungsausstattungen oder Reparaturen!

(f) Kommen Sie in den Genuß öffentlicher Förderungen wie zinsgünstige Darlehen?

(g) Welche monatliche Belastung können Sie über Ihren Eigenkapitaleinsatz hinaus gefahrlos tragen?

(h) Geben Sie sich eine Zins-Bindungszeit vor: bei niedrigem Zinsniveau möglichst lange!

(i) Besprechen Sie die – inzwischen mageren – Steuervorteile mit Ihrem Steuerberater!

(j) Jetzt steht ihre Verhandlungsplanung. Holen Sie sich erst jetzt Finanzierungsangebote ein, und lassen Sie sich jeweils einen Finanzierungsplan über die gesamte Finanzierungslaufzeit aufstellen!

(k) Vergleichen Sie bei den einzelnen Angeboten die Effektivzinsen und die Restschulden am Ende der Zins-Bindungszeit!

(l) Was können Sie sich nun wirklich leisten? Stimmen Ihre erschwinglichen Gesamtkosten abzüglich Sicherheitsbetrag (e) noch? Dann ziehen Sie nun auch noch die anfallenden Kauf-Nebenkosten, wie Grunderwerbsteuer, Notar- und Grundbuchgebühren, Maklercourtagen, im allgemeinen leicht 10%, ab. Für den Betrag, der nun noch übrigbleibt, können Sie sich eine Wohnung kaufen!

(m) Bleiben Sie bei Ihrer vorgegebenen Kaufgrenze, auch wenn ein höheres Angebot mit vielen Extras noch so verführerisch ist. Alle Verkaufsprofis versuchen, Ihre Kunden aus der Ebene der Sachlichkeit in die Gefühlsebene zu führen, um damit alle Schleusen zu öffnen! Ein Weg dazu sind – vom Auto bis zum Immobilienkauf – die berühmten kleinen Extras.

Sie sind entsetzt über die Mühe und glauben, daß sich kaum jemand diese Mühe macht? Stimmt leider! Daher auch die über 30 000 Zwangsversteigerungen pro Jahr in Deutschland. Nur die Spitze eines Eisbergs, denn die meisten Objekte werden, um Aufsehen zu vermeiden, vor einer Zwangsversteigerung noch schnell unter der Hand von den Eigentümern, meist unter Mithilfe der Geldgeber, notverkauft!

Dazu noch drei Todsünden der Käufer, die zu zusätzlicher Belastung führen können:

1. Kauf vom Bauträger vor Erteilung einer Baugenehmigung.
2. Keine Sicherstellung der Löschung von vorrangigen Grundschulden und Hypothekendarlehen von Altgläubigern des Verkäufers bei der Tilgung der Altschulden.
3. Zusage eines unverbindlichen Fertigstellungstermins durch den Bauträger.

1.2 Stellen Sie fest, was Sie wirklich brauchen!

Irrtum Nr. 2 vieler Käufer: »Ich weiß genau, was ich brauche.«

Ohne klare Zielvorstellung dessen, was Sie wirklich als Eigentumswohnung brauchen, geht es Ihnen wie dem Ehepaar, das nach Mallorca fliegen wollte. Fünf Prospekte von Reiseveranstaltern haben sich die beiden geholt und frustriert Dutzende von Hotelbeschreibungen durchgesehen. Aufgegeben haben sie dann nach 3 Tagen und gehen seitdem am Starnberger See spazieren.

(Vergleichen Sie auch Kapitel 2: »Opfern Sie eine Stunde« sowie Kapitel 4: »Vom Luftschloß zur Traumwohnung«.)

Damit es Ihnen nicht auch so wie unserem Mallorca-Ehepaar geht, stellen Sie sich am besten die folgende Liste auf:

Was gefällt mir an meiner derzeitigen Wohnsituation und Wohnlage nicht?	Was müßten meine zukünftige Eigentumswohnung und ihre Lage mindestens erfüllen?

Am Ende Ihrer Arbeit sollten Sie eine Liste in Ihrer Brieftasche bereit haben, die Sie jederzeit aus Wolkenträumen herunterholt und Ihnen zeigt, was Sie wirklich wollen!

1.3 Welche Wohnlagen erfüllen Ihre Mindestanforderungen zu erschwinglichen Preisen?

Irrtum Nr. 3 vieler Käufer: »Ich bin informiert.«

Viele Käufer werfen nur gelegentlich einen Blick in nur eine Zeitung. Selbst erfahrene Bauträger aber fahren mit der Stange im Nebel der möglichen Verkaufspreise herum. Im Großraum München werden wöchentlich bis 4000 Immobilien aller Art angeboten. Deshalb können nur mit Computersortierungen Bandbreiten von Kaufpreisen ermittelt werden. Erst diese Bandbreiten zusammen mit Ihrem unter 1 erarbeiteten Höchstkaufpreis und Ihren unter 2 erarbeiteten Mindestforderungen geben Ihnen die Chance gezielter Suche einer Eigentumswohnung.

1.4 Konzentrieren Sie sich auf eine Lage!

Irrtum Nr. 4 vieler Käufer: »Ich weiß genau, wo was gebaut wird.«

Wie unter 1.3 erwähnt, gibt es zu viele Angebote, als daß Sie diese ohne Computerhilfe überblicken können. Deshalb: Legen Sie nur wenige Eier in Ihren Beobachtungskorb. Verfolgen Sie diese wenigen Angebote aber um so genauer. Je spitzer Sie sich auf Ihre »Lage« konzentrieren, desto höher sind Ihre Chancen. Hilfreich sind: Computerselektionen, Anfragen bei Maklern und Bauträgern, Zeitungsstudium und nicht zuletzt Spaziergänge. In Ihrer Lage werden Sie dadurch Infrastruktur, Verkehrsanbindung und Lagequalität in kurzer Zeit mit geschlossenen Augen sehen.

1.5 Holen Sie in »Ihrer« Lage alle Angebote ein, und prüfen Sie die Angebotsinhalte!

Dazu sollten Sie:

a) Sich anhand der Baubeschreibungen die Standardausstattungen, Gemeinschafts- und Sondereigentume bewußt machen und mit Ihrer Mindestanforderungsliste vergleichen.
b) Erforderliche Sonderwünsche feststellen und deren Preise abfragen.

c) Grundrisse der Wohnung und des Hauses studieren und gleichfalls mit Ihren Mindestanforderungen vergleichen.
d) Die Angebotspreise im Zusammenhang mit den Angebotsinhalten sehen, durchleuchten und vergleichen.
e) Die Einzugstermine kennen.
f) Referenzen von den Bauträgern verlangen und stichprobenweise überprüfen.

1.6 Treffen Sie Ihre engere Wahl!

- Lassen Sie sich Kopien des Kaufvertrages der jeweiligen Objekte – möglichst mit der Gemeinschaftsordnung und Teilungserklärung – aushändigen. Warten Sie damit nicht, bis der Notar Ihnen diese Teile kurz vor Ihrer Unterschrift im Zeitraffertempo runterliest! Lassen Sie sich Festlegungen, die Sie nicht verstehen, lange vor Kaufabschluß erläutern!
- Klären Sie die Kosten eventueller Sonderwünsche ab!
- Verhandeln Sie wie ein Profi über Sonderwünsche!
- Klären Sie Seriosität und Bonität des Bauträgers, sowie Ausführungsqualität und Mängelfreiheit an bereits durch ihn erstellten Objekten!
- Klären und sichern Sie endgültig Ihre Finanzierung!

1.7 Kaufen Sie bewußt in voller Kenntnis von Angebots- und Kaufvertragsinhalt!

Irrtum Nr. 5 vieler Käufer: »Die anderen, meine Berater, werden es schon richten.«

Für die »anderen« aber sind Sie nur ein Sandkorn in der Wüste. Deshalb sollten Sie spätestens jetzt genau wissen:
- Welche Ausstattung Sie bekommen.
- Welche Sonderwünsche Sie bezahlen müssen.
- Was Sie die Immobilie mit allen Sonderwünschen, Finanzierungs-, Gerichts-, Notarkosten und Grunderwerbsteuer insgesamt kostet.
- Daß der Kaufvertrag, die Teilungserklärung und Gemeinschaftsord-

Fortsetzung von S. 51

Tabelle II

Hauptfrequenzen ↓	Fahrzeiten zu wichtigen Zentren ↓ unter 15 Minuten	bis 30 Minuten	über 30 Minuten
bis 10 Minuten →	8	7	6
15 bis 30 Minuten →	7	5	4
über 30 Minuten →	5	4	2

Gesamtbewertungsstufe: Tabelle I + Tabelle II geteilt durch 2 = ...
als Anhalt für Ihre Schlußfolgerung!

☐ Ihre persönliche Schlußfolgerung für die öffentlichen Verkehrsmittel insgesamt entsprechend den Bewertungsstufen für die Wohnwert-%:

Verbal:	
Bewertungsstufe:	

Checkliste 9

zum »Feinraster« Lagewert, »Die Verkehrserschließung«: Gästeparkplätze u. a.

☐ Gästeparkplätze
☐ Radweganbindung
☐ Gäste-Fahrradabstellung
☐ Taxistände

☐ Ihre persönliche Schlußfolgerung zu Gästeparkplätzen u. a. m. entsprechend den Bewertungsstufen für die Wohnwert-%:

Verbal:	
Bewertungsstufe:	

nung keine Haken und Ösen haben und für Sie ergänzt worden sind.
- Wann Sie einziehen können und was Sie die Zwischenfinanzierung kostet.
- Wie das Gemeinschaftseigentum beschaffen ist und daß es von Fachleuten kontrolliert und abgenommen wird.
- Welche Lage, zukünftige Nachbarbebauung und Verkehrsanbindung Sie erwartet.
- Verlangen Sie einen genau vermaßten Grundriß mit einer genauen Wohnflächenberechnung, und lassen Sie diese Unterlagen auch vom Notar verbriefen!

Fünf zusätzliche Regeln für Käufer von Gebrauchtwohnungen

1.8 »Glückstreffer sind so selten wie Regen in der Südsahara!«

Auch wenn Sie in den Bandbreiten computerunterstützter Marktinformationen erstaunliche Ausreißer nach unten entdecken, dahinter steht fast nie das alte Mütterchen, das nicht um den Marktwert ihrer Immobilie weiß und unter Preis verkauft. Im Großraum München suchen ca. 10 000 Profis nach Glückstreffern. Rechnen Sie sich Ihre Chance selbst aus! Glückstreffer gibt es kaum, aber stets günstige Angebote, die Ihre Mindestbedürfnisse erfüllen, sofern Sie diese gemäß 1.2 festgestellt haben. Also:
- Besichtigen Sie daher die angebotenen Objekte, und zwar nicht nur die jeweilige Wohnung, sondern auch das Gemeinschaftseigentum. Bedenken Sie, daß Ihre Wohnung (das Sondereigentum) nur einen Bruchteil, das Gemeinschaftseigentum dagegen den Löwenanteil des Gesamtobjektes ausmacht.
- Setzen Sie bei nagenden Zweifeln (z. B. bei zugigen Wohnungen unter Dachschrägen) technische Hilfsmittel, wie z. B. Thermografie, ein.
- Recherchieren Sie bei Bewohnern und der Verwaltung nach Hausmängeln.
- Auch ein Gutachter kann ohne großen Zeit- und technischen Auf-

wand Mängel am Sonder- und Gemeinschaftseigentum nicht erkennen. Darum ist es für Sie empfehlenswert, den Verkäufer detailliert nach Schäden zu fragen und **ihn seine Auskünfte auch unterschreiben zu lassen**.

Um einen fairen Kauf zu ermöglichen, sollten dabei vom Verkäufer (eventuell auch vom Verwalter) alle ihm bekannten **schweren Sachmängel** erklärt werden, die nach Augenschein nicht erkennbar sind. Dazu gehört auch die Offenbarung schwerwiegender Störungen im nachbarschaftlichen Umfeld. Hier besteht auch eine Verpflichtung durch Notarvertrag. Der Verkäufer setzt sich anderenfalls dem Vorwurf des arglistigen Verhaltens aus. Nehmen wir ein extremes Beispiel: Wenn ein Verkäufer bei der Frage nach Schädlingsbefall erklärt, daß er im Haus noch nie eine Küchenschabe gesehen hat, sich aber hinterher herausstellt, daß der Kammerjäger häufiger Gast ist, läuft der Verkäufer Gefahr, daß sich der Staatsanwalt meldet. Detaillierte Einzelfragen sind also sicherer als eine globale Erklärung, keine Mängel zu kennen.
Die nachfolgende Liste verbessert durch Vertrauensbildung sowohl die Kauf- als auch die Verkaufsposition und schafft Kostenklarheit!
Fragen Sie nach:

- **Luftschallbelästigungen in der Wohnung durch:**
  - Nachbargeräusche (Reden, Musik, Lärm) über Wohnungstrennwände und Geschoßdecken
  - Fahrstuhl
  - Treppenhauslärm, der durch die Wohnungseingangstür oder Wohnungstrennwände dringt
- **Trittschallbelästigungen in der Wohnung durch:**
  - Nachbarn über der Wohnung
  - Auftritte im Treppenhaus
- **Körperschallübertragungen (Schall, der durch Decken und Wände abgestrahlt wird):**
  - Aus haustechnischen Anlagen wie Toilettenspülungen, Badewannenabläufen, Wassereinlaufarmaturen, Heizungsgeräuschen, Knakken der Heizungsrohre
  - Trittschall aus entfernten Geschossen
- **Lärmbelästigungen in der Wohnung durch Außenlärm (Verkehr, Gewerbebetriebe u. a. m.) Wärmedämm- und Lüftungsmängel – auch am Gemeinschaftseigentum:**

- ○ Kondensat- und Schimmelbildungen
- ○ Zugerscheinungen
- ○ Dämm-Mängel an Heizungs- und Warmwasserleitungen (Schwitzen, Abstrahlen)
- ○ Starke Aufheizung im Sommer
- **● Bekannte Durchfeuchtungen im Wohnungsbereich, aber auch am Gemeinschaftseigentum:**
- ○ Im Keller, der Tiefgarage, dem Dach, den Balkonen, durch Außenwände und Fenster
- **● Schädlingsbefall:**
- ○ Am Dachstuhl und anderen Holzteilen: Fäulnis (Hausschwamm); Insektenbefall (Hausbockkäfer)
- ○ Im Wohnbereich durch Silberfischchen, Küchenschaben, Kellerasseln, Ameisen u. dgl. m.
- **● Schwerwiegende Sicherheitsmängel im Wohn- und Gemeinschaftsbereich:**
- ○ Hauseingang, Keller, Tiefgarage, Treppenhaus, Wohnungstür, Haustür, Fenster – auch an Terrassen
- **● Geruchsbelästigungen aus dem Haus oder der Umgebung**
- **● Schwerwiegende Belästigungen durch Betriebe u. dgl. m.**
- **● Schäden am Innen- und Außenputz, bzw. an Sichtbetonteilen (anstehende Betonsanierung)**
- **● Gravierende Mängel an sanitären Objekten in der Wohnung:**
- ○ Verstopfungsneigung, z. B. wegen zu geringer Abflußrohrdurchmesser
- ○ Undichtigkeiten
- ○ Sprünge in den Objekten
- **● Mängel an Wand- und Bodenfliesen in der Wohnung:**
- ○ Hohlliegen
- ○ Sprünge
- ○ Überzähne
- **● Mängel an Bodenbelägen in der Wohnung:**
- ○ Parkett
- ○ Teppichböden
- ○ Balkonbelägen
- **● Mängel an Elektroinstallationen, Antennen u. ä., auch am Gemeinschafteigentum:**
- ○ Ausgefallene Schalter, Steckdosen, Antennenanlagen u. a. m.

- ○ Lockere Installationen, bekannte Gefahren
- ● **Anstrichmängel Innen und Außen:**
- ○ Abblättern
- ● **Mängel an Gemeinschaftsanlagen:**
- ○ Waschküchen
- ○ Trockenräume
- ○ Fahrradkeller
- ○ Tiefgarage, Hauskeller, insbesondere Durchfeuchtungen
- ○ Sondereinrichtungen wie z. B. Sauna, Schwimmbad u. dgl. m.
- ● **Bekannter Reparaturstau – auch durch Vorlage der Wohnungseigentümerprotokolle der letzten drei Jahre – an:**
- ○ Am Rohbau (Wände, Decken, Beton)
- ○ Am Dach
- ○ In der Tiefgarage und dem Keller
- ○ An Balkonen
- ○ An der Heizung mit Öltank
- ○ An Abwasserleitungen
- ○ An Wasserleitungen
- ○ An den Fassaden
- ○ An Stellplätzen
- ○ An Außenanlagen mit Geh- und Fahrtwegen, Kinderspielplätzen, Zuleitungen für Abwasser, Wasser, Gas, Elektro usw.
- ○ An Fenstern
- ○ Im Bereich von Treppenhäusern
- ● **Sonstige Mängel?**

1.9 Sie schließen keinen Kaufvertrag für jungfräuliches Wohnungseigentum ab, sondern Sie kaufen sich in ein bestehendes juristisches Regelwerk ein!

Also: Lassen Sie sich den Kaufvertrag mit der vorhandenen Teilungserklärung und Gemeinschaftsordnung aushändigen, und klären Sie die darin enthaltenen Festlegungen mit einem juristischen Berater ab.

1.10 Klären Sie die Bonität des Wohnungsverkäufers und der Eigentümergemeinschaft!

- Hat der Verkäufer Hausgeldschulden?
- Hat das Haus Mängel, die Eigentümergemeinschaft aber kein Geld (Rücklagen).

1.11 Stellen Sie fest, welche Reparaturen ins Haus stehen!

- Fragen Sie die Verwaltung.
- Schauen Sie in die Wohnungseigentümerprotokolle.
- Ziehen Sie einen Fachmann hinzu. Wenige Stunden Begehung und Beratung mit einem Fachmann für wenige Hundert Mark sparen oft Tausende.

1.12 Seien Sie besonders vorsichtig bei »Altbauten«!

Untersuchungen für Sanierungen und Restaurierungen von Altbauten sind sehr aufwendig und unterbleiben daher oft. Alte Holzbalkendecken, Installationen, Dächer, Dachdeckungen, Balkonauskragungen, alter Putz und manches Alte mehr geben schnell den Geist auf, ohne daß man ihnen ihren baldigen Heimgang von außen ansieht. In Altbauten ohne Voruntersuchung sind auch abgekochte Profis schon mit langen Gesichtern herumgelaufen!

TEIL 1
Entscheidungshilfen für die Auswahl einer Eigentumswohnung

2 OPFERN SIE EINE STUNDE!

Wenn wir verzweifelt aufgeben, hat das immer die gleiche Ursache. Mit unsäglicher Mühe und großem Zeitaufwand gehen wir an neue Aufgaben heran, so auch an Auswahl und Kauf einer Eigentumswohnung. Plötzlich geben wir erschöpft auf und kaufen ruck, zuck irgendeine Wohnung. Nicht selten nach einem Jahr oder längerem intensiven Suchen. Zahlreiche Untersuchungen haben ergeben, daß zu dem Zeitpunkt, in dem wir gern das Handtuch werfen, 90–95% der zum Erfolg erforderlichen Arbeit und des notwendigen Wissens getan und erworben sind. Die restlichen 5–10% schaffen wir nicht mehr, und wir werfen die erarbeiteten 90–95% einfach weg. **Wir geben alle zu schnell auf!** Die Energie, einen halben Tag lang eine Sommerhose auszuwählen und zu kaufen, bringen wir alle auf. Kauf und Auswahl einer vielleicht 4000mal teureren Eigentumswohnung erscheint uns nach einigem Suchen wie die Besteigung des Mount Everest. Dabei brauchen wir für die Suche nach der Wohnung keineswegs 4000 halbe Tage, sondern vielleicht – mit einiger Vorkenntnis – 40 halbe Tage. Das Verhältnis Zeitaufwand zu Kosten ist bei teuren Dingen viel günstiger für uns als bei billigen. Es lohnt also, die letzten Energieprozente noch zu investieren!

Damit Sie mir glauben: Opfern Sie eine Stunde Zeit, und lesen Sie das folgende Kapitel »Was 90% der Käufer von Neubauwohnungen falsch machen«. Ihr »Stundenlohn« wird immens sein!

3 WAS 90% DER KÄUFER VON NEUBAU-WOHNUNGEN FALSCH MACHEN

3.1 Das große Geheimnis

Jetzt verrate ich Ihnen sofort das große Geheimnis: 90% aller Käufer machen sich den Ausstattungsinhalt einer Wohnung erst dann klar, wenn sie gekauft haben oder die Wohnung sogar schon fast fertig ist! Wenn sie die Wohnung dann das erstemal – vielleicht im Rohbauzustand oder sogar noch später – begehen, fällt ihnen auf, was alles noch fehlt. Jetzt kommen die Sonderwünsche. Zu spät! Viel zu spät! Über den Angebotsinhalt einer Immobilie sollten Sie sich vor dem Gang zum Notar klarsein! **Nur mit einer Bilanz des Ausstattungsinhaltes der Wohnung und einer festen Vorstellung von der Wohnungsausstattung, die Sie brauchen, können Sie in den Kaufverhandlungen so manchen später teuren Sonderwunsch noch zur kostenlosen Standardausstattung machen!**

Ohne feste Vorstellungen darüber, welche Sonderwünsche für Sie unumgänglich sind und wie viele davon durch die angebotene Ausstattung erfüllt werden, kennen Sie auch den »**wahren Kaufpreis**« Ihrer zukünftigen Wohnung nicht. **Mit ungeklärtem Kaufpreis aber riskieren Sie, daß Ihre Finanzierung nicht ausreicht!**

Falls Sie Ihre Sonderwünsche mit den zum Bauende hin gestreßten **Handwerkern selbst vereinbaren müssen**, **rächen sich diese** für Ihre Saumseligkeit mit Sicherheit **an den Preisen**!

Statt Ihre Sonderwünsche zu verhandeln, könnten Sie natürlich auch die angebotene Standardausstattung akzeptieren und über den Kaufpreis selbst handeln. Wenn Sie »vom Plan weg kaufen«, werden Sie aber beim Bauträger damit »auf Granit beißen«. Hat doch der Bauträger die Verkaufspreise für alle Kaufinteressenten im Prospekt ausgewiesen. Auch die Ratenzahlungen (die sich nach der Makler- und Bauträgerverordnung richten) sind für alle Käufer gleich und werden vom Notar in den einheitlichen Kaufverträgen des Projektes fixiert. Ohne Ärger und Imageverlust kann der Bauträger nun schwerlich den Käufern, die handeln, gleichwertige Wohnungen zum gleichen Zeitpunkt billiger verkaufen als denen, die nicht handeln. Über Sonderwünsche und ihre »Preise« aber ist mit dem Bauträger sicherlich leichter zu reden. Reden läßt sich eventuell auch noch über den Preis »ungünstigerer« Tiefgaragenstellplätze.

Für Ihre Verhandlungen finden Sie einige Tips im Kapitel 15. Es soll schon penetrante Käufer gegeben haben, die sich – nach wochenlanger Ausschöpfung des Verhandlungsrahmens – noch vor dem Notar, mit schon gezücktem Füllfederhalter, unter den Augen des bereits innerlich erleichtert aufseufzenden Bauträgers zurücklehnten und zum Bauträger versonnen sagten: »Wissen'S, ohne den Rundbogen im Wohnzimmer hab i an da ganzen Wohnung koa Freid need!« Ich möchte den Bauträger sehen, der den »Kruzetürken Rundbogen« nicht zähneknirschend mit einem innerlichen »Dreckhammel« schluckt, denn verkauft ist verkauft. **Dazu aber brauchen Sie eine feste Vorstellung vom Ausstattungsinhalt und Ihren persönlichen Bedürfnissen!**

Über den Kaufpreis selbst verhandeln können Sie dann, wenn ein Projekt bereits schlüsselfertig hergestellt ist, aber noch nicht alle Wohnungen verkauft sind. Mit entsprechend kurzfristigen Zahlungen des Gesamtpreises als Angebot von Ihnen an den Bauträger haben Sie gute Chancen, den Kaufpreis herunterzuhandeln.

Manche Wohnungsangebote werden mit einem besonderen Bonbon verziert: Der Verkäufer bietet eine Finanzierung zu auffällig günstigen Bedingungen gleich mit an. Eine Gesellschaft, die Wohnungen verkauft und Finanzierungen besorgt, kann mit Verkaufspreisen und Finanzierungen kalkulieren. **Etwas höhere Verkaufspreise können also mit günstigeren Finanzierungen schmackhaft gewürzt werden. Recherchieren Sie deshalb, ob bei gleicher Lage und Ausstattung am Markt niedrigere Kaufpreise üblich sind!**

Vergleichen Sie auch, ob Sie mit gesicherter, aber etwas ungünstigerer Fremdfinanzierung, dafür evtl. größerem Erfolg in den Kaufverhandlungen, unterm Strich nicht mehr gewinnen. Bedenken Sie dabei, daß am Kaufpreis Eingespartes bei einem Finanzierungsvergleich über 20–30 Jahre korrekt mit Zinseszins angesetzt werden muß!

3.2 Ausstattungsinhalt oder Angebotsinhalt einer Immobilie?

Was Ihnen an Ihrer Wohnung gehört: Sie wissen natürlich längst, daß Ihnen Ihre Wohnung **(= das Sondereigentum) und ein Anteil am Gemeinschaftseigentum** gehört.

Vielleicht aber kennen Sie nicht die Abgrenzung zwischen beidem. Tatsächlich allein gehört Ihnen in Ihrer Wohnung in der Regel nur:

- Der Innenputz und die nichttragenden leichten Trennwände
- Die Innenseiten der Fenster mit den nach innen gerichteten Beschlägen und der Innenanstrich, nicht dagegen die Außenseite der Fenster und das Fensterglas
- Der Fußbodenbelag mit dem schwimmenden Estrich
- Die Heizkörper mit den Zuleitungen (aber nicht mehr die Steigstränge)
- Die Innenseite der Wohnungseingangstüre
- Die Innenflächen des Balkons oder der Loggia bis zur Brüstungshöhe (aber nicht mehr eventuelle Bodenabdichtungen)

Bitte, stellen Sie sich das einmal bildlich vor: **Ihnen allein gehört fast nichts! Die Masse des Hauses gehört der Gemeinschaft!** Welche Schlußfolgerung ist daraus zu ziehen? **Die meisten Mängel treten an dem Teil auf, der die Hauptmasse des Hauses bildet, und das ist das Gemeinschaftseigentum!**

Dieses Buch enthält zwar eine Abnahme-Checkliste für Ihre Wohnung, **viel wichtiger ist aber die Abnahme des Gemeinschaftseigentums!**

Kommen wir zurück zum Angebotsinhalt Ihrer Immobilie: Schauen Sie sich nicht nur den Ausstattungsinhalt an, sondern **lassen Sie sich den Kaufvertrag entsprechend lange vor dem Kaufabschluß zuschicken**. Bevor Sie den Kaufvertrag unterschreiben, liest Ihnen zwar der Notar den ganzen Vertrag vor, beim Zuhören aber werden Sie glauben, es habe einer den Abzug eines Maschinengewehres betätigt.

Lesen Sie sich den Vertrag vorher in allen Teilen genau durch, und lassen Sie sich die Teile, die Ihnen nicht verständlich sind, vom Notar oder seinen Gehilfen erklären. Das kostet nichts, dazu ist der Notar verpflichtet. Liegt dem Kaufvertrag überhaupt die gleiche Ausstattungsbeschreibung bei, von der Sie ausgehen, oder ist die Ausstattung im Vertrag plötzlich magerer?

Ergeben die Tausendstel-Anteile aller Wohnungen, die in der Teilungserklärung aufgeführt sind, aufaddiert wirklich 1000? Welche Sondernutzungen stehen in der Teilungserklärung?

Gültig ist nur die Baubeschreibung, die zum Kaufvertrag gehört, den Sie unterschreiben!

Wer nimmt laut Kaufvertrag das Gemeinschaftseigentum ab? Nur der Architekt? Der Architekt nimmt üblicherweise ohnehin die handwerklichen Leistungen ab. Was geschieht aber mit den Leistungen des Architekten bei Planung und Bauleitung, die ja einen erheblichen Teil der Gesamtleistung ausmachen? Nimmt sich der Architekt dabei selber ab? Wie wird die Abnahme der Haustechnik (Heizung, Sanitär, Warmwasser, Kaltwasser, Elektro, Lüftung usw.) durchgeführt?

Macht das auch der Architekt? Ein Architekt ist aber in der Regel kein Fachmann für Haustechnik! Nehmen die Haustechnikprojektanten für den Architekten ab? Die aber nehmen sich dann ihre Planungs- und Bauleitungsfehler auch selber ab! Außerdem sind der Architekt und die Sonderfachleute Erfüllungsgehilfen des Bauträgers, nicht Ihre! **Im Leben muß man leider oft das Lied im Gesangbuch singen, auf das die Hand deutet, die das Brot zuteilt!**

Nimmt zusätzlich der Hausverwalter das Gemeinschaftseigentum ab? Das ist in der Regel völlig wertlos, da Hausverwalter selten Baufachleute sind und darüber hinaus nicht selten zu einer Tochtergesellschaft des Bauträgers gehören. Oft wird der Verwalter bei der ersten Eigentümerversammlung der Eigentümergemeinschaft (die zu diesem Zeitpunkt noch nicht weiß, wo es langgeht) vom Bauträger vorgestellt und empfohlen (siehe oben angeführtes Gesangbuch).

Deshalb: Sehen Sie nach, ob im Vertrag die Abnahme des Gemeinschaftseigentums durch neutrale, möglichst sogar öffentlich bestellte und vereidigte Sachverständige vorgesehen ist. Seriöse Bauträger legen das im Kaufvertrag fest. Die wenigen tausend Mark, umgelegt auf alle Wohnungen, lohnen sich immer!

Auch sollte nicht ein Sachverständiger alles kontrollieren, sondern für die Bau- und Haustechnikbereiche sollten jeweils getrennt Fachgutachter herangezogen werden.

Es gibt Bauträger, die sogar Malerarbeiten gesondert von einem Fachgutachter abnehmen lassen (denn es soll Maler geben, die vom Verdünnen leben).

Zwar kann auch die Eigentümerversammlung später einen Sachverständigen ihres Vertrauens damit beauftragen, bei der Abnahme des Gemeinschaftseigentums dabeizusein. Derartige Aufträge kommen aber fast nie zustande! Die Eigentümer lernen sich in der Regel frühestens bei der ersten Eigentümerversammlung kennen (manche, die in anderen Städten wohnen und nur vermieten, erscheinen gar nicht) und kommen dabei nur selten zu einer einheitlichen Meinung. Nach der Abnahme aber ist es zu spät!

Wenn nicht exakt abgenommen wird, kümmert sich auch niemand um die Mängelbeseitigung. Dadurch werden Baumängel, die eigentlich unter die Gewährleistung fallen, von der Hausverwaltung während der Gewährleistungszeit nicht selten als normaler Verschleiß und nach Ablauf der Gewährleistungszeit als Reparaturaufwand auf die Eigentümergemeinschaft abgewälzt.

Wie überhaupt ist die Gewährleistung geregelt?

Der Bauträger gewährleistet Ihnen nach dem Bürgerlichen Gesetzbuch 5 Jahre. Wie lange gewährleisten Ihnen die Handwerker? Nur die nach der Verdingungsordnung für Bauleistungen = **VOB** = »Gesangbuch der Leute vom Bau« (siehe Kapitel 16.1) vorgesehenen 2 Jahre? Was geschieht, wenn nach 3 Jahren erhebliche Mängel auftreten, die Handwerker aus der Gewährleistung heraus sind und der Bauträger eine schwindsüchtige GmbH ist, die noch anderweitig in Anspruch genommen wird?

Gewährleisten die Handwerker auch 5 Jahre lang (was den Bauträger mehr Geld kostet) und von wann ab? Vom gleichen Abnahmezeitpunkt ab wie der Bauträger? Gewährleisten alle Handwerksgewerke von dann ab? Gut ist in jedem Fall, wenn der Bauträger gleichzeitig mit dem Kaufvertrag regelt und verbrieft, daß die Handwerker ihre Gewährleistung für den Fall seines Konkurses hilfsweise neben ihm an die

Käufer abtreten. Wichtig ist außerdem, daß die Eigentümergemeinschaft vor dem Auslaufen einer jeweiligen 2jährigen Handwerkergewährleistung noch einmal vor allem das Gemeinschaftseigentum auf Mängel hin kontrollieren läßt und dem Handwerker rechtzeitig eine Mängelrüge schickt!

Diese Fragen sollten Sie insbesondere klären, wenn moderne, noch nicht in allen Teilen durchgenormte Bauverfahren angewandt werden, wie z. B. Fußbodenheizungen mit Kunststoffrohren (es gibt Thermographen, die davon leben, mit ihren Infrarotkameras geplatzte Leitungen zu finden), Außenputz auf Wärmedämmplatten usw. Bei neueren, noch nicht oder noch nicht voll in Material und Ausführung durchgenormten Bauweisen geben Hersteller und ausführende Firmen meist von Haus aus 5 Jahre Gewährleistung. Es gibt sogar Hersteller (z. B. von Putzsystemen auf Wärmedämmplatten), die 10 Jahre für Material und System gewährleisten. Selbstverständlich sollten moderne Systeme auch in allen Teilen aus einer »starken« Lieferantenhand kommen.

Wer kontrolliert und protokolliert, ob bei nicht voll genormten Bauweisen die Herstellervorschriften beim Bau beachtet wurden? Vertreter des Herstellers zusammen mit den ausführenden Firmen und dem Bauträger? Eine gute Lösung! Wird ein entsprechendes Anerkennungsprotokoll gefertigt, das dann in den Akten als Unterlage abgelegt wird?

Wird das Anerkennungsprotokoll vielleicht sogar zusammen mit einem neutralen Sachverständigen gefertigt? Eine sehr gute Lösung!

Falls Sie nichts im Vertrag finden und auf Ihre Fragen keine konkreten Anworten bekommen, ziehen Sie selbst Ihre Schlüsse über Fachkenntnis und Seriosität des Bauträgers!

3.3 Wie sind die Sonderwünsche im Kaufvertrag geregelt?

Für den Fall, daß Sie auf Sonderwünsche nicht verzichten wollen: **Es gibt am Markt mehrere Spielarten:**

- **Der Bauträger vergibt die Sonderwünsche in Ihrem Namen als eigenen Auftrag an die Handwerker.**

Bei dieser Lösung haben Sie kaum einen Einfluß auf die Preisgestaltung. Die Gewährleistung ist ohnehin geteilt: Bei Mängeln an den Sonderwünschen müssen Sie selbst den Handwerkern hinterherlaufen. Auch lehnen Bauträger und Architekt bei dieser Regelung oft jede Haftung ab.

Es gibt Bauträger, die bei einer äußerst einfachen Standardausstattung ihre Handwerker bei den Baupreisen bis auf den Teppich gedrückt haben. Dabei wissen solche Bauträger und Handwerker, daß bei der vorhandenen einfachen Standardausstattung Sonderwünsche nicht ausbleiben können, die Käufer sich erst in letzter Minute hierzu entscheiden und unter Vergabezwang geraten. Auf diese Weise erhalten die Handwerker außer Konkurrenz eine Entschädigung für den zu niedrig angenommenen Hauptauftrag. Eventuell schlägt sogar der Bauträger noch auf die Preise drauf. Also, bei dieser im Vertrag vorgesehenen Regelung:

a) **Bilanz der Wohnungsausstattung vor Vertragsabschluß ziehen**, Ihre Sonderwünsche vor Kaufabschluß verhandeln oder notfalls das Angebot fallenlassen
b) Zumindest im Kaufvertrag festlegen, zu welchen **Vergabebedingungen** und mit welchen **Aufschlägen** der Bauträger vergibt

- **Der Bauträger bietet im Anhang des Kaufvertrags, anschließend an eine detaillierte Ausstattungsbeschreibung, aufgelistete Sonderwünsche zu Festpreisen an.**

Die Sonderwünsche müssen beim Bauträger bis zu einem bestimmten Termin angemeldet werden. Sie werden dann Bestandteil des Hauptauftrages. Über die Liste hinausgehende Sonderwünsche werden dagegen wie im ersten Fall geregelt. **Eine faire, gute Regelung, wenn der Sonderwunschumfang der Liste für Sie ausreicht und die Preise angemessen sind!**

- **Der Bauträger überläßt es Ihnen, selbst mit dem Architekten und den Handwerkern über Ihre Sonderwünsche Verträge abzuschließen.**

Auch in diesem Fall ist die Gewährleistung geteilt, aber es liegt an Ihrem Verhandlungsgeschick, ob Sie günstige Preise erhalten oder nicht. Nicht die schlechteste Regelung, **vorausgesetzt, die Standardausstattung ist nicht so primitiv, daß Sie unter Vergabezwang geraten**. Sie sehen wieder, wie wichtig eine frühzeitige Bilanz der Wohnungsausstattung ist!

4 VOM LUFTSCHLOSS ZUR TRAUMWOHNUNG

Wozu überhaupt wollen Sie eine Eigentumswohnung kaufen, oder was ist Ihr eigentliches Ziel (das, was Sie wirklich wollen, aber niemandem sagen)?

Selber nutzen? Wozu? Zur Erfüllung Ihrer eigenen Wohnwünsche oder der Ihrer Familie? Um Ihre Bastlerneigung ausleben zu können? Um Ihre Gäste zu beeindrucken? Selber nutzen ist sicher der einfachste Weg! Hierbei brauchen Sie nur eine auf Ihre Bedürfnisse hin maßgeschneiderte Wohnung zu finden. Ihre Bedürfnisse! Nicht Ihre Wünsche! Es geht Ihnen doch sicher genauso wie mir: Meine Bedürfnisse sind mit einer Dreizimmerwohnung erfüllt, meine Wünsche aber enden im Westflügel des kurfürstlichen Schlosses.

Vermieten? Vermieten heißt, die Bedürfnisse und Vorstellungen von Mietern mit wenig Aufwand optimal zu erfüllen. Nicht Ihre Bedürfnisse! Das ist schon viel schwerer, müssen Sie doch die Vorstellungen von Ihnen noch unbekannten Menschen erfüllen.

Das am schwierigsten zu realisierende Ziel ist sicherlich die Geldanlage! Das ist ein Wechsel auf die Zukunft und künftige Generationen! Was viele in den Jahren des Immobilienwertzuwachses vergessen haben: Eine Immobilie unterliegt wie eine Aktie dem Angebot und der Nachfrage und damit den Vorstellungen und Phantasien von Millionen Menschen. Eines unterscheidet allerdings eine Immobilie von einer Aktie: In einer Immobilie kann man leben und daran Freude haben, ähnlich wie an einem Luxusauto. Und wer kauft sich schon einen Porsche Carrera allein unter dem Gesichtspunkt der Geldanlage?

Die Zukunft kann Ihnen niemand vorhersagen, aber eine Änderung zeichnet sich mit Sicherheit ab: **In Zukunft wird bewußter, differenzierter, mit Blick auf den technischen Inhalt eines Immobilienangebotes entschieden werden.** Bis heute galt der Satz:

Gefühl ist alles

Erfahrene Makler wußten es seit langem: **Der Kauf von Eigentumswohnungen ist zu 60 bis 70% eine Gefühlsentscheidung; beim Kauf einer fertigen Wohnung, in der man spazierengehen kann, sogar zu 80 bis 90%**. Insbesondere überraschte es, daß sich Menschen mit stark ausgeprägtem logischen Denkvermögen und entsprechend rational orientierten Berufen erstaunlich oft gefühlsmäßig entscheiden – und zwar meist blitzschnell, weil die Wohnung Bogentüren, Holzvertäfelungen und einen so idyllisch verschachtelten Grundriß hat.

Analog zu den bekannten vier Phasen der Liebe gibt es auch vier Kaufphasen, nämlich: Begeisterung – Ernüchterung – Verzweiflung – und Suche nach dem Schuldigen. Die Phase der Ernüchterung tritt bei Wohnungen allerdings meist zu spät, nämlich erst beim Bewohnen auf.

Liebe auf den ersten Blick hält erfahrungsgemäß nicht das, was sie verspricht. Erfahrene Liebhaber springen daher nicht kopfüber ins Abenteuer, sondern gehen die Sache mit einiger Überlegung an. **Analog dazu will das Buch Sie um 10% nachdenklicher und kritischer machen.**

Um beim Bild des Liebhabers zu bleiben: Worin besteht denn meist der erste beeindruckende Kontakt? In einem aufwendigen, soliden, seriös aufgemachten Prospekt! Reaktion ist ein erster verliebter Seufzer. »Die bauen erstklassig.« – Aber Bau und Prospekt haben wenig miteinander zu tun. Ein aufwendiger Prospekt verursacht nur wenige tausend Mark Mehrkosten als ein einfacher; minimale Kosten im Vergleich zu den übrigen Aufwendungen, für die der Bauträger aufkommen muß. Weitere verfängliche erotische Reize angebotener Wohnungen sind:

- Farbe, z. B. eine farblich schöne Fassade, wie sie heute von erfahrenen Spezialisten durchkonstruiert wird. Ein Zyniker hat einmal auf den Vorwurf, seine Fassaden seien langweilig, geantwortet: Ein wenig Farbe, und der Bau ist schön!
- Bogenöffnungen – auch wenn sie nicht handwerklich gekonnt gemauert, sondern ausgesägt oder vielleicht sogar nur geklebt sind
- Dicke Teppichböden – ihre vielleicht mindere Qualität sieht man ihnen nicht sofort an

- »Naturholzfenster« – eine herrliche Wortschöpfung! Sie sind dann meist nicht aus Mahagoni, wie man vielleicht vermutet, sondern aus einfachem, dunkel gebeiztem Fichtenholz
- Marmorfensterbänke – sind meist nicht aus echtem Marmor, sondern nur aus polierfähigem Kalkstein
- Nostalgielook – Schmiedeeisen z. B., heute meist nur industriell gefertigtes Ziereisen; Holzfensterläden, oft nur auf die Fassade gedübelt, ohne daß sie also wirklich geschlossen werden können; Bullaugenfenster u. v. a. m.
- Romantische Dachschrägen, evtl. sogar holzverschalt – im Sommer bewähren sie sich genauso wie die venezianischen Bleidächer, unter denen man sich ja bekanntlich die Seele aus dem Leib schwitzen sollte; sie lassen außerdem jeden Lärm durchdringen, und das Raumklima ist nicht optimal
- Wandhohe Fliesen – auch wenn sie nur von der billigsten Qualität sind
- Oder auch bei Gebrauchtwohnungen: naturfeuchter Keller. »Ist das Isarwasser?« hat ein naiver Käufer auch noch gefragt.

Auch die Bauindustrie wirbt mit werbebwirksamen Normbezeichnungen und Fachausdrücken wie »Kristallporzellanwaschbecken« – das ist die Bezeichnung für ein ganz normales, einfaches Waschbecken, oder »Kristallspiegel« – hier gilt dasselbe. Dagegen ist nichts einzuwenden, aber die wirklichen und grundlegenden Wohnungsqualitäten sind davon wenig abhängig.

4.1 Die Gratwanderung oder wie Sie an einem Wochenende Ihre Traumwohnung entwerfen

Wie auch Sie sicher schon schmerzhaft festgestellt haben, leben wir alle in einer polaren Welt. Gut – böse, Lust – Unlust, behaglich – unbehaglich, unwohnlich – bequem. Sie stimmen sicher mit mir darin überein, daß wir uns nicht gern im negativen Zustand befinden und den höchsten positiven Zustand nie erreichen. Genauso ist es auch mit Eigentumswohnungen. Auch hier müssen wir den Grat zwischen Minus und Plus begehen.

– Meine Wohnsituation:	P	+ Mein Traumziel:
Jeden Morgen ergibt sich für meine Familie ein Engpaß, da nur ein WC vorhanden ist	I I	Bad und WC getrennt Zusätzlich im Bad ein Tiefspülklosett
Wir duschen uns in der Badewanne. Der Boden ist immer naß!	II	Gesonderte Duschkabine mit Tür
Die sanitären Objekte und die Fliesen passen nicht zueinander	I	Farbige Sanitärobjekte mit dazu passenden Fliesen
Starke Staubbildung auf den Textilien, Bodenbelägen	I I	Parkett im Wohnzimmer Parkett und lose aufgelegte Bettumrandungen im Schlafzimmer
	II	Keramische Bodenfliesen in der Küche
Die Ausrichtung meiner Wohnung ist ungünstig: Das Wohnzimmer liegt im Norden, Küche und Schlafzimmer im Süden	I II	Wohnzimmer im Süden Küche im Osten
An kalten Tagen beschlagen innen die Scheiben. Die Glasfalze werden naß und schimmeln	I	Rolläden
In meiner 3-Zimmer-Wohnung fehlt mir ein ½ Zimmer als Arbeitszimmer	I	3½-Zimmer-Wohnung

A **Meine Alternativen:**	P	Z **Mein Verhandlungsziel:**
	I	Bad und WC getrennt
Zum Duschen geeigneter Badewannentyp mit einer transparenten Duschwand davor	I	Zusätzlich im Bad ein Tiefspülklosett
	I	Farbige Sanitärobjekte mit dazu passenden Fliesen
Antistatischer textiler Bodenbelag mit hohem ETG. Jährliche Grundreinigung (s. Kap. 14)	I	Parkett im Wohnzimmer
Zunächst Kunststoffbodenbelag. In einigen Jahren Fliesen	I	Parkett im Schlafzimmer oder textiler Bodenbelag: antistatisch mit hohem ETG
	I	Wohnzimmer im Süden
Küche im Norden oder Nordosten Schlafzimmer im Norden oder Nordosten	I	Schlafzimmer und Küche nicht im W, SW, S
3-Scheiben-Isolierglas	I	Rolläden oder 3-Scheiben-Isolierglas
Hobbyraum als Arbeitsraum im Keller oder Dachgeschoß	I	3½-Zimmer-Wohnung oder 3-Zimmer-Wohnung mit Hobbyraum im Keller oder Dachgeschoß

Fangen Sie gleich mit mir zusammen einmal die Gratwanderung durch den Ausstattungszustand Ihrer Wunschwohnung an! Nehmen Sie sich bitte ein Platt Papier, und teilen Sie es, wie auf den Seiten 34f. zu sehen, in vier Spalten. Schreiben Sie über die erste Spalte ein »–« und über die zweite Spalte ein »+«. Fangen Sie bitte mit dem negativen Zustand an. Das »–« bedeutet: Was stört Sie an Ihrer derzeitigen Wohnung? Was wollen Sie auf keinen Fall mehr haben? Sie »wohnen« ja schon lange. **Sie selbst sind bereits Wohnungsfachmann!** Das angeführte Muster soll Ihnen lediglich eine Anregung geben. Sie werden feststellen, daß Sie in kurzer Zeit Dutzende von Minuspunkten finden werden. Sie werden auch bemerken, daß diese Betätigung keine Arbeit, sondern ein spannendes Spiel ist! Wenn Sie Ihre Minuspunkte gefunden haben, stellen Sie dem negativen Zustand den Idealzustand Ihrer zukünftigen Wohnung in der Spalte »+« gegenüber. Der positive Zustand ist das Luftschloß, von dem Sie ungestraft träumen dürfen. Stellen Sie jedem Ihrer negativen Stichpunkte Ihr Traumziel gegenüber. Wenn Sie diese beiden Arbeiten durchgeführt haben, beginnt die Gratwanderung.

Sie erinnern sich vielleicht noch an den Film »Pater Brown«, in dem Heinz Rühmann als Pater wegen seines Hobbys, Privatdetektiv zu spielen, von einer Gemeinde zur anderen strafversetzt wird. Dabei reist Pater Brown mit einem eigenen kleinen Spezialkoffer, in dem seine Traumkirche, die er einmal in seinem Leben verwirklicht sehen will, als Modell ruht. Die Gratwanderung wird auch Sie in die Lage versetzen, in Zukunft mit einer festen Vorstellung von Ihrer Traumwohnung an Immobilienangebote heranzugehen und die geeigneten von den ungeeigneten ohne allzuviel Mühe zu trennen! Überlegen Sie bitte bei jedem Punkt der Spalte »Mein Traumziel«, ob es für sie **Alternativen** gibt. Schreiben Sie diese **Alternativen** in die dritte Spalte. Danach geben Sie allen Punkten in der Traumziel-Spalte Prioritäten. **Priorität I bedeutet: Die Ausstattung ist für Sie unverzichtbar! Priorität II bedeutet: Es wäre schön für Sie, wenn Sie es hätten, aber Sie könnten auch darauf verzichten.** Bei Wünschen, zu denen Alternativen möglich sind, wird für Sie aus einer Priorität I eventuell eine Priorität II. Punkte mit der Priorität I werden von der Traumziel-Spalte in die vierte Spalte übernommen. Nach Beendigung der ganzen Arbeiten brauchen Sie nur noch die vierte Spalte. Diese vierte Spalte können Sie z.B. ausschneiden und auf ein zweites Blatt kleben. Aus den Baubeschreibun-

Z	Angebote				
Mein Verhandlungsziel:	**1**	**2**	**3**	**4**	**5**
Bad und WC getrennt	●	○	●		
Zusätzlich im Bad ein Tiefspülklosett	○ !	○ !	●		
Farbige Sanitärobjekte und dazu passende Fliesen	●	●	●		
Parkett im Wohnzimmer	○ !	○ !	●		
Parkett im Schlafzimmer oder textiler Bodenbelag mit hohem ETG	○ !	○ !	○ !		
Wohnzimmer im Süden	○	○	●		
Schlafzimmer und Küche nicht im W, SW, S	●	●	●		
Rolläden oder 3-Scheiben-Isolierglas	○ !	○ !	○ !		
3 1/2-Zimmer-Wohnung oder 3-Zimmer-Wohnung mit Hobbyraum im Keller oder Dachgeschoß	○	○	●		
Alternativen, die verhandelt werden sollten:					

● = vorhandener Standard

○ = im Standard nicht vorhanden

! = Verhandeln!

gen der Ihnen angebotenen Wohnungen schreiben Sie jetzt daneben, welche Ihrer Traumwohnungs-Ausstattungsdetails jeweils erfüllt werden und welche nicht.

Dabei bedeutet:
○ Ist im Angebot nicht enthalten
● Ist im Angebot enthalten

Angebot 3 wäre danach, wenn die Sonderwünsche erfüllt würden, besonders interessant.

Wenn Sie herausgefunden haben, welche Sonderwünsche Sie bei den jeweiligen Angeboten unbedingt als Standardausstattung unterbringen wollen, ergibt sich für Sie die Frage:

Wie verhandeln Sie, damit aus Ihren Sonderwünschen mit der Priorität I Standardausstattungen werden?

Wenn es Ihnen bei einem Bauträger gelingt, alle Ihre Sonderwünsche mit der Priorität I unterzubringen, versuchen Sie als nächstes, Ihre Traumziele mit der Priorität II oder Ihre Alternativen zu Standardausstattungen zu machen. Weitere Anregungen für eventuelle Sonderwünsche können Sie dem Kapitel 17 entnehmen.

Was tun, wenn Sie mit Ihren Sonderwunschverhandlungen keinen Erfolg haben? Müssen Sie die Sonderwünsche dann für teures Geld vergeben? Hier sollten Sie rechtzeitig die Überlegung anstellen, ob Sie den Sonderwunsch nicht auch in späteren Jahren, bei entsprechend verbesserter Finanzlage, in der bewohnten Wohnung ausführen lassen können. Ist später wirklich zu spät? Ohne daß es unbedingt teurer sein muß, können Sie später:

Bodenbeläge, Armaturen, Waschbecken, Klosettbecken, Türen, Anstriche, Tapeten ändern. Fliesenflächen können Sie erweitern (dazu sollten Sie sich aber rechtzeitig während des Baues vom Fliesenhandel die gleichen Fliesen kaufen und lagern). Häufig tritt der Fall auf, daß zwar Rollädenkästen eingebaut werden, der Rolladenpanzer selber aber Sonderwunsch ist. Den Rolladenpanzer aber können Sie später jederzeit, meist ohne Mehrpreis, einbauen lassen. Sie können TV-Stereoverkabelungen im Bodenleistenbereich später durchführen lassen und in der Küche sanitäre Objekte ergänzen usw.

Nicht sparen aber sollten Sie bei allen Dingen, die Sie später nicht mehr oder nur mit sehr großem Aufwand durchführen können, wie z. B. Elektroinstallationen und Sanitärinstallationen. D. h., Sie sollten alle Anschlüsse für eventuell später von Ihnen einzubauende Objekte vorsehen lassen.

5 MIT WOHNWERTEN NEUBAU- UND GEBRAUCHTWOHNUNGEN SICHER BEURTEILEN

Von der Schule über den Lebenspartner bis zur Immobilie: Wir bewerten und wählen aus nach unseren inneren Rastern. Wir kennen das alle zur Genüge aus unserer Schulzeit: Jeder Lehrer hat uns in Prüfungen nach Rastern beurteilt. Waren es allgemeine, für alle passende neutrale Raster, hatten wir Glück. Ritt er sein »Steckenpferd-Raster«, das wir nicht kannten, so hatten wir Pech. Übertragen auf Ihre Wohnungsauswahl: Verwenden Sie ein vorwiegend auf Ihre Wünsche abgestimmtes Beurteilungsraster für den Wohnwert, müssen Sie bei einem späteren Verkauf die berühmte Nadel im Heuhaufen finden, einen Käufer mit ähnlich individuellen Wohnwertwünschen. Verwenden Sie dagegen Beurteilungsraster, die viele mit Ihnen teilen, ist ein Verkauf oder die neutrale Bewertung Ihrer Wohnung einfacher. Schiefwinklig geschnittene Wohnräume als »schnuckelig« angeboten mögen manchen faszinieren, aber wo findet man »manchen«? Darum schlage ich Ihnen für Ihre Wohnwert-Bestimmung zum Kauf oder Verkauf folgendes bewährte Grobraster zum Beispiel für Stadtwohnungen vor:

Ermittlung des Wohnwertes von gebrauchten Eigentumswohnungen im Stadtbereich

Grobraster, maximal 100 Punkte:

Gebäudewert:	45 Punkte	Lagewert:	55 Punkte
Davon auf:			
	Punkte		Punkte
Die Wohnung	29	Die Qualität:	29
Das Haus:	16	Die Verkehrserschließung:	19
		Die Infrastruktur:	7

Die Lage wiegt erfahrungsgemäß schwerer, daher 55% auf die Lage und nur 45% auf das Gebäude. Daraus ergibt sich als bewährtes Feinraster:

Feinraster, maximal 100 Punkte:

Die Wohnung:	Punkte	Die Qualität:	Punkte
• Himmelsrichtungen und Raumanordnungen	6	• Großwohnlage	4
• Wohnungsaussicht	6	• Repräsentation: Adressenlage	2
• Wohnungsgrundriß	7	• Zentralität	1
• Wohnungsausstattung	6	*Umfeld:*	
• Lage im Haus	4	• Bebauung, Soziales	8
		• Freizeitwert	5
		• Immissionsfreiheit	9
"Die Wohnung", Summe:	**29**	"Die Qualität", Summe:	**29**
Das Haus:		**Die Verkehrserschließung:**	
• Gemeinschaftsausstattung	4	• Autobahnanbindungen	4
• Gebäudearchitektur	4	• Öffentliche Verkehrsmittel	12
• Bauweise und Bauzustand	5	• Gästeparkplätze u.a.	3
• Pkw-Abstellung	3	"Die Verkehrserschließung", Summe:	**19**
"Das Haus", Summe:	**16**	**Die Infrastruktur:**	7
Gesamtsumme:	**45**	Gesamtsumme:	**55**

Für ländliche Lagen mit oder ohne S-Bahn ändern sich die Raster. Wer auf das Land zieht, setzt Lärmfreiheit, Freizeitwert im Umfeld (Wald, See), Immissionsfreiheit, Parkplätze voraus und legt wenig Wert auf eine Adressenlage usw. Auch Mieter haben ein abweichendes Raster.

Wie viele Punkte gibt man nun aber zum Beispiel auf die Himmelsrichtungen im Zusammenhang mit den Raumordnungen, wenn – wie im Raster – maximal 6 Wohnwert-Punkte darauf gegeben werden sollen? Jetzt kommt Ihre persönliche Bewertung ins Spiel. Wir verwenden dazu nicht 6 Noten wie in der Schule, sondern 9 Bewertungsstufen. Die brauchen wir, damit bei Kaufverhandlungen Käufer und Veräufer feiner im Bereich von Marktspannen verhandeln können. Erinnern Sie sich noch an Ihre Schulzeit? Haben Sie nicht auch mit dem Lehrer um Note 3 oder 4 bis aufs Blut gefeilscht? Hat der Lehrer sich dann mit 3 – (die es gar nicht gibt) geholfen, nur um Sie loszuwerden? Sehen Sie, für Verhandlungen sind die Schulnotenstufen auch zu grob! Außerdem brauchen wir eine ungerade Bewertungszahl, sonst können wir keinen klaren Mittelwert festlegen.

Bewertungsstufen und Ihre verbale Beschreibung

8 überragend, außerordentlich, vortrefflich, exzellent, bestens, ideal, außergewöhnlich, sehr gut

7 gehoben, hervorragend, vortrefflich, schön, fast ideal, gelungen, überzeugend

6 gut, erfreulich, günstig
5 annehmbar, akzeptabel, ordentlich
4 durchschnittlich, normal, mittel, befriedigend, brauchbar
3 ausreichend, leicht unter dem Durchschnitt
2 mäßig, einfach, schlicht
1 eingeschränkt, gemindert, unbefriedigend, dürftig
0 mangelhaft, schlecht, ungenügend, miserabel

Nehmen wir zum Beispiel die Himmelsrichtungen. Angenommen, Sie haben festgestellt, daß die Kombination Himmelsrichtungen/Raumzuordnungen »gut = Bewertungsstufe 6« ist. Mit der einfachen Umrechnung 6 × 6/9 = 4,00 erhalten Sie die Wohnwert-Punkte, die Sie der Wohnung daraufhin geben. Durch 9 müssen Sie wegen der 9 Bewertungsstufen teilen.

Wie wir alle wissen, ist Vorsicht beim Bewerten angebracht: Die Stufen 0, 1 und 8 kommen nur selten vor. Auch liegt der wahre Durchschnitt untersuchter Wohnungen häufiger bei Stufe 6 als bei der Mittelstufe 5, die für den Überblick aber trotzdem wichtig ist.

Zum Vergleich dazu Schulnoten: Auch dort kommen die schlechteste Note 6 und die beste Note 1 seltener vor, heißt es doch in allen Schulordnungen, daß Note 2 bereits alle Anforderungen erfüllt. Trotzdem ist das Sechsersystem wegen des Überblicks wichtig. Eine Mittelstufe fehlt im Sechser-Noten-System.

Unsere Bewertungen werden stark von unseren Stimmungen beeinflußt. Daher: Bewerten Sie nicht nur einmal, sondern mehrmals und auch das in verschiedenen Gemütslagen! Es ist dabei ein Vorteil, das Schema von einem Computerprogramm (z. B. Excel) durchrechnen zu lassen. Sie haben keinen PC? Es geht auch von Hand. Aber schauen Sie sich um, es gibt bestimmt auch in Ihrer Umgebung einen »Computerfreak«, der das für Sie macht.

Wie können Sie Ihre Bewertung noch erleichtern? **Für jedes Kriterium im Grundraster gibt es eine Checkliste!** Sie müssen die Checklisten nicht akribisch ausfüllen. Überfliegen Sie die Checklisten, und bewerten Sie dann. Es geht nur um das Bewußtmachen des Angebotsinhaltes einer Immobilie, um das »Sehen«. Wofür wir keine Worte haben, das sehen wir auch nicht!

Berechnung des Feinrasters, maximal 100 %

WWP = Wohnwert-Punkte
Bw.stufe = Bewertungsstufe | **WWP = Punkte x Bw.stufe / 9**

Die Wohnung:		**Bw.-Stufe**	**WWP**
• Himmelsrichtungen und Raumanordnungen dazu	6	8	5,33
• Wohnungsaussicht	6	5	3,33
• Wohnungsgrundriß	7	7	5,44
• Wohnungsausstattung	6	6	4,00
• Lage im Haus	4	6	2,67
Summe:	**29**		**20,77**

Die Qualität:		**Bw.-Stufe**	**WWP**
• Großwohnlage	4	7	3,11
• Repräsentation/Adressenlage	2	7	1,56
• Zentralität	1	8	0,89
Umfeld:			
• Bebauung, Soziales	8	7	6,22
• Freizeitwert im Umfeld	5	7	3,89
• Immissionsfreiheit	9	6	6,00
Summe:	**29**		**21,67**

Das Haus:		**Bw.-Stufe**	**WWP**
• Gemeinsch.ausstattung	4	5	2,22
• Gebäudearchitektur	4	6	2,67
• Bauzustand/Bauweise	5	6	3,33
• Pkw-Abstellung	3	7	2,33
Summe:	**16**		**10,55**

Die Verkehrserschließung:		**Bw.-Stufe**	**WWP**
• Autobahnanbindungen	4	6	2,67
• Öffentliche Verkehrsmittel	12	8	10,67
• Gästeparkplätze u.a.	3	6	2,00
Summe:	**19**		**15,34**
Die Infrastruktur:	**7**	7	**5,44**

Gebäudewert:	**45**	**31,32**
Lagewert:	**55**	**42,45**

Wohnwert-Punkte insgesamt aus Gebäude- und Lagewert, gerundet:	**74**	Punkte
Plus noch nicht erfaßte Besonderheiten der Immobilie lt. Liste:	5	Punkte
Minus noch nicht erfaßte Nachteile der Immobilie lt. Liste:	-4	Punkte
Wohnwert-Punkte insgesamt:	**75**	**Punkte**

Besonderheiten und Nachteile der Wohnung, die im vorgegebenen Prozentraster noch nicht erfaßt sind, stellen Sie am besten in Form einer Liste zusammen und bewerten sie mit Plus- oder Minus-Wohnwert-Punkten nach Ihrem persönlichen Gewicht, wie zum Beispiel starke Verschattung der Wohnung durch Loggien und Baumbestand in engem Abstand, bedenkliche Sicherheitsmängel durch einen nicht einsehbaren Hauszugang usw. Als Ergänzung zu den bereits durchgeführten genauen Untersuchungen sollten das in der Regel nur wenige zusätzliche Wohnwert-Punkte sein.

Jetzt können Sie die Immobilie bereits grob in die folgenden Qualitätsbereiche einteilen:

Grobunterteilung der Qualitätsbereiche in Wohnwert-Punkte:

Einfach	Standard	Gut	Gehoben	Top
< 20	35 - 45	45 - 65	65 - 85	> 85

Unter 20% gibt es in der Praxis nur den Champignonbunker oder den Schlafsack. Ab 85 Punkten ist alles Top. Wobei in den üblichen 4 Bewertungsstufen der Gutachterausschüsse und des RDM Bestlagen noch große Inseln von »Toplagen« darüber haben können, so daß 5 Stufen dem Markt in Großstädten gerechter werden.

Für Ihre Ermittlungen von Wohnwert-Punkten folgt jetzt eine Leerseite des Bewertungsschemas.

Dieses Schema sowie die danach folgenden Checklisten sind, damit sie in das Buch passen, verkleinert. Um ein DIN A4-Blatt zu erhalten, vergrößern Sie das Schema und die Checklisten auf einem Kopierer mit dem Zoomfaktor 1,7!

Berechnung des Feinrasters, maximal 100 Punkte

WWP = Wohnwert-Punkte Gebrauchtwohnung
Bw.stufe = Bewertungsstufe

WWP = Punkte x Bw.stufe / 9

Die Wohnung:	Punkte	**Bw.-Stufe**	**WWP**
• Himmelsrichtungen und Raumanordnungen dazu	6		
• Wohnungsaussicht	6		
• Wohnungsgrundriß	7		
• Wohnungsausstattung	6		
• Lage im Haus	4		
Summe:	**29**		

Die Qualität:	Punkte	**Bw.-Stufe**	**WWP**
• Großwohnlage	4		
• Repräsentation/Adressenlage	2		
• Zentralität	1		
Umfeld:			
• Bebauung, Soziales	8		
• Freizeitwert im Umfeld	5		
• Immissionsfreiheit	9		
Summe:	**29**		

Das Haus:	Punkte	**Bw.-Stufe**	**WWP**
• Gemeinsch.ausstattung	4		
• Gebäudearchitektur	4		
• Bauzustand/Bauweise	5		
• Pkw-Abstellung	3		
Summe:	**16**		

Die Verkehrserschließung:	Punkte	**Bw.-Stufe**	**WWP**
• Autobahnanbindungen	4		
• Öffentliche Verkehrsmittel	12		
• Gästeparkplätze u.a.	3		
Summe:	**19**		
Die Infrastruktur:	7		

Gebäudewert:	**45**		**Lagewert:**	**55**	

Wohnwert-Punkte insgesamt aus Gebäude- und Lagewert, gerundet:		Punkte
Plus noch nicht erfaßte Besonderheiten der Immobilie lt. Liste:		Punkte
Minus noch nicht erfaßte Nachteile der Immobilie lt. Liste:		Punkte
Wohnwert-Punkte insgesamt:		**Punkte**

Für die Kästchen in allen Checklisten gilt folgendes Arbeitsverfahren:
☒ Jeweils nach »Abchecken« ankreuzen: Arbeit ausgeführt!

Checkliste 1

zum »Feinraster« Lagewert, »Die Qualität«: Großwohnlage im Stadtbezirk

☐ Lage im Stadtgebiet im Stadtplan eintragen
☐ Mietlage laut Karte des Mietpreisspiegels feststellen
☐ Wohnlage im Stadtbezirk laut Plötz »Immobilienführer« (in Ihrer Buchhandlung)
☐ Straßenbewertung laut Plötz »Immobilienführer« feststellen
☐ Wohnlage im Stadtbezirk laut Ring Deutscher Makler oder Verein Deutscher Makler feststellen
☐ Wohnlage im Stadtbezirk beim Gutachterausschuß (in Ihrer Stadtverwaltung oder im zuständigen Landratsamt) erfragen
☐ Ihre persönliche Schlußfolgerung für die Großwohnlage im Stadtbezirk entsprechend den Bewertungsstufen für die Wohnwert-%:

Verbal:	
Bewertungsstufe:	

Checkliste 2

zum »Feinraster« Lagewert, »Die Qualität«: Repräsentationswert durch besondere »Adressenlage«

☐ Im Stadtgebiet
☐ Im Stadtbezirk

☐ Ihre persönliche Schlußfolgerung für den Repräsentationswert entsprechend den Bewertungsstufen für die Wohnwert-%:

Verbal:	
Bewertungsstufe:	

Checkliste 3

zum »Feinraster« Lagewert, »Die Qualität«: Zentralität der Lage zum Stadtzentrum

☐ Ihre persönliche Schlußfolgerung für die Zentralität entsprechend den Bewertungsstufen für die Wohnwert-%:

Verbal:	
Bewertungsstufe:	

Checkliste 4

zum »Feinraster« Lagewert, »Die Qualität«, Umfeld: Bebauung, Soziales

☐ Reines Wohngebiet
☐ Mischgebiet
☐ Kerngebiet

Bewertungsvorschlag für die Bebauungsart des Umfeldes in Kombination mit größeren Grünflächen: Die Bewertungsstufen entsprechen dem Bewertungsschema bei der Bestimmung der Wohnwert-%.

Größere Grünflächen in einer Entfernung von	Blockbebauung ohne Grünflächen, Gärten und Innenhofgrün	Blockbebauung mit Grünflächen, Gärten und Innenhofgrün	Lockere Bebauung mit Gärten und Innenhofgrün	Bebauung mit Ein- und Zweifamilienhäusern
> ca. 600 m	0	3	6	7
< ca. 600 m	2	4	7	8

Beispiel: Lockere Bebauung mit Gärten und Innenhofgrün, wobei größere Grünflächen in einer Entfernung von unter ca. 600 m vorhanden sind, ergibt in der Tabelle Bewertungsstufe 7 als ersten Anhalt für Ihre Gesamtbewertung. Danach arbeiten Sie bitte die folgenden zwei Tabellen durch, erteilen verbal Ihre Endnote gemäß Ihrem Gesamteindruck, z. B. gut (also doch vielleicht eine Stufe tiefer als zuerst ermittelt), und daraus die zugehörige Bewertungsstufe 6 für die Bebauung und Soziales.

Fortsetzung auf S. 47

Fortsetzung von S. 46

☐	Vorhandene Bausubstanz im Umfeld	Sehr gut
☐		Mittel
☐		Mäßig
☐		Altbauten
☐		Denkmalliste
☐		Fassadenbuch
☐	Geplante Bebauung im Umfeld	Gem. Bebauungsplan
☐		Gem. Flächennutzungsplan
☐		Gem. Planungsbehörde

Ankreuz-Beispiel: Die vorhandene Bausubstanz im Umfeld ist mittel, aber es sind Altbauten vorhanden, die zwar nicht in einer Denkmalliste stehen, deren Fassaden aber in einem Fassadenbuch aufgeführt und geschützt sind. Ankreuzen also:

☐	Vorhandene Bausubstanz im Umfeld	Sehr gut
☒		Mittel
☐	Beispiel	Mäßig
☒		Altbauten
☐		Denkmalliste
☒		Fassadenbuch

☐	Vorhandener Bewohnertyp	Altersstruktur	Jung
☐			Alt
☐			Ausgewogen
☐	Sozialstruktur	Einkommen	Unteres
☐			Mittleres
☐			Hohes
☐	Bevölkerung	Vorwiegend deutschsprachig	
☐		Gemischt	
☐		Sonstige:	
☐	Mögliche Käufer für späteren Verkauf	Alleinstehende	
☐		Familien	
☐		Geschäftsleute	
☐		Sonstige Sozialstruktur:	

Fortsetzung auf S. 48

Fortsetzung von S. 47

☐ Ihre persönliche Schlußfolgerung insgesamt für die Bebauung und das soziale Umfeld entsprechend den Bewertungsstufen für die Wohnwert-%:

Verbal:	
Bewertungsstufe:	

Checkliste 5

zum »Feinraster« Lagewert, »Die Qualität«: Umfeld: Freizeitwert

☐	Naherholung	Park	
☐		Wald	
☐		Schwimmbad	Freibad
☐			Hallenbad
☐		Sauna	
☐		Sportstätten	
☐		Tennis	
☐		Sonstiges:	
☐	Unterhaltung	Biergarten	
☐		Restaurants	
☐		Café	
☐		Kino	
☐		Theater	
☐		Museum	
☐		Sonstiges:	

☐ Ihre persönliche Schlußfolgerung zum Freizeitwert im Umfeld entsprechend den Bewertungsstufen für die Wohnwert-%:

Verbal:	
Bewertungsstufe:	

Checkliste 6

zum »Feinraster« Lagewert, »Die Qualität«: Umfeld: Immissionsfreiheit (Lärm und Luftverschmutzung)

»Sonstiger Lärm« in waagerechten Zeilen in Kombination mit der Verkehrsbelastung der Straße in Hausnähe in senkrechten Spalten. Die Bewertungsstufen entsprechen dem Bewertungsschema bei der Bestimmung der Wohnwert-% und stellen einen Bewertungsvorschlag dar.

Straßenlärm ↓

Sonstiger Lärm ↓	Verkehr: stark Ampelanlage: in der Nähe	Verkehr: stark	Verkehr: mittel Ampelanlage: in der Nähe	Verkehr: mittel	Nur Anliegerverkehr mit Ampelanlagen	Nur Anliegerverkehr
Stark →	0	0	1	2	3	4
Mittel →	0	1	2	3	6	7
Gering →	1	2	3	6	7	8

Beispiel: Mittlerer Verkehr bei aber geringem sonstigen Lärm ergibt Bewertungsstufe 6 als ersten Anhalt für Ihre Gesamtbewertung. Danach arbeiten Sie bitte auch die folgende Tabelle durch, erteilen verbal Ihre Endnote gemäß Ihrem Gesamteindruck, z. B. gleichfalls gut, da auch – angenommen – keine störenden Immissionen vorhanden sind, und daraus die zugehörige Gesamtbewertungsstufe 6 für die Lärm und Immissionsfreiheit.

Fortsetzung auf S. 50

Fortsetzung von S. 49

☐	Quelle des sonstigen Lärms	Flugverkehr	Keine Schutzzone
☐			Lärmschutzzone 1
☐			Lärmschutzzone 2
☐		Bahnlinie	
☐		Straßenbahn	
☐		Bus	
☐		Gewerbe	Werkverkehr
☐			Tankstelle
☐			Sonstiges:
☐		Öffentliche Einrichtungen	Schule
☐			Sportstätte
☐			Sonstiges:
☐	Sonstige Immissionen	Luftverschmutzung / Gerüche	Gewerbe
☐			Industrie
☐			Abgase
☐			In Hauptwindrichtung

☐ Ihre persönliche Schlußfolgerung zur Immissionsfreiheit des Umfeldes insgesamt entsprechend den Bewertungsstufen für die Wohnwert-%:

Verbal:	
Bewertungsstufe:	

Checkliste 7

zum »Feinraster« Lagewert, »Die Verkehrserschließung«: Autobahnanbindungen

☐ Ihre persönliche Schlußfolgerung für die Autobahnanbindung entsprechend den Bewertungsstufen für die Wohnwert-%:

Verbal:	
Bewertungsstufe:	

Checkliste 8

zum »Feinraster« Lagewert, »Die Verkehrserschließung«: Öffentliche Verkehrsmittel

Erreichbarkeit öffentlicher Verkehrsmittel: S- und U-Bahn in den waagerechten Zeilen in Kombination mit der Erreichbarkeit von Straßenbahn- und Bushaltestellen in senkrechten Spalten. Die Bewertungsstufen entsprechen dem Bewertungsschema bei der Bestimmung der Wohnwert-% und stellen einen Bewertungsvorschlag dar.

Tabelle I

S- und U-Bahn ↓	Straßenbahn- und Bushaltestellen ↓ weiter als ca. 600 m	ca. 300 bis 600 m	ca. unter 300 m
weiter als ca. 600 m →	2	3	5
ca. 300 bis 600 m →	4	5	6
ca. unter 300 m →	7	7	8

Beispiel:
S-Bahn unter 300 m Entfernung, zusätzlich Straßenbahn über ca. 600 m Entfernung = Bewertungsstufe 7

Weitere Kriterien für öffentliche Verkehrsmittel: Hauptfreqenzen der öffentlichen Verkehrsmittel in waagerechten Zeilen in Kombination mit den Fahrzeiten zu wichtigen Zentren in senkrechten Spalten. Bewertungsstufen wie vor.

Fortsetzung auf S. 52

Checkliste 10

zum »Feinraster« Lagewert, »Die Infrastruktur« ca. Entfernung in m

☐	Einkauf		Lebensmittel	m
☐			Supermarkt	m
☐			Bäckerei	m
☐			Metzgerei	m
☐			Drogerie	m
☐			Apotheke	m
☐			Schreibwaren	m
☐			Bücher, Zeitungen	m
☐			Haushaltswaren	m
☐			Bekleidung	m
☐			Schuhe	m
☐			Elektroartikel	m
☐			Reformhaus	m
☐			Kaufhaus	m
☐		Sonstige:		m
☐				m
☐	Gewerbe		Friseur	m
☐			Autoreparatur	m
☐			Tankstelle	m
☐			Post	m
☐			Bank, Sparkasse	m
☐			Hotel/Pension	m
☐		Sonstige:		m
☐				m
☐	Essen, Unterhaltung	Restauranttypen:		m
☐				m
☐				m
☐			Café	m
☐			Bier-/Weingarten	m
☐		Sonstiges:		m
☐				m

Fortsetzung auf S. 54

Fortsetzung von S. 53

ca. Entfernung in m

☐	Ärzte		Allgemein	m
☐		Fachärzte:		m
☐				m
☐			Zahnarzt	m
☐	Heilpraktiker			m
☐	Krankenhäuser	Besonderheiten:		m
☐				m
☐	Schulen, Kindergärten	Schultypen:		m
☐				m
☐				m
☐			Kindergärten	m
☐	Sport		Freibad	m
☐			Hallenbad	m
☐			Sauna	m
☐			Sportstätte	m
☐			Tennis	m
☐			Fitness	m
☐		Sonstiges		m

☐ Ihre persönliche Schlußfolgerung zur Infrastruktur entsprechend den Bewertungsstufen für die Wohnwert-%:

Verbal:	
Bewertungsstufe:	

Checkliste 11

zum »Feinraster« Gebäudewert, »Die Wohnung«: Himmelsrichtungen, Raumzuordnungen

Beurteilung der Himmelsrichtungen im Zusammenhang mit Raumanordnungen und Durchlüftungsmöglichkeiten der Wohnung:

☐ Ihre persönliche Schlußfolgerung zu den Himmelsrichtungen entsprechend den Bewertungsstufen für die Wohnwert-%:

Verbal:	
Bewertungsstufe:	

Checkliste 12

zum »Feinraster« Gebäudewert, »Die Wohnung«: Wohnungsaussicht

☐	Unverbaut	Landschaftsblick	
☐		Park	
☐		Grünflächen	
☐		Innenhofgrün	
☐	Verbaut	Häuser	Straßenabstand
☐			Großer Abstand
☐	Sonstiges:		

☐ Ihre persönliche Schlußfolgerung zur Wohnungsaussicht entsprechend den Bewertungsstufen für die Wohnwert-%:

Verbal:	
Bewertungsstufe:	

Checkliste 13

zum »Feinraster« Gebäudewert, »Die Wohnung«: Wohnungsgrundriß

Einzelne in der Tabelle von Ihnen vergebene Bewertungsstufen sollen Ihnen Ihre persönliche Gesamtbewertung erleichtern!

Wohnflächen

☐	Wohnflächen insgesamt: **WFL**	➔	➔	m^2
☐	Verkehrsflächen (Flure)	➔	➔	m^2
☐	Sanitärräume insgesamt	➔	➔	m^2
☐	Küche	➔	➔	m^2
☐	Wohnräume insgesamt: **W**	➔	➔	m^2
☐	Verkehrsflächenanteil: **V**	**= W x 100/WFL**	ideal ca. 10%	%
☐	Wohnraumanteil	**= V x 100/WFL**	ideal ca. 72%	%
☐	Sanitärräume- u. Küchenanteil: **S**	**= S x 100/WFL**	ideal ca. 18%	%
☐	Sanitärräume **allgemein**	… Anzahl Bäder	mit WC	m^2
☐		… Anzahl Bäder	ohne WC	m^2
☐		… Anzahl WC's		m^2
☐	Sanitärräume **speziell**	Größen	Bewert.-Stufe:	…
☐		Objektanordnungen	Bewert.-Stufe:	…
☐		Bewegungsflächen	Bewert.-Stufe:	…
☐	Küche	Größe	Bewert.-Stufe:	…
☐		Objektanordnungen	Bewert.-Stufe:	…
☐		Bewegungsflächen	Bewert.-Stufe:	…
☐	Wohnräume	Größen	Bewert.-Stufe:	…
☐		Schnitt	Bewert.-Stufe:	…
☐	Flure	Größen	Bewert.-Stufe:	…
☐		Schnitt	Bewert.-Stufe:	…
☐	Abstellräume	Größen	Bewert.-Stufe:	…
☐	Innenliegende Dunkelräume	Bad	… Anzahl	
☐		WC	… Anzahl	
☐		Küche	… Anzahl	
☐		Flure	… Anzahl	
☐	Balkone, Loggien	Einsehbar?		
☐		Zugarm?		
☐		Umwehrungsart?		
☐		Entwässerungsart?		
☐	Gartenterrasse	Sondernutzung?	Grundbuch?	

Fortsetzung auf S. 57

Fortsetzung von S. 56

☐	Gartenanteil	Abgetrennt?		
☐		Sondernutzung?	Grundbuch?	
☐	Wohnungseingang	Flur?		
☐		Allraumwohnung?		
☐	Raumhöhen	2,40 m bis 2,50?		
☐		> 2,50 ?	Höhe:	

☐ Ihre persönliche Schlußfolgerung insgesamt zum Wohnungsgrundriß entsprechend den Bewertungsstufen für die Wohnwert-%:

Verbal:	
Bewertungsstufe:	

Checkliste 14

zum »Feinraster« Gebäudewert, »Die Wohnung«: Wohnungsausstattung

☐	Innentüren	Holzfuttertüren	
☐		Stahlzargen	
☐			Deckend gestrichen
☐			Nicht deckend gestrichen
☐			Holzart?
☐		Türblätter	Massiv?
☐			Lichtausschnitte?
☐	Fenster	Holzfenster	Holzart
☐			Deckend gestrichen
☐			Nicht deckend gestrichen
☐		Fensterelemente	Fenster-Tür-Kombinationen
☐			Hebe-Schiebe-Türen
☐		Fenstersitz in der Wand	Normal
☐			Innen bündig
☐			Außen bündig
☐		Brüstung	Massiv
☐			Element

Fortsetzung auf S. 58

Fortsetzung von S. 57

☐		Aluminiumfenster	
☐		Kunststoffenster	
☐		Schallschutz?	Gesamtfenster?
☐			Verglasung?
☐		Wärmeschutz?	Gesamtfenster?
☐			Verglasung?
☐		Sprossenfenster?	»Echte«?
☐			In der Verglasung?
☐	Sanitär, Warm- und Kaltwasser	Abwasserrohre	Gußeisen
☐			Kunststoff
☐			Faserzement
☐		Wasserrohre	Kupfer
☐			Kunststoff
☐			Stahl
☐		Warmwasserrohre	Kupfer
☐			Kunststoff
☐			Stahl
☐		Vorwandinstallation?	
☐		Wandinstallation?	
☐		Klosett	Stehend
☐			Wandhängend
☐			Flachspülung
☐			Tiefspülung
☐			Farbig?
☐			Preisklasse?
☐		Spülkasten	Mit WC integriert?
☐			Im Vorwandblock
☐			Preisklasse?
☐		Bade-/Duschwanne	Stahl emailiert
☐			Acryl
☐			Eingefliest
☐			Emailleschürze o. ä.
☐			Farbig?
☐			Preisklasse?

☐		Waschbecken	… St
☐			Größe
☐			Farbig?
☐			Preisklasse?
☐		Bidet	Farbig?
☐			Preisklasse?
☐		Spiegel	… St
☐			Größen
☐			Spiegelschränke
☐		Ablage/Halter	… St
☐			Preisklassen?
☐		Armaturen	Preisklassen?
☐	Warmwasserbereitung	Hauszentral	
☐		Warmwasserbereiter	Elektro
☐			Gas
☐	Waschmaschinen, Anschlüsse	Ablauf, Elektroanschluß?	Küche/Bad/Keller
☐	Wäschetrockner, Anschlüsse	Elektroanschluß?	Küche/Bad/Keller
☐	Geschirrspüler, Anschlüsse	Ablauf, Elektroanschluß?	Drehstrom?
☐	Elektroausstattung	**ca. HEA – Bewertung**	**Ausstattung 1; 2; 3?**
☐		Geräteanschlüsse im Keller	
☐	Heizung	Heizkörper	Radiatoren
☐			Konvektoren
☐		Ventile	Thermostat?
☐		Fußbodenheizung	
☐		Rohrleitungen	Kupfer
☐			Stahl
☐			Kunststoff
☐	Wohnungs-eingangstür	Schallschutztür?	
☐		Deckend gestrichen	
☐		Nicht deckend gestrichen	
☐		Holzart?	

Fortsetzung auf S. 60

Fortsetzung von S. 59

☐	Kücheneinrichtung	Herd	Gas/Elektro?
☐			Preisklasse?
☐		Spüle	Beckenzahl?
☐		Sonstiges:	
☐	Einbruchschutz	Wohnungseingangstür	
☐		Fenster	
☐		Balkone, Terrassen	
☐	Überfallschutz	Sprechanlage	
☐		Türspion	
☐		Videoanlage	
☐	Fensterbänke	Naturstein	Marmor
☐			Kalkstein
☐		Holz/Holzwerkstoff	
☐		Betonwerkstein	
☐		Aufgeständert:	Auf dem Heizkörper
☐	Keramische Wand- und Bodenfliesen	Küche	Nur Objektbereich
☐			… Reihen hoch
☐		Bad/WC	Wandhoch
☐			… Reihen hoch
☐		Preisklassen?	
☐		Oberflächen:	Dekor? Glatt? Farbe: …
☐		Sortierungen	1 Sorte? Mindersorte?
☐	Natursteinbeläge	Steinart	
☐		Preisklasse?	
☐	Kunststoffbodenbeläge	Preisklassen?	
☐		Bahnen, Platten?	Mit/Ohne Tragschicht?
☐	Textile Bodenbeläge	Nadelfilz? Vlies?	
☐		Velour? Schlingenware?	
☐		Preisklassen?	
☐	Teppich Siegel	**ETG Strapazierwert?**	
☐		**ETG Komfortwert?**	
☐	Parkett	Holzart?	
☐		Stabparkett	Rustikal
☐		Sortierung:	Gestreift
☐			Natur

☐		Fertigmosaik	Standard
☐		Sortierung:	Rustikal
☐			Exquisit
☐		Preisklasse?	
☐		Sonstiges:	
☐	Anstriche, Tapeten	Decken, Wände	Kalkfarbe
☐			Leimfarbe
☐			Dispersionsfarbe
☐			Wisch-/Waschbeständig?
☐			Tapeziert? Art?
☐	Rolläden	Kunststoff	
☐		Aluminium	
☐		Ausgeschäumt	
☐		Gurtaufwickler	Eingebaut, frei?
☐	Sonnenschutz	Markisen	Preisklasse?
☐	Wärmekosten-Meßgeräte	Heizung	
☐		Warmwasser	
☐	Lüftungsanlagen	Zentral	Zu- und Abluft
☐		Einzelentlüftung	Bad
☐			WC
☐			Küche
☐		Energierückgewinnung	Wärmetauscher?
☐	Balkon, Loggia, Terrasse	Belag?	
☐		Kantenausbildung?	
		Umwehrung?	s. a. »Gebäudearchitektur«
☐	Keller-/Speicherabteil	Latten-/Drahtverschlag	
☐		Eigener Keller?	

☐ Ihre persönliche Schlußfolgerung insgesamt zur Wohnungsausstattung entsprechend den Bewertungsstufen für die Wohnwert-%:

Verbal:	
Bewertungsstufe:	

Checkliste 15

zum »Feinraster« Gebäudewert, »Die Wohnung«: Lage im Haus

Hierbei wird nicht die in höheren Stockwerken bereits beurteilte bessere Aussicht bewertet, sondern die Bequemlichkeit und Ungestörtheit. Die Bewertungsstufen stellen einen Vorschlag dar.

Wohnung im Geschoß	Ohne Fahrstuhl	Mit Fahrstuhl	Fahrstuhl ab Keller
Erdgeschoß	4	4	4
1. Obergeschoß	8	6	6
2. Obergeschoß	7	6	7
3. Obergeschoß	5	6	7
4. Obergeschoß	0	7	8
> 4. Obergeschoß	0	8	9

☐ Ihre persönliche Schlußfolgerung insgesamt zur Lage im Haus entsprechend den Bewertungsstufen für die Wohnwert-%:

Verbal:	
Bewertungsstufe:	

Checkliste 16

zum »Feinraster« Gebäudewert, »Das Haus«: Gemeinschaftsausstattung

☐	Außenanlagen	Gartenanlage	Bäume, Büsche
☐			Sitzgruppen
☐			Kinderspielplätze
☐			Gehwege
☐			Geländemodellierung
☐			Sichtschutz
☐			Regenunterstände
☐			Grillplätze u. ä. m.
☐			Innenhofgarten
☐			Außengarten
☐	Versorgungsleitungen	Abwasserkanal	Mischsystem
☐			Trennsystem
☐		Kein Abwasserkanal	Versickerung
☐		Wasseranschlüsse	
☐		Gas	
☐		Fernwärme	
☐		Strom	
☐		Datenleitungen, ISDN	
☐	Zentrale Heizanlage	Gas	
☐		Öl	Tankvolumen ... Ltr.
☐		Fernwärme	
☐		Alternative Energie	
☐		Regelungsart?	
☐	Warmwasserbereitung	Hauszentral	Gas
☐			Öl
☐			Elektro
☐			Alternative Energie
☐	Fernsehempfang	Kabelfernsehen	
☐		Gemeinschaftsantenne	
☐	Fahrradraum	Ausfahrt:	Rampe?
☐			Treppentransport?
☐		Abschließbar?	

Fortsetzung auf S. 64

Fortsetzung von S. 63

☐	Kinderwagenraum	Abschließbar?	
☐	Waschraum	Gemeinschaftsmaschinen	Mit Trocknung?
☐		Eigene Maschinenplätze mit Anschlüssen	+ Trocknerplatz?
☐	Fahrstuhl	Auch für Umzug geeignet? Größe?	
☐		Halt auf jedem Podest	
☐		Halt nur auf den Zwischenpodesten	
☐		Halt im Keller bzw. Tiefgarage	
☐	Gemeinschaftsräume	Hobbyräume, Partyräume	
☐		Fitneßräume	
☐		Sauna: Außenbecken? Frischluftraum?	
☐		Schwimmbad	
☐		Sonstiges:	
☐	Treppenhaus	Einläufige Treppe	
☐		Zweiläufige Treppe mit Zwischenpodest	
☐		Laufbreite ca. … m	
☐		Podestbreite ca. … m	
☐		Umzugsgeeignet?	
☐		Treppenbelag:	
☐		Geländer:	

☐ Ihre persönliche Schlußfolgerung insgesamt zur Gemeinschaftsausstattung entsprechend den Bewertungsstufen für die Wohnwert-%:

Verbal:	
Bewertungsstufe:	

Checkliste 17
zum »Feinraster« Gebäudewert, »Das Haus«: Gebäudearchitektur

☐	Haustyp	Punkthaus	
☐		Winkelhaus	
☐		Rechteckhaus	
☐		Einseitig angebaut	
☐		Zweiseitig angebaut	
☐		Freistehend	
☐		Eckhaus	
☐		Vordergebäude	
☐		Rückgebäude	
☐	Geschoßzahl	EG + …. OG	
☐	Straßenangrenzung	Vorgarten	Eingezäunt
☐			Nicht eingezäunt
☐		Direkt am Gehweg	
☐	Lichte Wohnungshöhen	Normalgeschosse	ca. 2,40 m bis 2,50 m
☐			… m
☐		Erdgeschoß	… m
☐	Geschäfte oder Gewerbe	Im Erdgeschoß	
☐	Büros	Im …	
☐	Fassaden	Geschützt	Denkmalliste
☐			Fassadenbuch
☐		Abgesetzte Geschosse	Vor- und Rücksprünge
☐			Durch: Farbe, Material
☐		Erker	
☐		Gesimse, Lisenen o. ä.	
☐		Balkone	Sicht- und Zugschutz
☐		Loggien	Sicht- und Zugschutz
☐		Terrassen	Sicht- und Zugschutz
☐		Austritte	
☐		Außenanstriche	Einfarbig
☐			Mehrfarbig
☐			Gestaltet
☐	Fenster	Brüstungen	Abgesetzt, hervorgehoben
☐		Besonderheiten	Bögen o. a. m.

Fortsetzung auf S. 66

Fortsetzung von S. 65

☐	Fensterabwässerungen	Bleche	Stark/Normal geneigt?
☐			Kupfer
☐			Aluminium
☐		Naturstein	
☐	Balkone	Brüstungen geschl.	Massiv
☐			Pflanzwannen
☐		Brüstungen offen	Holz
☐			Stahl
☐		Brüstungsfüllungen	Glas
☐		Fertigteile	Auf Konsolen
☐		Sonstiges:	
☐	Außenhaut	Putz	Oberfläche? Anstrich?
☐		Sichtmauerwerk	
☐		Bekleidungen	Holz
☐			Faserzement
☐			Naturstein
☐			Strukturbetonplatten
☐			Sonstiges:
☐	Hauseingang	Zugang	Ebenerdig
☐			Außentreppe
☐			Direkt
☐		Überfallsicherheit?	Zugang verdeckt?
☐		Eindruck Hauseingang:	Repräsentativ?
☐		Tür	Element
☐			Massiv?
☐		Vordach	Holz? Metall? Stahlbeton?
☐		Briefkastenanlage	Kästen an der Tür
☐			Gesondert im Vorgarten
☐		Gegensprechanlage	
☐		Einbruchsicherung?	
☐	Dach	Flachdach	
☐		Geneigtes Dach	Satteldach
☐			Walmdach
☐			Pultdach

☐		Dachrand/ Dachentwässerung	Regenrinne
☐			Attika, Gesims
☐		Dachdeckung	Dachziegel
☐			Blech: Material
☐			Betondachsteine
☐			Abdichtungsbahnen
☐		Giebelabschluß	Bündig
☐			Überstand
☐			Bekleidung
☐	Spenglerarbeiten	Rinnen/Fallrohre/ Verblechungen	Verzinktes Eisenblech
☐			Aluminiumblech
☐			Kupferblech
☐			Zinkblech
☐			Kunststoff
☐	Haussockel	Putz	
☐		Sichtmauerwerk	
☐		Sonstiges:	

☐ Ihre persönliche Schlußfolgerung insgesamt zur Gebäudearchitektur entsprechend den Bewertungsstufen für die Wohnwert-%:

Verbal:	
Bewertungsstufe:	

Checkliste 18

zum »Feinraster« Gebäudewert, »Das Haus«: Bauweise und Bauzustand

Siehe dazu auch die vom Verkäufer auszufüllende Liste nicht nach Augenschein erkennbarer Baumängel und Bauschäden, die mit verbrieft werden sollte. In Checkliste 16 geht es um den nach Augenschein erkennbaren Bauzustand zur Hausbewertung.

☐	Dachstuhl	Holz-Dachstuhl	
☐		Stahlbetondecke	
☐		Stahlbetondach	Sog. »Sargdeckel«
☐		Sonstiges:	
☐	Außenwände	Mauerwerk	Dicke: ca. … cm
☐		Beton	Dicke: ca. … cm
☐		Holzbauweise	Dicke: ca. … cm
☐		Sonstiges:	
☐	Außenputz	Auf Massivwänden	
☐		Auf Dämmplatten	
☐	Innenwände	Stahlbeton	
☐		Mauerwerk	
☐		Leichte Trennwände	
☐		Geputzt?	Glatt? Gekörnt?
☐	Wohnungsdecken	Stahlbeton	Geputzt?
☐		Holzkonstruktion	
☐		Sonstiges:	
☐	Kellerwände	Stahlbeton	
☐		Mauerwerk	
☐		Abdichtung gegen	Drückendes Wasser
☐			Bodenfeuchtigkeit
☐		Abdichtung/ Dränage gegen	Schichtenwasser
☐			Stauwasser
☐	Sichtbare Durchfeuchtungen	Fassade	
☐		Keller	
☐		Dach	
☐	Sonstige Fassadenmängel	Putzschäden	
☐		Anstrichschäden	
☐		Sichtbetonschäden	
☐	Reparaturen/ Sanierungen	Soweit erkennbar	

☐	Eindruck des Treppenhauses		
☐	Eindruck der Außenanlagen		
☐	Fenstereindruck		
☐	Repräsentationseindruck	Insgesamt	

☐ Ihre persönliche Schlußfolgerung insgesamt zum nach Augenschein erkennbaren Bauzustand entsprechend den Bewertungsstufen für die Wohnwert-%:

Verbal:	
Bewertungsstufe:	

Checkliste 19

zum »Feinraster« Gebäudewert, »Das Haus«: Pkw-Abstellung

☐	Tiefgaragen-Einstellplatz	Eben	
☐		Doppelparker	Oben
☐			Unten
☐		Eben, abschließbar	Tor/Verschlag?
☐		Ausfahrtgestaltung?	Aufzug? Rampe? Bequem?
☐	Oberirdische Garage	Einzelplatz	
☐		Doppelparker	Oben
☐			Unten
☐	Stauraum für:	Reifen, Fahrräder, Dachträger	
☐	Oberirdischer Carport	In den Außenanlagen	
☐	Ungeschützter Parkplatz	In den Außenanlagen	
☐	Sicherer Straßenparkpl.		
☐	Ungesicherter Straßenparkplatz		
☐	Keine Parkmöglichkeiten		

☐ Ihre persönliche Schlußfolgerung insgesamt zur Pkw-Abstellung entsprechend den Bewertungsstufen für die Wohnwert-%:

Verbal:	
Bewertungsstufe:	

Jetzt brauchen Sie Daten! Daten durchgeführter verbriefter Verkäufe ähnlicher Wohnungen sowie desgleichen Angebote dafür. Werte verbriefter Verkäufe erhalten Sie vom Gutachterausschuß (in der Stadtverwaltung oder im Landratsamt), Angebote aus der Zeitung. Zur Datenproblematik und Datenerhebung siehe 5.1.

Aber, werden Sie sagen, ich kenne doch nur die Wohnung, die ich verkaufen oder kaufen will. Nur für diese Wohnung habe ich doch den Wohnwert ermittelt. Von den anderen Wohnungen kenne ich allenfalls die spärlichen Angaben in der Zeitung. Stimmt! Die statistische Erfahrung zeigt jedoch, daß alle realistisch denkenden Menschen (mit anderen kommt man sowieso zu keinem Vertragsabschluß) Immobilien nach ähnlichen Rastern bewerten. Zunächst muß man aber realistisch werden. Wie wird man das? Wenn man seine Immobilie ohne Erfolg lange genug für teures Geld mit fallenden Preisen inseriert hat – bis man die Marktwertspanne erreicht hat – und sich Käufer melden. Im Klartext, wenn der Verkäufer den Traum vom Arglosen, der »blind« kauft, aufgegeben hat. Desgleichen, wenn der Käufer den Traum vom unwissenden alten Mütterchen, die ihre Immobilie zum Gotteslohn hergibt, begraben hat. Am realistischsten wird man spätestens vor dem Notar, wenn weder Käufer noch Verkäufer den Erfolg noch infrage stellen wollen. Das ist und war überall so: Vom früheren Pferdemarkt bis zum Auto- und Immobilienmarkt!

Wir schließen also von der untersuchten Wohnung auf den Markt! Der Markt erzwingt marktkonformes Verhalten! Will jemand schnell verkaufen, liegt sein Angebot nahe dem echten, später verbrieften Verkaufspreis. Ähnliches gilt für Bauträger, die Neubauwohnungen verkaufen, und für Verkäufer von Gebrauchtwohnungen. Am Markt kaufen neben Selbstnutzern auch viele Anleger Wohnungen, die sicher und gut vermietete Gebrauchtwohnungen schätzen. Eine vermietete Gebrauchtwohnung muß darum nicht unbedingt billiger sein als eine freie Wohnung.

Daten liegen in zwei Formen vor

I:

Als ungenaue Wertspanne für ein bestimmtes Gebiet, z.B. 4400 bis 4800 DM/m² für eine gebrauchte 3-Zimmer-Wohnung, mit 80 m² in bestimmter Lage mit bekanntem Alter. Statistisch ist eine so grobe Spanne nicht viel wert, da uns die Zwischenwerte fehlen. Lösen wir die Zusammenhänge trotzdem einmal grafisch, um damit das weitere Vorgehen verständlich zu machen. Den ermittelten Wohnwert-Punkten, z. B. 75 (siehe Berechnungsbeispiel des Feinrasters), müssen wir noch einen Toleranzbereich zuordnen, da jeder Mensch doch etwas anders wertet. Zum Beispiel 75 plus oder minus 5 Punkte, d. h. einen Toleranzbereich von 70 bis 80 Punkten. Damit ergibt sich eine Marktwertspanne von rd. 4650 bis 4700 DM/m², innerhalb derer verhandelt werden kann. Jeder Wert darin ist gleichwertig und hängt nur von den Verhandlungen (Kapitel 15) ab.

Derartige anonymisierte Daten bekommen Sie von Gutachterausschüssen. Die realen Daten mit Zwischenwerten erhalten nur Sachverständige. Wundern Sie sich also im vorliegenden Fall nicht, wenn die **Marktwertspanne so unrealistisch schmal ist**. Zwischen 4400 und 4800 DM/m² kennen wir keine Werte. In solch einem Fall sollten Sie Zeitungsangebote parallel sortieren und die Angebots-Marktwertspanne ermitteln und vergleichen.

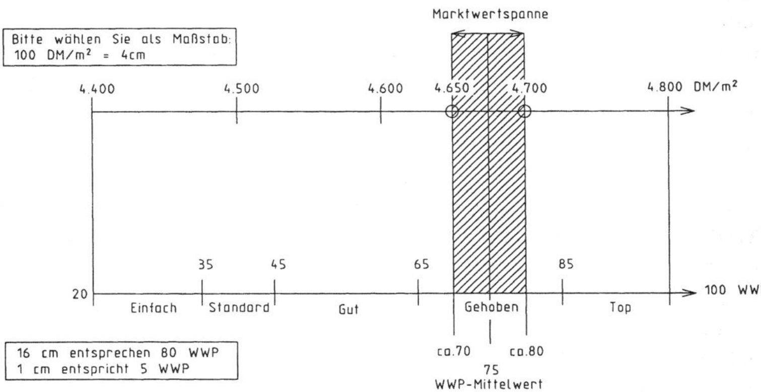

II:

Als Einzelwerte – geordnet nach Preisen – zum Beispiel aus Zeitungsangeboten, als Säulendiagramm. Von Hand nicht schwer, mit Microsoft Excel ein Kinderspiel! Sie haben zum Beispiel die folgenden Angebotspreise für 3-Zimmer-Gebrauchtwohnungen (für ein anderes Gebiet als unter I) zwischen 80 bis 100 m² Wohnfläche im Stadtbezirk gefunden und nach DM/m² Wohnfläche sortiert: 3150, 3180, 3500, 4260, 4305, 4414, 4450, 4520, 4580, 4610, 4680, 4690, 4730, 4770, 4790, 4810, 5300, 5800, 7000, 9000 DM/m² Wohnfläche.

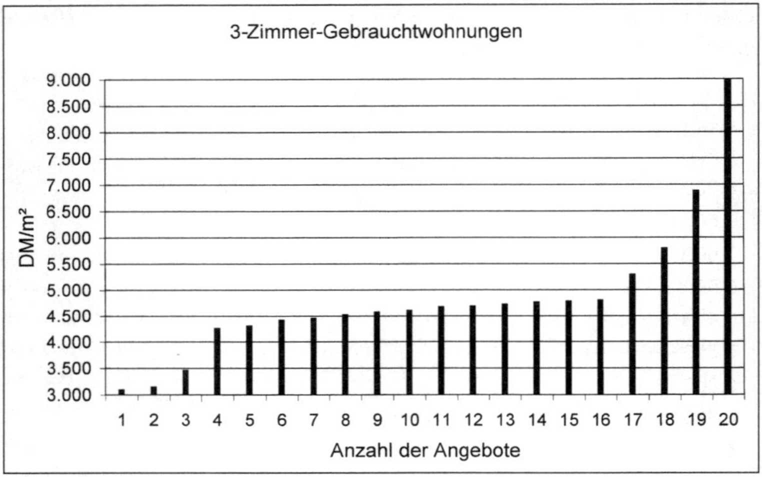

Extreme Werte registrieren wir dabei auch, da die wenigen Ausreißer kaum Einfluß haben, die Daten damit aber authentischer werden. Den geringen Einfluß erkennt man an den Bereichsbreiten, wenn die Staffelung nur alle 500 DM/m² dargestellt wird. In den breiten Bereichen spielt die Musik! Ausreißer nach oben sind entweder Traumobjekte oder werden – zumeist – von Traumtänzern angeboten.

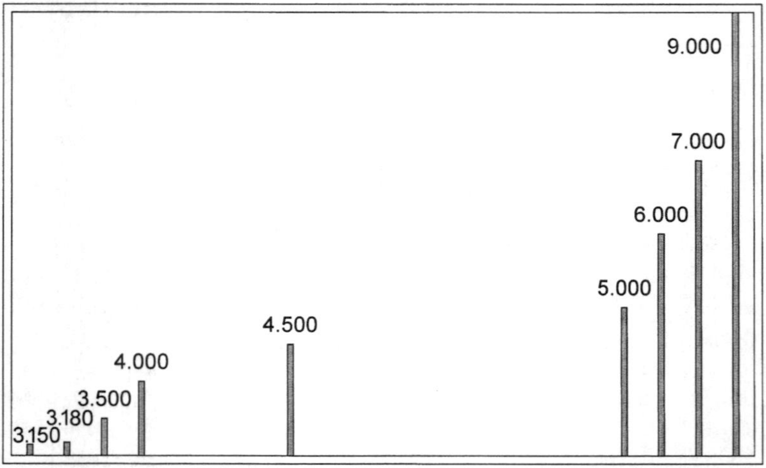

Oder bei zahlreichen Daten als Kurvendiagramm, da sich die Säulen ganz eng aneinanderreihen.

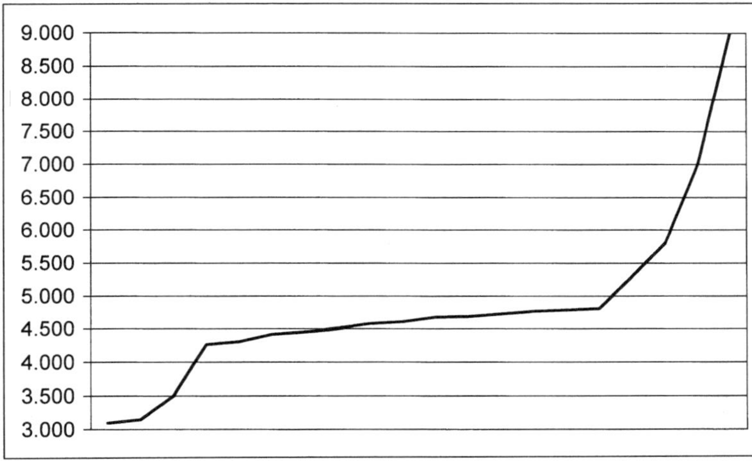

Jetzt tragen Sie Ihren Wohnwert-Prozentbereich ein und ermitteln die Marktwertspanne, die Sie mit Ihren Werten, die Sie vom Gutachterausschuß erhalten haben, vergleichen. Innerhalb dieser Spanne können Sie nun verhandeln (siehe Kapitel 15), sofern die Gegenseite verhandeln will.

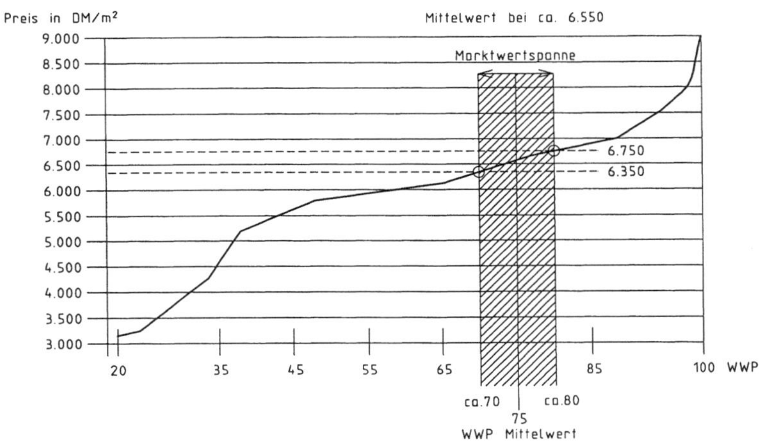

5.1 Datenproblematik, Datenerhebung

Alle Daten haben leider »Würmer«. Die Daten in den Kaufpreissammlungen der Gutachterausschüsse sind die edelsten, da sie auf wirklichen Kaufabschlüssen und notariellen Verbriefungen beruhen. Jeder Notar muß seine Verbriefungen über bebaute und unbebaute Grundstücke kopieren und an den zuständigen Gutachterausschuß in Landratsamt oder Stadtverwaltung schicken. Die Grundstücksverkäufe werden ausgewertet und in Richtwertkarten eingetragen, in die jeder – entgeltlich oder unentgeltlich – Einblick nehmen kann. Wie die übrigen Daten ausgewertet werden, hängt vom Personalbestand des jeweiligen Bewertungsamtes ab, das den Ausschuß unterstützt. In manchen Landkreisen sitzt nur eine verzweifelte Verwaltungsangestellte, die es gerade schafft, die Verbriefungen abzuheften und in einen Schrank zu stellen. In Großstädten dagegen werden die Daten genau ausgewertet und stehen über käufliche Jahresberichte und detaillierte Anfragen zum Beispiel zu Kaufpreisen von Eigentumswohnungen zur Verfügung, die dann auch nach Baujahren und genaueren Lagen sortiert sind.

Angebote in Zeitungen sind dagegen noch nicht »ausgekämpft«! Auch stehen in den Inseraten weniger Details drin, als vom Gutachterausschuß erhältlich sind. Verkaufsanzeigen von Eigentumswohnungen enthalten im allgemeinen nur: m² Wohnfläche (siehe 9.1), Zimmerzahl, Besonderheiten wie Tiefgaragenplatz, Gartenanteil, Dachterrasse sowie eventuell das Baujahr, Neubau, Altbau usw.

Trotzdem kann man mit beiden Datenreihen arbeiten, am besten in Kombination, denn beide haben »Würmer«. Der Gutachterausschuß kann zum Beispiel nicht erkennen, ob zwei Hardliner dem Finanzminister die Grunderwerbsteuer nicht gönnen und einen Teil des Kaufpreises hinter dem Rücken des Notars schwarz verbriefen. Vielleicht auch, weil einer von beiden nicht weiß, wohin mit seinem Schwarzgeld. Auch werden Einrichtungen von Küchen und anderes mehr gesondert ausgewiesen, die in die Preisstatistik nicht eingehen. Ob diese Einrichtungen wirklich da sind, kann der Gutachterausschuß nicht erkennen. Der Gutachterausschuß kennt im allgemeinen auch nicht die Hausqualität, nur in seltenen Fällen die Wohnungsqualität!

Aus Zeitungsinseraten kann man dagegen die genaue Lage im Stadtbezirk nicht erkennen, insbesondere da Makler die Adresse erst nach entsprechender Unterschrift herausgeben. Weder das genaue Alter der Wohnung ist gemeinhin erkennbar noch die Haus- und Wohnungsqualitäten.

Keine der beiden Datenreihen spiegelt die Verkaufsumstände wieder. War es ein Notverkauf der Familie Pulverfaß, der das Wasser bereits an der Oberkante Unterlippe stand, oder ist ein blauäugiger »Erbochse« durch das Scheunentor getrabt und hat – das Geld muß weg – blindlings gekauft?

Falls Sie für den Stadtbezirk, der Sie interessiert, nicht genügend Daten finden: Verbreitern Sie die Datenreihen aus Zeitungen durch Hinzuziehung von Daten aus Stadtbezirken ähnlicher Preisstruktur. Das entspricht dem Verhalten der zahlenmäßig überwiegenden realistischen Käufer, die bei ähnlichen Lagequalitäten nicht auf einen Stadtbezirk festgelegt sind.

Noch eine Erkenntnis zu den Wohnwertrastern aus durchgeführten Kaufverhandlungen:

Bei Verhandlungen liegen die Wohnwert-Punkte, um die Käufer und Verkäufer die vom Sachverständigen ermittelten Werte gern nach oben oder unten korrigiert würden, in sehr engen Bereichen, wenn – mit dem festen Willen zu einem Abschluß zu kommen – erfolgreich und fair verhandelt wird.

Weitere Fragen sind: Ist die Wohnung vermietet oder frei? Bei gut vermieteten Wohnungen verschwindet der Preisunterschied eventuell gänzlich, weil es, wie schon beschrieben, genügend Anleger gibt, die an gut vermieteten Wohnungen interessiert sind. Die Jahresberichte der Gutachterausschüsse geben dafür eventuell Hinweise.

Wie alt ist die Wohnung? Ist es eine Neubau- oder Gebrauchtwohnung? Für Ab- und Aufschläge geben die Berichte der Gutachterausschüsse Anhalte. Manchmal liegen die Neubaupreise eng bei den Preisen der Gebrauchtwohnungen. Die Erklärung liegt oft darin, daß die Lage der Gebrauchtwohnungen besser ist. Schließlich sind die guten Lagen überall weitgehend bebaut!

Liegt eine Neubauwohnung, die Sie interessiert, in einem Viertel, das gerade »in« ist? Und bleibt es auch eine »in«-Adresse? Hinter dem Verkauf größerer Neubaukomplexe steht nicht nur ein erheblicher

Werbeetat, sondern auch konzentrierte Öffentlichkeitsarbeit großer Bauträger und Makler. Da erscheinen zum Beispiel in verschiedenen Zeitungen »neutrale« Artikel, die bescheinigen, daß ein bestimmtes Wohngebiet »**in**« ist. Das Gebiet wird hochgelobt, bis alles verkauft ist. Dann fällt das Gebiet wieder runter, bis es »**out**« ist.

Die Datenerhebung aus Zeitungen ist für Sie leicht, wenn Sie bereits genau wissen, in welchen Wohnlagen Sie kaufen wollen und eine Zielvorstellung für die Wohnungsgröße haben. Zur Erleichterung gibt es Dienstleister, die bereits sortieren. Zum Beispiel für Südbayern die Immobilien Marktdaten Vertriebs GmbH, IMV, die jedes Wochenende bis zu 40 Zeitungen auswertet: Internet: www.imv-gmbh.com. Diese Auswertungen sind besonders hilfreich, wenn Zeitungen den Immobilienteil total unsortiert drucken.

Darüber hinaus können Sie von den Maklerverbänden wertvolle Daten erfragen. Diese Verbände geben auch Berichte heraus, sind im Internet vertreten und betreiben Datenbanken. Ein Makler lebt von der Provision beim Verkauf von Immobilien. Er kann nicht davon leben, daß ihm teure Angebote, die der Markt nicht annimmt, den Schreibtisch vollstapeln. Seine wichtige Marktfunktion besteht darin, die überzogenen Preisvorstellungen der Verkäufer auf Marktniveau herabzusenken. Daher sind auch Zeitungsangebote in Ballungsräumen, in denen sich das Immobilienangebot weitgehend in Maklerhand befindet, besonders aussagekräftig. Makler wirken am Markt preisdämpfend. Selbst wenn Makler, um den Auftrag zu erlangen, anfangs höhere Preise versprechen, versuchen sie doch sehr schnell, die Kunden in die Marktwertspanne hineinzuverhandeln. Andernfalls würden sie erfolglose Inseratkosten auf die Dauer nicht überstehen.

5.2 Die »Marktwertspanne«

Die Marktwertspanne ist ein lebendiges Wesen! Sie verändert sich mit dem »Markt«. Darum beachten Sie die zwei folgenden Marktgesetze, wenn Sie auf Dauer auch Gewinne machen wollen:

- Der Ort ist wichtig! Wie bei Aktien gewinnt man auch mit Immobilien nachhaltig nur in längeren Zeiträumen. Haben Sie noch genügend Zeit? Ja? Dann kaufen Sie nur in Gebieten, in denen die Preise noch moderat sind, aber auf Dauer nachhaltig Steigerungs-Phantasie vorhanden ist. Keine Luftblasen, sondern begründete Phantasien! Selbstverständlich muß sofort eine nachhaltig erzielbare Miete sicher sein, die Ihre Finanzierung absichert, sonst subventionieren Sie die Immobilie die nächsten 10 bis 20 Jahre. Was, wo und wann ist wichtig, sonst fahren Sie über Jahre hinaus Paternoster: Wenn die Preise einigermaßen oben sind, sind sie, ehe man es sich versieht, wieder unten und die Fahrt beginnt von Neuem.

- Das Timing ist wichtig! Verwenden Sie zur Erkennung der Kauf- und Verkaufszeitpunkte folgende mathematische Gesetzmäßigkeit: Kurven haben Wendepunkte. Schon lange bevor ein Wert total in den Keller fährt, kündigt sich der Wiederaufstieg im Wendepunkt der Kurve an.

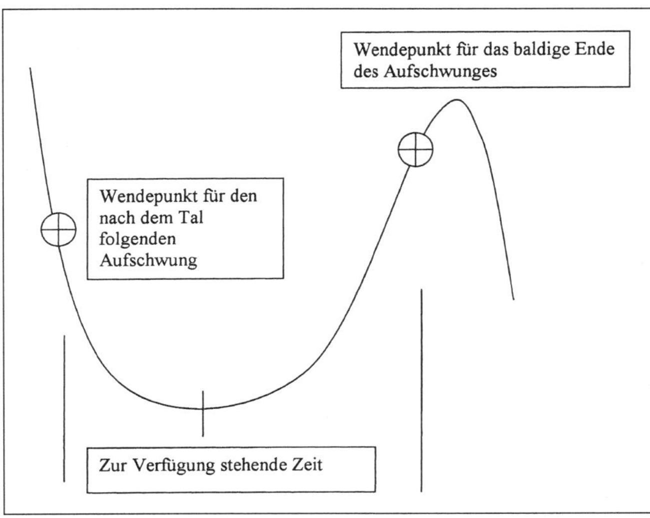

Ist der Wendepunkt einer negativen oder positiven Entwicklung schon eingeläutet? Dann verlieren Sie nicht die Hoffnung, auch wenn der Immobilienwert noch fällt. Natürlich ärgert sich jeder, wenn er nicht im Tiefpunkt gekauft und zum Höchstwert verkauft hat. Das gelingt aber kaum jemandem! Freuen Sie sich, wenn Sie zu den Wendepunkten kaufen und verkaufen! Aus einem tiefen Tal geht es irgendwann so schnell nach oben, daß der Zug aus dem Bahnhof fährt, bevor Sie einsteigen können. Wie Sie aus den Kurven erkennen können sind die Hoch- und Tiefpunkte eben nur »Punkte« an denen Sie kaum Zeit haben. Zwischen Wendepunkten haben Sie genügend Zeit zum Überlegen.

Wie erfahren Sie Stimmungswenden? Leider nur durch viel Hören und Lesen. »Viel«, da von vielen Spielern gesteuert wird! Lange bevor die Abschreibungs-Immobilien in den neuen Bundesländern ein Flop wurden, war der Wendepunkt für »Dauerblicker« klar zu erkennen.

Innerhalb der Marktwertspanne werden Verhandlungen zwischen Käufer und Verkäufer zielgerichtet und erfolgreich abgeschlossen. In unserem Land ist natürlich alles normiert und geregelt, so auch Bewertungen von »Verkehrswerten« in der »Wertermittlungsverordnung«. Nur gibt es für keine Immobilie einen festen Verkehrswert. Der Bundesgerichtshof hat in mehreren Urteilen den Sachverständigen einen Toleranzrahmen für den von Ihnen ermittelten Verkehrswert von bis zu 20% zugebilligt. Deshalb benutzen wir für Verhandlungen besser den praktischen Begriff »Marktwertspanne«. Stellen Sie sich frühere Pferdemärkte vor. Innerhalb einer Marktwertspanne hatte jedes Angebot für den »Gaul« die gleiche Wahrscheinlichkeit richtig zu sein. Es kam nur auf das Verhandlungsgeschick und die Kaufumstände an (Kapitel 15). So auch bei Immobilien!

6 TIPS FÜR DEN KAUF VON GEBRAUCHTWOHNUNGEN

Anders als beim Kauf vom Bauträger bekommen Sie vom Eigentümer, der Ihnen die Wohnung verkauft, keine Gewährleistung. Bei einer bestehenden Wohnung aber können Sie die Ausstattung sehen, anfassen und die sichtbaren Mängel feststellen. Allerdings nur in der Wohnung, beim Gemeinschaftseigentum wird es schon kritischer. Als Laie in der Bautechnik werden Sie nicht alle Mängel erkennen können, und einen Fachmann dafür hinzuzuziehen ist in der Regel bei einem umfangreichen Gemeinschaftseigentum (Heizzentrale, Tiefgarage, Keller, Dach, Treppenhäuser usw.) zu aufwendig. Einen Ausweg bieten die **Protokolle der Wohnungseigentümerversammlungen**, die Sie vom Verkäufer anfordern sollten. Der Verwalter zieht einmal jährlich Bilanz und muß mindestens einmal jährlich eine Eigentümerversammlung abhalten. Dabei kommen auch die Mängel, die dafür erforderlichen Aufwendungen und die von der Eigentümergemeinschaft eventuell gebildeten Rücklagen zur Sprache. In den Protokollen, die jeder Eigentümer erhält, können Sie also lesen, was Sie an bekannten Mangelbeseitigungskosten erwartet. Ein weiterer Ausweg ist das Ausfüllen der Mängelliste, die Sie unter 1.8 bei den »Fünf zusätzlichen Regeln für Käufer von Gebrauchtwohnungen« am Anfang des Buches finden.

Fragen Sie darüber hinaus auch einmal die Bewohner des Hauses nach Mängeln. Dabei erfahren Sie möglicherweise Mängel, die nicht beseitigt werden können und daher auch nicht im Protokoll stehen, wie z. B. Schalldämmängel. **Die häufigsten Mängel am Gemeinschaftseigentum sind im übrigen Schalldämmängel**, dann **Durchfeuchtungen** (Dächer, Keller, Außenputz), **Wärmedämmängel und Mängel im Heizungs- und Warmwasserbereich** (die Heizkörper werden z. B. nicht warm genug, oder es dauert endlos, bis das warme Wasser kommt).

Unterscheiden Sie bei Ihren Befragungen zwischen Mietern, die nur die Mängel ihrer eigenen Wohnung kennen, und Wohnungseigentümern, die in den Eigentümerversammlungen mehr über das ganze Haus erfahren.

Mit einer Übersicht über die Kosten der Mängelbeseitigung und einem fachkundigen Freund an Ihrer Seite (der in den Kaufverhandlungen versucht, Sie mit Hinweisen auf mögliche weitere verdeckte Mängel vom Kauf abzubringen) läßt sich auch trefflich über den Kaufpreis handeln!

In Ausnahmefällen, wenn Sie Verdacht geschöpft haben, sollten Sie sich auch nicht scheuen, eine thermographische Untersuchung mit dem Verkäufer zu vereinbaren und die Kosten notfalls aufzuteilen. Mit den Infrarotuntersuchungen der Thermographie (deren Kosten im Bereich von ca. 500,– bis 1000,– DM liegen) kann man z. B. die Dämmung von Dachgeschoßwohnungen, Durchfeuchtungen u. a. m. feststellen. Derartige Mängel sind weniger im Hinblick auf den Energieverbrauch bedeutsam, sondern vor allem wegen Zugerscheinungen und gesundheitsschädlichen Schimmelbildungen. Wenn Sie derart grobe Mängel feststellen, können Sie möglicherweise den Kaufpreis angenehm herunterhandeln. Die Mangelbeseitigungskosten muß dann – sofern Gemeinschaftseigentum betroffen ist – ohnehin die ganze Eigentümergemeinschaft tragen.

Kaufen Sie sich daher nicht in eine Eigentümergemeinschaft ein, die aus lauter Pleitegeiern besteht und deren Gemeinschaftseigentum Mängel hat! Das kommt vor allem bei kleinen Gemeinschaften mit wenigen Wohneinheiten vor. Wenn es Ihnen dort durch das Dach regnet, müssen Sie erst die anderen verklagen, den Prozeß gewinnen, um dann mit viel Glück und Maßnahmen bis hin zur »Taschenpfändung« Ihr Geld zu erkämpfen. Sie können ja nicht jahrelang im Nassen stehen und müssen vorleisten!

Erkennbar ist solch ein Pleitegeierschwarm unter anderem daran, **daß in den Wohnungseigentümerprotokollen notwendige Reparaturen aufgeführt sind, die aber nicht ausgeführt wurden**. Ferner an einem **leeren Rücklagentopf!**

Fragen Sie die Hausverwaltung auch nach eventuellen Hausgeldrückständen Ihres Verkäufers. Bei der Gelegenheit fragen Sie auch mal nach der Eigentümergemeinschaft selbst. **Ist die Gemeinschaft vielleicht bis aufs Blut zerstritten?**

Wichtig noch für Sie: Für eine Wohnung aus zweiter Hand wurden die beim Bau der Wohnung gültigen Normen angewandt, die eventuell dem heutigen Standard nicht mehr entsprechen. Das betrifft insbesondere den Wärme- und Schallschutz. Nun ist es keineswegs immer sicher, daß Häuser mit dem neuesten Wärmeschutz auch die geringsten Heizkosten haben. Deshalb: **Fragen Sie nach den Heizkostenabrechnungen der letzten Jahre (Winter ist nicht gleich Winter)**. Vergleichswerte erhalten Sie – auch telefonisch – von den überall vertretenen Heizkostenabrechnungsfirmen. Fragen Sie die Hausbewohner auch nach Schimmelbildungen. Schimmelbildungen können auf Wärmedämmängeln beruhen (meist aber auf falschem Wohnverhalten oder falscher Möblierung). Seit dem ersten November 1977 ist zusätzlich zur DIN 4108 »Wärmeschutz im Hochbau« die sogenannte »Wärmeschutzverordnung« in Kraft getreten. Fragen Sie, ob Nachweise insbesondere zur Erfüllung der Wärmeschutzverordnung vorhanden sind. Der Verkäufer oder der Verwalter werden darüber allerdings selten informiert sein. Aber diese Frage bringt Sie auf den ursprünglichen Erbauer. War es ein Kauf vom Bauträger? Existiert der Bauträger noch? Kann der Bauträger noch Auskunft geben? Hat der Bauträger einen guten Leumund? Ist der Architekt noch auffindbar? Kann er Auskunft geben? Machen Bauträger und Architekt einen vertrauenswürdigen Eindruck? Oder wurde die Wohnung im sogenannten **Bauherrenmodell** gekauft? **Hierbei gab es besonders große Qualitätsunterschiede, von schlecht geplanten und schlecht überwachten, mängelüberhäuften Objekten bis hin zu Spitzenqualitäten.**

Nach dem Krieg sank die Qualität des Wärmeschutzes stark ab und hat sich etwa erst in den 70er Jahren gesteigert. Altbauten aus den 20er und 30er Jahren haben dagegen meist einen guten Wärmeschutz, aber durch Holzbalkendecken einen mangelhaften Schallschutz. In den 60er Jahren war der Schallschutz (DIN 4109, 1962) besser, hat aber erst mit der DIN 4109 von 1989 und danach heutigen Standard erreicht.

Dieselben Fragen wie beim Kauf vom Bauträger sollten Sie in diesem Fall auch im Hinblick auf den früheren **Baubetreuer** stellen!

So mancher Eigentümer schlecht gemanagter Bauherrenmodelle möchte sein »Sorgenkind« wieder loswerden. Oder kaufen Sie nicht vom ersten, sondern vom bereits x-ten Eigentümer?

Die Schallschutzqualität erfahren Sie auch wieder am leichtesten von den Bewohnern, wenn »Ihr« Verkäufer abwesend ist. Wenn Sie sich als zukünftiger Bewohner vorstellen, wird Ihnen wohl niemand etwas vorflunkern, denn eine Lüge würde nach Ihrem Einzug zu Spannungen in der Hausgemeinschaft führen. Es sei denn, derjenige, den

Sie fragen, ist »Ihrem« Verkäufer besonders verbunden! Vorsichtig nach dem »Verhältnis« fragen! Hört man die Oberbewohner herumtrampeln? Eventuell auch alle anderen im Haus? Dann ist der Trittschallschutz miserabel! Hört man die Toilettenspülung der anderen Hausbewohner so, als ob Sie neben dem eigenen Bett im Schlafzimmer läuft? Wenn die anderen baden, badet man dann im Geiste mit? Wenn nachts im Keller die Heizung anspringt, steht man dann vor Schreck senkrecht im Bett? Oder denkt man, wenn draußen bei geschlossenen Fenstern die Feuerwehr vorbeifährt, das eigene Wohnzimmer sei die Feuerwehrgarage? Kann man nachbarliche Schlafzimmerorgien akustisch mitgenießen?

Fragen Sie den Verkäufer oder den Verwalter auch nach der Höhe des Hausgeldes (siehe Kapitel 9.3)! Selbstverständlich sollten Sie auch den Kaufpreis selbst durchleuchten (siehe Kapiel 5)!

Und natürlich: Lassen Sie sich vor dem Kauf vom Notar bzw. seinen Gehilfen die vorhandene »Teilungserklärung mit der Gemeinschaftsordnung« juristisch genau erklären, denn Sie kaufen sich ja in eine bestehende Rechtssituation ein, auf die Sie keinen Einfluß haben!

Apropos Verwalter: Hat die Eigentümergemeinschaft vielleicht schon den 5. Verwalter in 10 Jahren? Dann stimmt da etwas nicht!

Und noch ein letzter Tip:
Kaufen Sie sich keine Arbeit (es sei denn, Sie sind Hobbybastler) in Gestalt einer abgewirtschafteten Wohnung **ein**! Der zeitliche und finanzielle Aufwand für Renovierungen wird stets unterschätzt. Außerdem, was nutzt Ihnen am Ende ein schmuckes Appartement in einem verkommenen Gemeinschaftseigentum.

Eine Ausnahme bilden Wohnungen in der Nachbarschaft von teueren Neubauwohnungen! Neubauwohnungen erhöhen den Marktwert von Gebrauchtwohnungen, da die Käufer sich ausrechnen, mit einer satten Investition die Wohnungen und das Gemeinschaftseigentum so zu renovieren, daß sich die Qualität Neubauten annähert. Damit können sowohl Verkäufer als auch Käufer von Gebrauchtwohnungen ein Schnäppchen machen, wenn nach der Renovierung ein größerer Geldbetrag gegenüber dem Neubau eingespart werden konnte.

Selbstverständlich gelten die übrigen Kapitel des Buches analog auch für Wohnungen aus zweiter Hand.

7 LERNEN SIE DEUTSCH: PROSPEKTDEUTSCH

In einem seriös aufgemachten Wohnungsprospekt lesen Sie vielleicht folgende Beschreibung: Einlochmischbatterie mit Perlator. Das verheißt aufwendige Technik und sorgfältige Planung; im Klartext heißt es nichts anderes als: Hier wird ein Wasserhahn installiert, der nur ein Loch im Wachbecken braucht. An seinem Ausgang hat dieser Hahn einen Siebeinsatz, damit der Wasserstrahl nicht wie aus einem alten Elefanten herausplätschert, sondern gleichmäßig strömt. Frage also: Was denn sonst, wenn nicht Perlatoren? Werden denn zur Abwechslung sonst Gartenwasserhähne in Luxusbäder eingebaut? Oder zwei getrennte Wasserhähne, einer für Warmwasser, einer für Kaltwasser wie zur guten alten Kaiserzeit?

Dazu einige Stilblüten, ihre Übersetzungen und kritische Anmerkungen:

Zunächst zur Lage, die Sie natürlich selbst besichtigen werden. Die Prospekte sind nämlich oft wenig aussagekräftig. – Sie finden z. B. mit Bestimmtheit den Starnberger See (selbstverständlich mit wunderbarem Sommerhimmel) auf der Titelseite, auch wenn die angebotenen Objekte in 20 km Entfernung geplant sind. – Zwischen den Zeilen deutet die Lagebeschreibung allerdings oft schon an, was den zukünftigen Wohnungsbesitzer erwartet: **Zentrale Lage** heißt dann häufig im Klartext, daß Oropax einer der meistverwendeten Haushaltsartikel sein wird; **ruhige Lage** dagegen, daß da die Füchse einander gute Nacht sagen und nicht einmal sie, als schnelle Läufer, die nächste Straßenbahnhaltestelle erreichen.

In der Beschreibung der technischen Details eines Wohnprojektes werden vor allem drei Ausdrücke immer wieder falsch verwendet, deren Bedeutung daher an dieser Stelle geklärt werden soll:

- **Isolierung:** dieser Ausdruck wird nur für Elektroarbeiten verwendet
- **Dämmung:** betrifft Wärme und Schall (»Wärmeisolierung« ist daher falsch)

- **Abdichtung:** erfolgt gegen nicht drückendes Wasser sowie Feuchtigkeit und gegen drückendes Wasser

Warum sollten Sie sich für diese sprachlichen Unterscheidungen überhaupt interessieren? Sie sind für Sie tatsächlich von wesentlichem Interesse, denn neben anderem **bestehen die wichtigsten Beurteilungskriterien für Wohnqualität und Schadenssicherheit eines Hauses in:**

- **Schall- und Wärmedämmung**
- **in der Dachabdichtung** (soweit es sich um ein Flachdach handelt); **ferner in der Terrassen-, Balkon- und Kellerabdichtung**

Zur Kellerabdichtung: Warum erfolgt eine Unterscheidung zwischen drückendem und nicht drückendem Wasser sowie Bodenfeuchtigkeit? Drückendes Wasser übt auf die Kellerabdichtung, vergleichbar einem Taucher im Meer, einen Druck aus (z.B. Grundwasser oder auch Stauwasser in dichten tonig-lehmigen Böden, das nicht abfließen kann). Warum soll Sie das interessieren? Nicht nur für die Baufachleute, auch für Sie ist es wichtig zu wissen, ob Ihr Keller bis zum Hals, oder auch nur bis zu den Füßen, im Wasser steht. Nicht drückendes Wasser »drückt« dagegen nur vorübergehend und kann, ähnlich wie einfache Bodenfeuchtigkeit, leichter beherrscht werden.

Dazu einige Beispiele von Prospekttexten:

Kellerabdichtung gegen Bodenfeuchtigkeit gem. DIN 18195.

Abdichtung der Kellerwände gegen nicht drückendes Wasser gem. DIN 18337.

Die Kellerwände werden bituminös gegen Feuchtigkeit abgedichtet.

Das Haus steht offenbar in versickerungsfähigem Boden mit tiefem Grundwasserstand.

Der Keller wird als Betonwanne ausgebildet.

Kellerwände und Bodenplatte in wasserundurchlässigem Beton.

Der Keller wird wasserdruckhaltend gem. DIN 18336 abgedichtet.

Hier gibt es entweder schon Grundwasser, oder es wird erwartet.

Einen Keller, der, selbst bei drückendem Wasser, bombensicher in einer soliden Wanne schwimmt, können Sie getrost vergessen.

Wenn Sie aber feststellen, daß der Keller eines angebotenen Projektes Wasserdruck ertragen muß, so haben Sie einen Grund mehr, vor Kaufabschluß die Referenzen Ihres Bauträgers zu überprüfen (siehe Kapitel 13).

Führen Sie bei allen wesentlichen unklaren Prospektsätzen den Fragetest (siehe Kapitel 11.6 unter Punkt 3) durch.

Nachfolgend einige weitere häufig zu lesende Bezeichnungen in Prospektdeutsch und ihre Übersetzungen:

Alle tragenden Teile, wie Fundamente, Kellerumfassungswände, Stützen und Geschoßdecken, sind nach statischer Berechnung in Beton bzw. Stahlbeton ausgeführt.

Nach statischen Berechnungen? Wie wohl sonst? Wird sonst über den Daumen gepeilt? Wesentlich ist aber, daß auch die Kellerwände in Beton ausgeführt werden; eine sehr solide Ausführung.

Gutes schall- und wärmeisolierendes Ziegelmauerwerk.

Es müßte »wärmedämmend« heißen. Was soll hier »gut« bedeuten? Welche Ziegelarten werden verwendet? Welcher Wandaufbau? In welcher Dicke? Das wären wesentliche Fragen, die man anschließen müßte.

Ziegelmauerwerk in 36,5 cm Dicke in Wärmeschutzziegeln.

Das ist die heute übliche Dicke. »Wärmeschutzziegel« ist kein Fachausdruck. Was ist also damit gemeint?

Innenwände in Stahlbeton gespachtelt bzw. Gipsvollplatten.

Das klingt gut; aber daraus ist zu entnehmen, daß der Bau keinen Innenputz erhält. Es handelt sich also sicher um einen Betonbau mit glatten geschalten Wänden und Decken, die wahrscheinlich vom Maler mit einem Kunststoffspachtel mit Putzstruktur überzogen werden. Die leichten Trennwände zwischen den Räumen werden als glatte Gipsvollplattenwände – normalerweise in 8 cm Dicke – erstellt; eine bewährte Ausführung. Nicht klar hingegen sind die Oberflächen: die Leichtwände glatt, die tragenden Wände mit Struktur – das paßt nicht zusammen. Oder verbirgt sich hinter dem fachlich nicht eindeutigen Wort »gespachtelt« nur das Zuspachteln von Fugen und Löchern im Beton, so daß auch die tragenden Wände glatt, gestrichen und putzlos in stiller Bescheidenheit dastehen – eine sehr einfache Ausführung.

Decken: Stahlbetonplatten nach statischer Berechnung in glatter Schalung.

Das heißt im Klartext, daß die Decken putzlos glatt ausgeführt werden. Warum immer wieder die statische Berechnung betont wird, ohne die ja kein Bau ausgeführt werden kann! Wahrscheinlich doch in der Hoffnung, den Kunden damit tief zu beeindrucken.

Alle Blecharbeiten (Regenrinnen, Fensterbleche usw.) in feuerverzinktem Material.

»Material« kann nur heißen: Stahlblech – neben Kunststoff die einfachste Ausführung mit dem Nachteil großer Pflegebedürftigkeit, da die Zinkschutzschicht einmal von den allgegenwärtigen aggressiven Gasen aufgefressen sein wird. Besonders unangenehm ist dann das Streichen der Dachrinnen.

Dgl. alle Bleche in Alu natur.

Das bedeutet: nichteloxiertes Aluminium, das billigste Alumiumblech, welches im Laufe der Zeit eine graue Oxydschutzschicht erhält. Ob das Blech grau ist oder glänzt, ist allerdings nur eine Frage des Geschmacks, nicht der Haltbarkeit.

Imprägniertes Massivholz-Sparrendach mit Trägerlattung, Eindeckung in Dachplatten.

Also: keine Dachziegel, sondern (i. allg. billigere) Dachplatten aus Faserzement. »Imprägniert« muß das Holz selbstverständlich werden – oder läßt man sonst im allgemeinen den Käufern das Dach über dem Kopf verfaulen? »Massivholz« ist, wie »Naturholz«, eine der eindrucksvollsten Wortschöpfungen der Bauwerbung. Werden denn sonst im allgemeinen Dachstühle aus Sperrholz oder aus Spanplatten eingebaut? »Trägerlattung« sind keine Extras, sondern die zum Befestigen der Dachplatten unverzichtbaren Dachlatten.

Wärme- und Schallschutzisolierung erfolgt nach DIN-Vorschriften.

Wonach wohl sonst? Nach den Vorschriften des Königs von Tonga?

Warmwasser- und Zentralheizungsleitungen erhalten eine Wärmeschutzisolierung.

Das ist mehr als selbstverständlich. Sonst sitzen Sie nämlich vor kalten Heizkörpern, da der Wärme der Weg bis dahin zu kalt ist und auch sie friert, bis sie bei Ihnen ankommt.

Heizkörpernischen und Stahlbetonteile werden wärmeisoliert.

Reden wir nicht mehr über die unkorrekte Verwendung des Wortes »isolieren«! Aber was da groß angekündigt wird, ist so selbstverständlich wie das Besteck, das Ihnen der Ober zum Essen bringt.

Elektroleitungen nach VDE-Vorschriften.

VDE – Verband Deutscher Elektrotechniker. Also warum nicht nach den Wasserwerksrichtlinien? Eine absolut überflüssige Ankündigung, denn genauso wie der Pfarrer darf auch der Elektriker nur nach einem Buch arbeiten.

Anzahl der Steckdosen und Schalter in allen Räumen wie üblich (oder auch einfach nur: ausreichend).

Was ist üblich? Was ist ausreichend? Die HEA (siehe Kapitel 14) hat in diesem Bereich ganz klare, eindeutige Empfehlungen gegeben. Aufschlußreicher wäre es, wenn da stünde: Elektroinstallation lt. HEA-Wohnungskennziffern (also * oder ** oder ***). Wie beim Cognac wüßten Sie dann, was Sie (in diesem Fall nicht an Gaumenfreude, sondern an Ausstattungsumfang) erwartet.

Als Ausgleich für alle vorangegangenen dürren Baubeschreibungen nun eine prospektdeutsche Blüte:

Klingel und Torsprechanlage: Türstation mit Klingelplatte in Kupfer, mit hinterleuchteten Klingeltasten mit Namensschild kombiniert, sowie Mikrofonlautsprecher und Hauslichtdrücker.

Oha! Hier grenzt man sich offenbar von allen jenen Bauträgern ab, die es den Besuchern ihrer Käufer überlassen, im Dunkeln den Namen zu ertasten und sich dann durch Jodeln anzumelden.

Sicherungskästen mit »Schmelzsicherungen«.

Was durch das »mit« so positiv formuliert ist, bedeutet eigentlich etwas Negatives, nämlich, daß keine Sicherungsautomaten vorgesehen sind.

Interessant dagegen wäre die Bestückung des Kastens, die darüber Aufschluß gibt, ob genügend Stromkreise in der Wohnung vorhanden sind. Enthält der Sicherungskasten z. B. zusätzliche Sicherungen, die später für Zusatzinstallationen verwendet werden können (siehe Kapitel 14).

Fensterbänke: Marmor bzw. Kunststein.

Echter Marmor im geologischen Sinn ist Kalkstein, der im Erdinnern unter Hitze und Druck umkristallisiert wurde. Am Bau liefern aber nicht Geologen die Fensterbänke, sondern Steinmetze. Für Steinmetze ist »Marmor« jedes polierfähige Material. Also bekommen Sie vom Steinmetz in der Regel polierfähigen Kalkstein. Der Unterschied zwischen »echtem« Marmor (= umgewandeltes = metamorphes Gestein) und Kalksteinmarmor liegt nur im optischen Eindruck der Oberfläche. »Echter« Marmor ist gebändert, und Sie erkennen keine Muscheln o. ä. m., deshalb gehört er eigentlich auch eher in eine Gruft.

Kunststein (= Betonwerkstein) muß nicht billiger als Naturstein sein, unterscheidet sich aber auch wieder optisch! Zusammengefaßt: **Die Art der Fensterbänke ist eine Frage Ihres Geschmackes! Lassen Sie sich Muster zeigen!**

Fenster: Fichte natur, wetterfest eingelassen.

Dem kann man entnehmen, daß die Fenster (nach entsprechender Beizung) farblos bzw. lasierend gestrichen werden, will man sich dem edlen Mahagonilook annähern. Die Haltbarkeit betrifft das nicht, denn weißgestrichene Fichtenfenster sind eher beständiger. Das Wort »wetterfest« ist wieder einmal überflüssig, denn wie gestrichen werden muß, ist in der VOB (Verdingungsordnung für Bauleistungen) genau vorgeschrieben.

Naturholzfenster mit schall- und wärmedämmendem Zweischeibenisolierglas.

Warum die »Natur« so besonders betont wird, ist nicht klar, entspricht aber wohl dem Trend der Zeit. Wahrscheinlich ist mit der Beschreibung angedeutet, daß die Fenster (s. o.) farblos bzw. lasierend gestrichen werden. Die verarbeitete Holzart wäre dagegen von Interesse (Fichte o. ä. oder Exoten wie Mahagoni, Sipo usw.). Für den Fachmann lassen sich Fenster in Qualität und Ausführung exakt beschreiben.

Ihnen werden die Angaben wenig helfen. Aussagekräftig wäre die Schallschutzklasse der Fenster bzw. ein Hinweis darauf, ob sie mit erhöhtem Schall- und Wärmeschutz ausgestattet werden. Hinter dem Zweischeibenisolierglas verbirgt sich vermutlich ganz normales Isolierglas.

Außenputz: Kunstharzputz auf Polystyrol-Schaumplatten.

Hierunter verbirgt sich sogenannter »Außenputz auf Wärmedämmplatten«. Bitte, lesen Sie dazu Kapitel 3.2 (Gewährleistungsfragen) nach!

Isolierverglasung mit 12 mm Scheibenabstand.

Auch das sind keineswegs Luxusscheiben! Der Luftzwischenraum der üblicherweise verwendeten Isolierglasscheiben beträgt eben 12 mm.

Bäder und WCs raumhoch mit Keramikfliesen verfliest.

»Raumhoch« ist der Hinweis auf eine gute Ausführung. Das Wort »Keramikfliesen« hat wenig Aussagekraft, da andere Materialien, wie Kunststoff, ohnehin nur selten verwendet werden. Art und Qualität der Fliesen sind dadurch nicht festgelegt, häufig wird jedoch durch eine Preisangabe genauer differenziert; z. B. 60,– DM/m^2 einschließlich Verlegung und MWSt., das dürften dann die allerbilligsten Fliesen sein, es sei denn, es handelt sich um eine sehr große Wohnanlage mit großem Fliesenverbrauch und entsprechenden Mengenrabatten.

Bodenbeläge: In den Wohn- und Schlafzimmern und Dielen Teppichboden.

Welche Art und Qualität? Welche Preisklasse (Verlegung nicht mitgerechnet)? Hier gibt es große Unterschiede.

Malerarbeiten: Alle Wände und Decken mit Binderfarbe wischfest.

Der Ausdruck »Binderfarbanstrich« ist in der Praxis nicht mehr vorhanden. Es gibt dagegen Kalk-, Lehm- und Dispersionsfarben. »Wischfest« ist kein zusätzliches Extra, sondern Normalausführung.

Rolläden: Kunststoffrolläden mit wärmeisoliertem Fertigkasten.

Das Letztgenannte, der wärmeisolierte (-gedämmte müßte es heißen) Rolladenkasten, ist so selbstverständlich wie das Amen in der Kirche. Sie könnten sonst im Winter das Fenster genausogut offen lassen.

Die Heizungsanlage wird als geschlossene Warmwasserheizung betrieben.

Auch das sagt, da üblich, wenig. Interessant wären die Heizungsanlage, die Heizkörper. Mit welchem Energieträger wird geheizt: Gas, Öl, Fernheizung?

Noch abenteuerlicher sind Prospekttexte für **Gebrauchtwohnblöcke**, die entweder »total unbearbeitet mit herrlichem Exposé«, »notdürftig repariert« oder »voll saniert und restauriert« (bei denkmalgeschützten Bauten) angeboten werden.

Exklusive Dachgeschoß-Galeriewohnung mit hochwertiger Ausstattung.

Bedeutet eventuell, daß Sie sich unter einem alten hölzernen Steildach mit fragwürdigem Dachaufbau und winziger Wohnfläche (siehe Kapitel 9.1) einkaufen. Daran ändert auch die »hochwertige« Make-up-Ausstattung mit besseren Teppichbelägen und Fliesen nichts.

Naturfeuchter Keller.

»Ist das Isarwasser?« hat ein naiver Käufer gefragt.

Die Beispiele ließen sich fortsetzen. Tatsache ist ganz einfach: **Den meisten Baubeschreibungen kann auch der Fachmann nicht sehr viel entnehmen.**

Was geht das alles Sie an, was können Sie unternehmen? Wenn Sie sich schnell entscheiden müssen, weil Ihnen sonst jemand die Wohnung vor der Nase wegschnappt: nichts! Nehmen oder sich wegnehmen lassen, das ist dann die alleinige Frage. **Wenn man Ihnen jedoch genügend Zeit läßt, sollten Sie in Ihrem eigenen Interesse die wichtigsten Ausstattungsdetails erfragen und dem Kaufvertrag zugrunde legen. Selbst beim Notar ist noch eine genaue Kontrolle notwendig, ob dem Kaufvertrag auch wirklich die gleiche technische Baubeschreibung zugrunde liegt, die Sie überprüft haben.**

Nach dem Kauf ist schon manche Kinnlade heruntergefallen. Und eine Eigentumswohnung als Katze im Sack zu kaufen ist unentschuldbar.

8 AUF DIE LAGE KOMMT ES AN

Die Lage der Wohnung ist Hauptbewertungsmaßstab für das Miet- und Kaufpreisniveau. In welcher Wohnlage er sich wohl fühlt, weiß jeder von uns genau. Trotzdem muß man immer wieder feststellen, daß sich Käufer trotz mehrerer Ortsbesichtigungen nur wenige Lagedetails bewußtmachen und viele Dinge übersehen. Mein heißer Tip für einen kühlen Kopf bei Besichtigungen: **Checkliste 1–10.** Mit Hilfe dieser informativen Beurteilungsgrundlage werden Sie sich schon in kurzer Zeit der jeweiligen Lagesituation bewußt werden. Die Checkliste spricht für sich, daher nur einige notwendige Hinweise:

Besichtigungen

Natürlich sind wir alle beeindruckt von einer ruhigen, idyllischen Umgebung mit alten Bäumen, freien Wiesen, vergessen aber zu untersuchen, ob vielleicht eine Flugschneise über den Bau zieht (und vielleicht am kritischen Tag der Besichtigung gerade die Fluglotsen gestreikt haben).

Eine ruhige Wohnstraße verwandelt sich morgens und abends vielleicht oft in eine Verkehrshölle (ist während der Besichtigung am Sonntagnachmittag aber natürlich ruhig wie eine Dorfau).

Ein paar Straßen weiter kocht vielleicht – aber natürlich nicht am Wochenende – ein Chemiemagier seinen abscheulichen Sud, oder eine Lackiererei haucht ihren Pestatem in die Gegend; das alles natürlich streng im Rahmen der Toleranzen, aber es stinkt eben.

Ein scheinbar inaktives kleines Lagerunternehmen dröhnt vielleicht während der Woche von überraschend regem Schwerverkehr – der Beispiele gäbe es viele.

Fazit: **Die Besichtigungszeit ist ungeheuer wichtig.** Pflicht für den Wohnungskäufer ist daher Besichtigung nicht nur am Wochenende, sondern unbedingt auch während der Woche; unbedingt auch zu den Arbeitszeiten; aber unbedingt auch am Wochenende – denn vielleicht wird es erst dann laut (Sportstätten, Einflugbereich für Charterflüge o. ä.). Ganz Vorsichtige machen auch Nachtspaziergänge!

Das beste wäre es, sich bei Ihrer Wohnungssuche grundsätzlich auf ein bestimmtes Gebiet zu konzentrieren, dort alle Bauaktiviäten zu beobachten und bei günstiger Gelegenheit zuzuschlagen.

Besichtigungshäufigkeit

Die Begeisterung für manche Wohnanlagen sinkt – wie es auch in der Liebe oft geschieht – mit der Zahl der Begegnungen; daher sollte die zukünftige Wohngegend mindestens fünfmal eine Stunde lang besichtigt werden.

Außenlärm

Ob Sie, um einen Extremfall anzunehmen, sich mit Ihrer zukünftigen Wohnung im Bereich einer Fluglärmschutzzone ansiedeln, erfahren Sie bei der Planungsbehörde. Entsprechend den jeweiligen Wohnzonen erstellen diese Planungsbehörden bestimmte Bauauflagen, um die Sie sich also keine Sorgen zu machen brauchen. Interessant ist es aber doch auch für Sie zu wissen, was es mit der Angabe der Phonzahl für Ihre Wohngegend für eine Bewandtnis hat. (Falls Sie das nicht ohnehin schon deutlich hören mußten! Denn auch ohne amtliche Zonenfestlegung merkt man bald, ob man im Bereich einer Flugschneise wohnt.)

Je nach ihrer Ursache werden Schallquellen als mehr oder weniger unangenehm empfunden. Eisenbahnlärm wird am ehesten akzeptiert – vielleicht wegen der damit verbundenen Romantik. Autos und Flugzeug wirken dagegen weitaus weniger romantisch. Die Nähe einer Hauptverkehrsstraße mit gleichmäßigem Autorauschen ist aber noch erträglicher als starker Intervallärm in einer Straße oder unter einer Flugschneise.

Öffentliche Verkehrsmittel

Die Zeit der Grünen Witwen ist endgültig vorbei! S- oder U-Bahn-Lage und eine gute Infrastruktur sind wichtig! Außerdem wächst ganz allgemein die Angst der Käufer vor einer Autobeschränkung!

Für die Lagequalität der Wohnung ist auch eine Ermittlung von Frequenzen, Fahrtbeginn und -ende der erreichbaren öffentlichen Verkehrsmittel wichtig. Eine nahe S-Bahn, die nur alle 40 Minuten am Tag fährt und nachts nur bis 22.00 Uhr, stellt kein sehr wertvolles Transportmittel dar.

Nicht gleichgültig sollte es Ihnen auch sein, ob Ihre Freunde einen Parkplatz vor dem Haus finden oder nicht. Wenn zu schlechten Parkmöglichkeiten auch noch weite Anfahrten kommen, sieht man die besten Freunde oft nicht wieder. Klagen über derartige Entwurzelungen sind häufig, werden aber in der Phase des Geldanlegens wenig bedacht. Auch Radfahrmöglichkeiten zur Arbeit werden oft nicht berücksichtigt, obwohl ihre Bedeutung im Steigen begriffen ist.

Infrastruktur

Die Checkliste soll hier nur Anregung zu noch genauerer Besichtigung sein. Man ist oft angenehm überrascht, wieviel Infrastruktur sich bei einigem Suchen selbst in abgelegenen Orten zeigt. Enttäuscht sind Käufer aber auch oft nach dem Einzug darüber, wieviel an Einkaufsmöglichkeiten sie eigentlich brauchten und wie wenige dann vorhanden sind.

Luftverschmutzung

Luftverschmutzende Gewerbebetriebe, insbesondere chemische Betriebe, lassen sich wohl leicht feststellen. Machen Sie mit detektivischer Genauigkeit einen Rundgang in Sachen Umweltschutz durch das ganze Viertel; auch durch die Hinterhöfe. Halten Sie Ausschau nach Industriebetrieben, die bei ungünstiger Windlage Luft und Laune verpesten (Autolackierer o. ä.). Solche Betriebe gehen bis an die Emissionsgrenzen heran. Die Verschmutzung mit Verbrennungsgasen aus dem Hausbrand ist dagegen meist ziemlich gleichmäßig über das ganze Stadtgebiet verteilt und trifft daher jeden. Auch die Autoabgase spielen im Stadtgebiet nicht die große Rolle, die man ihnen zumißt. Schon im Abstand von ca. 50 m von einer Hauptverkehrsstraße sinken die Meßwerte auf die übliche Stadtnorm ab. Die in den Hauptverkehrszeiten an solchen Straßen auftretenden Abgaskonzentrationen klingen mit der Verkehrsberuhigung relativ schnell ab. Ungünstig ist auf jeden Fall eine Wohnlage im Bereich einer Hauptampel.

Gebietsbezeichnungen

Die Bezeichnungen für die unterschiedlichen Wohnzonen beziehen sich auf die Baunutzungsverordnung und sind in den Bauleitplänen

(Flächennutzungs- und Bebauungsplan) der Planungsbehörden zu finden.

Das »Allgemeine Wohngebiet« enthält nicht nur Wohnobjekte, sondern auch nicht störende Gewerbebetriebe, Tankstellen und Hotels; in »Mischgebieten« auch »nicht wesentlich störende Gewerbebetriebe«; Kerngebiete (Stadtkerne) weisen dagegen viele Aktivitäten auf.

Die Planungsbehörden sind die wichtigste Informationsquelle für die geplante Bebauung; ein Gang zu ihnen lohnt sich also in jedem Fall. Sie ersehen dort auch z.B., inwieweit Nachbarhäuser unter Denkmalschutz stehen, und andere für den Lageeindruck sehr wichtige Daten.

Auch die Kenntnis von bereits vorhandenen Bewohnertypen ist wichtig für die Beurteilung der Lagequalität der Wohnung. Durch Fragen in Geschäften bringen Sie dies schnell in Erfahrung, denn Geschäftsleute machen aus naheliegenden Gründen auch ihre Kundenanalysen. Geschäfte, Hausverwaltungen und vor allem auch Briefträger wissen alles! Der Einteilungsmaßstab für die Bewohnerschichten ist jedermanns persönliche Sache – Sie wollen sich ja inmitten der vorhandenen Bewohner wohl fühlen. Die Checkliste soll nur Anregungen geben.

Für die Beurteilung des Wertzuwachses ist außerdem die Überlegung wichtig, welche neuen Käuferschichten in das Wohnviertel drängen. Die Einkommensklassen können natürlich schon anhand der Kaufpreise der Wohnungen geschätzt werden. Makler sind weitere Informationsquellen. Den Prestigewert des Viertels kennen Sie natürlich selber – wenn Sie in der Stadt schon wohnen. Anhaltspunkte geben ansonsten Wohnungsangebote in Zeitungen, Mietgesuchinserate, Mieten und Verkaufspreise und ein Blick in die umliegenden Geschäftsauslagen und auf die geparkten Automarken und ihr Alter.

Ein recht guter Indikator für den Prestigegrad ist die Lagebeurteilung im Mietpreisspiegel, falls vorhanden. Die darin angeführten Kaltmieten sind in bezug auf Neubauten meist nicht auf dem letzten Stand, was die tatsächlich erzielbare Miete betrifft. Trotzdem geben sie gewisse Anhaltswerte für Lagevergleiche. Am besten ist die erzielbare Miete durch Anrufe bei Maklern oder Mietsachverständigen zu erfragen. Schließlich sollten Sie aufgrund Ihre Eindrücke rein gefühlsmäßig den Wertzuwachs für das betreffende Objekt abschätzen.

Dazu brauchen Sie kein Studium! Im Gegenteil: Ihre Eigentumswohnung wird nämlich später nicht nach dem Geschmack von Hochschularchitekten, sondern vom Gefühl der Käufermenge bewertet.

9 PREISE TRANSPARENT GEMACHT

Grundsätzlich sollten Angebotspreise immer im Zusammenhang mit der Objektausstattung gesehen werden. Um mehr m² Wohnfläche zur Verfügung zu stellen, werden oft die dünnsten Innenwände (Nachteile 11.5) eingebaut.

Eine Wohnung mit z. B. 11,5 und 24 cm dicken Innenwänden (statt Leichtwänden von 5–8 cm) ist aber in Bausubstanz und Wohnwert wertvoller als eine Wohnung mit geringeren Wandstärken, die 1–2 m² mehr Wohnfläche ausweist.

Anstelle der geringfügig teureren »**Vorwandinstallationen**«, bei denen die Verrohrungen in einem Block vor der Wand liegen, werden im Bereich von Bädern und WCs Wände oft immer noch für Rohrleitungen geschlitzt. Den erwähnten Block erkennen Sie später als verfliesten Absatz (z. B. über dem Waschbecken) wieder. Vorwandinstallationen bieten – bauphysikalisch gesehen – eine weit höhere Qualität als Rohrführungen in Schlitzen. Sie kosten aber mehr Geld und auch geringfügig mehr Wohnfläche. Insbesondere bei hohen Verkaufspreisen in DM/m² Wohnfläche schlägt selbst ½ m² Wohnfläche weniger pro Wohnung, summiert über alle Wohnungen im Bauvorhaben, für den Verkäufer unangenehm zu Buche.

Ohne daß Sie viel Theorie wälzen müssen, stehen einige grundlegende Indikatoren zur Verfügung, welche einen groben Anhaltspunkt dafür bieten, ob ein geforderter Wohnungspreis ganz unangemessen oder aber günstig ist.

9.1 Wohnflächenvergleiche

Grundlage hierfür sind die §§ 42 bis 44 der II. Berechnungsverordnung vom 12. 10. 1990 (siehe auch Teil 4, Anhang II).

Danach gehören unter anderem nicht zur Wohnfläche:

- **Zubehörräume, wie: Keller, Abstellräume außerhalb der Wohnung, Dachböden u. ä.;**

Wohnflächenberechnung lt. §§ 42 bis 44 der II. Berechnungsverordnung vom 12.10.1990

	A	B	C	D	C - D
	Grundflächen	Faktor	A x B	Abzugsflächen	Wohnflächen
	einschl. Fenster-, Wandnischen tiefer als 13 cm, Erker und Wandschränke mit mindestens 0,5 m^2, Raumteile unter Treppen, soweit die lichte Höhe mindestens 2 m ist. Keine Türnischen!	Anre-chen-bar	Faktor x Fläche	Schornsteine, Mauervorlagen, Pfeiler, Säulen unter 0,1 m^2. Treppen über 3 Steigungen und deren Absätze.	
Raum	m x m = m^2		m^2	m x m = m^2	m^2

Aus Rohbauzeichnungen ermittelt:	**Wohnflächensumme bei Rohbaumaß**	
	abzüglich 3 %	
	Gerechnete Wohnfläche	

Bei einem vor Ort-Aufmaß in der vorhandenen Wohnung werden die echten Zahlen verwendet!

- **Räume, die den nach ihrer Nutzung zu stellenden Anforderungen des Bauordnungsrechtes nicht genügen;**
- **Geschäftsräume**

Zur Wohnfläche gehören:
- **Wohn- und Schlafräume**
- **Küchen**
- **Nebenräume,** wie Dielen, Schrankräume, Abstellräume, Windfänge, Vorräume, Flure, Treppen innerhalb einer Wohnung einschließlich Treppenabsätze, Galerien, Aborte, Wasch-, Dusch- und Baderäume, Speisekammern, Besenkammern u. dgl., Veranden, nicht ausreichend beheizbare Wintergärten, Loggien, Balkone und gedeckte Freisitze.

Berechnet wird die Wohnfläche wie folgt:
Grundsätzlich entweder nach **Fertigmaßen** zwischen den geputzten Wänden ohne Berücksichtigung von Wandgliederungen, Wandbekleidungen, Scheuerleisten, Öfen, Heizkörpern, Herden u. dgl. oder nach **Rohbaumaßen**. Im letzteren Fall müssen von der Fläche pauschal **3%** für Putz abgezogen werden!

Berechnung der Grundflächen, Spalte A des Formulares:
Aus den lichten Fertigmaßen zwischen den Wänden **einschließlich den Flächen von:**
- **Fenster- und offenen Wandnischen,** die bis zum Fußboden herunterreichen und mehr als **0,13 m** tief sind;
- **Erkern und Wandschränken,** die eine Grundfläche von mindestens **0,5 m²** haben;
- **Raumteilen unter Treppen,** soweit die lichte Höhe (die, durch die das Licht durchkommt) mindestens **2 Meter** ist.
- **Nicht hinzuzurechnen sind die Grundflächen der Türnischen.**

Als nächstes sind dabei von den ermittelten Flächen anzurechnen, Spalte B des Formulares:
- **Voll:**
  alle Flächen mit mindestens 2 Metern lichter Höhe.
- **Zur Hälfte:**
  die Grundflächen von Räumen und Raumteilen **mit einer lichten**

Höhe von mindestens 1 Meter und weniger als 2 Metern (d. h. praktisch: alle Flächen mit mindestens 1,50 m lichter Höhe werden voll gerechnet), ferner von nicht ausreichend beheizbaren Wintergärten sowie von Schwimmbädern und ähnlichen, nach allen Seiten geschlossenen Räumen.

- **Balkone, Loggien, Dachgärten und gedeckte Freisitze (nicht einfach Terrassen im Garten, denn deren Fläche läßt sich notfalls bis zum Gartenzaun verlängern), die ausschließlich zu einer Wohnung gehören, können mit ihren Grundflächen bis zur Hälfte auf die Wohnfläche angerechnet werden.**

Nicht gerechnet werden:

- **die Grundflächen von Räumen oder Raumteilen mit einer lichten Höhe von weniger als 1 Meter.**

Abgezogen werden, Spalte D des Formulares:

- **Schornsteine und andere Mauervorlagen, freistehende Pfeiler und Säulen,** wenn sie in der ganzen Raumhöhe durchgehen und ihre Grundfläche mehr als 0,1 m² beträgt.
- **Treppen mit über drei Steigungen und deren Treppenabsätze.**
  Wohnfläche ist nicht gleich Wohnfläche! Nehmen wir als Beispiel 4 Wohnungen mit jeweils 90 m² Wohnfläche:
- **Wohnung 1** hat davon 30 m² Dachterrassenanteil;
- **Wohnung 2** hat davon 25 m² Dachanteil zwischen 1 und 2 Meter Höhe;
- **Wohnung 3** ist eine Maisonnettewohnung und hat davon 60 m² Wohnfläche im 3. OG und 30 m² im 4. OG;
- **Wohnung 4** hat davon 85 m² Wohnfläche mit 5 m² Balkonanteil in einem Geschoß.

Bei **Wohnung 1** hilft nur wie auf dem Campingplatz ein Vorzelt auf der Dachterrasse zum Unterbringen ererbter Jugendstilschränke und Barockbetten.

Dachschrägen sind – insbesonders holzverkleidet – sehr romantisch. Das romantische Gefühl aber nimmt bei **Wohnung 2** mit der Häufigkeit des Sich-den-Kopf-an-die-Dachsparren-Stoßens ab.

In **Wohnung 3** läuft man sich auf der Innentreppe einen Wolf.

Wohnung 4 hat von allen Wohnungen die wertvollste Wohnfläche!

9.1.1 Anmerkungen zur Wohn-Nutzfläche

Das Wort Nutzfläche bezeichnet im Sinn der Wohnflächennormung nur die Fläche von Wirtschafts- und gewerblichen Räumen, die im Zusammenhang mit einer Wohnung stehen. Da das Wort **Nutzfläche** aber in mehreren konkurrierenden Normen vorkommt, **ist es genauso wie das Wort Wohn-Nutzfläche vogelfrei!** Jeder kann damit machen, was er will!

Bewertet wird aber von Sachverständigen für die Beleihung einer Wohnung durch Kreditinstitute mit dem vollen Wertansatz nur die Wohnfläche (vgl. dazu Kapitel 9.5)!

Noch dazu müssen Sachverständige die Wohnfläche gem. den »Wertermittlungs-Richtlinien 1991« nach der längst abgeschafften alten Wohnflächennorm DIN 283 berechnen, die für Balkone, Loggien und gedeckte Freisitze nur ein Viertel angerechnet hat!

Dazu zwei Beispiele aus der Praxis:

1. Fall

Eine Wohnung im 1. Obergeschoß eines Mehrfamilienhauses in München wurde pauschal für 620000 DM angeboten. Im Angebot standen 105 m² Wohn-Nutzfläche, d. h. 5904 DM/m². Bei der Überprüfung stellte sich heraus, daß ein Hobbyraum im Keller (ohne direkten Zugang von der Wohnung aus) mit 26 m², ein weiterer Kellerraum (er hatte einen Lichtschacht und schwimmenden Estrich) mit 6 m² sowie der Anteil an der gemeinschaftlichen Sauna und dem Trockenraum mit 9 m² in die Wohn-Nutzfläche eingerechnet waren. Also: In Wirklichkeit nur 64 m² Wohnfläche!

Allenfalls hätte man für die beiden Kellerräume bei ausreichender Beheizung den Hobby- und Kellerraum mit ca. 60000 DM nach der vorhandenen Ausstattung dazurechnen können. Das ergibt die folgende Rechnung:

620000 – 60000 = 560000 DM

560000/64m² Wfl. = 8750 DM/m² reine Wohnfläche statt 5904 DM/m²!

Sauna und Trockenraum gehören zur Ausstattung des Gemeinschaftseigentums und sind im Preisansatz pro m² Wohnfläche bereits enthalten. Wobei eine Sauna ohnehin in einer Eigentumswohnanlage nichts zu suchen hat, da sie nur zu Unfrieden führt (vgl. 11.1).

Der Sachverständige einer Bank oder Bausparkasse würde den Beleihungswert entsprechend tief begutachten, und die auf den Kaufpreis abgestellte Finanzierungsvorstellung des Käufers könnte nicht an der Immobilie abgesichert werden!

2. Fall

Eine bildschöne Dachterrassenwohnung, gleichfalls in München, hatte laut Angebot einen Dachterrassenanteil von 45 m² in der Wohn-Nutzfläche. Bei der Überprüfung ergab sich aber ein auf die Wohnfläche anrechenbarer Anteil von nur 18 m² (und diese Terrasse war auch noch der Ausstieg für den Schornsteinfeger)!

Die Wohnfläche sollten Sie stets genau überprüfen und vom Notar verbriefen lassen:

- Liegt eine genaue Berechnung vor?
- Oder liegen nur m²-Angaben in den einzelnen Räumen ohne Raummaße vor, und werden diese Angaben auch verbrieft?
- Oder steht die Wohnfläche nur im Zeitungsangebot und sonst weder im Plan noch im Kaufvertrag?
- Können Sie vielleicht den unverbrieften Plan nicht einmal nachmessen, weil ein »Künstler« ihn ohne Maßangaben in zwei Richtungen auf einem modernen Kopiergerät so verschieden verzerrt hat, so daß sich kein Maßstab finden läßt? Da hilft nur Mißtrauen und ein Aufmaß an Ort und Stelle!

9.1.2 Anmerkungen zum Bauordnungs- und Bauplanungsrecht

Die jeweiligen **Landesbauordnungen** legen fest, welche Raumhöhen, Belichtung, Lage zur Geländeoberfläche (bei Wohnungen im Untergeschoß) und welcher Brand-, Schall- und Wärmeschutz erfüllt sein müssen. Im **Baugesetzbuch** ist dagegen für ganz Deutschland die Bebaubarkeit der Grundstücke (unter anderem über die Geschoßflächenzahl = erlaubte Gesamtgeschoßfläche in allen Wohngeschossen/Grundstücksfläche) geregelt. Beide Rechte, sowohl das Bauordnungs- wie auch das Bauplanungsrecht, müssen erfüllt sein, damit ein Raum als Aufenthaltsraum von den Bauaufsichtsbehörden genehmigt und damit nach der II. Berechnungsverordnung zur Wohnfläche gerechnet werden kann.

Dazu ein Beispiel: In München wurde eine Wohnung aus zweiter Hand mit 82 m² Wohnfläche angeboten. Das Angebot schien zunächst mit ca. 5000 DM/m² in relativ zentraler Lage sehr günstig zu sein. Die Überprüfung ergab 47 m² Wohnfläche im 3. Ober- und – über eine Innentreppe verbunden – 35 m² im ausgebauten Dachgeschoß. Im Kaufvertrag sollte aber nur verbrieft werden: »47 m² Wohnfläche im 3. OG und dazu ein Sondernutzungsrecht *(am Gemeinschaftseigentum)* an einem 35 m² großen, staubfreien Bodenraum«. Der Dachboden war also schwarz ausgebaut worden! Da der Zustand bereits mehrere Jahre bestand, sich im Block noch mehrere derartige Wohnungen befanden und die Wohnungen die Bedingungen der Bayerischen Bauordnung als Aufenthaltsraum erfüllten, konnte man annehmen, daß weder die Baubehörde noch die Wohnungseigentümergemeinschaft rechtlich dagegen vorgehen würden. Warum aber war keine Genehmigung erteilt worden? Lag es am Bauplanungsrecht? Waren die Geschoßflächenzahlen überschritten? Wie nun würde ein Sachverständiger die Wohnung als Grundlage für Beleihungen durch ein Kreditinstitut bewerten? Der Sachverständige kann ja nicht – bei voller Haftung mit seinem ganzen Vermögen – bescheinigen, daß im Dach ein genehmigter Aufenthaltsraum mit Wohnflächen vorliegt! Er würde also erhebliche Abschläge vornehmen, die die Möglichkeit einer Finanzierung über Hypotheken stark einschränken und einen Wiederverkauf zum vollen Kaufpreis (außer vielleicht an glückliche Erben, die keine Fremdfinanzierung brauchen) unmöglich machen würden.

Daher Vorsicht bei heimlich ausgebauten Räumen, wie sog. Hobbyräumen, Dachstudios u. ä. Allenfalls können solche Räume – je nach ausreichender Bauart, Höhe, Belichtung, Beheizung, Schall-, Brand- und Wärmeschutz –, wenn sie mit der Wohnung unmittelbar verbunden sind, zur Hälfte auf die Wohnfläche angerechnet werden!

9.2 Berücksichtigung der Vermietbarkeit

Eine einfache, wenn auch grobe Methode zur Feststellung des relativen finanziellen Wertes Ihrer zukünftigen Wohnung geht davon aus, daß Sie diese vermieten wollen und daher die erzielbare Miete in Relation zum Kaufpreis setzen. Auch wenn Sie nicht daran denken zu vermieten, sollten Sie diese Überschlagsrechnung unbedingt durchführen, weil die erzielbare Miete vor allem die Lagequalität widerspiegelt. Mit dieser Lageeinschätzung bedienen Sie sich der Überlegungen und Lageeinschätzung vieler Wohnungssuchender. Der Kaufpreis Ihrer Wohnung stellt ja einen reinen Marktwert dar, der von Angebot und Nachfrage gesteuert wird. Mit dieser Methode erhalten Sie einen Vergleichsmarktwert, der die Beurteilung durch eine weitaus größere Gruppe als nur die der Wohnungskäufer wiedergibt, nämlich die der Mieter.

Als Grunddaten brauchen Sie die folgenden Werte:

Wohnfläche		m^2
Kaltmiete pro m^2		DM/m^2 und Monat
Miete Garage oder Stellplatz		DM/Monat
Bewirtschaftungskosten		DM/Jahr
Kaufpreis		DM
Kaufpreis-Nebenkosten		%

Sie sollten die *nachhaltig erzielbare Kaltmiete* ansetzen, bzw. am besten die im Mietpreisspiegel ausgewiesene, eventuell auch dann, wenn die Miete nicht ausgeschöpft ist, aber gesteigert werden kann. Ein schwieriges Thema, wie Sie selbst wissen, das wir hier nicht behandeln können. »Nachhaltig erzielbar« ist ein Wechsel auf die Zukunft, der in den neuen Ländern vielfach geplatzt ist! Auch kann man Mietausfälle nicht voraussehen!

Die *Bewirtschaftungskosten* sind die Kosten, die den Eigentümer einer vermieteten Wohnung auf jeden Fall treffen, nämlich die Instandhaltungsrücklage- und die Verwaltungskosten. Je nach Gebäudealter liegen diese Kosten ohne Gebäudeabschreibung bei ca. 12 bis 25% und bei älteren Gebäuden auch darüber. Diese Kosten stellen einen Aufwand dar, der nicht auf den Mieter umgelegt werden kann. Erfragen Sie die Bewirtschaftungskosten Ihres Wunschobjekts beim Wohnungsverkäufer oder der Verwaltung.

Die *Kaufpreis-Nebenkosten* setzen sich aus den Kosten für den Makler, den Notar und das Grundbuchamt zusammen. Dazu kommt noch die Grunderwerbsteuer. Diese Kosten sollten vor dem Kauf abgefragt werden, da sie leicht auf ca. 10% des Kaufpreises anwachsen können (vgl. Goldene Regel 1.1)!

Rechnen Sie selbst!

Formeln für die Berechnung der Mietrendite:
Bitte vergleichen Sie die Grunddaten-Tabelle.

Jahres-Nettokaltmiete in DM	= 12 × (Wohnfläche x Kaltmiete pro m^2 + Garagenmiete)	= ?
Brutto-Mietfaktor	= Kaufpreis/Jahres-Nettokaltmiete	= ?
Brutto-Mietrendite in %	= Jahres-Nettokaltmiete × 100/Kaufpreis	= ?
Jahresreinertrag	= Jahres-Nettokaltmiete – Bewirtschaftungskosten	= ?
Anschaffungskosten	= Kaufpreis + Kaufpreis-Nebenkosten = Kaufpreis (1 + %/100)	= ?
Netto-Mietrendite in %	= Jahresreinertrag × 100/Anschaffungskosten	= ?
Netto-Mietfaktor	= Anschaffungskosten/Jahresreinertrag	= ?

Was haben Sie nun von diesen Formeln?
Die Netto-Mietrendite können Sie mit der Rendite anderer Anlagen vergleichen und entscheiden, ob sich der Immobilienkauf unter Vermiet-Gesichtspunkten lohnt. Nicht der Kaufpreis, sondern die Anschaffungskosten belasten Ihren Geldbeutel und bestimmen wesentlich Ihre Finanzierung. Nicht die Jahres-Nettomiete, sondern der Jahresreinertrag zeigt die wahren Einkünfte.

Der Brutto-Mietfaktor und der Netto-Mietfaktor sind Werte, nach denen Makler als erstes fragen. Mit Brutto-Mietfaktoren unter 20 lassen sich Immobilien im allgemeinen gut finanzieren. Der Netto-Mietfaktor zeigt, wie sich der Mietfaktor unter Berücksichtigung der Kaufpreis-Nebenkosten und der Bewirtschaftungskosten darstellt.

Beispiel: Gebrauchtwohnung
Wohnfläche 80 m^2; Tiefgaragen-Platzmiete 75 DM/Monat; Bewirtschaftungskosten 3500 DM/Jahr
Kaufpreis 4600 DM/m^2 × 80 m^2 = 368 000 DM; Kaufpreis-Nebenkosten 10%;
Kaltmiete 12,50 DM/m^2 und Monat:

Jahres-Nettokaltmiete	= 12 × (80 × 12,50 + 75)	= 12 900 DM/Jahr
Brutto-Mietfaktor	= 368 000/12 900	= 28,53 fach
Brutto-Mietrendite	= 12 900 × 100/368 000	= 3,51%
Jahresreinertrag	= 12 900 – 3500	= 9 400 DM
Anschaffungskosten	= 368 000 (1 + 10/100)= 368 000 × 1,10	= 404 800 DM
Netto-Mietrendite	= 9400 × 100/404,800	= 2,32%
Netto-Mietfaktor	= 404 800/9400	= 43,06 fach

Diese Wohnung ist mit nur 2,32% Netto-Mietrendite und einem Netto-Mietfaktor von 43 unter Anlagegesichtspunkten nicht interessant! Entweder müßten Sie den Kaufpreis erheblich herunterhandeln oder die Wohnung teurer vermieten.

Durch Formelumstellung können Sie ermitteln, welchen Anschaffungspreis Sie zum Beispiel bei einer von Ihnen gewünschten Netto-Mietrendite bezahlen können. Diese Formelumstellungen sind gute Argumente in Kaufverhandlungen. Welche Miete müssen Sie unter Ihren Vorgaben erzielen? Ist diese Miete nachhaltig marktgerecht?

Maximale Anschaffungskosten	= Jahresreinertrag × 100/vorgegebene Netto-Mietrendite	= ?
Maximaler Kaufpreis	= Maximale Anschaffungskosten/(1 + % für Nebenkosten)	= ?

Im Beispiel:
Sie wollen 3,5 % Netto-Mietrendite erzielen:

Maximale Anschaffungskosten	= 9400 × 100/3,5	= rund 268 571 DM
Maximaler Kaufpreis	= 268 571/(1 + 10/100) = 268 571/1,10	= rund 244.156 DM

Diese Kaufpreis-Abschläge klingen von ihrer Durchsetzbarkeit nicht sehr realistisch. Versuchen wir es mit höheren Mieteinnahmen:
Formelumstellungen:

Erforderlicher Jahresreinertrag	= Netto-Mietrendite in % × Anschaffungskosten/100	= ?
Erforderliche Jahres-Nettokaltmiete	= Erforderlicher Jahresreinertrag + Bewirtschaftungskosten	= ?
Erforderliche Kaltmiete in DM/m²	= (Jahres-Nettokaltmiete/12 – Garagenmiete)/Wohnfläche	= ?

Im Beispiel:

Erforderlicher Jahresreinertrag	$= 3{,}5 \times 404\,800/100$	
		$= 14\,168$ DM
Erforderliche Jahres-Nettokaltmiete	$= 14\,168 + 3500$	$= 17\,668$ DM
Erforderliche Kaltmiete in DM/m²	$= (17\,668/12 - 75)/80$	
		$= 17{,}47$ DM/m²

Sind diese 17,47 DM/m² konform mit dem Mietpreisspiegel und am Markt nachhaltig erzielbar?

Beachten Sie bitte dabei den folgenden Grundsatz aus der Vermietpraxis:

Sehr hohe Mieten zahlen oft unsichere Kandidaten, die bald wieder ausziehen und damit das Mietausfallwagnis so erhöhen, so daß letztlich angemessene Mieten nachhaltig mehr erbringen. Überforderte Mieter neigen dazu, sich für die hohen Mieten am Wohnungseigentum zu rächen. Der Hund wird dann nicht mehr Gassi geführt, sondern einfach ins Treppenhaus geschoben, damit er dort Kalkputz in Salpeter umwandelt.

Was können Sie sonst noch einsparen? Einen Teil der Bewirtschaftungskosten? Die liegen aber schon im normalen Rahmen von rund 27%! Von Privat kaufen und an den Kaufpreis-Nebenkosten den Makler sparen? Ja, wenn nicht der Verkäufer – was häufig der Fall ist – glaubt, er könne diesen Betrag auf den Verkaufspreis draufschlagen!

Oder wollen Sie auf die Überlegungen in diesem Kapitel pfeifen und als Selbstnutzer ohne diese Zinsüberlegungen einziehen. Dann müssen Sie bei einem eventuellen Verkauf wieder jemanden finden, der auch auf die Zinsformeln pfeift!

9.3 Hausgeldvergleiche

Die Nebenkosten der Wohnung (= Hausgeld) werden vom Wohnungsverkäufer für das Angebot aufgrund ähnlicher Bauten geschätzt. Wenn man etwas verkaufen will, schätzt man nicht gern den ungünstigsten Wert. Gerade die Nebenkosten der Wohnung aber werden in den Finanzierungsüberlegungen der Käufer zuwenig berücksichtigt und spielen daher beim Kaufentscheid leider kaum eine Rolle. Schauen wir uns zunächst einmal die wichtigsten Posten des Hausgeldes an.

Hausgeld

Vom Wohnungseigentümer zu tragen	**Verwaltungskosten**	Hausverwalter
	Instandhaltungsrücklage	Für Reparaturen
		Dazu kommem die Heizungs- und Warmwasserkosten im persönlichen Sondereigentum.
Vom Mieter zu tragen	**Betriebskosten**	Kabel-, Antennengebühr
	des	Hausbetreuung und -reinigung
	Gemeinschafts-	Reinigungsmittel, Geräte
	eigentums	Straßenreinigung, Müllabfuhr
		Schneebeseitigung
		Be- und Entwässerung
		Gartenpflegekosten
		Fahrstuhlkosten
		Beleuchtung, Hausstrom
		Grundsteuer
	Hausversicherungen	Haftpflichtversicherung
		Gewässerschadenhaftpflicht
		Feuer-, Leitungswasser-,
		Sturmschädenversicherung
	Heizkosten	Heizungs- und Warmwasserkosten
		Schornsteinfeger

Das Hausgeld wird vom Verwalter im Wirtschaftsplan festgesetzt und nach dem in der Gemeinschaftsordnung festgelegten Schlüssel aufgeteilt. Diese Bilanz des Unternehmens »Wohnungseigentümer« kann natürlich nur jeweils nachträglich für das vorangegangene Wirtschaftsjahr erstellt werden. Vorher bekanntgegebene Zahlen können nur auf Schätzung beruhen. Dazu kommt, daß die Instandhaltungsrücklage von der Wohnungseigentümerversammlung nach Belieben festgelegt werden kann. Diese Rücklage wird jährlich in ein Sparschwein gestopft, das dann bei größeren Reparaturen geschlachtet wird. Reicht der Inhalt nicht, muß zusätzlich nachgezahlt werden. Vorschätzungen sind deshalb z. T. recht ungenau.

Wie erhalten nun Sie eine genauere Kostenaufstellung bzw. wie können Sie die Hausgeldschätzung im Angebot überprüfen?

- Wenn Ihr Bauträger auch Wohnungen verwaltet, lassen Sie sich von ihm die Hausgeldbescheide von vergleichbaren Bauten zeigen.
- Fragen Sie bei Hausverwaltungen nach.
- Besuchen Sie ähnliche Bauten Ihres Bauträgers (was für die Referenzprüfung ohnehin erforderlich ist) und befragen Sie dort Hausverwalter oder Eigentümer (Kapitel 13).

Beziehen sich die Kosten, die Sie vorgeschrieben bekommen, wirklich auf alle Kosten **einschließlich Heizung?** Oder wird die Heizung gesondert abgerechnet?

Es ist wichtig, bei Hausgeldvergleichen auch wirklich vergleichbare Objekte einander gegenüberzustellen. In einem dreigeschossigen Haus mit 10 Wohneinheiten legt sich ein unnötiger Fahrstuhl unangenehm auf jedermanns Tasche; am unangenehmsten auf die Tasche der Erdgeschoßbewohner, die ihn gar nicht brauchen. Auch ein Hausmeister erhöht das Hausgeld bei nur wenigen Wohneinheiten überproportional. Dasselbe gilt für ein Schwimmbad oder ähnliche aufwendige Gemeinschaftsanlagen. Ein Schwimmbad sollte wirklich nur in ein Objekt mit vielen Wohneinheiten eingebaut werden. **Aufwendige Gemeinschaftsanlagen in kleinen Wohnprojekten sollten Ihr Mißtrauen wecken.** Bei wenigen Wohnungen sind auch Dachreparaturen für jeden einzelnen stärker spürbar.

Das niedrigste Hausgeld hat aber im allgemeinen ein Haus mit nur wenigen, z. B. 10–12 Wohneinheiten ohne besondere Gemeinschaftsanlagen und besonders dann, wenn sich die Bewohner die Aufgaben des Hausmeisters teilen (siehe aber auch: soziale Probleme, 11.1).

Mit steigender Anzahl von Wohnungen werden mit Sicherheit ein Fahrstuhl und ein Hausmeister notwendig. Das Hausgeld steigt. Erst bei 20–30 Wohnungen können diese Kosten besser umgelegt werden.

Die Verwaltungskosten sind nicht von der Anzahl der Wohnungen abhängig, da der Verwalter i. allg. einen festen Betrag pro Wohnung und Monat, unabhängig von der Objektgröße, erhält.

Die Heizungs- und Warmwasserkosten für sich können Sie, abgesehen von den oben genannten Informationsquellen, leicht von Abrechnungsfirmen erfahren, welche Niederlassungen in jeder Stadt haben und genaue Statistiken führen. In den Heizungskosten schlägt natürlich die Wärmedämmung des Hauses positiv oder negativ zu Buche. Bei der vorwiegend angewandten individuellen Abrechnung der Heizkosten nach Verbrauch ist darüber hinaus auch die Lage der Wohnung im Haus wesentlich (Kapitel 11.5).

9.4 Sonderfall: getrennt ausgewiesene Erschließungskosten

Zum Teil werden auch bei Wohnungen die Erschließungskosten, die normalerweise im Kaufpreis enthalten sind, getrennt ausgewiesen. Dabei beziehen sich die Erschließungskosten auf die Kostenbescheide der Erschließungsträger, die zum Zeitpunkt des Kaufvertragsabschlusses eingegangen sind.

In so einem Fall dürfen Sie die Katze auf keinen Fall im Sack kaufen! Lassen Sie sich genau ausweisen, welche Kosten in Rechnung gestellt wurden. Häufig rechnen Gemeinden und Zweckverbände erst lange nach Baufertigstellung ab.

Auch das Wort »Erschließung« ist nicht so ganz eindeutig. Im strengen Sinne des Baugesetzbuches bezieht sich »Erschließung« nur auf die Straße, und zwar:

Das Grundstück dazu
Die Herstellung
Die Entwässerung
Die Beleuchtung

Es fehlen in diesem Begriff noch:

- der Anschlußbeitrag für den Abwasserkanal
- der Anschlußbeitrag für die Wasserversorgung
- der Anschlußbeitrag für die Gas- oder Fernwärmeversorgung
- der Anschlußbeitrag für das Stromnetz
- evtl. Nachfolgelasten für die gemeindliche Infrastruktur

Daher
1. Frage: Fehlt offensichtlich noch etwas an der Straße? Ortsbesichtigung! Im Gegensatz zu den übrigen festen Beiträgen wird die Straße wie ein Bauwerk exakt nach Aufwand abgerechnet.

2. Frage: Sind in den Ihnen vorgelegten Kostenbescheiden alle Erschließungs- und Anschlußkosten enthalten, oder kommt noch etwas nach, z. B. die Straßenbeleuchtung, die Gehwege, der Kanalanschlußbeitrag usw.?

Da der Bauträger Vorauszahlungen über die Erschließung leisten muß, die erst später abgerechnet werden, steht in den Kaufverträgen häufig als Trost, daß zuviel gezahlte Beiträge dem Käufer zufließen.

Billiger ist es aber so gut wie nie geworden, sondern immer nur teurer!

9.5 Spezielle Recherchen

Als letzten wichtigen Vergleich empfehle ich Ihnen bei Gebrauchtwohnungen, die nicht älter als ca. 5 Jahre sind, die Verkaufsangebote von Bauträgern in der Umgebung heranzuziehen. Bei Bauträger-Verkäufen ist der Unterschied zwischen Angeboten und Verbriefung – wenn keine schlechten Verkaufszeiten vorliegen – gering. Das aber, was ein Bauträger mit großem Werbeaufwand in den Markt »preßt«, erlöst der Käufer einer Wohnung erst nach Jahren. Es ist wie beim Autokauf: Kaum sind Sie mit dem neuen Auto vom Hof des Autoverkäufers gefahren, schon ist Ihr Auto bis zu 20% weniger wert. Beim Vergleich von Gebrauchtwohnungen mit Neubauwohnungen müssen Sie bis zu 20% von den Neubaupreisen abziehen. Genauer: vom Grundpreis der Standardausstattung der Wohnung, denn vorhandene Sonderausstattungen wirken sich – wie beim Autoverkauf – nur begrenzt wertsteigernd aus. Die Verkäufer von neueren Gebrauchtwohnungen schauen natürlich auch in die Zeitungen und versuchen zunächst einmal zu Neubaupreisen der Bauträger zu verkaufen. Wenn sie damit keinen Erfolg haben, hängt ihr Verkaufsverhalten von ihren Verkaufsumständen ab. Wollen oder müssen sie gar verkaufen, weil unter ihnen eine Kreditbombe tickt, nähern sie sich langsamer oder schneller dem problemlos zu realisierenden Marktwert innerhalb der Marktwertspanne an. Das ist der Preis, der sich am Markt kurzfristig erzielen läßt, wenn der so sehnlichst erwartete »Ochse«, der unbesehen kauft, nicht mehr durch das Scheunentor trabt.

Generell können sämtliche Datenquellen einschließlich Gutachterausschuß die individuellen Kaufumstände nicht erkennen! Mußte das Geld schnell angelegt werden? Wurde schnell Geld gebraucht? Standen der Verkäufer und der Käufer unter keinerlei Zwang? Natürlich versucht jeder eine paradiesische Lage zu suggerieren!

So können Sie die finanziellen Vorteile und Nachteile von Neubau- und Gebrauchtwohnungen vergleichen:

Finanzielle Vorteile von Neubauwohnungen	**Finanzielle Nachteile von Gebrauchtwohnungen**
Abschreibungs- und Steuervorteile	Geringere Abschreibungs- und Steuervorteile
Kein technischer Altersabschlag	Technischer Altersabschlag je nach Alter
Neueste Normalherstellungskosten	Normalherstellungskosten je nach Alter
5 Jahre Gewährleistung	Keine Gewährleistung, evtl. sogar Reparaturstau
Neueste Technik bei einem baldigen Wiederverkauf	Evtl. Verkaufsnachteile wegen älterer Bautechnik
Beleihungsvorteile	Evtl. Beleihungsnachteile
Sonderwünsche Neubauwohnungen	Kosten für persönliche Umgestaltung
Zinsen für Zwischenfinanzierungen	Keine Zinsen für Zwischenfinanzierungen

Dazu sind noch Kriterien zu untersuchen, die nach beiden Seiten ausschlagen können:

- Lageunterschiede: Häufig stehen Gebrauchtimmobilien in guten Lagen, die keine Neubebauung mehr zulassen, so daß Neubauten eventuell in minderer Lage enstehen.
- Hausgeldunterschiede (siehe Kapitel 9.3)
- Maklerhonorare: Beim Neubau meist nicht dazu gerechnet. Bei Gebrauchtwohnungen kann das Honorar den Anschaffungsaufwand schmerzhaft erhöhen.

Mit der angeführten Liste läßt sich tatsächlich innerhalb der Marktwertspanne gut verhandeln!

Abschreibungs- und Steuervorteile: Fragen Sie Ihren Steuerberater!

Technischer Altersabschlag:
Jeder Mensch (an unseren Zähnen schmerzhaft nachzuvollziehen), jedes Haus altert leider und erreicht irgendwann das Ende seiner »Nutzungsdauer«. Für Häuser gibt es Abschlagstabellen. Das Thema ist zwar schwierig, aber einen groben Überblick erhalten Sie durch die berühmte Formel von Ross: Wertminderung = $50 \times$ ($Alter^2/GND^2$ + Alter/GND). GND ist die Gesamtnutzungsdauer der Immobilie, normalerweise mit ca. 80 Jahren angenommen. Diese Formel gilt für normale gute Unterhaltung.

Beispiel:
Eine Wohnung, 10 Jahre alt, ergibt eine durchschnittliche Wertminderung von ca. $50 \times (10^2/80^2 + 10/80) = 0{,}7$, d. h. 7%. Eine 15 Jahre alte Wohnung dagegen $50 \times (15^2/80^2 + 15/80) = 11$ %.

Diese Abschläge beziehen sich auf den bautechnischen Substanzwert der Wohnung und sollten in der aus Vergleichswohnungen abgeleiteten Markwertspanne bereits enthalten sein. Für Kaufverhandlungen innerhalb der Marktwertspanne ist ein Altersabschlag immer noch ein gewichtiges Verhandlungsargument! Gutachterausschüsse (z.B. München) führen in ihren Jahresberichten Statistiken über die Kaufpreise von Wohnungen gestaffelt nach ihrem Alter. Holen Sie dort eine Auskunft ein! In diesen Statistiken sind die Altersabschläge bereits über die verbrieften echten Kaufabschlüsse in etwa enthalten. Die Frage ist auch hier: Wer hat wie verhandelt und wie hoch stand den Parteien das Wasser am Hals!

Normalherstellungskosten bzw. neueste Technik bei einem Wiederverkauf:
Wichtig für Ihr Verständnis der Bauweisen. Wie die Autotechnik, so hat sich auch in den vergangenen Jahrzehnten die Bautechnik gewandelt. Ein Autotyp, für den wir Anfang der 70er Jahre 12 000 DM bezahlt haben, kostet heute leicht bis 50 000 DM. Nicht nur wegen der Inflation! Die Autos haben viel mehr Ausstattung als früher. Der Markt verlangt

es, auch wenn wir einen großen Teil davon nicht brauchen. Das Marktgesetz dazu lautet: »Kaum einer braucht es, aber jeder will es haben«. So auch in der Bautechnik. Nicht alles ist besser geworden, aber jeder fragt nach dem Neuesten. Man unterscheidet folgende Gebäude-Jahresklassen:

Vor 1925	
1925 bis 1945	1970 bis 1984
1946 bis 1959	1985 bis 1994
1960 bis 1969	Ab 1995

In diesen Zeitabschnitten wurde unterschiedlich ausgestattet und gebaut. Ein Haus von 1925 hat sicher fantastisch dicke, mit kleinformatigen Ziegeln handwerklich hervorragend gemauerte Außenwände. Aber hat es noch die alten Holzbalkendecken, durch die man das Eheleben der Nachbarn darüber mitverfolgen kann? Was ist inzwischen alles renoviert worden?

In den 70er Jahren wurde schon sehr reichhaltig ausgestattet, aber z. B. ist der Wärmeschutz nicht mit heutigen Anforderungen, die ab den Jahren 2000/2001 noch einmal erheblich steigen werden, zu vergleichen. Hat man darum weit höhere Heizkosten? Nicht unbedingt! Aber jeder, der Ihnen in einigen Jahren Ihre Wohnung wieder abkauft, wird danach fragen, da die Öffentlichkeit für dieses Thema immer sensibler wird. Wie oft springt in Ihrem Auto das ABS-System an? Bei mir alle paar Jahre mal, und trotzdem will ich es haben. Ein Auto ohne ABS ist nicht nur um den Preis des ABS billiger, sondern um einen erheblich höheren Marktabschlag. Angedacht ist politisch aber auch, daß Mieter in einigen Jahren bei schlecht gedämmten Häusern Marktabschläge vornehmen dürfen.

Also fragen:
Was wurde erneuert, nicht nur repariert? Inwieweit besteht noch der alte Bauzustand? Bei Verhandlungen reicht oft ein bedenkliches »Hm«, verbunden mit wenig Begeisterung zeigendem Kopfwiegen, um innerhalb der Marktwertspanne nach unten zu kommen.

Gewährleistung:
Vorausgesetzt, daß der Bauträger in der Gewährleistungszeit nicht pleite macht und die Eigentümergemeinschaft mit einem Haufen Bau-

mängeln allein läßt: 5 Jahre Sicherheit sind ein gewichtiges Kaufargument! Besteht keine Gewährleistung, sollten sie um so sorgfältiger nach Mängeln fragen (siehe Kapitel 1.9 und 19).

Beleihungsvorteile:
Eine Gebrauchtwohnung bewertet ein Gutachter für Ihr Kreditinstitut eventuell tiefer, als Sie dafür bezahlt haben. Das kann zwar auch bei Neubauwohnungen der Fall sein, tritt aber viel seltener auf, da die Bauträger den Marktwert eben profimäßig ausloten und sich selten verschätzen. Also fragen Sie vor Ihrem Kauf auch Ihr Kreditinstitut, wie hoch es die Wohnung bewertet, sonst bekommen Sie später Ihr Geld nicht in voller Höhe oder nur mit Absicherung über Ihre persönliche Bonität, was Sie mehr Zinsen kostet.

Umgestaltung bei Gebrauchtwohnungen, Sonderwünsche bei Neubauwohnungen:
Hier heißt es: Ausstattungsstandard feststellen (siehe Kapitel 14). Was brauchen Sie wirklich, was ist im Preis schon drin?

Zinsen für Zwischenfinanzierungen:
Am billigsten ist es, mit dem Einzug zu bezahlen! Lassen Sie sich die anfallenden Zwischenfinanzierungskosten vor einem Kauf vorrechnen!

Noch ein letzter Tip:
Achten Sie sowohl bei Neubau- als auch bei Gebrauchtwohnungen auf die genaue Berechnung der Wohnfläche! Grundlage jeder Wohnungs-Wertermittlung ist die normgerechte Wohnfläche (siehe Kapitel 9.1). Wohnflächenberechnungsfehler wirken sich verheerend auf den Wohnwert aus! 3 bis 4% (oder mehr) Wohnflächentoleranz ohne finanziellen Ausgleich, wie es immer wieder in Kaufverträgen steht, bedeuten bei einem Kaufpreis von 400 000 DM : 12 000 bis 16 000 DM Wertverlust. Die sogenannten Wohn-Nutzflächen mancher Inserate liegen gegenüber den normgerechten Wohnflächen im Prozentsatz noch viel höher (siehe Kapitel 9.1.1) und spiegeln so nur illusorische Preise wieder.

Auch wenn Sie die Wohnung vielleicht unbesehen nach Stück zum Pauschalpreis kaufen, ohne groß auf die genaue Wohnfläche zu achten, vergleicht mit Sicherheit der nächste Käufer, der von Ihnen kauft, den Preis pro m² Wohnfläche mit Konkurrenzangeboten!

10 WAS IHNEN AN IHRER WOHNUNG GEHÖRT

Zur Vermeidung von Streit wird in der Teilungserklärung genau festgelegt, was Ihnen an Ihrer Wohnung allein (Sondereigentum) gehört und was Ihnen nur mitgehört (Gemeinschaftseigentum).

Die Begrenztheit Ihres Wohnungseigentums lesen Sie bitte im Kapitel 3.2 nach.

Im Prinzip gehören Ihnen also nicht: alle tragenden Teile, alle Steigleitungen und alles, was außen ist.

Wenn Sie eine tragende Wand durchlöchern, zerstören Sie also Gemeinschaftseigentum. Sie müssen daher in einem solchen Fall die Wohnungseigentümergemeinschaft fragen. Dagegen dürfen Sie getrost Nägel ins gemeinsame Eigentum schlagen, und auch Dübel dürfen Sie einbohren.

Rolladenkästen und leuchtend rote Rolläden dürfen Sie ohne Zustimmung der anderen Wohnungseigentümer allerdings nicht anbringen lassen. Auch die äußere Balkonwand oder das Fenster oberhalb der Brüstungshöhe darf nicht einfach blau oder violett gepinselt werden. Hier wie überall gilt andererseits natürlich der Satz: Wo kein Kläger, da kein Richter.

11 DAS HAUS UND DAS DRUMHERUM

11.1 Objektgröße – Wohnungsnachbarn

Zusammen mit dem Umfang der Gemeinschaftsanlagen bestimmt gerade die Größe des Objekts zunächst die Höhe des Hausgeldes ganz entscheidend (siehe Kapitel 9.3).

Darüber hinaus der Tip eines erfahrenen alten Hausverwalters. Auf die Frage, was ihm als Ratschlag für den Wohnungskäufer am wichtigsten erscheine, antwortete er: **Darauf achten, daß die Nachbarn zu einem passen!** Leider ist das einfach gesagt: Sie wissen ja nicht, an wen außer Ihnen der Bauträger noch verkauft. Zwei Überlegungen zum sozialen Frieden können Sie aber selber anstellen:

- Hat das Objekt wenige, viele oder sehr viele Wohnungen? Was müssen Sie daraus folgern?
- Wird das Objekt eher vermietet oder von den Käufern selber bewohnt werden? Wie ist das herauszufinden? Was müssen Sie daraus folgern?

Je mehr Wohnungen, desto anonymer wohnen Sie, desto geringer ist also die Sozialkontrolle; desto mehr Unruhe brodelt natürlich auch im Haus; desto mehr gerät auch die Versammlung der Wohnungseigentümer zu einer Massenveranstaltung, wo Reden geschwungen werden wie vor einer Wahl. Je größer aber das Objekt, desto weniger Aufgaben müssen Sie selber übernehmen. Sie können so also die Vorteile problemlosen Eigentums genießen.

In Objekten mit nur 4–10 Wohnungen dagegen ist das Wohnen ruhiger, familiärer und individueller. Ein kleines Objekt mit gut funktionierender Eigentümergemeinschaft ist also entschieden das beste. Wenn keine aufwendigen Gemeinschaftsanlagen vorhanden sind, ist auch das Hausgeld hier am niedrigsten. Je kleiner das Objekt, desto mehr Aufgaben müssen Sie dann allerdings auch übernehmen (insbesondere wenn kein Hausmeister vorgesehen ist), und desto mehr nähern Sie sich daher der Verantwortung eines Hausbesitzers.

Die jahrzehntelange Erfahrung des oben erwähnten Hausverwalterprofis bestätigt, daß in solch kleinen Wohngemeinschaften am Anfang alles harmonisch im Chor singt. Man trinkt und feiert zusammen (manche tauschen sogar die Partner); je älter aber die Gemeinschaft wird, desto mehr findet ein jeder den Balken im Auge des Nachbarn. So geschieht es dann häufig, daß am Ende jeder jeden haßt. Absolute Dissonanz! Jede Versammlung des Chors der Eigentümer eine Zerreißprobe! Da hilft nur noch: Verkaufen!

Das große Problem in kleinen sozialen Gemeinschaften ist also die Erhaltung des sozialen Friedens. Besonderer Stein des Anstoßes sind oft Gemeinschaftsanlagen wie z. B. ein Schwimmbad. Wenn Sie Gäste mitnehmen, wähnt der Nachbar, daß sie in seinem Geld förmlich baden. Auch die durch solche Gemeinschaftsanlagen notwendige überproportionale Erhöhung des Hausgeldes trägt nicht gerade zum Hausfrieden bei und überfordert daher kleine Wohnanlagen. **Sie sollten also darauf achten, daß nicht zu viele Zwangsberührungspunkte vorhanden sind.**

Interessiert Sie vielleicht eine Erdgeschoßwohnung mit Gartenterrasse, vor der alle Kinder des Hauses spielen? Auch der größte Kinderfreund erreicht schnell das Ende seiner Geduld, wenn sein heiliger Sonntagsschlaf gestört wird. Wenn der Garten Gemeinschaftseigentum ist, gibt es dagegen aber praktisch keine Abhilfe.

In kleinen Objekten gibt es Streit insbesondere auch dann, wenn Mieter und Käufer zusammen unter einem Dach wohnen. **Mieter haben ein von Käufern deutlich unterscheidbares Wohnverhalten.** Käufer lieben ihr Eigentum, pflegen es und würden es am liebsten jeden Tag mit unter die schützende Bettdecke nehmen. Jeder Riß oder Kratzer in Fahrstuhl oder Treppenhaus sticht ihnen mitten ins Herz. Im allgemeinen verhalten sie sich auch leiser als Mieter, denn sie müssen sich mit den Nachbarn ja ein Leben lang arrangieren. In vermieteten Wohnungen sind selbstredend Ein- und Auszüge häufiger, mit der Folge, daß jeder Neuankömmling seine Nägel und Dübel neu setzt. Jeder Einzug bedeutet also tagelanges Hämmern und Bohren.

Ob in Ihrem Objekt mehr vermietet oder mehr selber gewohnt werden wird, können Sie nicht mehr als erahnen. Der Bauträger kann (besonders bei kleineren Objekten) aufgrund der Nachfragen zumindest meist einen gewissen Trend angeben. Größere Wohnungen werden im allgemeinen eher von den Käufern selber bewohnt, während Appartements häufig vermietet werden.

11.2 Das Haus von außen

Leider kaufen Sie in der Regel keinen fertigen Neubau (in der Referenzliste des Bauträgers finden Sie allerdings häufig ähnlich geplante und ausgeführte Bauten). Deshalb müssen Sie sich das Haus mit Hilfe von mehr oder weniger informativen Prospektzeichnungen vorstellen. Die dieses Kapitel beschließende Checkliste verhilft Ihnen schnell zu einer solch plastischen Vorstellung vom Angebot. **Sie sollten sich nämlich so in das angebotene Objekt hineinfühlen, daß Sie sozusagen darin spazierengehen können.** Das ist aus drei Gründen wichtig:

- natürlich für Sie selber, damit Sie sich nach dem Einzug nicht die Haare raufen
- für einen evtl. Wiederverkauf später
- für eine evtl. Wohnungsvermietung

Ihr nachfolgender Käufer bzw. Mieter sieht dann Wohnung und Gemeinschaftsanlagen in fertigem Zustand; er kann die Wohnung daher natürlich viel leichter und besser beurteilen als Sie, der Sie wahrscheinlich nach Prospekt kaufen.

Da die Checkliste wieder für sich selber spricht, nur einige Anmerkungen:

Werden Sie sich zunächst einmal einfach über den Baukörper, seine Wege zur Straße und die Lage bezüglich der Himmelsrichtungen klar. Wie viele Geschosse hat das Objekt? Wie hoch sind die Geschosse im Lichten? Die Normalhöhe beträgt lt. Bauordnung mindestens 2,40 m, in manchen Bundesländern z. T. 2,50 m. Die Erdgeschosse sind wegen der Geschäfte meist höher. Wer jemals in einem Altbau mit 3,00 m oder höherer lichter Höhe gelebt hat, braucht meist lange, um sich, wenn überhaupt, in 2,40 m Höhe wohl zu fühlen. Jeder Zentimeter mehr ist ein Aufatmen!

Wie sieht die Gestaltung der Fassade aus? Haben Sie nur eine glatte Fassade vor sich, die zudem nur im Prospekt farblich behandelt ist? – Wie in allen Städten besonders in der letzten Zeit zu sehen ist, gewinnen auch glatte, langweilige Fassaden durch raffinierte Farbstrukturen sehr. Wird die Fassade Ihres Objektes einfach einfarbig gepinselt? Sehen Sie Vor- oder Rücksprünge einzelner Geschosse vor sich, oder verspringt das Gebäude im Grundriß? Werden die Wände mit Lisenen

(= senkrecht vorspringenden Mauer- oder Putzteilen), Gesimsen, Fensterumrahmungen u. a. m. aufgelockert?

Balkone, Loggien und Terrassen

Balkone sind eine schöne Sache, wenn es Oberbalkone ohne »Deckel« (ohne darüberliegenden Balkon) sind, auch wenn sie manchmal vielleicht müde machen (durch notwendig gewordenes Schneeschaufeln z. B.). Mittelbalkone haben den Nachteil, daß sie den Raum dahinter verschatten, Loggien andererseits den Vorteil, daß sie im allgemeinen nicht einsehbar und relativ windgeschützt sind. Aber auch sie stören die Belichtung des zugehörigen Raumes, da dieser Raum dann zurückrückt. Das Optimale sind natürlich nichteinsehbare Terrassen, sofern sie der Wohnung selbst genügend Wohnfläche lassen.

Klagen über mangelnden **Sichtschutz** sind häufig Begleitmelodie zum Thema »Balkone«. Wie ist also das Problem »Sichtschutz« in Ihrem anvisierten Objekt gelöst? Wie sind die Balkone angeordnet, einsehbar oder nicht? Liegt Ihr Balkon, Ihre Loggia oder Terrasse an einer Hausecke, und müssen Sie deshalb erwarten, daß es ständig zieht? Wird daher ausreichender **Windschutz** mit eingeplant?

Hat das Haus durchgehende Balkone, die durch dünne Sichtschutzblenden unterteilt sind? – Dann freuen Sie sich darauf, daß Sie in kurzer Zeit Streitigkeiten und Versöhnungen Ihrer Nachbarn als spannendes Hörspiel miterleben dürfen. Läuft vielleicht sogar das Aufwischwasser des Nachbarn über Ihren Balkon, weil mehrere Balkone gemeinsam entwässert werden? Sind die Loggien und Balkone auch breit genug? Mindestens 1,25 m, besser sollten sie 1,50 m vorweisen können. Ein guter Sichtschutz ergibt sich, wenn die Balkone im Grundriß gegeneinander versetzt sind.

Interessant ist auch die Ableitung des Regenwassers von diesen Bauteilen. Man kann das Wasser einfach nach außen über den Balkonrand laufen lassen, was Verschmutzungen und im allgemeinen auch Beschädigungen der Balkondeckenränder nach sich zieht. Das Wasser kann aber auch konzentriert durch einen Wasserspeicher nach außen geleitet werden, wenn das Haus nicht zu hoch ist und das Wasser unten keinen Schaden anrichten kann. Als unbestreitbar beste Lösung gilt aber die Entwässerung nach innen, was allerdings einen aufwendig abgedichteten Bodenbelag, eine einwandfreie Konstruktion der Türschwellenabdichtung und Fallrohre erfordert. **Aber die Fassade bleibt dadurch sauber und schadensfrei.**

Die Umwehrungen prägen den äußeren Eindruck wesentlich mit. Woraus bestehen sie? Aus Betonfertigteilen, mit oder ohne Pflanzwannen? Sind es gemauerte Brüstungen, oder gibt es nur einfache Stahlgeländer? Schützen die Brüstungen vor Zug, oder pfeift es durch? Gerade Umwehrungen ermöglichen eine Vielzahl von Varianten. Ein gedanklicher (und gedankenvoller) Spaziergang auf dem Balkon oder der Terrasse lohnt sich!

Vielleicht haben Sie gar keinen Balkon, sondern nur Austritte, auf welchen Sie nicht sitzen können, die aber Ihre Räume aufhellen?

Fenster und Fenstertüren

Wie sind Fenster und Fensterbrüstungen gelöst? Sind Fensterelemente vorhanden, die bereits mit Brüstung auf die Baustelle geliefert werden, oder normale Fenster mit gemauerter Brüstung?

Fensterelemente sind schallschutztechnisch nicht so leicht in den Griff zu kriegen. Das wird zu einem Problem, wenn die Wohnung an einer stark frequentierten Verkehrsstraße liegt (siehe Kapitel 11.6).

Besondere (ungewöhnliche) Lösungen sind Eck- oder Erkerfenster.

Wichtig sind natürlich auch die Fensterteilungen. Eine langweilige Fassade wird oft durch interessante Fensterteilungen aufgemöbelt, z. B. durch große Fenster mit breiten Flügeln oder durch große, unsymmetrische Fenster mit einem schmalen und einem breiten Flügel. Der praktische »Vorteil« solcher Flügel besteht dann oft darin, daß im Schlafzimmer alle aus dem Bett gescheucht werden oder daß in der Küche radikal abgeräumt werden muß, damit die Fenster geöffnet werden können.

Können überhaupt alle Fenster geöffnet werden? Oder zeigt z. B. die Balkonfassade ein großes festverglastes »Panoramafenster« neben der Balkontür?

Die Außenhaut

Der teuerste Putz (im allgemeinen Kunststoffputz) ist nicht unbedingt der beste. Es kommt auf den Einsatz, d. h. auf den Wandaufbau, an. Mineralischer Putz ist nicht schlechter. Auf jeden Fall ist er sehr lang erprobt. Eine eindeutige Beurteilung der Qualität ist in diesem Bereich schwierig. Interessant ist ferner die Putzstruktur. Vielleicht wird die Fassade Ihres Objekts aber gar nicht geputzt, sondern verkleidet?

Wie sieht denn das Dach aus? Ist es geneigt oder flach?

Wenn Sie in ein Hochhaus einziehen, wird Sie das alles wenig interessieren. Vielleicht wollen Sie aber unter romantischen Dachschrägen wohnen. Dort wohnt man auch wirklich romantisch und schön, aber nur dann, wenn das Dach darüber betoniert wurde, was wegen der Dachschrägen leider sehr teuer ist und deshalb selten gemacht wird. Ohne Betondecke aber werden Sie einen angenehm warmen Sommer verfluchen (siehe auch Kapitel 11.5 und 11.6).

Wie sieht der Hauseingang aus? Ist er verwinkelt, nicht einsehbar, so daß sich dort leicht jemand verstecken kann? Das, wie auch die Gestaltung der Sammelgaragen, ist z. B. für abends oft allein nach Hause kommende Frauen von Bedeutung. Empfinden Sie den Eingang als repräsentativ für Ihre Besucher? Was hat das Äußere des Hauses sonst noch zu bieten? Vielleicht einen besonderen, höheren, angenehm auffallenden Sockel? Oder fällt er nur in den Prospektdarstellungen (durch Schraffuren) auf?

11.3 Das Haus von innen

Die Hauptklage aller Bewohner betrifft immer wieder die Lärmbelästigung. Schallschutzprophylaxe setzt aber nicht erst bei Wänden und Decken an, sondern bereits beim Grundriß des Hauses. Und der ist oft schon so verplant, daß Klagen über Lärm vom Treppenhaus, vom Fahrstuhl und von den Gängen sich fast notwendig ergeben müssen. **Wohnungszufriedenheit stützt sich vor allem auf zwei Säulen, nämlich Unabhängigkeit und Abgeschlossenheit.** In größeren Objekten ist man aber oft gezwungen, viele Wohnungen an einem Gang aufzufädeln. Daß das dann keine besonderen Perlen sind, ist auf den ersten Blick klar: Nicht nur das Kommen und Gehen der Nachbarn stört, sondern auch die Sozialkontrolle, die sie gewollt oder ungewollt ausüben. Ganz davon zu schweigen, daß ein täglicher Vorbeimarsch an vielen fremden Türen kaum ein persönliches, exklusives Wohngefühl vermitteln kann. Besonders unbeliebt sind daher Laubenganghäuser, bei denen der Verteilergang wie ein langer Balkon außen angeordnet ist.

Zu den erwähnten Nachteilen gesellt sich hier noch der unzureichende Wetterschutz, verbunden mit Unfallgefahren im Winter.

Auch Mittelgänge im Haus haben ihre Nachteile. **Bei derartigen Objekten mit langen Verteilergängen ist es notwendig, auf einen Flur als Pufferzone zu achten,** insbesondere dann, wenn auch noch zufällig der Fahrstuhl neben Ihrer zukünftigen Wohnung hält oder ein Müllschlucker auf geräuschvolle Kunden wartet. Solche Wohnungen sollen (wegen der erwähnten Sozialkontrolle) nicht nur von außen nach innen, sondern auch umgekehrt (also mit den neugierigen Augen der Nachbarn) kritisch angeschaut werden. Abschließende Quizfrage: Was hört und sieht der Nachbar von meiner Wohnung?

In Punkthäusern werden die aufgeführten Nachteile meist durch gebrochene Gänge ausgeschaltet. Einen Nachteil jedoch haben die meisten dieser größeren Objekte gemeinsam: Mit Ausnahme von Eckwohnungen bieten die Einheiten keine Möglichkeit zur **Querlüftung,** welche aber das Wohnbehagen erheblich erhöht. Die herkömmlichen Zweispänner, d. h., daß sich jeweils 2 Wohnungen pro Stockwerk in einem Treppenhaus befinden, sind das Optimale, werden aber nur selten angeboten. Bei Dreispännern leidet bereits wieder eine von ihnen unter Querluftmangel. Bei Vierspännern können alle vier Wohneinheiten wenigstens über Eck belüftet werden.

Damit Sie wissen, was Sie beim Einzug erwartet, betrachten Sie einmal den Fahrstuhlgrundriß: **Ist der Fahrstuhl groß genug für den Transport Ihrer Möbel?**

Ist vor dem Fahrstuhl auch Platz genug zum Aus- und Einladen, oder schmollt der Fahrstuhl in einer schwer zugänglichen Ecke? Können Sie bei Regen bequem von der Sammelgarage aus in den Fahrstuhl gelangen, oder fährt er gar nicht bis in die Garage? Hält der Fahrstuhl vielleicht auch nicht in Ihrem Geschoß, sondern eine halbe Treppe tiefer, da er vom Zwischenpodest aus jeweils ein oberes und ein unteres Geschoß bedient?

Falls Ihnen der Fahrstuhl nicht hilft, wie tief sind die **Treppenpodeste?** Wenn nur das vorgeschriebene Mindestmaß von 1 m Podestbreite vorhanden ist, dann ergeht es Ihnen beim Einzug wie den Bergsteigern am Matterhorn bei Kletterwetter: das Treppenhaus wird widerhallen von den Flüchen Ihrer Nachbarn, die sich mit ihren festgeklemmten Möbeln gegenseitig blockieren und den frischen Putz von den Wänden kratzen. Erst ab 1,25 m Podesttiefe hört das Fluchen auf.

11.4 Die Bauweise

»Meine Verlobte hat, wie du weißt, eine Eigentumswohnung mit Betonwänden«, erzählte mir ein Freund, »und immer, wenn ich sie mit meinem Dackel besuche, läßt der Hund sofort den Schwanz hängen. Tiere haben eben einen Instinkt für das Gesunde!« Stimmt das, oder sollte Waldi vielleicht doch kein gesundheitsbewußter Bauphysiker sein? – Vielleicht hat der Schuft auch in puncto Frauen einen anderen Geschmack als sein Herrchen.

Beton oder Ziegelmauerwerk

Bezüglich der Bauweise eines Hauses gibt es zugestandenermaßen einige handfeste bauphysikalische Unterschiede, von denen allerdings z. T. die abstrusesten Vorstellungen existieren.

Da wird z. B. behauptet, daß elektromagnetische Felder nicht durch Beton, wohl aber durch Holz und Ziegel dringen; derartige Vortellungen sind durch umfangreiche Untersuchungen längst in das Reich der Sagen verwiesen worden. Holz und Ziegel lassen nämlich Strahlung genausowenig durchdringen wie Beton. Trotzdem bauen sich im Innern der Häuser elektrische Felder auf. Woher kommen sie dann? Generator ist der Mensch selber, durch Laufen auf textilen Belägen (daher der Funke, der einem im Winter gern von der Hand auf die Türklinke springt), durch Rauchen; aber natürlich auch durch Elektroinstallationen (Stark-, Schwachstrom, Telefon, Antennen). Und noch eine wissenschaftliche Erkenntnis: die magnetischen Felder im Innern bewohnter Ziegel-, Holz- und Betonbauten unterscheiden sich praktisch nicht. Daran kann also Waldis Unbehagen nicht gelegen haben.

Wovon hängt dann unser Wohnbehagen ab? Bautechnisch gesehen in erster Linie von der Lufttemperatur, den Wandtemperaturen, der relativen Luftfeuchtigkeit und den Luftbewegungen (Zug!). Diese vier Kriterien werden primär von Wandbaumaterial, -aufbau und -dicke beeinflußt, aber nicht nur davon. Wenn Sie von einem Golf mit Vorderradantrieb auf einen BMW mit Hinterradantrieb umsteigen, müssen Sie Ihr Fahrverhalten ändern. Das leuchtet ein. Ähnlich muß auch das Wohnverhalten auf den Baustoff abgestimmt werden.

Von Bauweise und Wohnverhalten hängt das Wohnbehagen also ab. Wenn Sie in einem Betonbau z. B. gern kalt schlafen, vielleicht sogar bei geöffnetem Fenster, und morgens als erstes die Schlafzimmertür öffnen, brauchen Sie auf die ersten unangenehmen Hausgäste, nämlich Schimmelpilze, nicht lange zu warten. Ziegel lassen sich für diese Gäste etwas länger Zeit. Bitte lesen Sie dazu Kapitel 19.

Bei richtigem Wohnverhalten besteht kein Nachteil von Beton gegenüber Ziegelmauerwerk, zumindest was die Schimmelbildung betrifft.

Ein zweiter typischer Fehler im Wohnverhalten: Vielleicht sind Sie alleinstehend und drehen, wenn Sie zur Arbeit gehen – Stichwort: Energiesparen – die Heizung ab. Wenn Sie nach Hause kommen, heizen Sie wieder auf. Bei Betonwänden haben Sie dann das Gefühl, in einer Kirche zu sitzen: Es zieht von den Wänden. Und die Betonwand zieht wirklich; nämlich Ihnen die Wärme aus dem Körper.

Stellen Sie sich im Vergleich dazu vor, Sie würden wie zu Großmutters Zeiten einen Ziegelstein im Backofen erwärmen und mit ins Bett nehmen... langsam gibt dieser Ziegelstein wunderbare Wärme ab. Wenn Sie aber statt eines Ziegelsteins einen Betonstein verwenden, haben Sie an diesem Bettgenossen keine Freude. Durch seine Masse bringt Beton mehr Speicherkapazität; er braucht daher nur $1/3$ des Ziegelsteinvolumens, ist auch viel schneller aufgeheizt, denn Beton leitet Wärme etwa 5mal so gut wie Ziegel. Daher wäre der Betonbettwärmer zuerst brühheiß und nach kurzer Zeit eiskalt. Er nimmt zwar die gleiche Wärme wie der größte Ziegel auf, gibt sie aber schnell wieder ab. Ähnliches gilt auch für Kalksandsteine.

Wärmespeicherung und Wärmeleitfähigkeit des Baumaterials müssen also beim Wohnverhalten bedacht werden. In unserem konkreten Fall bedeutet das, daß im Betonbau durchgehend geheizt werden muß, was keineswegs erhöhte Heizkosten bedeutet. Betonwände sind ja außenseitig wärmegedämmt und verlieren daher die gespeicherte Wärme nach außen nur schwer.

Ziegelwände entziehen Ihnen Ihre Körperwärme dagegen nicht so schnell, da sie sich ja nur langsam erwärmen. In einem Ziegelbau können Sie also bei Abwesenheit tagsüber eher die Heizung abschalten.

Betonwände müssen dagegen bis zur äußersten Dämmung mit Wärme vollgepumpt werden, bevor sie mit dem Wärmeentzug aufhören. Wenn Sie Ihr Wohnverhalten darauf abstimmen, werden Sie auch den leidigen Kircheneffekt nicht spüren. In einem heißen Sommer ist dieser Kühleffekt natürlich angenehm (deshalb hatten die Römer unter anderem Hallen aus Natursteinen).

Bei richtigem Wohnverhalten ist also auch hier keinerlei Nachteil von Betonbau gegenüber Ziegelbau zu sehen.

Auch die Tatsache, daß man keine Bilderhaken einschlagen kann, sondern alle Haken einbohren muß, ist im Zeitalter der billigen Hobbybohrmaschinen kein Nachteil. Die eingebohrten Haken und Schrauben halten wenigstens!

Für das Wohnbehagen bringt Beton aber einen Nachteil, der sich auch durch richtiges Wohnverhalten nicht ausbügeln läßt: Körperschall. Wenn der Nachbar den Bohrer an die Wand setzt, dann können Sie, wie man im Norden sagt, nur noch »Land unter« melden. Das muß leider nicht einmal Ihr direkter Nachbar sein. Ich kenne ein Hochhaus, in dem seit drei Jahren der Sadist gesucht wird, der abends immer wieder bohrt. Ein Abhorchen der Türen hat bisher nichts geholfen, da er aufhört, sobald ein Horchposten sich nähert. Sprechen hören Sie Ihre Nachbarn in einem Betonbau allerdings nicht (also kein Luftschall), da Betonwände sehr schwer sind.

Es wäre also zu überlegen, ob Sie in ein Betonhochhaus mit vielen 1–2-Zimmer-Appartements ziehen sollen, die häufigen Mieterwechsel und Einbohren neuer Dübellöcher befürchten lassen.

Ein »natürlicher« Baustoff ist Beton im übrigen genauso wie Ziegel, besteht er doch letztlich aus gebranntem Ton und Kalk (Zement), Kies und Sand.

Wenn Sie in Ihrem Wohnungsangebot weder Beton- noch Ziegelwände entdecken, sollten Sie nun wohl oder übel noch weiterlesen. Im Eigentumswohnungsbau werden nämlich im wesentlichen noch die folgenden Baustoffe verwendet:

Kalksandsteine bestehen nicht nur aus einem Billiggemisch aus Sand und Kalk, genausowenig ist Porenbeton etwa einfach nur Beton mit Gasblasen, sondern die Kieselsäure der Sandkörner wird in aufwendigem Verfahren veranlaßt, mit dem vorhandenen Kalk eine chemische Ehe einzugehen. Daher das strahlende Weiß von Porenbeton (und »Kalksandsteinen«).

Zusammenfassend kann man sagen:

Ziegelwände mit einem feuchtigkeitaufnehmenden Kalkputz und einem »unmodernen« Kalkfarbenanstrich auf den Wandinnenseiten sind gegen falsches Wohnverhalten von allen Baustoffen am unempfindlichsten. **Alle übrigen Baustoffe verhalten sich mehr oder weniger gleichwertig, wenn das Wohnverhalten darauf abgestimmt wird!**

11.5 Wärmeschutz – Heizkosteneinsparung

Gegen Wärmeverlust und seine »schimmeligen« Folgen sind Sie durch zwei zwingend anzuwendende Vorschriften geschützt:

- **DIN 4108 Wärmeschutz im Hochbau**

Durch die Einhaltung dieser Norm wird sicher vermieden, daß sich im Winter an den Innenseiten von Außenwänden und Decken Tauwasser bildet und Schimmel ansetzt.

- **Die Wärmeschutz-Verordnung, die seit dem 1. November 1977 gilt und seitdem laufend weiter verschärft wurde.**

Diese Verordnung – die umfangreiche Berechnungen erfordert – hat nicht, wie die DIN 4108, nur hygienisches Wohnen zum Ziel, sondern sie begrenzt die Wärmeverluste der Wohnungen und des gesamten Hauses! Das heißt bei Wohnungsbauten nach 1977 sind Sie zunehmend gegen Wärmeverluste geschützt, wenn die Berechnung durchgeführt und die Baumaßnahmen ausgeführt wurden. Das ist leider nicht immer der Fall. Fragen Sie nach der Berechnung nach der Wärmeschutz-Verordnung! Meist liegt sie bei der geprüften Statik und wurde sogar vom Prüfingenieur abgesegnet. Ab den Jahren 2000/2001 wird die Wärmeschutz-Verordnung durch eine noch viel schärfere Energie-Spar-Verordnung abgelöst. Bei Neubauten bleiben damit kaum noch Probleme ungelöst.

Bei »geeigneter Möblierung und Wohnverhalten« sind Sie durch beide Vorschriften umfassend geschützt. Falls Sie wissen wollen, was »geeignet« heißt und wo vielleicht in Ihrer Wohnung wärmetechnische »Lücken« vorhanden sind, die Sie interessieren müßten, lesen Sie bitte weiter.

Bleiben wir zunächst bei der »geeigneten Möblierung«. Ein Grundriß, der Sie in Schlaf-, Wohnzimmer oder Küche zwingt, Schränke (ohne Heizungsrohre oder Elektroheizkabel dahinter) dicht an Außenwände zu rücken, lädt Schimmel geradezu ein. Die Außenwände können im Winter vom Raum her keine Wärme aufnehmen, denn zwischen Außenwand und Raum liegt ja der »wärmedämmende« Schrank. Folge: Die Außenwände kühlen ab. Es bilden sich Tauwasser und Schimmel.

Gleiches geschieht übrigens, wenn Sie auf Außenwände eine wärmedämmende Tapete aufbringen – ein Fehler, den man leider immer wieder beobachtet. Sie sollten also die Grundrisse im Zusammenhang mit Ihrer Möblierung (siehe Kapitel 12) sehen. Welches Wohnverhalten geeignet ist, lesen Sie bitte unter Kapitel 19 nach.

Vor Außenwände keine Möbel stellen zu können, ist eine arge Einschränkung. Wie kann man dem abhelfen? Nur indem Sie der Außenwand im Winter Wärme zuführen. Das kann – hinter den etwas von der Wand abgerückten Schränken – durch Verlegung eines von der Heizung abgezweigten Heizwasserrohres, eines Elektro-Heizkabels oder einer Heizmatte geschehen.

Jetzt kommen wir zu den wärmetechnischen Lücken, die für Sie – insbesondere bei älteren Gebäuden – noch interessant sind.

Die Hauptverluste in der Wohnung sind die Fenster, nicht die Wände. Eine wärmetechnische Verbesserung des Wandmaterials allein bringt also noch nicht viel Gewinn.

In den vorgeschriebenen Wärmedämmberechnungen werden nicht nur einzelne Wandteile, sondern ganze Wände mit Fenstern und sogar das Haus als Ganzes untersucht. Als Ergebnis steht dann eine Zahl, der sog. k-Wert. Trotzdem hat es keinen Sinn, diese Zahlen für einzelne Wohnungen zu vergleichen, weil die vorgeschriebenen Mindestwerte schon hoch genug sind und die Hauptverluste ohnehin woanders liegen.

Die so oft in der Öffentlichkeit diskutierten Wärmedurchgangswerte (k-Werte) sind also in bezug auf den Gesamthaushalt von Wohnungen relativ wenig aussagekräftig. Auch ein Vergleich der k-Werte von Fensterscheiben hilft nicht weiter, da die (normalerweise für die Lüftung notwendigen) Fensterfugen hohe Wärmeverluste mit sich bringen.

Abgesehen von besser dämmenden Isolierglasscheiben und weniger durchlässigen Fensterfugen besteht der beste Schutz vor Wärmeverlusten einfach in dem, was wir im Sommer gegen den Wärmegewinn einsetzen, nämlich Rolläden. An Winterabenden heruntergelassene Rolläden halten nicht nur die Heizenergie, sondern auch die am Tage durch das sichtbare Licht eingegangene (und keineswegs geringe!) Sonnenenergie im Raum gefangen.

Zum Verständnis dieser Vorgänge stellen Sie sich Ihre Wohnung einmal fensterlos vor. Das gleicht dem Leben in einer Thermosflasche: Die wärmegedämmten Wände und Decken lassen Wärme nicht hinaus-, aber natürlich auch nicht hineindringen. Ganz stimmt das Prinzip der Thermosflasche allerdings nicht: Decken, Wände und Möbel speichern Wärme. Das kann eine Thermosflasche nicht. Die eingefangene Sonnenenergie kann also gespeichert und in die Nacht hineingerettet werden. Ein Idealhaus hätte also deshalb vor allem im Süden große Fenster mit dichten Fensterfugen und Rolläden und eine zentrale Be- und Entlüftung mit Wärmerückgewinnung statt unkontrollierbarer Fensterlüftung. Verblüffend ist hierbei, daß im Winter die Einstrahlungsgewinne größer als im Sommer sind. Das liegt an der tiefstehenden Sonne, die die Fenster voll trifft.

Wenn Rolläden also gleich im Prospekt mit angeboten werden, so ist das ein großes Plus in der Ausstattung!

Bleiben Sie bitte noch einen Moment mit mir bei den Fenstern. Um Wärmeverluste zu vermeiden, haben moderne Fenster dichtere Fugen. Dadurch funktioniert die Selbstlüftung unserer Wohnung nicht mehr so wie früher. Unsere heutigen Wohnungen sind im Gegensatz zu früher eher zu feucht. Im Winter kondensiert feuchte Luft an kalten Bauteilen. Seit dem Einbau moderner Fenster hat sich an diesen Stellen die Schimmelgefahr vergrößert. Deshalb möchte ich Ihnen an dieser Stelle noch einmal ein geeignetes Lüftungsverhalten gem. Kapitel 19 empfehlen!

Wesentlich ist auch, wo Sie einziehen: nicht nur Dachwohnungen, auch Außenwohnungen verlieren trotz Dämmung mehr Wärme als eine Wohnung inmitten des Pelzmantels von Nachbarwohnungen. Ungünstig sind auch Wohnungen unter dem Dach und auf der Seite der Hauptwindrichtung. Die Heizungsbauer berücksichtigen diese Lagen in ihren Berechnungen genau und bauen auf der Hauptwindrichtungsseite größere Heizkörper ein, die den Mehrverbrauch ausgleichen.

Auch Erdgeschoßwohnungen über dem Keller sind ungünstiger als Wohnungen mittendrin im Pelzmantel der anderen Mieter (wenn diese nicht Dreiviertel des Jahres verreist sind). Für Wohnungen im Erdgeschoß ergibt sich noch ein weiterer Nachteil, nämlich daß man in ihnen notgedrungenermaßen ein Stück Straßenleben mitleben muß und einem andererseits Passanten die Wurst vom Brot gucken.

Das Ganze ist allerdings eine Frage der Heizungsabrechnung. Da nach der 1981 in Kraft getretenen »Verordnung über die verbrauchsabhängige Abrechnung der Heiz- und Warmwasserkosten« mindestens 50% nach Wohnungsfläche und 50% nach individuellem Verbrauch abgerechnet werden, schlägt die Wohnungslage im Haus bereits bei diesem Schlüssel zu Buche.

Natürlich gibt es auch genauere Meßgeräte ohne die geschilderten Nachteile, die einen größeren Aufwand erfordern. Wenn Sie allerdings einen Nachbarn haben, der als Reiseleiter in der Karibik Dienst tut und nur im Sommer wiederkommt, geht es Ihnen auch mit den exaktesten Meßgeräten schlecht. Nachbartrennwände sind leider, wie auch Geschoßdecken, normgerecht gegen Luftschall, aber nur gering gegen Wärmeverluste gedämmt. Sie heizen also zwei Wohnungen, wobei Ihre evtl. nicht einmal warm genug wird. Fragen Sie den Notar, ob in der Hausordnung eine Mindestbeheizung vorgeschrieben ist und wie sie durchgesetzt wird.

Ähnliche Überraschungen lassen sich leicht innerhalb der eigenen Wohnung erleben, wenn man in einem Schlafzimmer, das neben dem Wohnzimmer liegt, bei abgestelltem Heizkörper das Fenster zur Lüftung offenstehen läßt. Den Innenwänden (vor allem den leichten Trennwänden) fehlt eine solide Wärmedämmung. Daher könnten Sie, statt im Schlafzimmer nebenan zu kühlen, auch direkt im Wohnzimmer das Fenster öffnen: Der Effekt ist gleich. Aus demselben Grund spart auch das differenzierte Heizen der einzelnen Räume (z. B. 15 °C im Schlafzimmer und 20 °C im Wohnzimmer) nichts, da die Wärme nicht nur durch die Leichttrennwände, sondern auch über die Stahlbetondecken weitergeleitet und verteilt wird.

Ebensowenig wie die Schlafzimmerwand ist die Schlafzimmertür wärmegedämmt, am wenigsten eine Tür mit Glasfüllung.

Die angestellten Überlegungen treffen natürlich für alle gekühlten Räume zu. **Binsenwahrheiten, die wir aber leicht übersehen!**

Wärmeschutz ist also nicht nur von der Wärmedämmung der Außenwände, Fenster, Dach- und Kellerdecken abhängig, sondern zu einem sehr großen Teil vom **Wohnverhalten**, wozu auch **Lüftungsgewohnheiten** gehören (siehe Kapitel 19).

Luft speichert sehr wenig Wärme, Wände und Decken dagegen sehr viel. Wenn also mehrmals am Tage 4–5 Minuten lang die warme

Innenluft Ihrer Wohnung durch Querlüften gegen kalte Außenluft ausgetauscht wird, geht nur wenig Wärme verloren. Lüften Sie dagegen unkontrolliert durch Kippen der Fenster, kühlen Sie damit die Wände selbst ab und verlieren sehr viel Energie (vgl. Kapitel 19).

Beim Energieverbrauch sollten Sie nicht nur an Ihre Wohnung denken. Auch das Gemeinschaftseigentum will beheizt sein. Sind viele auffällige Wärmekiller vorhanden, wie z. B. große Flure, Party- und Fitneßräume, Schwimmbad o. ä.?

Bei dem Begriff Wärmeschutz denkt man immer nur an den winterlichen Wärmeschutz. **Der sommerliche Wärmeschutz ist aber auch sehr wichtig,** insbesondere wenn die von Ihnen angepeilte Wohnung mit großen Fensterflächen blinkt.

Für die Verhinderung übermäßiger Wärmeeinwirkung ist vor allem die Himmelsrichtung, in der die Wohnung liegt, wichtig; eine Ausrichtung nach Norden oder Süden läßt Sie weniger schwitzen als eine nach Osten oder Westen.

In einer Wohnung mit einer Nord- und einer Südseite (bzw. West- und Ostseite) kann das Raumklima durch Querlüften nachts mühelos verbessert werden.

Besonders wärmebelastet sind Eckräume, die gleichzeitig nach Südost und Südwest orientiert sind.

Was für die Belichtung schlecht ist, ist für den sommerlichen Wärmeschutz gut: nämlich Vordächer, Balkone u. ä. **Die beste Kombination für sommerlichen und winterlichen Wärmeschutz sind allerdings Rolläden und dazu Markisen** (und falls Sie der Anblick nicht stört, dazu auch noch Heizungswärme zurückspiegelnde Innenjalousetten o. ä.).

Vielleicht wird Ihnen das in der angebotenen Standardausstattung geboten? Dann freuen Sie sich über geringen Energieverbrauch und angenehm kühle Sommer!

Einen Sonderfall stellen Wohnungen unter Dachschrägen dar. Derartige Dachschrägen werden in der Regel mit Glaswollmatten o. ä. wärmegedämmt. **Eine Wärmespeicherung fehlt.** Das bedeutet, daß sich im Sommer häufig auch nachts die heiße Luft des Hauses unter einem Dach staut und Sie sich die Seele aus dem Leib schwitzen. Betonierte Dachschrägen sind leider teuer und werden deshalb selten gebaut (vgl. auch Kapitel 11.6). Erträglich werden derartige Wohnungen mit Leichtdächern ansonsten nur, wenn schwere speichernde Betonwände o. ä. und eine Querlüftungsmöglichkeit vorhanden sind.

Zum Schluß dieses Kapitels einige Worte zur **Heizungsregelung in älteren Gebäuden. Die Idealkombination besteht aus einer über Außenthermostat gesteuerten hauszentralen Heiztemperaturregelung mit Nachtabsenkungen und Thermostatventilen an allen Ihren Heizkörpern.** Danach sollten Sie fragen!

Wie groß ist, falls Sie eine Ölzentralheizung im Haus haben, **der Öltank**? Seine Größe bestimmt wesentlich den Heizöleinkaufspreis!

Ist die Warmwassertemperatur getrennt von der Heizungsvorlauftemperatur regelbar?

Fragen zum Wärmeschutz

□	Winterlicher Wärmeschutz	Heizkosten-Abrechnungen?	
□		Wärmeschutznachweise?	WärmeschutzVO/DIN 4108
□		Besondere Maßnahmen	Wärmerückgewinnung
□			Sonstiges
□		Rolläden	
□		Fenster und -verglasung	Erhöhte k-Werte
□		Zusätzlich Neubau:	WärmeschutzVO: Jahr?
□			ESVO: Jahr?
□			Jahresheizwärmebedarf
□			Jahresenergiebedarf
□	Sommerlicher Wärmeschutz	Himmelsrichtungen	Raumzuordnungen
□		Querlüftungsmöglichkeit	
□		Rolläden	
□		Markisen	
□		Vordächer	

11.6 Schallschutz

Wie bereits mehrfach erwähnt, betreffen die meisten Klagen über mangelnde Wohnungsqualität unzureichenden Schallschutz.

Bevor wir die Gründe für solche Klagen im Detail beleuchten, einiges Wesentliche über Schallschutznormung. Die derzeitige Schallschutznorm **DIN 4109**, die seit **1989** besteht und seither immer wieder ergänzt wurde, bietet Ihnen umfassende Sicherheit gegen Schallbelästigungen. Davor allerdings galt die DIN 4109 von 1962, die aus den

Anfangszeiten des sozialen Wohnungsbaues stammte, als den Bewohnern solcher Häuser noch selbstredend »viel zu Ohren kam«. Erhöht wurden inzwischen insbesondere die Anforderungen an den Trittschallschutz und die Übertragung von Geräuschen in Heizungs-, Wasser- und Abwasserrohren.

Besonders wichtig wird für Sie die Frage nach dem Schallschutz (wie auch des Wärmeschutzes) also bei älteren Häusern!

In der Bautechnik unterscheidet man zwei Schallarten. **Luftschall** und **Körperschall.** Luftschall ist jeder Schall, der sich in Luft fortpflanzt: Gespräche, Geschrei, Verkehrslärm. Körperschall ist der Schall, der in den Wänden und Decken, d. h. im Baukörper selber, fortgeleitet wird. Das Auftreten von Körperschall gehört zu den Dingen, die Wohnen zu einer Qual machen können; denn ist der Schall einmal im Baukörper, dann wird er überall herumgeleitet. So haben Sie dann z. B. den Eindruck, daß die WC-Spülung Ihres Nachbarn direkt neben Ihrem Bett läuft, ohne daß Sie feststellen können, ob der Nachbar über oder unter Ihnen wohnt. Der Schall darf also nie in unzulässiger Stärke in den Baukörper hineingelangen.

Die Dämmung gegen **Luftschall** ist relativ einfach: durch hohe Wand- und Deckengewichte.

Aus alldem wird ersichtlich, daß **Körperschall** das eigentlich große und unangenehme Problem ist. Alle starken, direkten Schallquellen müssen unbedingt von Wänden und Decken getrennt werden. Z. B. werden Rohre von Wänden und Decken durch Dämmstreifen isoliert. Desgl. auch Badewannenfüße.

Der Weiterleitung von **Trittschall** durch die Geschoßdecken hilft man generell überall mit **schwimmendem Estrich** ab, d. h. mit einer Zementestrichschicht von ca. 4 cm Dicke als Fußboden, auf die dann der Bodenbelag geklebt wird. Diese Estrichplatte schwimmt auf einer Kunststoffschicht o. ä., auch seitlich, und schwingt daher unter den Fußtritten.

Zur Verdeutlichung der Problematik dienen im folgenden zwei der häufigsten Klagen über Schallschutzmängel:

- Klagen über das laute Reden der Nachbarn und ihren Musikgeschmack = **nicht ausreichende Luftschalldämmung**
- Klagen über ein zu energisches Auftreten des Oberbewohners = **unzureichende Trittschalldämmung**

Zu diesen Klagen trifft die Schallschutznorm klare Festlegungen:

- Einen vorgeschriebenen Mindestluft- und Trittschallschutz
- **Vorschläge für erhöhten Luft- und Trittschallschutz**

Um den Mindestschallschutz brauchen Sie sich nicht zu sorgen. Den schreibt die Norm vor. Die Schallschutznorm ist wie die Wärmeschutznorm eine sog. eingeführte Norm (vom jeweiligen Innenministerium) und somit verpflichtendes öffentliches Recht.

Für die folgenden Bauteile gibt es neben den Mindestanforderungen Normvorschläge für einen erhöhten Schallschutz:

- Decken
- Treppenläufe
- Treppenpodeste
- Wände
- Wohnungseingangstüren

Beim Kauf von Neubauwohnungen sollten Sie die nachfolgenden Erläuterungen lesen und die empfohlenen Fragen an den Bauträger stellen. Bei Gebrauchtwohnungen sollten Sie eventuelle Klagen der Bewohner recherchieren und die alten Baubeschreibungen durcharbeiten.

Im Gegensatz zu den Mindestanforderungen umfaßt erhöhter Schallschutz umfangreiche bauliche Maßnahmen, durch die Ihre Wohnruhe heute weitgehend garantiert wird. Diese Garantiewerte für den Schallschutz sind im Normentwurf höher. **Das bedeutet im Klartext, daß Sie nur auf vom Notar in der Baubeschreibung verbrieften »erhöhten Schallschutz« achten müssen, d. h., ob Sie 1. oder 2. Klasse reisen.**

Der erhöhte Schallschutz gegen Luft- und Trittschall gilt allgemein als mit vertretbarem Aufwand realisierbar! Anders sieht es mit Geräuschemissionen der haustechnischen Anlagen (Fließ-, Füll-, Entleer- und Armaturengeräusche, Geräusche aus Heizanlagen, Betätigungsgeräusche von Garagentoren u.a.m.) in Wohn- und Schlafzimmern aus. Deshalb werden Sie die Formulierung »erhöht« nun leider sehr selten finden, weil damit eine nachkontrollierbare hohe Qualität garantiert wird, die dem Bauträger viel Ärger schafft, und zwar weniger wegen des finanziellen Aufwandes als wegen der notwendigen exakten Bauausführung. Wenn Sie in Ihrem Kauvertrag also tatsächlich den Begriff »erhöhter Schallschutz« entdecken, dann freuen Sie sich! Eine weitere, von Ihnen allerdings juristisch auszufechtende Möglichkeit zur Sicherung des notwendigen Schallschutzes ist dann gegeben, wenn Sie die Wohnung mit den oft vom Verkäufer etwas leichtfertig vergebenen Prädikaten »**Luxuswohnung**«, »**besondere Wohnqualität**« oder »**erstklassige Bauausführung**« erworben (und beim Notar verbrieft) haben. In solchen Fällen haben schon Gerichte dahingehend entschieden, daß der Begriff »Luxus« auch verbesserten, wenn nicht sogar den »erhöhten« Schallschutz einschließt.

Falls Sie die Zauberformel »erhöhter Schallschutz« nicht in Ihrem Kaufvertrag finden können, fragen Sie besser den Bauträger ganz genau danach (und lassen es sich auch verbriefen), welche Maßnahmen er über die Mindestanforderungen hinaus setzt. Viele Bauträger treffen nämlich entsprechende bauliche Maßnahmen für erhöhten Schallschutz ganz oder teilweise, drücken sich aber vor der Festschreibung des Begriffes durch den Notar, da eine einzige Bauschlamperei zu später leicht zu beweisenden Ansprüchen führen kann.

Einige Bauträger schalten bereits bei der Bauplanung Schallschutzsachverständige ein und heben das in ihrem Prospekt hervor. Hierbei kann man ziemlich sicher sein, daß an den Bauteilen, an denen es kaum mehr kostet, über den Mindestschallschutz hinaus etwas getan wird. Das ist insbesondere beim Luft- und Trittschallschutz der Fall.

Wenn Sie also eine Neubauwohnung kaufen, der Bauträger fachkundig Auskunft gibt und vielleicht sogar einen Schallschutzsachverständigen hinzuzieht, brauchen Sie nicht weiterzulesen!

Weiterlesen sollten Sie, wenn Sie nach dem Gespräch mit dem Bauträger Zweifel haben oder eine bestehende Wohnung aus zweiter Hand kaufen, die eventuell noch ganz nach der alten Norm DIN 4109 von 1962 gebaut worden ist.

Zurück zu den Klagen über Schallschutzmängel. Abgesehen von den zwei oben genannten, lassen sie sich im wesentlichen in vier Gruppen einteilen.

1. **Klagen über Lärmbelästigung in der Wohnung durch die eigene Familie**
2. **Klagen über Lärmbelästigung vom Treppenhaus**
3. **Klagen darüber, daß Klosetts und Badewanne der Nachbarn unsichtbar neben dem eigenen Bett stehen und ein Mini-Niagara-Rauschen produzieren** = schlechter Schallschutz der Sanitärinstallationen

4. **Klagen über Belästigung durch Verkehrslärm** = unzureichender Schallschutz von Fenster- und Heizkörpernischen (oder der Wände selber)

Zu Punkt 1: Ursachen dafür sind:

- mangelnde Luftschalldämmung der leichten Zimmertrennwände
- mangelnde oder unzureichende Luftschalldämmung der Wohnungstür
- Geräusche der Installationen in der eigenen Wohnung

Die beste Prophylaxe gegen diese Belästigungen ist ein klarer Grundriß mit einer richtigen Zuordnung der Bereiche: Kinder, Arbeiten, Wohnen, Küche, Sanitärräume.

Dämmung gegen Luftschall ist abhängig vom Wandgewicht. In einem japanischen Teehaus mit verschiebbaren Tapetenwänden sehen Sie nichts, hören aber alles. Leichte Trennwände aus Gipsplatten o. ä., wie sie sehr häufig im Wohnungsbau verwendet werden, haben ähnliche positive und negative Eigenschaften (sind also – sogar auch später – beliebig versetzbar, bieten aber eine sehr geringe Dämmung gegen Luftschall).

Eine normale Ziegelwand von 11,5 cm Dicke, die derartige Schallprobleme vergessen läßt, ist leider viel schwerer und kann daher nur unverrückbar fest eingeplant werden. Wenn also in der Wohnung überall 11,5 cm dicke Ziegelwände vorgesehen sind, können Sie zwar in bezug auf die Raumaufteilung nicht mehr viele Sonderwünsche äußern, finden aber in jedem Zimmer die gewünschte Ruhe, allerdings unter der Voraussetzung, daß die Zimmertüren schwerer sind als die übliche 08/15-Ausführung – selbst mit »Natur«-Holzfurnier. Diese schwer schalldämmende Qualität erhalten Sie allerdings meist nur als Sonderwunsch.

Zu Punkt 2:

Hier ist zunächst einmal grundsätzlich die Lage Ihrer Wohnung im Haus interessant. Lesen Sie bitte darüber unter Kapitel 11.3 nach.

Wie kann der Schall in Ihre Wohnung schwingen? Er schwingt durch die Wohnungstrennwände am Treppenhaus, durch die Eingangstür und als Trittschall durch die Steinbeläge der Treppenstufen und -podeste – was oft übersehen wird.

Für Wohnungseingangstüren sieht die DIN 4109 **Mindestwerte** vor, um die Sie sich nicht zu kümmern brauchen, und **Vorschläge für erhöhten Schallschutz**. Vielleicht können Sie eine besser dämmende Tür gegen wenig Aufgeld aushandeln?

Bei Treppen geben sich seriöse Bauträger heutzutage viel Mühe. Die Treppenläufe werden von den Decken und auch durch aufwendige Feder-Elemente von den Podesten getrennt; die Podeste durch federnde, schwimmende Estriche an der Weitergabe von Geräuschen gehindert. Viele Bauträger erreichen den erhöhten Schallschutz dadurch, ohne es an die große Glocke zu hängen. Stellen Sie daher durch Fragetechnik fest: Machen »die« sich Gedanken, oder »bauen die einfach so vor sich hin«?

Zu Punkt 3:

Sanitärgeräusche haben schon viele Bewohner zur Verzweiflung gebracht: Das Plätschern des einlaufenden Badewannenwassers, das Quietschen, wenn sich der liebe Nachbar in die Badewanne flegelt, das Rauschen seines Klosetts und seiner Wasserhähne.

Aber auch Geräuschgrüße des Heizungskessels können Sie per Rohrpost erreichen, ebenso wie die Nachricht Ihres Nachbarn über seinen erfolgreichen Müllabwurf, seine Heimkehr im Aufzug oder seine Gesangskünste in der Badewanne, die Sie per Lüftungskanal mithören dürfen.

Die DIN 4109 schützt Sie hier! Leider nicht vor Baumängeln! Davor schützt Sie ein Schallschutzsachverständiger, der vom Bauträger an Planung und Baukontrolle beteiligt wird.

Leider gibt es nicht einfach einen Begriff oder eine Zahl, die eine Beschreibung der Qualität des Installationsschallschutzes im Kaufvertrag ermöglicht, sondern nur eine Fülle von Einzelmaßnahmen:

- »Entschärfte« Grundrisse. D. h. Grundrisse, bei denen die Leitungen in den Trennwänden zwischen Bad und WC oder Küche/Bad, WC liegen und nicht etwa zwischen Schlafzimmer und WC oder gar in der Trennwand zur Nachbarwohnung
- Ausführung der Installationen vor, nicht in der Wand
- Verwendung vorgefertigter Sanitärbausteine

Das ist, zugegebenermaßen, eine wahre Kanonade von technischen Details. **Zu Ihrer Erleichterung gibt es aber auch einen einfachen Test:** Fragen Sie den Architekten, Bauleiter, Techniker, jedenfalls denjenigen, der für die Technik verantwortlich zeichnet, nach Details. Auch wenn Sie das Technische nicht verstehen, verstehen Sie doch, ob jemand ein Problem durchdacht hat oder nur faselt. **Was man Ihnen gut und logisch erklären kann** (ohne die übliche Dampfwalzentaktik: »Da machen Sie sich man keine Sorgen; wir bauen seit dreißig Jahren!«), **ist auch gut durchdacht und hat daher eine reelle Chance, gut ausgeführt zu werden.**

Fragen Sie einmal nach Vorwandinstallation. Wenn dann Sätze kommen wie: »Bei uns hat sich noch nie jemand über die Schalldämmung beklagt«, prüfen Sie die Referenzen (siehe Kapitel 13), denn vielleicht hat der Verkäufer deshalb nie Klagen gehört, weil er sich niemals mehr bei seinen Kunden hat sehen lassen und auch nie erreichbar war!

Noch ein letzter Hinweis zu diesem leidigen Kapitel: Es kommt vor, daß Ihre Nachbarn (vor allem diejenigen über Ihnen) ein von dem Ihren stark unterschiedliches Wohnverhalten zeigen und das durch Sonderwünsche berücksichtigen lassen, so läßt z. B. vielleicht ein Obermieter seinen Grundriß ändern, was zur Folge haben kann, daß seine Küche mit ihren trittschallfreudigen Bodenfliesen überraschenderweise z. T. über Ihrem Wohnzimmer liegt. Das ist alles schon vorgekommen und gibt natürlich arge und unangenehme Geräuschbelästigungen. Normalerweise blockt der Architekt derartige systemzerstörende Sonderwünsche ab. Trotzdem ist guter Rat nicht teuer: **Schauen Sie sich die Raumaufteilungen der Nachbarwohnungen an.** Während des Baues ist es ratsam zu kontrollieren, ob gegenüber dem ursprünglichen Grundriß auch nichts geändert wird; vielleicht läuft die Sache nur über den Polier. Auch später, nach Übergabe der Wohnung, darf Ihr Nachbar, sofern er Gemeinschaftseigentum antastet, das System nicht ändern, ohne das Einverständnis der Eigentümergemeinschaft einzuholen.

Bleibt nur noch Punkt 4: Lärm von außen

In den geltenden Richtlinien für bauliche Maßnahmen zum Schutz gegen Außenlärm (die auch in die neue Schallschutznorm einfließen) werden zu Ihrem Schutz Mindestanforderungen an die Schalldämmung von Außenwänden und Fenstern gestellt.

Worauf aber müssen Sie achten und entsprechend nachfragen? **Hellhörig im wahrsten Sinne des Wortes müssen Sie werden, wenn Sie dem Angebot entnehmen, daß in einer lärmbelasteten Gegend leichtes Außenwandmaterial mit Heizkörpernischen oder Fensterelemente verwendet werden!**

Isolierglasfenster haben normalerweise Schallschutzklasse 2. Klasse 3 bedeutet einen wesentlich höheren Schallschutz. Extrem starker Lärmbelästigung kontert man mit Klasse 4, 5 und 6. Diese speziellen Klassen werden allerdings schon fast immer vor der Planung ausreichend berücksichtigt. Am unangenehmsten und häufigsten, weil von der Planung oft übersehen, ist aber Lärmbelästigung, die Klasse 2 gerade nicht mehr abfängt. Wenn Ihre Wohnung also nicht in einer ganz ruhigen Wohngegend liegt, fragen Sie nach der Schallschutzklasse und, da Sie ja nachts schlafen wollen, auch nach der Lüftung Ihres Schlafzimmers bei geschlossenem Fenster; denn was hilft das beste Schallschutzfenster, wenn Sie es im Sommer nachts öffnen müssen, soll das Schlafzimmer nicht zur Sauna werden.

Haben Sie vielleicht in einer sonst ruhigen Gegend ein harmlos aussehendes Lagergebäude neben sich, in dem nachts Kühlaggregate in Intervallen gequält aufheulen? Man sollte meinen, daß das Lärmschutzgesetz einen davor bewahrt. Leider meistens nicht! Das kurzfristige Heulen wird über die Nachtzeit kompliziert gemittelt und liegt dann im Mittel eventuell unter den Toleranzgrenzen, obwohl jeder einzelne Heulausbruch ausreicht, ihren Schlaf zu unterbrechen.

Da ein Fenster der Schallschutzklasse 3 (mit Prüfzeugnis) gleich wesentlich mehr kostet als ein entsprechendes der Klasse 2, werden oft gasgefüllte schalldämmende Isolierglasscheiben verwendet, die das Fenster relativ wenig verteuern, aber (ohne Prüfzeugnis) in den Bereich der Klasse 3 anheben. Eine wertvolle Maßnahme! Einziges Problem dabei: Nach Jahren läßt sich nicht mehr nachprüfen, ob das Gas zwischen den Scheiben noch seinen Dienst tut oder sich verflüchtigt hat. Wenn Sie also in einem solchen Fall nach etlichen Jahren glauben, daß Sie immer besser hören, muß das nicht an Ihren Ohren liegen!

Häufig haben die Firmen für Fenster ein Schallprüfzeugnis vorzuweisen, nicht aber für Fensterelemente, die dann im Schallschutz vielleicht eine Klasse tiefer liegen.

Was hilft es Ihnen nun aber, wenn Sie wissen, daß Ihre Fenster Schallschutzklasse 3 haben? Wie laut ist es dann innen? Die Fachleute ergehen sich Ihnen gegenüber vielleicht in Dezibel. Vorstellen können aber auch sie sich nur selten, was das für Ihr Schlaf-, Wohn- oder Arbeitszimmer bedeutet. Grau ist alle Theorie!

Wenn Sie also feststellen, daß das angebotene Objekt Außenlärm ausgesetzt ist, sollten Sie grundsätzlich:

- **den Bauträger nach den Schallschutzmaßnahmen bei Außenwänden und Fenstern fragen;**
- **ausgeführte Bauten, die ähnlichen Lärmpegeln ausgesetzt sind** (Referenzadressen Ihres Bauträgers o. a.), **besuchen.**

Fragen Sie die Bewohner, wie es ihnen ergeht! Hören Sie sich selbst den Lärm bei geschlossenen und offenen Fenstern an; wenn möglich, nicht nur einige wenige Minuten! Meist ist man beruhigt, wenn an einer lauten Straße das Fenster geschlossen und der Krach daher stark gedämpft ist. Erst nach einiger Zeit geht dann selbst dieser gedämpfte Lärm auf die Nerven, die natürlich unterschiedlich dick sind.

Können Sie dabei schlafen und arbeiten? Mögen Sie mit vorwiegend geschlossenen Fenstern leben?

Bedenken Sie auch, daß der Schall i. allg., entgegen landläufiger Meinung, nach oben hin ansteigt. Im 10. Geschoß hat schon mancher geglaubt, die Feuerwehr wolle mit Martinshorn in seine Toilette fahren.

Bedenken Sie auch, daß einzelne Schwerlaster in Intervallen unangenehmer sind als ein stets gleichmäßiges Verkehrsrauschen.

Besonders genau sollten Sie nach der Schalldämmung von Dachwohnungen unter geneigten Dächern fragen. Die Dachschrägen derartiger Wohnungen werden in der Regel wärmedämmend mit Glaswollmatten o. ä. ausgekleidet; Konstruktionen, die wenig wiegen und deshalb eine entsprechend geringe Luftschalldämmung haben. Betonierte Dachschrägen ohne diesen Nachteil sind leider sehr teuer (vgl. auch Kapitel 11.5).

Fragen zum Schallschutz

Siehe dazu auch die vom Verkäufer auszufüllende Liste nicht nach Augenschein erkennbarer Baumängel und Bauschäden, die mit verbrieft werden sollte.

□	DIN 4109	Alt:	Baujahr vor 1989
□		Neu:	Baujahr ab 1989
□		Schallschutz	Mindestschallschutz
□			Erhöhter Schallschutz
□	Sonderplanungen	Trittschall?	
□		Luftschall?	
□		Treppenauflager	
□		Sonstiges:	
□	Installationen	Vorwandinstallationen?	
□		Badewannenauflager?	
□		Rohrleitungsdämmungen	
□		Armaturen	Gruppe I
□			Gruppe II
□	Treppenhauslärm	Fahrstuhleinfluß?	
□		Wohnungseingangstür	Schallschutzklasse?
□		Binnenverkehr	Stark
□			Schwach
□	Außenlärm	Schallschutzklassen?	Fenster
□			Wände
□			Brüstungen
□			Dächer
□	Wohnungsbinnenlärm	Raumordnungen?	
□		Massive Trennwände?	
□		Leichte Trennwände?	
□		Massive Innentüren?	
□	Einfluß von Nachbarn	Grundrisse der Nachbarwohnungen	Darüber: Günstig?
□			Daneben: Günstig?

12 GRUNDRISSE KRITISCH GESEHEN

Natürlich haben Sie, wenn Sie eine Wohnung kaufen wollen, bereits bestimmte Vorstellungen in bezug auf Größe und Anzahl der Zimmer. Zwei Überlegungen sollten aber trotzdem zunächst einmal angestellt werden:

- Welche Wohnungsgröße bzw. welcher Grundriß läßt sich gut wiederverkaufen?
- Welche Wohnungsgröße bzw. welcher Grundriß läßt sich gut vermieten? – Dies für den Fall, daß Sie zu vermieten beabsichtigen.

Die erste Frage ist eng mit Vermögensbildung verknüpft. Viele Käufer beginnen mit einem 1-Zimmer-Appartement, steigen nach dessen gewinnbringendem Verkauf bis zu einer 2-Zimmer-Wohnung und enden schließlich, oft in atemberaubendem Tempo, an der selbstgesetzten Ziellinie einer 4-Zimmer-Wohnung. Solche erfolgreichen Läufe in der Vermögensbildung durch Wohnungen hängen natürlich direkt vom Markt und von der Wohnlage ab. Entsprechend unseren hohen Ansprüchen in bezug auf den Lebensstandard schätzen z. B. Singles 2-Zimmer-Wohnungen, möglichst mit getrennter Küche und separatem Bad, auch wenn die Zimmer klein sind, mehr als (billigere) 1-Zimmer-Appartements. 3-Zimmer-Wohnungen sind von Ehepaaren, die es sich leisten können, viel weniger gefragt als $3^1/_2$-Zimmer-Wohnungen. Ausgesprochen rar am Markt sind häufig 4-Zimmer-Wohnungen. Die eigentliche Wohnungsgröße in m^2 ist dabei oft gar nicht entscheidend. In den Mietpreisspiegeln haben zwar die kleinsten Wohnungen die höchsten Quadratmeter-Mieten, dafür ist aber der Mieterwechsel und damit das Mietausfallwagnis am höchsten. In den Jahresberichten der Gutachterausschüsse zeigen Statistiken meist einen umgekehrten Trend.

Oftmals wird übersehen, daß für eine geplante Vermietung nicht der eigene Geschmack, sondern der der angepeilten Mieter maßgebend sein muß. Wenn Sie Mäuse fangen wollen, stellen Sie schließlich auch nicht Ihren Lieblingswhisky unter den Fallbügel. Mieter sind primär interessiert an einer praktischen Küchenaufteilung, an Geschirrspüler- und Waschmaschinenanschluß, geringen Heizkosten, an einer Garage und genügend großen Abstellräumen. Besonders schöne Holzfenster oder Holzpaneele, Marmorfensterbänke und Rundbogentüren verfehlen oft den Eindruck, den sie machen sollen. In der Regel wollen Mieter mehr wohnen als repräsentieren. Als Wohnungskäufer haben Sie natürlich viel mehr zu bedenken als der Mieter, z. B. die Sicherung der Vermögenswerte, die Finanzierung des Hauses, die Wertsteigerung. Sie kaufen die Wohnung meist vom Blatt, während der Mieter dann in die fertige Wohnung einzieht und den Grundriß daher erst richtig auf sich wirken lassen kann. Um eine Wohnung günstig vermieten zu können, muß der Grundriß aber schon durch Sie, den Käufer, genau unter die Lupe genommen werden. Auch helle Räume sind wichtig.

Die Himmelsrichtungen sind nicht nur für die Wettervorhersage, sondern auch für eine gute Gestaltung von Wohnungsgrundrissen und so letztlich für ein gutes Wohngefühl von großer Bedeutung.

Wesentlich ist eine Ausrichtung der Wohnung nach mehreren Himmelsrichtungen, mindestens zwei, auch wenn das nur über Eck möglich ist. Es ist eine Wohltat, die Wohnung im Sommer querlüften und dadurch abkühlen zu können – südliche Sonne ist zwar ab und zu oder im Urlaub wunderbar, als sommerlicher Dauerzustand in der eigenen Wohnung dagegen eine Qual, selbst bei umfangreichem Sonnenschutz wie Markisen o. ä. (siehe auch Kapitel 11.5). Außerdem ist gründliches Lüften in den Trocknungsphasen des Baues, also in den ersten 1–2 Jahren, unbedingt notwendig.

Ein guter Tip, der leider meist wegen der damit verbundenen Mühen nicht genutzt wird, **ist die Einzeichnung Ihrer geplanten Einrichtung in den Grundriß,** am günstigsten im Maßstab 1:50 – in dem die meisten Prospektgrundrisse gehalten sind. An solchen Einrichtungsplänen erkennen Sie eventuell zu Ihrer großen Überraschung, daß die heißgeliebten und fest eingeplanten Küchenmöbel, -schränke und -maschinen keinen Platz finden und zum hohen Kaufpreis der Wohnung noch zusätzliche Kosten für eine Neueinrichtung der Küche kommen. Außerdem können Sie so besondere Bedürfnisse und notwendige Sonderwünsche (z. B. versetzte oder zusätzliche Steckdosen) bald feststellen. Kleine, aber feine Hilfsmittel für solche Einrichtungspläne sind Symbole für Klosett, Badewanne, Spülbecken usw., wie sie in

Architekturbüros verwendet werden. Sie sind als Aufkleber oder Schablonen in Zeichengeschäften erhältlich. Möbel und Geräte schneiden Sie am besten im Maßstab 1:50 aus Pappe aus. Ein Einbau der zur Diskussion stehenden Objekte in die zukünftige Wohnung kann so gut kalkuliert werden. Eine weitere Möglichkeit, sich konkrete Vorstellungen von der zukünftigen Wohnung zu verschaffen, besteht darin, die Grundrisse von einzelnen Räumen am Boden, z.B. des Wohnzimmers Ihrer derzeitigen Wohnung, zu skizzieren und eine Möblierung mit dem vorhandenen Bestand zu versuchen. Zugegeben, viel Mühe! Aber Wohnungskauf ist kein Nebenjob!

Eine weitere wichtige Überlegung besteht darin, das Verhältnis der Verkehrsflächen der Wohnung (z.B. Flure) zur eigentlichen Wohnfläche (einschließlich Bad, WC und Küche) herzustellen. Vielleicht sind zu viele (leere) Verkehrsflächen vorhanden? Optimal ist ein Anteil von 10–12% der Gesamtfläche.

Auch Verkehrswege und Raumzuordnungen in der Wohnung sind sehr wichtig. Verschachtelte und verwinkelte Grundrisse sind ein optisches Plus bei der ersten Besichtigung, ein langjähriges Minus aber beim Bewohnen. Erst im Gebrauch lernt man klare Grundrisse ohne Romantik, dagegen aber mit eindeutigen Raumzuordnungen ohne unnötige Ecken zu schätzen.

Gehen Sie in Gedanken so oft als möglich in der Wohnung, die Sie kaufen wollen, spazieren. Stellen Sie sich dabei vor allem auch die Lichtverhältnisse vor. Ihre eigenen Vorstellungen sind dann auch oft wesentlich genauer als die des Verkäufers, was eine sachliche Auseinandersetzung über Notwendigkeiten und Bedürfnisse erst ermöglicht.

Bevor wir nun im Geist gemeinsam durch die Wohnung spazieren, eine Überlegung zum **Wohnungskonzept** allgemein: Durch was für eine Wohnung spazieren wir; durch eine **Allraumwohnung ohne Flur** mit großem, repräsentativem, aber offenem Wohnzimmer? – Von Familien mit Kindern hört man oft Klagen über die Geräuschbelästigung aus derartigen Wohnzimmern.

Noch häufiger hört man allerdings allgemein Klagen über Geräusche von Installationen in Badezimmer und WC, die unmittelbar am Wohn- oder Schlafzimmer liegen. Küchengeräusche stören im allgemeinen nicht so sehr – wahrscheinlich wirken sie appetitanregend.

Oft wird auch über das Fehlen von ausreichenden schallabgesonderten Individualbereichen geklagt, wie z.B. ein **Arbeitszimmer**, in das man sich zurückziehen kann. Diese Zimmer sollten so liegen, daß die übrige Familie nicht immer wieder daran vorbeitraben muß. Statt dessen sind anstelle eines solchen Arbeitsraumes oft die Elternschlafzimmer zu groß geraten. Kinderzimmer dagegen geraten oft zu klein (ein 2-Bett-Kinderzimmer sollte mindestens 14 m^2 haben).

Als ersten Raum Ihrer zukünftigen Wohnung betreten wir wahrscheinlich den **Flur**. Er dient besonders als Pufferzone zum Abschirmen Ihres Innenlebens bei vielen Nachbarn an einem Gang. Allraumwohnungen ohne Flur und mit nur wenigen Raumteilungen lassen zwar auch eine Miniwohnung wie ein großzügiges Künstleratelier wirken, eine Abschirmung allerdings fehlt. Besucher dringen sofort in das Allerheiligste vor. Beim Betreten der Wohnung stehen sie schon vor dem Sonntagsbraten (vor allem, wenn die Eßdiele am Eingang liegt). Durch optische Abschirmungen (Schränke) und durch eine schallgedämmte (aber leider teure) Eingangstür läßt sich allerdings einiges verbessern.

Sanitärräume

Innenliegende Bäder und WCs werden heute meist schon als notwendiges Übel hingenommen. Klagen über die mangelnde Entlüftung solcher Dunkelräume aber stehen neben Klagen über Lärmbelästigungen an der Spitze aller Klagen über Wohnungen. Ein WC ohne Fenster ist vielen unangenehm. Für den Fachmann stellt sich das Problem allerdings etwas anders. Aborte und Fenster werden im Winter energieverzehrend gekühlt und bringen Ihre Duftblüten durch die Fallwinde in die ganze Wohnung.

Dazu läßt der kondensierende Wasserdampf die Wände feucht werden. Ein gut abgesaugter Innenabort ist kein Nachteil. Kommt zum fensterlosen WC aber ein Dunkelbad, so bedeutet das schon einen Kompromiß in bezug auf die Wohnungsqualität. Wenn sogar noch dazu die Küche nur dahindämmert, wird die Wohnung für viele zu einer Zumutung. Und wenn Sie diese Wohnung auch noch vermieten wollen, ist das ein doppelter Nachteil, weil Mieter meist auf diese Details achten. Eine Trennung von Bad und WC wird allgemein bevorzugt. Da aber zwei Räume mehr Platz brauchen als ein durchgehender, gleich großer, fallen die WCs dabei oft winzig aus. Man kann zwar (von der Breite eines thronenden Menschen ausgehend) mit einer WC-Breite von 80 cm einschließlich Handwaschbecken auskommen, in der Praxis leiden die Bewohner aber darunter. Viele Jahrzehnte Bauforschung haben gezeigt, wieviel der Dickste an Mindestraum bei seinen Tätigkeiten braucht.

Für Bad, WC und Küche gibt es darüber sogar eine eigene Norm (DIN 18022), die eingehalten werden muß. Nur sind das Mindestmaße, die bei beengten Verhältnissen angewandt werden. Wie alle anderen Lebewesen neigen aber auch wir dazu, einen bestimmten Sicherheitsbewegungsraum um uns herum aufzubauen. Nach praktischen Befragungen von Bewohnern ist das 1m. Ab 1m Bewegungsraum nehmen laut Statistik die Klagen über enge Räume ab. Ein WC mit 80 cm Breite ist trotz Handwaschbecken für das Nötigste ausreichend; aber erst ab 1 m unbehinderter Breite liest man dort mit Genuß die Sonntagszeitung.

Dieser **Wohlbehagensmeter** gilt überall: vor und seitlich des Klosettbeckens, vor dem Waschbecken und in der Küche. Wird dieser Raum eingeengt, so fühlen wir uns, ohne daß uns das bewußt wird, unwohl. Beim morgendlichen Waschen Backe an Backe zu stehen ist nur in einer Berghütte romantisch; und auch dann nur, wenn es sich um die passende Backe handelt. Es gibt allerdings auch Menschen, die erst dann fröhlich sind, wenn es eng wird. Vielleicht ertesten Sie Ihren persönlichen Wohlbehagenskreis einmal mit dem Meterstab.

Die Größe des Badezimmers ist natürlich eine Frage der Ausstattung und der Anordnung des Grundrisses. Mit 4 m^2 Minimalmaß (ohne Dusche) ist zwar auszukommen, ein bequemes Bad sollte aber (ohne Dusche) 6 m^2 haben. Es sollte auf jeden Fall so groß sein, daß Sie sich morgens zu zweit darin bewegen können, wobei wieder jeder 1 m Bewegungsraum haben sollte.

Eine unangenehme Folge zu kleiner Badezimmer ist oft die Anordnung der Badewanne quer vor dem Fenster. Bewohner solcher Bäder klagen wegen der Durchlässigkeit der Fensterfugen und der geringen Wärmedämmung der Scheibe über Zugerscheinungen, über Schwierigkeiten beim Öffnen des Fensters und darüber, daß sie das Fenster beim Duschen immer mitwaschen. Als besonders angenehm wird es empfunden, wenn ein entsprechend großes Bad vom WC getrennt ist, trotzdem aber noch ein eigenes Klosett hat. Das ist angenehm, besonders dann, wenn mehr als zwei Personen den Haushalt bilden. Apropos Bad: Welche Ecke haben Sie Ihrer Waschmaschine zugedacht? Gibt es im Bad noch Platz dafür? Oder gibt es einen Abstellraum, in dem sie installiert wird und zur Not auslaufen kann? Mit einer zentralen Waschküche mit allen Schikanen sind Sie solcher Probleme natürlich enthoben.

Zur Küche

Die Größe sollte anhand der Pläne für Einrichtung und Geräte (Geschirrspüler, Eisschrank, Tiefkühltruhe, Spüle und Kleingeräte) überprüft werden. In der Küche sollte man zu zweit arbeiten können. Auch hier also geht es nicht ohne den Wohlbehagensmeter. Wie liegt die Küche zum Eßzimmer? – Auf einem kurzen oder langen Weg? Ist auch der Weg von der Küche zum Eingang kurz, oder müssen Sie Lebensmittel durch das Wohnzimmer schleppen? Traum aller Hausfrauen, der aber leider nur sehr selten in Erfüllung geht, ist ein belüfteter Speiseschrank in der Küche.

Auch in Einzimmerwohnungen bevorzugen Käufer wie Mieter eine abgeteilte Küche statt einer Kochnische, die fensterabgewandt mit dem Wohnzimmer eine optische Dufteinheit bildet.

Zum Schluß noch ein Blick in die Abstellräume

Die Größe von Abstellräumen ist in den Bauordnungen vorgeschrieben, braucht Sie also nicht zu belasten – nämlich mindestens 6 m² pro Wohnung (bei Appartements 4 m²), wovon mindestens 1 m² in der Wohnung selbst vorhanden sein muß. Die restlichen 5 m² können im Keller oder Dachboden sein. 1 m² ist aber sehr wenig, und manchmal ist nicht einmal dieser Mindestquadratmeter vorhanden. In der Wohnung selbst werden Sie wahrscheinlich kaum mit 6 m² rechnen können, 2 m² davon sind aber ein guter Kompromiß.

13 REFERENZEN PRÜFEN

Abgesehen von Zeiten mit Wohnungshalden gesteht man Ihnen leider im allgemeinen keine zum Bauende konzentrierten Ratenzahlungen zu und auch keine Vertragserfüllungsbürgschaften, die, im Fall eines Konkurses des Bauträgers, Ihren Verlust mildern. Es gibt nämlich immer wieder Firmen, die mitsamt ihren Handwerkern vom Markt verschwinden und ihre Käufer in einer Bauruine oder in einer vor Mängeln strotzenden Wohnung allein lassen. Es gibt Firmen, die wie ein Komet auftauchen, untergehen und dabei einen Schweif von Prozessen hinter sich her ziehen. Eigentumswohnungen kann man aber nur von seriösen Firmen kaufen, die finanziell solide sind, Planung und Bauleitung gewissenhaft durchführen und Mängel umgehend beseitigen. Dafür ist die Größe der Firma allein als Garantie keineswegs ausreichend. Man braucht sich nur an die Pleiten der letzten Jahre zu erinnern. Bereits getätigte Ratenzahlungen sind nach der Makler- und Bauträgerverordnung auch bei Konkurs des Bauträgers gesichert. Nicht abgesichert sind Sie aber gegen die Mehrforderungen neuer Bauunternehmer, wenn der eigentliche Bauträger in Konkurs geht und die Handwerker abrücken sollten. Wenn der Bauträger allein Fersengeld gibt, so genügt das, weil dadurch die Handwerker-, Bauleiter- und Architektenverträge zerbröckeln.

»Pleite« ist jiddisch und bedeutet »Flucht nach vorn«. Sollten Ihnen und Ihrer Eigentümergemeinschaft also Bauträger und auch vielleicht Handwerker als unschuldige Engel auf diese Weise entkommen sein, können Sie mit Sicherheit annehmen, daß der nächste Bauunternehmer, der Sie aus Ihrer (unromantischen) Bauruine erlöst, in der Regel kräftig hinlangt: das Doppelte gegenüber früheren Vereinbarungen ist kein Sonderfall.

Es ist daher unumgänglich notwendig, die Referenzen des Bauträgers zu überprüfen.

- **Besuchen Sie die fertiggestellten Bauten,** die in der Referenzliste des Bauträgers angeführt sind. Das tun leider nur wenige. – Fragen Sie dort nach Mängeln und Ärgernissen. Fragen Sie nicht nur die Hausverwaltung, denn diese ist häufig nur eine Tochter des Verkäufers, sondern die Wohnungseigentümer. Wer Ärger hatte, ist gerne bereit seine Wut mit Ihnen zu teilen.

- **Besuchen Sie nicht nur fertiggestellte Bauten, deren Gewährleistungszeit noch nicht verstrichen ist.** Besuchen Sie auch Bauten, bei denen sich weder die Handwerker noch der Bauträger mehr blicken lassen!

  Hören Sie sich einmal an, was die Eigentümer dieser Wohnungen von der Kulanz und dem Service von Handwerkern und Bauträgern berichten.
- Bitten Sie die ehemaligen Käufer des Bauträgers (und auch die Hausverwaltungen) um Einsicht in die **Protokolle der Wohnungseigentümerversammlungen.** Darin sind Schwachstellen und Ärgernisse schwarz auf weiß zu finden.
- **Freiwillige Selbstauskünfte des Bauträgers durch seine Hausbank allein reichen dagegen im allgemeinen nicht aus.** Banken übersehen nur einen Teil der Gesellschaft. Sie kennen zwar oft ihren Vermögensstand und ihre Solidität von früher, ihre derzeitigen Schulden und Verpflichtungen aber schon weniger. Überhaupt nichts wissen sie meist über Prozesse, die die Gesellschaft mit ihren Käufern geführt hat, über die Qualität der Bauten und die Beseitigung von Mängeln.
- **Besorgen Sie sich (z. B. über Ihren Steuerberater, der dafür vielleicht ein Wertscheck-Abonnement hat), eine Kreditauskunft aus dem Computer einer der Kreditauskunfteien.** Diese Auskünfte sind erstaunlich billig, enthalten aber im allgemeinen grobe und v. a. amtlich registrierte Tatbestände wie Offenbarungseid, Zwangsvollstreckung usw. Man glaubt immer, daß einem selbst so etwas nicht begegnen kann, bis man dann vielleicht liest, daß der so freundlich lächelnde Bauträger bereits Hauptdarsteller in »Old Schwurhand« war, die Firma seiner Frau gehört, die auch bereits amtlich zum »Oechen« aufgefordert wurde, dazu aber noch keine »Zeit gefunden hat«.
- **Als Test fragen Sie doch am besten klar und direkt den Bauträger selbst nach seinen Referenzen.** Das nimmt kein seriöser Bauträger übel, sondern wird Ihnen daraufhin von sich aus Unterlagen und Referenzadressen von früheren Käufern angeben.

- In kleineren Orten bzw. Landkreisen erhalten Sie Auskünfte über Architekten und Handwerker, die den von Ihnen ins Auge gefaßten Bau gerade erstellen, von der Konkurrenz, z. T. sogar von Geschäftsleuten am Ort (Lebensmittelgeschäfte u. a.). Das ist zwar etwas mühsam, weil solche Informationen meist nicht gern telefonisch erteilt werden, aber sehr aufschlußreich. Jeder kennt jeden. Und Gerüchten soll man zwar mißtrauen, aber man sagt auch, daß etwas an ihnen hängenbleibt. Scheuen Sie sich also nicht vor Zeitverlusten, die durch solche Kontakte entstehen. Schließlich lernen Sie dadurch gleich Ihre zukünftigen Nachbarn kennen.
- Ist das angebotene Objekt überhaupt genehmigt wie geplant? Schon mancher Käufer sah nach einem **Informationsbesuch bei der Bauaufsichtsbehörde** die Welt mit anderen Augen!

Noch ein Wort zu Bauträgern, die nicht im jeweiligen Bauort wohnen. Da kommt es vielleicht vor, daß ein Bauträger, der in der Oberpfalz ansässig ist und dort günstige Handwerker zur Verfügung hat, in München ein Grundstück erwirbt, mit seinen Handwerkern bebaut und vielleicht schon selber die Planung und im Pendelverkehr die Bauleitung durchführt. Hier möchte ich nicht chauvinistisch erscheinen, aber selbst die Bauabteilungen der öffentlichen Hand mit ihren jahrzehntelangen Bauerfahrungen schrecken meist davor zurück.

Warum?

1. muß mindestens die Bauleitung am Ort sitzen, um jederzeit überwachen, eingreifen und als Ansprechpartner zur Verfügung stehen zu können.
2. macht es keinem Handwerker Spaß, einige hundert Kilometer zu fahren, um Putzrisse o. a. m. auf Gewährleistung zu beseitigen, nachdem er den Bau bis auf die letzten 5% Gewährleistungseinbehalt abgerechnet hat. Er läßt es evtl. lieber zu, daß Sie die Arbeiten anderweitig vergeben und sich mit ihm herumklagen.

Ich darf Sie am Schluß dieses Kapitels noch an den uns allen bekannten Slogan erinnern: »**Vertrauen ist gut, Kontrolle ist besser.**«

14 BILANZ DER WOHNUNGSAUSSTATTUNG

Dieses Kapitel kann auf Neubauwohnungen gleichermaßen wie für Gebrauchtwohnungen mit einem Unterschied angewandt werden: Bei Gebrauchtwohnungen sehen Sie die Ausstattung! Bei Neubauwohnungen müssen Sie die Ausstattung aus der Baubeschreibung heraus erkennen. Für alle sanitären Objekte, Armaturen, textilen Bodenbeläge, Parkett, Fliesen, Fensterbänke und Innentüren der Standardausstattung gilt das Zauberwort »**Vorbemusterung**«. Vorbemusterung bei den Großhändlern des Bauträgers. Erst danach wissen Sie, ob Ihnen die Standardware reicht oder ob Sie die Sonderwünsche bezahlen müssen. Unsere Standardware, die in großen Serien hergestellt wird, ist heute durch die Bank hervorragend. Sonderausführungen im Sanitär-, Fliesen- und Elektrobereich, die in kleinen Serien produziert werden, sind im Preis leicht bis zu zehnmal so teuer. Die Frage ist immer, ob Sie nicht erst in einigen Jahren die Standardware durch Sonderausführungen austauschen und die Ausgaben damit in die Zukunft schieben. Richtig ist es aber immer, entsprechende Anschlüsse bereitzuhalten.

Rohrleitungen/Warmwasserversorgung

Bei älteren Gebrauchtwohnungen können Sie ruhiger neben Abwasserrohren aus Gußeisen schlafen. Bei Neubauwohnungen ist ein guter Schallschutz Standard.

Bisher wurde es als Nachteil angesehen, wenn die Warmwasserversorgung nicht hauszentral (d. h. vom Warmwasserbereiter im Heizraum) erfolgte. Im Zuge von Energiepreisverschiebungen und exakten Warmwasserverbrauchsmessungen muß das aber nicht unbedingt von Nachteil sein; es kommt auf den Haustyp an. Warmwasser ist dann nämlich z. B. in einem Appartementhaus mit vielen alleinstehenden Bewohnern, welche oft nicht zu Hause sind, sich nur gelegentlich duschen und dabei nur jeweils 10–15 Liter Heißwasser verbrauchen, oft wesentlich teurer als in einem Haus mit häufig warm plätschernden Familien, weil heißes Wasser laufend in den Rohrleitungen zur Verfügung gestellt wird, ohne Entnahme aber trotz Wärmedämmung abkühlt, daher immer wieder aufgeheizt werden muß. In solchen Appartementhäusern sind Gas- oder Elektroheißwasserbereiter, die bei Bedarf eingeschaltet werden, günstiger. Dasselbe gilt für seltener benutzte Zapfstellen wie die Küchenspüle bei Vorhandensein eines Geschirrspülers.

Sanitäre Objekte und Armaturen

Sanitäre Objekte und Armaturen unterscheiden sich nicht nur in der Art (Einloch-, Einhebelmischbatterie, Flach-, Tiefspülklosett) und in der Größe (70 cm breites Waschbecken), sondern auch erheblich in Qualität, Ausführung und Preis. Seriöse Bauträger geben daher in ihren technischen Baubeschreibungen die Nummer an, unter der z. B. ein Waschbecken im Katalog einer der großen Sanitärbedarfsfirmen aufgeführt ist. In den Ausstellungsräumen dieser Firmen können Sie sich dann ansehen, was Sie erwartet, und der Bauträger kann seine Hände später nicht mehr in Unschuld waschen, wenn Billigeres eingebaut worden ist.

Klosett

Nach Art der Aufstellung unterscheidet man 2 Typen: das normale frei stehende Klosett und das wandhängende Klosett, welches den großen Vorteil hat, daß man nicht mühsam den Boden um den Klosettfuß reinigen muß, sondern ohne Schwierigkeiten darunter aufwischen kann. Normalerweise ist der Wasserkasten dabei mit dem Klosett integriert.

Der Wasserkasten kann versteckt werden, und zwar entweder, indem man einen sog. Unterputzkasten verwendet oder ihn in einen vor der Wand installierten Sanitärblock einsetzt, d. h. in eine niedrige Fertigelementwand, die vor die Tragwand gestellt wird und die neben dem Wasserkasten alle Anschlüsse enthält. Oberhalb des eingefliesten Blockes entsteht dann entweder ein kleiner Fliesenabsatz, oder es wird gerade hoch aufgemauert, so daß der Block als solcher nicht mehr zu sehen ist. Der Vorteil dieses Versteckspiels besteht darin, daß Sie später den Wasserkasten und die Rohrverbindungen nicht sehen (und nicht reinigen) müssen.

Je nach Art der Spülung unterscheidet man zwischen: Flach- und Tiefspülklosetts. Üblich sind Flachspülklosetts. Sie sind billiger, und man kann aufgrund ihres flachen Beckens zur Fäkalienaufnahme

Krankheiten selbst feststellen. Tiefspülklosetts sind dagegen hygienisch und geruchsarm, da alles gleich im Wasser untergeht. In diesem Zusammenhang die wahre Geschichte eines Tiefspülklosett-Eigentümers, der über ein Jahr gegen Herzrhythmusstörungen behandelt wurde, bis er – auf einem Flachspüler bei Bekannten – feststellte, daß die Störungen von einem stattlichen Bandwurm, verursacht wurden.

Je nach Art des Abwasserrohrabganges unterscheidet man zwischen verdecktem Abgang und Abgang außen. Beim verdeckten Abgang gibt es nur einen Klosettkörper, dessen Fuß Sie mühelos reinigen können. Beim Abgang außen ist das Rohr zu sehen, und Sie müssen zwischen Klosett und Rohr daher mühsam wischen.

Badewannen

Diese gibt es aus emailliertem Stahl und Acrylglas. Acryl hat den Vorteil, wärmedämmender zu sein, ist aber auch kratzempfindlicher. Farbige Objekte werden heute schon häufig ohne Aufschlag durch den Bauträger zur Auswahl gestellt, da die Einkaufspreise z. T. nur geringfügig höher sind als bei weißen Objekten.

Bidet (Sitzwaschbecken)

Ein Bidet im Bad bringt entscheidende hygienische Vorteile. Für manche vielleicht nicht ganz appetitlich, aber insbesondere für Familien mit kleinen Kindern sehr praktisch: das problemlose Füßewaschen.

Waschbecken

Hiervon gibt es natürlich viele Typen, einmal von der Aufstellung (wandhängend oder stehend), aber auch von der Größe und Form her. Die Größe steht häufig bereits in den Prospekten.

»Kristallporzellan«, wie es sicher auch in Ihrer Baubeschreibung steht, ist nicht der Gipfel des Luxus, sondern normale Qualität.

Armaturen

Die Prospektbezeichnung »Einlochmischbatterie« (Kapitel 7) bedeutet, daß eine normale Mischbatterie eingebaut wird. Die teuren Einhebelmischbatterien haben den Vorteil, daß man die einmal eingestellte Warm-/Kaltwassermischung auch nach dem Abschalten belassen und beim neuerlichen Anstellen sofort wiederhaben kann. Je nach Typ wird bei diesen Batterien z. B. die Dusche mit dem Abdrehen des Wassers durch den Hebel ausgestellt und springt nicht gleich beim nächsten Anstellen wieder an, sondern erst, wenn Sie erneut den Duschknopf ziehen! Dadurch werden ungewollte Duschen vermieden.

Heizung

Heizungsrohre werden aus Kunststoff, Kupfer und Stahl hergestellt. Qualitätsunterschiede lassen sich trotz der unterschiedlichen Kosten nur schwer feststellen. Wichtig ist natürlich die Art der Heizung.

Fußbodenheizungen haben einen großen Vorteil: Im Zeitalter der Energiekrise arbeiten sie mit Temperaturen, bei denen die Wärmeverluste auf dem Weg vom Kessel zur Heizung geringfügig ausfallen. Sie sind insbesondere für Wärmepumpenheizungen mit ihren niedrigen Temperaturgewinnen wichtig. Allerdings sind sie im Gebrauch nachteilig durch ihre große Trägheit und durch die unangenehme Staubentwicklung, insbesondere bei nicht aufwischbaren textilen Bodenbelägen.

Die Heizkörpertypen unterteilt man in Radiatoren (Rippenheizkörper o. ä., seit Großmutters Zeiten bekannt), welche die Wärme durch Luftumwälzung (Konvektion) und Strahlung abgeben, und Konvektoren (mit vielen Blechlamellen o. a.), welche nur umwälzen. Qualitätsunterschiede markieren diese Begriffe nicht.

Elektroinstallationen

Dieses Kapitel ist schnell erledigt. Nachfolgend finden Sie die in der Praxis bekannten Wohnungskennziffern der Hauptberatungsstelle für Elektrizitätsanwendungen, abgekürzt HEA.

Lassen Sie sich vom Bauträger (oder dessen Elektroplaner) einfach den Ausstattungswert (*; **; *** – uns allen vom Kognak geläufig) angeben.

Sie wissen dann sofort, was Sie erwartet!

Sollte der Bauträger selber nicht wissen, welche Ausstattungsklasse er anbietet, dann checken Sie die Baubeschreibung durch, und vergleichen Sie mit den folgenden Listen!

Allgemeines

Die Gebrauchstauglichkeit der elektrischen Anlage wird durch ihren Ausstattungswert nach RAL-RG 678 bestimmt.

★ = *Ausstattungswert 1*
★★ = *Ausstattungswert 2*
★★★ = *Ausstattungswert 3*

Wählen Sie mindestens die 2-Sterne-Ausstattung, damit Sie ihre Elektrogeräte an jeder gewünschten Stelle anschließen und nutzen können. Teure Nachinstallationen bleiben Ihnen so erspart. Ausstattungswert 3 berücksichtigt bereits heute zukünftige technische Entwicklungen.

Anforderungen für Ausstattungswert	★		★★		★★★	
	⊥ 1)	×	⊥ 1)	×	⊥ 1)	×
Schlaf-/Wohnraum 2) ≤ 12 m²	3	1	5	2	7	3
Schlaf-/Wohnraum 2) > 12 ≤ 20 m²	4	1	7	2	9	3
Schlaf-/Wohnraum 2) > 20 m²	5	2	9	3	11	4
Kochnische	5	2	7	2	8	2
Küche 2)	7	2	9	3	11	3
Hausarbeitsraum	4	1	7	2	9	3
Bad	3	2	4	3	5	3
WC	1	1	2	1	2	2
Flur/Diele Länge ≤ 2,5 m	1	1	1	2	1	3
Flur/Diele Länge > 2,5 m	1	1	2	2	3	3
Freisitz (Balkon, Loggia, Terrasse) Breite ≤ 3 m	1	1	1	1	2	1
Freisitz (Balkon, Loggia, Terrasse) Breite > 3 m	1	1	2	1	3	2
Abstellraum	1	1	2	1	2	1
Zur Wohnung gehörender Keller-, Bodenraum	1	1	2	1	2	1
Hobbyraum	3	1	5	2	7	2

Beleuchtungs- und Steckdosenstromkreis3)	4	6	7
Gerätestromkreise	4)	4)	4)
Stromkreisverteiler5)	2reihig	3reihig	4reihig
Hörfunk- und Fernsehempfangssysteme	9)		
Telefonanlage			
Gebäudekommunikation	6) 7)	7)	7) GMA 8)

Symbole nach DIN 40 900	
Schutzkontaktsteckdose	Elektrogerät, allgemein
Leuchtenanschluß	Gong
Elektroherd, allgemein	Türöffner
Backofen	Gegensprechstelle
Geschirrspülmaschine	Fernmeldesteckdose
Waschmaschine	GMA Gefahrenmeldeanlage
Wäschetrockner	Antennenverstärker
Heißwassergerät	Antennensteckdose

Anmerkungen

1) Betten zugeordnete Steckdosen sind mindestens als Doppelsteckdosen vorzusehen.
Neben Antennensteckdosen angeordnete Steckdosen sind mindestens als Dreifachsteckdosen vorzusehen.
Die vorgenannten Mehrfachsteckdosen gelten nach der Tabelle als jeweils eine Steckdose.

2) In Räumen mit Eßecke ist die Anzahl der Auslässe und Steckdosen um jeweils 1 zu erhöhen.

3) Erhöht sich um jeweils 1, wenn Hausarbeitsraum vorhanden ist.

4) Wenn keine andere Heißwasserversorgung vorhanden ist.

5) Im Belastungsschwerpunkt der Wohnung.

6) Im Einfamilienhaus unter Berücksichtigung der örtlichen Erfordernisse.

7) Mit mehreren Wohnungssprechstellen.

8) Bei Ein- und Zweifamilienhäusern.

9) Bis 4 Räume 1 Antennensteckdose.

Quelle: Hauptberatungsstelle für Elektrizitätsanwendung e.V. – HEA – Am Hauptbahnhof 12, 60329 Frankfurt/Main

Fenster und Innentüren

Auch hierbei ist, ganz abgesehen von der Schallschutzklasse und der Beanspruchungsgruppe, »Holzfenster« nicht gleich »Holzfenster«. Desgl. ist »Holzfuttertür« nicht gleich »Holzfuttertür« und »Beschlag« nicht gleich »Beschlag«. Die Palette reicht vom dunkel gebeizten Fichten- bis zum gebeizten Mahagoniholz und vom eloxierten Aluminium- bis zum Messing-Jugendstil-Türbeschlag. Da hilft nur fragen und zeigen lassen!

Fenster

Qualitätsunterschiede zwischen Holz- und Kunststoffenstern lassen sich, wenn überhaupt, nur mit langen Gutachten definieren. Die Qual der Wahl liegt in der farblichen Abstimmung der Fenster mit der Einrichtung. Eines kann man sicher sagen: Holz ist ein natürlicher Baustoff, dessen Eigenschaften seit Jahrtausenden genau bekannt sind. Auch bezüglich der Haltbarkeit gibt es bei Holzfenstern keine Überraschungen mehr. Von Zeit zu Zeit müssen sie natürlich gestrichen werden. Optisch auffallend ist meist, daß Kunststoffenster breitere Rahmen und Flügelprofile haben, die bei kleinen Fenstern plump wirken.

Interessieren sollte Sie der Schallschutz (11.6); den Wärmeschutz können Sie unter 11.5 nachlesen.

Innentüren

Die Frage, ob lackierte Stahlzargen oder Holzfuttertüren, ist keine Qualitäts-, sondern eine Geschmacksfrage. Holzfutter lassen den Raum wärmer erscheinen. Eine Qualitätsfrage ist aber die Frage: Vollholztürblätter (die es sicher nur gegen etliches Aufgeld als Sonderwunsch gibt) oder normale Türblätter (siehe Schallschutz Kapitel 11.6). Das gleiche gilt auch für die Eingangstür. Der erhöhte Schallschutz derartiger Türen lohnt sich allerdings nur, wenn der Schall nicht trotzdem durch Türfugen und zu leichte Wände dringen kann.

Fensterbänke

Über Marmorfensterbänke haben wir bereits unter Kapitel 7 gesprochen. **Haben Sie übrigens überhaupt Fensterbänke?** Oder gibt es Fensterelemente, vor denen man allenfalls die Fensterbank auf dem Heizkörper (falls vorhanden) aufständern kann? Falls der Heizkörper aus einem dünnen Konvektor besteht, müssen Sie auf Blumen verzichten.

Die auch vielerorts eingebauten Kunststoff-Preßholzbänke sind im Gebrauch nicht unbedingt empfindlicher als Natursteinbänke. Ob Sie diese auch mit aufgeklebtem Marmormuster mögen, ist eine Frage Ihres Geschmacks.

Fliesen

Alle Fliesen bestehen zwar aus Tonscherben, man unterscheidet aber:

- **Steingutfliesen** aus weicherem, weniger widerstandsfähigem (ungesintertem) Material. Diese Fliesen werden deshalb als Wandfliesen verwendet. Sie sind billiger als die
- **Steinzeugfliesen,** die, widerstandsfähig und nicht wassersaugend (gesintert), als Boden- und Wandfliesen verwendet werden können. Es gibt sie mit und ohne Oberflächenglasur. Sie halten sich preislich in etwa die Waage mit den ebenfalls sehr harten
- **Spaltplatten,** die gleichfalls auch auf Böden verlegt werden.

Nach Farbe und Oberfläche werden unterschieden:

- **Uni-Fliesen,** d. h. einfarbige Fliesen. Die Oberfläche ist glatt oder mit Reflex (mit vertieften Kreisen) strukturiert
- **Geflammte Fliesen,** d. h. Fliesen, die flammenartig verschiedene Farben aufweisen. Die Oberfläche kann glatt oder gewalkt (wie eine leicht bewegte Meeresoberfläche) sein
- **Dekorfliesen** mit verschiedenfarbigen Mustern, vertieft oder erhaben, auf der Oberfläche (z. B. Blumensträuße)

Und schließlich unterscheidet man nach der handelsüblichen Sortierung:

1. Sorte und Mindersortierung

Die Sortierungen beziehen sich auf Farbfehler, Oberflächenfehler und Maßhaltigkeit.

Ferner gibt es 4 Beanspruchungsklassen für die Abriebfestigkeit.

Fliesenformate reichen vom Mosaikfliesenbelag (unter 2 cm Kantenlänge) bis zum Normalformat 15 × 15 cm und größer.

Sie sehen, eine große Palette, zu der noch Dutzende spezieller Handelsbezeichnungen (z. B. Florentiner) kommen.

Dazu sollten Sie in der Baubeschreibung eine Preisangabe finden, aber nicht nur für den kompletten Preis mit Verlegen, sondern auch für das Material selbst, damit Sie im Fliesenhandel vergleichen können! Bei Fliesen (wie auch bei Bodenbelägen) sind die Käufer später oft bei den Sonderwünschen über die »Billig«-Preise entsetzt, die sich natürlich bei einem größeren Bauvorhaben als Kaufpreise ergeben haben.

Textile Bodenbeläge

Zur Auswahl stehen:

- **Nadelfilz oder Nadelvlies**
- **Schlingenware**
- **Velours und**
- **Kombinationen von Schlingen und Velours**

Da Textilbeläge nur von Fachleuten beurteilt werden können, gibt es das **ETG-Teppich-Siegel,** das dem Laien Sicherheit beim Kauf gibt.

Das **ETG-Teppich-Siegel** wird von der Europäischen Teppichgemeinschaft e. V. (ETG), Hans-Böckler-Straße 205 in 42109 Wuppertal, Tel. 0202/759791, Fax 0202/759797 auf der Basis genormter Prüfungen und Klassifizierungen erteilt. Hier können Sie gegen geringe Gebühr Merkblätter anfordern.

Daneben gibt es noch:

Qualität und Sicherheit

Industrie und Handel bieten heute etwa 3000 verschiedene Teppichböden an. Da die einzelnen Herstellungstechniken ebenso wie die verschiedenen Rohstoffe und Konstruktionen die Gebrauchseigenschaften prägen, ist zur Qualitätsbeurteilung ein umfangreiches Produktwissen erforderlich. Dieses bleibt im allgemeinen Fachleuten vorbehalten.

Durch seine Forschungsarbeit hat das Teppich-Forschungsinstitut (TFI) dafür gesorgt, daß sich der Vebraucher beim Teppichkauf nicht mit viel Fachwissen zu belasten braucht.

Sie können sich ganz ihrem persönlichen Geschmack, der Ästhetik und farblichen Abstimmung widmen, wenn Sie darauf achten, daß die Teppichböden Ihrer Wahl das ETG-Teppich-Siegel und das GuT-Signet tragen.

Beide Kennzeichnungen zusammen geben Hinweise auf Qualität und Preiswürdigkeit.

Das **Teppich-Siegel** der Europäischen Teppichgemeinschaft e. V. (**ETG**) macht die erforderlichen Angaben zu Strapazier- und Komfortwert und zu den Zusatzeignungen. Es wird vergeben, nachdem die Eigenschaften des betreffenden Teppichbodens neutral vom Deutschen Teppich-Forschungsinstitut geprüft wurden. Als Grundlage für die Prüfungen wird die EN 1307 verwendet. Da das ETG-Teppich-Siegel qualitativ besonders gute Produkte kennzeichnet, werden für einzelne Klassifizierungen höhere Anforderungen gestellt, als in der Norm vorgesehen sind.

Das Signet »**Teppichboden schadstoffgeprüft**« der **GuT** (Gemeinschaft umweltfreundlicher Teppichboden e. V.) gibt Ihnen die Sicherheit, daß der Teppichboden strenge Schadstoff- und Emissionsprüfungen bestanden hat und laufend kontrolliert wird. Es stellt sicher, daß der Teppichboden keine Schadstoffe wie Pentachlorphenol, Formaldehyd, gesundheitsgefährdende Pestizide, Butadien oder Vinylchlorid an die Raumluft abgibt. Die Mitglieder der GuT verpflichten sich zudem, die Umwelt so wenig wie möglich zu belasten und ihre Produktion auf den jeweils fortschrittlichsten und damit umweltschonendsten Stand der Technik zu optimieren.

ETG-Teppich-Siegel und Signet »Teppichboden schadstoffgeprüft« ergänzen sich zur umfassenden Verbraucherinformation in Sachen Qualität und Sicherheit. Ihre Aussagen können anhand der Kontroll- bzw. Prüfnummer durch Anfrage beim Deutschen Teppich-Forschungsinstitut geprüft werden.

Gemeinschaft umweltfreundlicher Teppichboden e. V. **(GuT)**
Schönebergstr. 2, 52080 Aachen

Was bedeuten die Zeichen?

Das Teppich-Siegel enthält drei Informationsfelder. Es gibt Auskunft über den Strapazierwert und den Komfortwert des betreffenden Teppichbodens und weist auf spezielle Eignungsmerkmale hin. Die Angabe über die Rohstoffzusammensetzung der Nutzschicht gehört natürlich auch dazu.

Unter dem Strapazierwert versteht man das Verschleißverhalten eines Teppichbodens, d. h., er gibt Auskunft darüber, welcher Beanspruchung dieser gewachsen ist.

Die Skala reicht dabei von der geringen Beanspruchung, z. B. im Schlafzimmer, bis zur extremen Beanspruchung in der Bankschalterhalle. Für den Haushalt bieten sich Beläge des Strapazierwertes gering bis stark an.

Der Komfortwert wird durch die Dichte und Höhe der Polschicht (Flor) sowie durch die Anzahl der Noppen bestimmt. Die Komfortwert-Einstufung reicht von einfach, gut, hoch, luxuriös bis hin zu prestige. Da mit steigendem Komfortwert mehr wertvolles Polmaterial eingesetzt werden muß, bietet der Komfortwert auch einen gewissen Anhalt für den Preis des Teppichbodens. Strapazierwert und Komfortwert ergänzen sich also zur Angabe des Preis-/Leistungsverhältnisses. Je mehr Felder nach links schraffiert sind, desto weniger wird sich die Oberseite im Gebrauch verändern. Je mehr Felder nach rechts schraffiert sind, um so besser wird die textile Qualität.

Einige Beispiele sollten diesen Zusammenhang erläutern:

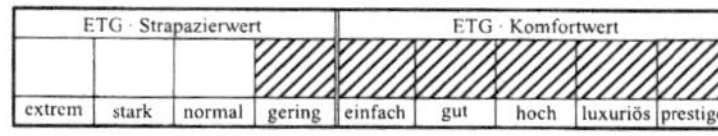

Dieser Teppichboden gibt weniger strapazierten Wohnbereichen eine außergewöhnliche Komfortnote. Das Gehgefühl z. B. im Bad, Schlafraum und Ankleidebereich ist besonders angenehm.

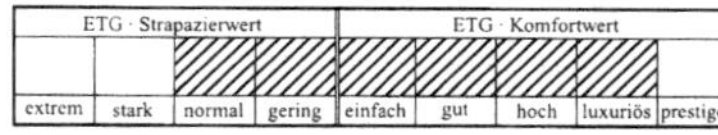

Ein Teppichboden mit hohem Komfortanspruch, der zugleich normalen Strapazieranforderungen im gehobenen Wohnbereich gerecht wird, der aber auch einem Einzelbüro persönliche Atmosphäre verleiht.

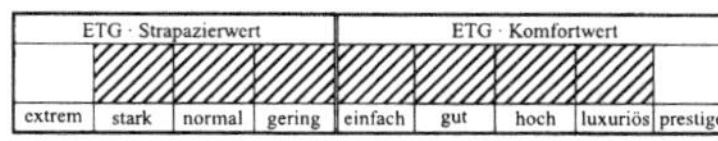

Ein strapazierfähiger Teppichboden mit hohem Komfortanspruch. Ein Teppichboden für denjenigen, der auch in intensiv genutzten Räumen exklusiv wohnen möchte.

Fünf Symbole im unteren Bereich des Teppich-Siegels geben Auskunft über weitere Eignungen:

Symbol »Antistatik«
Dieser Teppichboden ist dauerhaft antistatisch.

Symbol »Stuhlrolle«
Diese Qualität verträgt sich mit den Rollen von Bürostühlen.

Symbol »Treppe«
Ein Teppichboden, der auch auf Treppen in Form bleibt.

Symbol »Fußbodenheizung«
Bei diesem Teppichboden bleibt die Fußbodenheizung wirksam.

Symbol »Feuchtraum«
Diesen Teppichboden können Sie z. B. im Badezimmer verlegen.

Das Kurzsiegel mit Balkendiagramm und ETG-Kontrollnummer

(nur für geprüfte Produkte mit ausgefülltem Balkendiagramm und eingetragener ETG-Kontrollnummer!)

Ein Teppichboden für wenig begangene Räume, bei denen es aber auf hohen Komfort und Gemütlichkeit ankommt, z.B. Schlaf- und Gästezimmer.

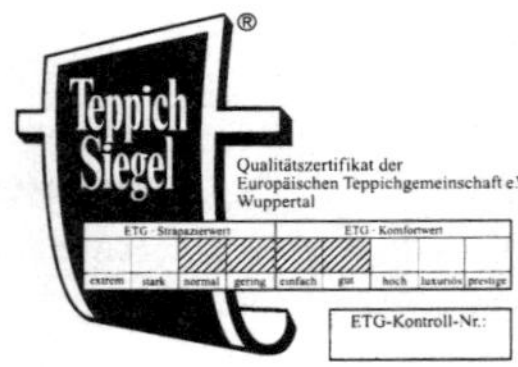

Eine Auslegeware für normal beanspruchte Wohnräume mit durchschnittlichem Komfortanspruch, z.B. Wohnzimmer, Jugendzimmer, aber auch Badezimmer.

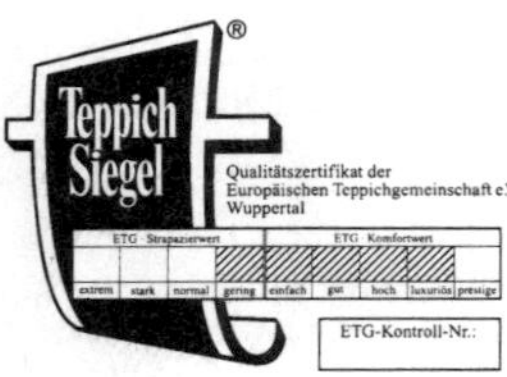

Dieser Teppichboden bietet ausgezeichneten Komfort. Dagegen hat er nur einen geringen Strapazierwert. Ein Luxus-Teppichboden, z.B. für anspruchsvolle Schlafzimmer.

Ein Teppichboden mit hohem Komfortanspruch, der zugleich normalen Strapazieranforderungen im gehobenen Wohnbereich gerecht wird, der aber auch einem Einzelbüro persönliche Atmosphäre verleiht.

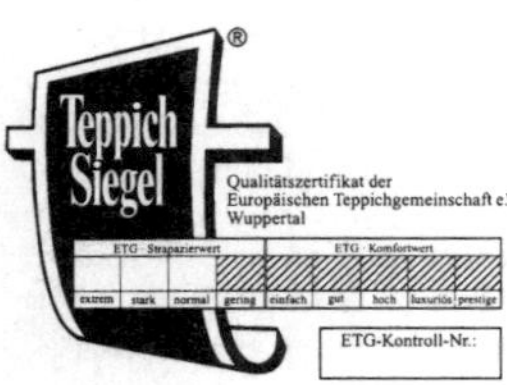

Dieser Teppichboden gibt weniger strapazierten Wohnbereichen eine außergewöhnliche Komfortnote. Das Gehgefühl z.B. im Bad, Schlafraum und Ankleidebereich ist besonders angenehm.

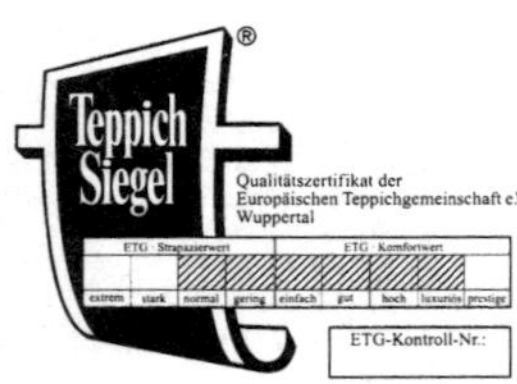

Ein Luxus-Teppichboden für normal genutzte Räume, z. B. ein Wohn- oder Eßzimmer, sowie weniger strapazierte Appartements.

Der außergewöhnliche Teppichboden für die Wohnung. Durch besondere Trittweichheit und überragenden Komfort wird Wohnen zum Erlebnis.

Ein Teppichboden für stark strapazierte Räume, bei denen dennoch der Komfort im Vordergrund steht, z.B. in repräsentativen Wohnräumen, in Appartements oder Konferenzräumen.

Ein Bodenbelag, der starken Belastungen gewachsen ist, bei dem jedoch die Strapazierfähigkeit Vorrang vor dem Komfort hat, z.B. für Dielen, Kinder-Spielzimmer und Büroräume.

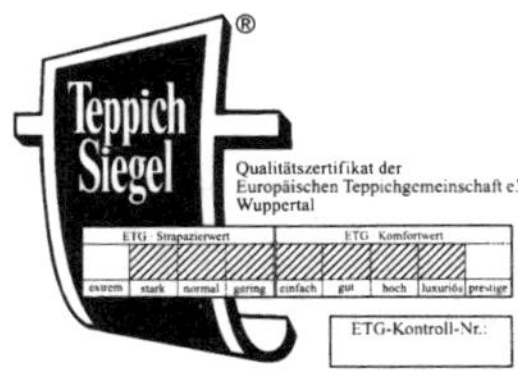

Ein strapazierfähiger Teppichboden mit hohem Komfortanspruch. Ein Teppichboden für denjenigen, der auch in intensiv genutzten Räumen exklusiv wohnen möchte.

Qualitäten dieser Art eignen sich z.B. für Wohnzimmer von Familien, die den Teppichboden stark beanspruchen, zugleich aber auf Behaglichkeit Wert legen.

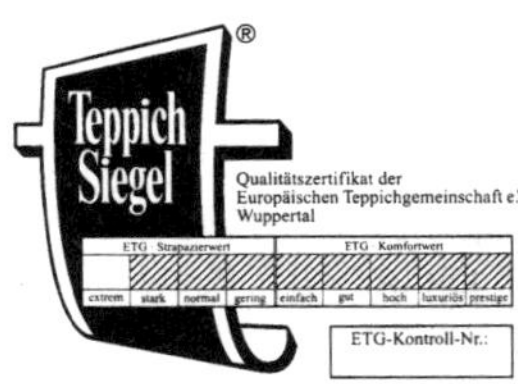

Ein Spitzenprodukt für stark strapazierte Einsatzbereiche in der Wohnung oder im Objekt. Der ideale Teppichboden für das Chefbüro oder für Konferenzräume mit exklusivem Ambiente.

Eine typische Objektqualität mit überwiegend funktionalem Charakter. Für Empfangsbereiche, Gänge, Großraumbüros.

Dieser Teppichboden ist ein äußerst hochwertiges Produkt. Er vereint Komfort mit höchster Strapazierfähigkeit. Der richtige Boden für den Empfangsbereich eines Hotels.

Ein Teppichboden, der vornehmlich im Objektbereich mit starkem Publikumsverkehr eingesetzt wird. Er verträgt extreme Belastungen, z.B. in Kaufhäusern und Schalterhallen.

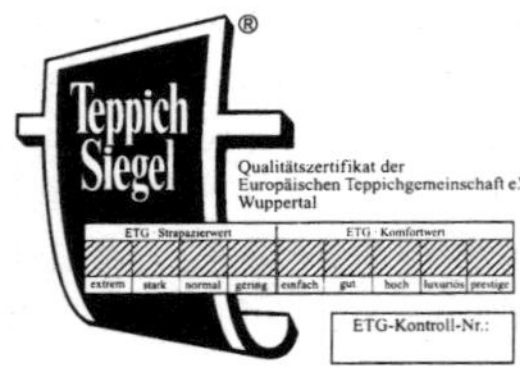

Dieser Teppichboden ist ein absolutes Spitzenprodukt, das nur in ausgewählten Kollektionen zu finden ist. Ideal für stark frequentierte Repräsentationsräume im exklusiven Objektbereich.

Ein Teppichboden, der extremen Anforderungen gerecht wird, z.B. für repräsentative Büroräume, Hotelhallen oder exklusive Geschäftsräume.

Wichtig für Sie wie bei Fliesen: die Angabe der Preise in der Baubeschreibung. Bitte lesen Sie unter Fliesen nach!

Parkett

Aus Kostengründen werden fast nur noch **Fertig-Mosaikparkettplatten,** im Normalfall aus Eiche, verlegt, und zwar in **drei Qualitäten,** die nicht von der Haltbarkeit, sondern in erster Linie von der Gleichmäßigkeit der Holzmaserung bestimmt sind: **rustikal, gestreift und natur.** Die Namen verraten es nicht: die letztgenannte Naturqualität ist die teuerste. Die Standardausstattung sieht meist eine mittlere Qualität vor.

Neben den Mosaikplatten gibt es auch noch das traditionelle **Eichen-Stabparkett mit den Qualitätsstufen: standard, rustikal und exquisit;** hier verraten es die Namen: die letztgenannte Qualität ist die teuerste. Wie bei den Mosaikplatten handelt es sich nicht um qualitative Unterschiede, sondern um Unterschiede in der Struktur. Es geht also um Fragen des Geschmacks und des Preises.

Parkett wird zwar versiegelt, zerkratzt aber trotzdem. Gegenüber textilen Bodenbelägen kann man, von dem Wort Parkett (im Sinn der vergangenen alten Schlösserqualitäten) hypnotisiert, nicht von einer qualitativ besseren Ausstattung sprechen. Parkett hat allerdings im Zeitalter der Wohnungsverstaubungen einen großen Vorteil: Man kann es feucht aufwischen!

Bodenbeläge

In der Küche werden Sie meist einen glatten Bodenbelag vorfinden. In diesem Bereich wird vor allem Kunststoff verwendet, aber auch Linoleum und Gummi. Die Bodenbeläge werden in Bahnen oder als Platten verlegt. Die Beläge gibt es mit oder ohne Träger; das bedeutet, daß sich bei teuren Belägen ein Trägermaterial aus Filz, Schaumstoff, Kork o. a. unter dem eigentlichen Belag befindet, um den Trittschall zu dämpfen und den Belag angenehm fußwarm zu machen.

Decken- und Wandanstriche

In der Baubeschreibung finden Sie meist nur pauschal die Bezeichnung: weiß gestrichen. Womit? Das Billigste sind **Kalk- und Leimfarben.** Teurer sind **Kunstharz-Dispersionsfarben.** Der Unterschied ist leicht feststellbar: Befeuchten Sie einen Finger und berühren Sie die Wand. Kalk- und Leimfarben saugen die Feuchtigkeit sofort auf; es entsteht ein dunkler Fleck. Auf Kunstharz-Dispersionsfarben bleibt die Feuchtigkeit stehen. Die Oberfläche ist verschlossen.

Natürlich bestehen auch noch in den einzelnen Fabrikaten der Farben Preisunterschiede.

Ein weiterer Preisunterschied entsteht durch die Ausführungsart: **wisch-, wasch- und scheuerbeständig.**

Kalk- und Leimfarben sind von Haus aus immer wischbeständig. Bei Dispersionsfarben schreibt die VOB (Verdingungsordnung für Bauleistungen) sogar waschbeständig vor, wobei das »wasch« keine Gebrauchsanweisung sein soll. Bei Verschmutzung müssen Ihre Räume auch in Zukunft neu gestrichen (nicht gewaschen) werden. »Waschbeständigkeit« ist nur eine spezifische Festlegung der VOB darüber, welchen Testansprüchen der Anstrich genügen muß. Es gibt darüber hinaus bei Dispersionsfarben eine »scheuerbeständige« Ausführung, die noch härteren Testansprüchen genügen muß.

Lesen Sie bitte auch unter Kapitel 11.4 die »Zusammenfassung« nach.

Sonnenschutz

Der für den Wärmehaushalt der Wohnung auch im Winter so wichtige Strahlungs- und Sonnenschutz wird im allgemeinen mit Kunststoffrolläden eingebaut. Es gibt sie wärmedämmend und windsteifer, ausgeschäumt oder (billiger) hohlprofilig. Aluminium (ausgeschäumt) hat den Vorteil, besser zu reflektieren.

15 PRAKTISCHE TIPS FÜR KAUFVERHANDLUNGEN

Das harte, eiserne Gesetz von Angebot und Nachfrage ersetzt alle zehn christlichen Gebote. Gehen wir im folgenden zunächst einmal von dem für Sie ungünstigsten Fall aus, daß der Bauträger sich in der Position eines Wasserverkäufers in der Wüste befindet: Seine Ware wird ihm aus der Hand gerissen. Der Bauträger drückt Ihnen daher ein Kaufvertragsmuster mit Plänen und Baubeschreibungen in die Hand und erklärt dazu absolut glaubwürdig: »Zu diesen Bedingungen, und nur zu diesen, können Sie die Wohnung kaufen. Änderungen und Zugeständnisse gibt es nicht. Sie müssen sich bis morgen entscheiden.« – Wenn Sie so unter Druck gesetzt werden, dann vergessen Sie dieses Kapitel lieber. Aber ein derart hartes Ultimatum ist nicht die Regel, schon gar nicht bei kleineren und mittelgroßen Bauträgern.

Sollten Sie allerdings in Panik, voller Angst um ein paar Steuervorteile, unbedingt (wie ca. 60% aller Käufer) noch vor Jahresende im Oktober–Dezember kaufen zu müssen glauben, ja dann gehen Sie durch das Tor, über dem geschrieben steht: »Wanderer, der du hier durchkommst, laß alle Hoffnung fahren.«

Profis kaufen im Januar bis März! Die paar Steuervorteile für das vergangene Jahr holen Sie dann meist durch Vorteile beim Kauf und der Finanzierung herein. Auch hier gilt, wie überall, die Magie der großen Zahlen: 30 000 bis 40 000 DM und mehr Jahressteuern ekeln an und verderben den Lebensgenuß. 500 000 DM für eine Wohnung zu bezahlen, erscheint gegenüber einem derartigen jahrelangen räuberischen Aderlaß als ein kleines Übel. Was aber sind z. B. 10 000 DM echte Steuereinsparung für das vergangene Jahr (die bei Nichtselbständigen ohnehin erst 1–1½ Jahre später vom Finanzamt ausgezahlt wird)? Gerade mal 2% vom Kaufpreis! Disagioabschreibung – ohnehin nur ein Trostlutscher bei ungünstiger Finanzierung – einmal ausgeklammert. Vor Weihnachten sind nicht nur Geschenke teuer, an deren Stelle die Sparsamen ja auch Gutscheine mit der Aufschrift »Einlösbar im Januar« vergeben.

Profis kaufen Neubauwohnungen auch direkt vom Bauträger! Kauf über Zwischenverkäufer (es sei denn, diese haben den Alleinverkaufsauftrag) bedeutet das »Aus« für Verhandlungen. Warum? Weil der Zwischenverkäufer nicht teurer verkaufen kann als der Bauträger, sonst wird er nichts los. Seine Verkaufsprovision ist also im Verkaufspreis als Abschlag versteckt, den der Bauträger einbüßt. Der Bauträger hat in diesem Fall kein Verlangen nach weiteren Einbußen durch Ihre Verhandlungstaktik.

Worüber kann man selbst bei Wohnungsbestsellern in Spitzenlagen verhandeln? – Sicher nicht über den Kaufpreis, evtl. aber über Kaufpreisraten, Klauseln des Kaufvertrages, über Maklergebühren und vor allem über kleine Verbesserungen in der Ausstattung. Weder Makler noch Bauträger verlieren wegen weniger Details gern einen soliden Kunden, der ihnen als Partner angenehm erscheint und mit dem sie bereits mehrmals verhandelt haben.

Grundvoraussetzung für die Kaufverhandlungen ist für Sie – und das ist ganz wesentlich –, daß Ihre Finanzierung überlegt und gesichert ist und Sie also dafür die Beratung und Unterstützung des Maklers oder Bauträgers nicht brauchen. Grundsätzlich können Sie doch – bis zu einem bestimmten Preislimit – die Finanzierung selber klären! Unklare Finanzierung und geringe Kenntnisse darüber sind zwei sehr wacklige Füße, auf denen Sie dann in den Kaufverhandlungen stehen!

Nehmen wir also an, die Finanzierung der zukünftigen Wohnung ist exakt durchgeplant, Sie brauchen hierbei keine Hilfe. Auf welche Kampfmittel von seiten der Gegenpartei müssen Sie sich in den Kaufverhandlungen gefaßt machen?

- **Die Vorspiegelung fester, unabänderlicher Regeln:** »Ich darf von meinen veröffentlichten Preisen und Angebotsinhalten, meiner Maklergebühr nicht abweichen.« Verhandlungen und Abstriche sind durchaus üblich – wenn nicht wirklich zehn andere Käufer vor der Tür stehen. Zu den Maklergebühren muß man allerdings sagen, daß sie fast immer im Sinne des Wortes »verdient« sind. Makler leben nicht davon, daß ihnen Immobilienangebote monatelang den Schreibtisch verstopfen, sondern vom Verkaufen. Makler werden also immer versuchen, den Verkaufspreis beim Verkäufer durchzusetzen, der dem am Markt im zügigen Verkauf erreichbaren Preis entspricht. Makler regulieren also in der Regel sogar die meist überzogenen Vorstellungen von Bauträgern und Privatverkäufern im Sinne der Käufer.

- **Zeit- und Konkurrenzdruck:** Lassen Sie sich bei Ihrer Kaufentscheidung nie unter Kaufzwang bringen! Wohnungen werden häufig als »absolut letztes Objekt in unserem Projekt« angeboten, auch wenn Sie der erste Käufer sind. Dazu schaut der Verkäufer vielleicht mit bedenklich gerunzelter Stirn in seinen Terminkalender und sagt: »Um 17.10 Uhr (genaue Zeitangabe ist wichtig) kommt Herr Professor Dr. Meier (auch Titel verfehlen selten ihre Wirkung) zum drittenmal, um sich endgültig zu entscheiden. Sie können Glück haben, daß er die Wohnung nicht nimmt, aber seine Frau drängt ihn schon seit zwei Wochen, und (augenzwinkernd) er wird wohl. Ich kann Ihnen leider keine Hoffnungen machen, wenn Sie sich nicht sofort entschließen.« – Ein Trick, der beinahe so alt ist wie die Menschheit und so aufregend wie Wurstschnappen. Vielleicht warten Sie hinter der Ecke des Hauses einfach ab, ob Professor Dr. Meier auch wirklich eintrifft.

Eine Wohnungsliste, in der hinter jeder Wohnung bereits verkauft am ... mit einem Namen und einer Anschrift dahinter steht, ist dabei selbstverständliches Requisit auf jedem Verkäufertisch. Frei bleibt entweder eine Zeile als letzte Wohnung wie oben beschrieben oder auch z. B. 4 Zeilen: 3 ungünstigere und eine letzte gute Wohnung bei 37 verkauften, das macht insbesondere vor Weihnachten Dampf. Wenn Sie im Januar dann immer noch die gleichen freien Zeilen sehen, wirkt der Trick etwas albern. Vergleichen Sie auch mal, was Makler (die oft ohne Alleinauftrag parallel verkaufen) aus dem Wohnungsblock noch so alles anbieten.

Vielleicht stecken auch Sie sich ein paar Requisiten versehentlich sichtbar in die Tasche? Preislisten von der Konkurrenz vielleicht?

- **Ansteckungs- oder Börseneffekt:** Einer meiner Bekannten, ein Tiefbauingenieur, kaufte nach einem derartigen Kaufgespräch, ohne viel zu überlegen, die auf diese Weise rar gemachte Wohnung. Von seinen Wohnungsnachbarn erfuhr er später, daß er als erster gekauft und dadurch auch sie indirekt dazu gebracht hatte, schnell zu kaufen, weil er sich doch als Ingenieur und Fachmann so schnell für das Objekt entschieden hatte, was der Verkäufer neben dem Zeitdruck geschickt als zweiten Hebelarm ansetzte.

  Insbesondere in Wohnlagen, wo der Verkäufermarkt absolut dominiert, läßt man sich durch Zeitdruck leicht in Panik bringen. Panik aber steckt an wie Grippe. Dadurch kommt es immer wieder zum Börseneffekt: Aktien werden zuerst von niemandem gekauft, weil ihr Kurs zu niedrig ist, und dann laufen alle gemeinsam den steigenden Preisen hinterher. Wer sagt denn, daß Sie endgültig eine der letzten Chancen verpassen, wenn Sie ein bestimmtes Objekt nicht kaufen?

- **Ehrfurcht vor Insider-Autorität:** »Gnädige Frau, 6600,– DM/m^2 in München-Solln. Ich bitte Sie! Sie kaufen nicht, Sie erben!« Nur wenige (die jahrelang im gleichen Bezirk verkaufen) wissen, was der Markt wirklich hergibt! Das Ehrfurcht einflößende Selbstbewußtsein des Verkäufers verbirgt nicht selten absolutes Unwissen.

  Wertermittlungs-Gutachter sind vorsichtiger mit ihren Aussagen.

  Recherchieren Sie selbst den Preis und konfrontieren Sie den Verkäufer damit!

  Torschlußpanik ohne Not ist fehl am Platz.
- **Verwirrungstaktik:** Insbesondere zur Jahresend-Torschlußpanik der Käufer ist die folgende Taktik sehr beliebt:

  Man bietet Ihnen ein Objekt an, das überlegenswert ist, das Sie aber wegen einiger auffälliger Nachteile – ungünstige Lage o. a. m. – nicht überzeugt. Dieses Objekt serviert man Ihnen ausdauernd immer wieder neu mit beredten Worten und genießt Ihr Hinundherschwanken. Plötzlich heißt es: Ein zweiter Käufer springt aus einem bereits gekauften Objekt heraus und in das Ihnen angebotene hinein (weil angeblich seine Schwiegermutter daneben wohnt) und macht dadurch ein »Traumobjekt« in günstiger Lage frei. »Aber nur bis morgen abend können wir Ihnen das neue Angebot reservieren!« Beglückt, endlich von den Vorbehalten gegen das erste Objekt befreit und aus Ihrem Zwiespalt erlöst zu sein, schlagen Sie zu. Erst später wird Ihnen klar, warum der andere Käufer gleichfalls beglückt in »Ihr« Objekt gesprungen ist. Ein glücklicher Doppelsprung für den Verkäufer! Zwei Fliegen mit einer Klappe!
- **Bagatellisieren qualitativ minderer Wohnungsausstattungen:** »Es ist doch besser, wenn Ihr Bad nur bis auf 1,75 m Höhe verfliest wird. Der Wasserdampf kann so vom Putz aufgenommen werden« – was durchaus richtig ist. Vollverflieste, gut belüftete Bäder sind jedoch ebenfalls problemlos (und schöner).
- **Abwehr sachlicher Argumente durch Verschiebung in Gefühle oder vom Großhirn in das Stammhirn:** »Aber ich bitte Sie, man kauft doch eine Wohnung nicht nach Quadratmetern, sondern nach dem

Gefühl.« Stimmt, Gefühl ist alles, aber dann müssen Sie bei einem Wiederverkauf auch jemanden mit Gefühl finden und bis dahin in weniger Quadratmetern leben. »Das schiefwinklige Wohnzimmer und der Binnenflur machen doch gerade den Charme der Wohnung aus!« Tja, wer es mag? Vielleicht wird noch ein einschüchterndes »Oder?« hinterhergeschleudert. Darauf können Sie allerdings mit »Ihr erstes Argument taugt nichts, aber lassen Sie jetzt mal das »Oder« untersuchen« kontern.

- **»Was wollen Sie denn mit Vergleichswerten des Gutachterausschusses? Die Zahlen stimmen doch alle nicht.**« Aber seine bzw. ihre stimmen! Dazu zieht er oder sie dann zwei oder drei Verkaufszahlen aus dem Ärmel und schaut wie die Schlange auf das Kaninchen.
- **Oder herzlich lachend:** »Für 4500 DM/m² können Sie hier in der Gegend gar nichts kaufen, da muß schon eine Fünf vor dem Komma stehen (im Fernsehen von den Gewerkschaften gelernt).«

Erfahrene Geschäftsleute lassen sich niemals aus der Ebene der Sachlichkeit drängen! Sie holen die Verhandlungspartner sofort in die Sachlichkeit zurück oder brechen die Verhandlung ab. Eine persönliche Sympathie zum Verhandlungspartner aufzubauen, ist eine Sache, sich aber unredlich von Gefühlsargumenten überfahren und löffeln zu lassen, ist eine ganz andere. Niemand darf seinem Verhandlungspartner zumuten, Hunderttausende ohne sachliche Basis auszugeben!

- **Reservierungen:** »Wir können Ihnen ausführliche Unterlagen nur geben, wenn Sie die Wohnung reservieren.« Wenn Ihnen die Wohnung im Prinzip gefällt, bleibt Ihnen nichts weiter übrig, als die Wohnung gegen eine Gebühr reservieren zu lassen. Nur so hat mancher Käufer bei näherer Prüfung festgestellt, daß das Angebot doch drittklassig ist, aber aus Scheu, einige hundert Mark zu verlieren, dann doch gekauft. Bei einigen tausend Mark Reservierungskosten allerdings sollten Sie die Katze nicht im Sack kaufen!

Welche Kampfmittel können Sie dagegen einsetzen:

- **Lassen Sie vor allem eine menschlich sympathische Beziehung entstehen.** Niemand – weder Makler noch Bauträger – mag eine derartige Beziehung einfach wegwerfen. Dem Bauträger liegt ohnehin an einer guten Beziehung, denn er muß ja jahrelang mit Ihnen zusammenarbeiten und liebäugelt außerdem gern mit guten Referenzen. Er verkauft – mit kleinen Abstrichen – lieber an einen Kunden, bei dem er spürt, daß es keinen unnötigen Ärger gibt, als zum vollen Preis und ohne Abstriche an einen penetranten, kleinkarierten Ärgermacher. Bauträger sind eher zu Zugeständnissen bereit, wenn sie mit einer gewissen praktischen Großzügigkeit ihres Partners rechnen können. Das gilt aber nicht nur für den Bauträger, sondern auch für alle Handwerker bis zum Oberbauleiter. Wenn Sie ihnen das Gefühl geben, daß man sich mit Ihnen gut arrangieren kann, dann sind sie auch selbst zu Zugeständnissen bereit, denn das Arrangieren ist ein wesentlicher Faktor bei allen Bauten. Ein Bau ist kein Uhrwerk und bringt daher immer geringfügige Ungenauigkeiten und Schlampereien mit sich, die man gern gedanklich in Schwarzweiß-Guthaben gegeneinander aufrechnet, ausgleicht – und verzeiht.

- **Machen Sie die Wohnung oder das Projekt nicht schlecht.** Auch der hemdsärmeligste, stiernackigste Bauträger hat bei »seinem« Projekt Herzblut vergossen. Sagen Sie lieber: »Das ist die Traumwohnung, nach der ich seit 10 Jahren suche (bei solchen Worten träumt der Verkäufer von einem Urlaub in der Karibik), aber über Details müssen wir noch ernsthaft ein paar Takte reden (worauf der Verkäufer die Traumsegel streicht und in die Realität zurückkehrt).«
- **Salamitaktik** – heißt: in freundlichen Verhandlungen kleine Verbesserungen durchsetzen: »Bis auf Türhöhe müssen Sie mir das Bad schon verfliesen!« Dabei müssen die weniger wichtigen Wünsche unbedingt zuerst kommen. Wenn die gewichtigen Punkte gleich präsentiert werden, stehen Sie eventuell sofort an der Verhandlungsgrenze, und der Weg zu Ihren Wünschen ist für immer versperrt.

Denken Sie an die »**Gratwanderung**« im Kapitel 4. Jede Verhandlung ist sofort hoffnungslos festgefahren, wenn eine Seite auf ihren Maximalforderungen besteht: Sie auf all Ihren Sonderwünschen und der Verkäufer darauf, überhaupt nichts zuzugestehen. Überlegen Sie vor der Verhandlung, auf welche Ihrer Sonderwünsche in der Spalte »Traumwohnung« vom Kapitel 4 der Verkäufer wohl eingehen könnte. Ein Grat ist kein Rasiermesser. Ein Grat hat eine gewisse Breite, d. h. Verhandlungstoleranz. **Der erste Schritt der Verhandlungskunst aber besteht darin, den Verhandlungspartner erst**

einmal vom Abgrund seiner Maximalvorstellungen herauf auf den gemeinsamen Grat zu hieven!

- **Technische Bedenken:** »Die Balkonschwelle möchte ich aber schon richtig abgedichtet haben!« »Da ich keinen Flur habe, möchte ich unbedingt eine schalldämmende Eingangstür!« »Im Wohnzimmer und in der Küche möchte ich aber 8 Steckdosen mehr haben und eine Antennendose im Schlafzimmer.« – Derartige Verbesserungen sind oft durchsetzbar, da Sie als Käufer in der Regel mit Kaufleuten verhandeln, für die Technik ohnehin nur der Sache untergeordnet ist. Eine Erfahrung, die Makler selber dahingehend bestätigen, daß man sich bei großen Summen über Kleinigkeiten meist schnell einigt. Schließlich liegt ja beiden Seiten an einvernehmlichen Lösungen. Eine Ersparnis von 100 DM ist aber bereits ein chinesisches Essen für zwei Personen inklusive Schwalbennester und Haifischflossen; 500 DM ist eine Woche Urlaub in den Alpen. Das sind Relationen, die wir bei großen Summen leicht übersehen, im Normalfall aber genau kalkulieren. Natürlich sind Ihre Verhandlungspartner dabei realistischer als Sie, der Sie vielleicht vom Spiel mit hohen Summen hin- und hergerissen und vom nächtlichen Nachdenken entnervt sind. Ihre Partner sind dagegen ja Profis in diesem Spiel.
- **Machen Sie dem Verkäufer seine Entscheidung leichter!** Überreden Sie ihn: »Die paar Sonderwünsche sind doch wirklich nicht die Welt! Sie sind dann die Wohnung los und haben einen Stein vom Herzen!«
- **Heraufbeschwören der Gefahr der Nichteinigung in letzter Minute:** Dadurch lassen die wahren Verhandlungsexperten notfalls noch vor dem Notar die Magengeschwüre ihres Verhandlungspartners schmerzhaft zucken.

- **Der Gute und der Böse:**
Nehmen Sie einen möglichst unrasierten, übellaunigen Freund mit. Sie spielen den gutmütig Unbedarften, er den Bösen. Sie wollen die Wohnung unbedingt haben und preisen ihre Vorzüge, er redet Ihnen die Wohnung mit einer Auflistung der Nachteile verärgert aus. Nicht selten versucht der Verkäufer den vermeintlichen Gegner durch einiges Entgegenkommen auf seine Linie einzuschwören.

Steigern können Sie das Ganze noch (wie unter Zeit- und Konkurrenzdruck bereits geschildert), indem Sie »Requisiten« mitnehmen und den Freund die Konkurrenzangebote empört über Ihr schwaches Verhandeln »hochwerfen« lassen. Diskutieren Sie mit Ihrem Freund die Konkurrenzwohnung (auch wenn Sie die gar nicht gesehen haben) mit genauer Anschrift und allen Wohnungsdetails. »Günther, meinst du wirklich, die Wohnung in der Marienstraße 5 ist besser? Aber der Ausblick ist doch hier so schön.«

- **Verhandlungen mit oder ohne Makler:**
  Wen vertritt ein Makler? Hat er mit dem Käufer oder Verkäufer einen qualifizierten Alleinauftrag abgeschlossen, so vertritt er nur eine Seite. Sie verhandeln praktisch mit ihm als starkem Profi und Sie sollten sich – als Gegenseite – gleichfalls fachlich verstärken. Handelt der Makler aber als neutraler Partner von Verkäufer und Käufer, befinden sich drei Leute mit unterschiedlichen Zielen im Boot:
  - ➢ Der Verkäufer, der am obersten Ende der Marktwertspanne teuer verkaufen möchte,
  - ➢ der Käufer, der am untersten Ende der Marktwertspanne billigst kaufen möchte, und
  - ➢ der Makler, der unter dem existenziellen Zwang steht, das überhaupt ein Kaufabschluß zustande kommt.

  In diesem Fall, liegt es in ihrem Geschick mit diesen drei Bällen zu jonglieren. Der Makler wird immer positiv versuchen, die Verhandlung am Leben zu erhalten und die Verhandlungspartner auf den schmalen Verhandlungsgrad zwischen Erfolg und Mißerfolg zu hieven. Wo der Verhandlungsgrad innerhalb der Marktwertspanne liegt, ist dabei abhängig davon, ob der Markt gerade den Käufern oder den Verkäufern gehört.

Moral dieses Kapitels: Bei Kaufverhandlungen ist so gut wie nichts heilig.

TEIL 2
Welche Sonderwünsche sind möglich, und wie setzen Sie sie (billigst) durch?

16 WIE SIE IHRE SONDERWÜNSCHE (BILLIGST) DURCHSETZEN!

Hand in Hand mit der Bilanzierung der Standardausstattung geht die Klärung der kostenmäßigen Behandlung Ihrer evtl. später noch auftauchenden Sonderwünsche (siehe Kapitel 3 und 14).

Verständlicherweise hat Ihr Bauträger, nachdem er bereits die Preise seiner Handwerker im Hauptangebot ausgekämpft hat, keine Lust mehr, auch noch Ihre Sonderwunschpreise hinunterzukämpfen. Mit Sicherheit finden Sie deshalb im Kaufvertrag eine Klausel, mit der er Sie abschieben möchte; z.B.: »Sonderwünsche werden durch den Bauträger im Namen und für Rechnung des Käufers an die Handwerker vergeben.« Hat der Bauträger seine Handwerker in den Preisen ihrer Hauptangebote so gedrückt, daß ihnen die Luft weggeblieben ist? Muß er deshalb seinen Handwerkern geldgeschwängerte Sonderwunschluft anbieten, damit sie wieder atmen können? Eine Atemnot, in die der Käufer oft gerät: auf der einen Seite die kärgliche Standardausstattung, welche Sonderwünsche geradezu erzwingt, auf der anderen Seite Sonderwunschpreise, die zum Himmel schreien. Auf diese Weise kann mancher Bauträger preisgünstig anbieten, schnell und leicht verkaufen.

Trotzdem kann er Sie aber dann weiterhin zur Ader lassen.

Damit auch wirklich keine Lücke in der Schlachtordnung Bauträger–Handwerker entsteht, wird evtl. Ihnen selbst das Verhandeln mit den Handwerkern notariell untermauert verboten. Deshalb die Frage: **Zu welchen Preisen wird vergeben?** Zu angemessenen marktüblichen Preisen? **Wieviel schlägt der Bauträger selbst für die Weitergabe von Sonderwünschen auf?** Fragen, die einer genauen Erläuterung im Kaufvertrag bedürfen!

Hoch angesetzte Sonderwunschpreise können noch einen anderen Grund als Gewinnausgleich haben: Hohe Preise schrecken die Käufer von derartigen Wünschen ab. Der Wunschtraum jedes Architekten und Bauleiters größerer Wohnungsprojekte sind sonderwunschlos glückliche Käufer. Schließlich baut man kein individuelles Eigenheim (= Maßanzug), sondern Konfektion von der Stange. Bei vielen sich summierenden Sonderwünschen können nämlich Bauleitung und Handwerker so konfus werden, daß niemand mehr weiß, was wo und wie auszuführen ist, und außer Baustellenstreit nichts mehr geht. Die Bautermine verschwinden als Fata Morgana am Horizont! Auch weiß niemand mehr, von welchem Handwerker eigentlich für welche Leistung (Hauptvertrag oder Sonderwunschvertrag) gewährleistet wird.

Als Ventil für ihre Wünsche werden den Käufern häufig **Sonderwunschpakete** angeboten, die den Baufortschritt nicht behindern. Die Frage ist nur, ob Ihnen die Pakete helfen, denn hier heißt es: Ganzes Paket oder nichts! Vielleicht wollen Sie nur curryfarbene Objekte im Bad, aber nicht auch die im Paket evtl. enthaltenen Luxusfliesen, Luxusklinken und Luxusteppichböden?

Eine weitere häufig verwendete Sonderwunschklausel in den Kaufverträgen lautet: »Sonderwünsche sind vom Käufer direkt mit den Handwerkern zu verhandeln.«

Auch mit dieser Klausel werden Sie zwar den Handwerkern zum Fraß vorgeworfen, jedoch mit einem Unterschied: Es liegt an Ihrem Verhandlungsgeschick und an Ihrer Kontaktfreudigkeit, ob Sie ganz oder nur z. T. gefressen werden.

Gehen wir im folgenden davon aus, daß Sie die Handwerker selbst beauftragen müssen.

Da Sie selbst die Handwerker beauftragen müssen und dieser Auftrag unabhängig vom Hauptauftrag zu sehen ist, sind die Handwerker in ihren Preisen ungebunden. Dazu kommt noch, daß den Handwerkern auf der Baustelle praktisch eine Monopolstellung zusteht. Viel hängt daher von Ihrem persönlichen Verhandlungsgeschick ab, wenn Sie günstige Preise erzielen wollen.

Dazu einige Hinweise:

a. Legen Sie Ihre Sonderwünsche genau fest. Schicken Sie z.B. der Elektrofirma einen Plan mit den zusätzlich gewünschten Elektroausstattungen, oder besprechen Sie sie besser noch mit einem kompetenten Vertreter der Firma an Ort und Stelle, und nehmen Sie auch gleich die Eintragungen in den Installationsplan vor. Zwei Kopien mit Datum, eine für die Firma, eine für Sie – damit kann es keine Mißverständnisse mehr geben. Diese Unterlagen bilden die genaue Grundlage für den Kostenvoranschlag, den Sie sich dann von der Firma erstellen lassen. Wenn das Angebot Ihren Wünschen nicht entspricht – werfen Sie nicht gleich die Flinte in den Bau. Meist werden Sie Kostenvoranschläge erhalten, die jede Position sehr aufwendig erscheinen lassen (sog. Windmacher), d. h., es ist jeder Draht und jede Unterlagsscheibe mit komplizierten Normbezeichnungen aufgeführt, damit angesichts »der« Leistung der Preis gering erscheint. Leider sitzen Sie am kürzeren Hebelarm. Trotzdem ist persönliches Verhandeln einen Versuch wert: Wie Verhandlungen Auge in Auge zeigen, besitzen Handwerker durchaus ein Gewissen – über das Telefon regt sich das Gewissen weniger und schriftlich oft gar nicht.

b. Die **Aufträge** für **Sonderwünsche** müssen so **schnell** wie möglich unter Dach und Fach sein, möglichst noch vor Baubeginn, bevor auch Ihre Nachbarn gute Ideen haben. Gegen Baufertigstellung sind die Handwerker erfahrungsgemäß völlig mit Sonderwünschen und natürlich dem Bauauftrag selber überlastet und verlieren den Überblick und die Lust am Neuen. Entweder sie nehmen dann also keine Aufträge mehr an, oder sie rächen sich mit den Preisen.

c. Informieren Sie stets **den Bauleiter** über Ihre Wünsche. **Kontakte**, insbesondere **zum Oberbauleiter**, sind das wichtigste. Dieser Hinweis wird im vorliegenden Baugesangbuch zu einem Refrain werden, der so lange wiederholt wird, bis Sie ihn wirklich glauben und nachsingen. Da Bauleiter tagaus, tagein mit vielen Menschen zu tun haben, deren Probleme sie lösen müssen, sind sie neuen Kontakten gegenüber meist aufgeschlossen und beraten Laien gern mit ihrem Wissen – in jahrzehntelanger Erfahrung sammelt sich da einiges an –, vorausgesetzt, daß diese Laien ihnen sympathisch sind und zuhören können. Eine Todsünde dürfen Sie sich in diesem Zusammenhang nicht zuschulden kommen lassen, nämlich die, daß Sie gegen die Regeln der Baukunst ohne Rücksprache irgend etwas abändern lassen, auch wenn es nur Ihre Wohnung allein betrifft. Sie dürfen also auf keinen Fall dem Bauleiter seinen Bau verbauen. Er fühlt sich dann in seinem Berufsethos getroffen. Refrain: Kontakt herstellen, Absprachen treffen! Kleine Aufmerksamkeiten als Anerkennung für eine Ihnen zuteil gewordene Beratung sind selbstverständlich, wie überall!

d. Legen Sie Ihren Auftragsschreiben **die V0B zugrunde:** … zugrunde liegt die VOB, Teil B und C in der derzeit gültigen Fassung …

An die VOB sind alle Handwerker gewöhnt, und Sie sind damit auch gut abgesichert. Falls Ihr Bauträger aber von einzelnen Gewerken statt der 2 Jahre Gewährleistung 5 Jahre erhalten hat, versuchen Sie, diese auch für Ihre Zusatzaufträge zu erhalten. Sie müssen dann den Satz ergänzen durch: ... unter Verlängerung der Gewährleistungszeit auf 5 Jahre ...

16.1 Die VOB: das Gesangbuch der Leute vom Bau

Noch einmal zur Klarlegung:

Sie kaufen von einem Bauträger oder Ersterwerber (Kaufvertrag) nach dem Bürgerlichen Gesetzbuch mit 5 Jahren Gewährleistung. Die VOB kann dabei nicht zugrunde gelegt werden. Mit einem Handwerker schließen Sie – gleichfalls nach dem BGB – einen Werkvertrag ab. Zu diesem Vertrag sollten Sie die VOB zusätzlich vereinbaren. Die VOB sieht – trotz ihrer sonstigen Vorzüge – allerdings nur 2 Jahre Gewährleistung vor. Daher sollten Sie versuchen, bei voller Gültigkeit der VOB, 5 Jahre Gewährleistung nach BGB zu vereinbaren. Wenn Sie es bei Nebengewerken, wie Fliesenleger usw., nicht schaffen, seien Sie nicht traurig. Wichtiger als die Gewährleistungsdauer ist die Qualität der Ausführung und ein Handwerker, der überhaupt eine Gewährleistung wahrnimmt.

Die VOB (Verdingungsordnung für Bauleistungen) mit ca. 600 Seiten Umfang enthält die Grundlagen für den gesamten Bauablauf in vertraglicher und technischer Hinsicht.

Die VOB besteht aus drei Teilen, nämlich **A, B** und **C**; nur B und C sind für Sie interessant:

Teil B enthält alle vertraglichen und abrechnungstechnischen Grundlagen zwischen Bauherrn und Unternehmern. Besonders interessant für Sie sind in diesem Zusammenhang die Abschnitte über Gewährleistung und Abnahme.

Teil C enthält die bautechnischen Grundlagen mit handwerklichen Regeln und Normen für die Bauausführung. Natürlich sind die Normen selbst nicht abgedruckt, denn es gibt einige tausend davon, sondern nur als Bezugspunkte für Zuständigkeiten erwähnt.

Die VOB ist keine Rechtsvorschrift, denn sie wurde eigentlich für die Baubehörden geschrieben. **Sie gilt nur, wenn sie** ausdrücklich **zugrunde gelegt ist**.

16.2 Was können Sie von Bauträgern, Planern und Handwerkern verlangen, was nicht?

Sie können verlangen, daß man Sie berät und Ihre Wünsche, sofern sie durchführbar sind, entgegennimmt. Das klingt selbstverständlich. Interessanter ist daher für Sie vielleicht, was Sie nicht verlangen können. Die Baubeteiligten haben den Kopf voll Arbeit und vergessen daher Sonderwünsche leicht – ohne böse Absicht. Ohne ständiges Nachfragen und ohne laufende Kontrolle auf der Baustelle können Sie daher praktisch nicht erwarten, daß Ihre Wünsche wirklich in die Tat umgesetzt werden.

Am effektivsten ist die Anlage eines **Baubuches**, in das Sie Aktennotizen über jedes Gespräch und auch sonst alles im Zusammenhang mit dem Bau eintragen: eine alte Bauweisheit. Es ist absolut notwendig zu kontrollieren, ob z. B. geänderte Pläne auf der Baustelle angelangt sind und ob erforderliche Umänderungen rechtzeitig erfolgen, ob z. B. der Elektriker zusätzliche Leitungen vor dem Innenputz verlegt hat – um nur einen möglichen Fall anzuführen.

Mündliche Preisabsprachen müssen unbedingt von Ihnen **festgehalten** und von der Firma **schriftlich bestätigt werden**. Lassen Sie sich grundsätzlich schriftliche Angebote machen. Gespräche über Zusicherungen müssen auch als Aktennotizen vermerkt werden: nicht nur Irren, auch Vergessen ist menschlich!

Nicht erwarten können Sie, ohne Vergleichen und Handeln günstige Preise vorgesetzt zu bekommen. Im Verhältnis zum Gesamtbauvolumen ist Ihr Auftrag ein kleiner Fisch, der von den Handwerkern – sprechen wir das ruhig einmal aus – z. T. mit kräftig gesalzenen Preisen serviert wird. Das hängt mit der Gesamtkalkulation zusammen.

Nicht erwarten können Sie ferner, daß Angebote selbstredend vollständig und fehlerfrei sind, ohne daß später Nachträge hinzukommen.

Es kann daher nicht oft genug betont werden: **Das wichtigste sind Baubesuche, Gespräche und Kontrollen.**

Bei Bemängelungen können Sie keinen Erfolg erwarten, wenn Sie sich mit Ihren Forderungen außerhalb der Dreimeilenzone der **Baunormen** bewegen. Ein konkretes Erfahrungsbeispiel aus meiner Baupraxis: Der Leiter einer Präzisionsmaschinenfabrik, der als Käufer an seine Eigentumswohnung die Maßstäbe seiner Fabrikationsgenauigkeit anlegte und mit dem schließlich niemand mehr verhandelte: Ein Wohnungsbau ist keine Präzisionsmaschine. Besorgen Sie sich daher die Baunormen; lassen Sie sich nicht durch robustes Auftreten von Bauleitern an die Wand drücken; lassen Sie aber andererseits in belanglosen Dingen auch selbst eine gewisse Großzügigkeit walten.

Nicht erwarten können Sie schließlich, daß Androhungen von Rechtsfolgen Baukräne in Bewegung versetzen und den Bau in einen Ameisenhaufen verwandeln. Alle Baubeteiligten wissen, wie lange sich Bauprozesse hinziehen und wie oft sie ohne konkretes Ergebnis enden. Drohungen in diesem Bereich schrecken – außer in ganz klaren Fällen – niemanden. Schöpfen Sie daher zuerst immer den **Verhandlungsspielraum** aus, bevor Sie das Kind mit dem Bad ausschütten und mit rechtlichen Schritten drohen; versuchen Sie selbst nach einer solchen Drohung noch ohne Prozeß auszukommen. Bauprozesse kosten viel Geld, Zeit und Nerven und führen eben häufig nur zu unbefriedigenden Vergleichen.

Nochmals also: **Kontakte herstellen, kontrollieren und monieren, bevor es zu spät ist!**

Lassen Sie mich an den Schluß dieser Einführung einen Satz stellen, der Sie vielleicht in Momenten des Ärgers oder der Resignation tröstet: **Bauen ist eines der letzten echten Abenteuer.**

Große Bauträger werden Sie evtl. nicht mit dem Architekten, Statiker und den Projektanten verhandeln lassen; sie nehmen also alles selbst in die Hand; aber auf die **Kontrollen dürfen Sie nicht verzichten**. Deshalb: Fragen Sie vorher nach der Verteilung der Kompetenzen.

16.3 Kalkulieren wie ein Profi

Die laufende Kontrolle Ihrer Ausgaben für Umplanungen und Sonderwünsche gibt auch Ihnen die alleinige Sicherheit, daß Sie Ihre vorgegebenen Mittel nicht überschreiten. Kalkulieren Sie daher doch auch fachmännisch in vier Stufen:

a. Vorkalkulation aufgrund von telefonischen oder mündlichen Voranfragen
b. Genaue Kostenzusammenstellung aufgrund von schriftlichen Angeboten der Handwerksfirmen
c. Laufende Aktualisierung durch etwaige Auftragserweiterungen oder -einschränkungen
d. Endabrechnung

Sehr gut bewährt sich ein **Kostenüberwachungsordner** mit den Einzelgewerken, in den Sie die entsprechenden Aktennotizen, Angebote und den Schriftwechsel gewerksweise abheften.

Fragen Sie in der Stufe **a** (Vorkalkulation) nicht nur eine Firma nach Angeboten. Es kommt zwar meist nur die Firma in Frage, die am Bau arbeitet, aber mit Vergleichspreisen läßt sich leichter verhandeln, bevor Sie den endgültigen Auftrag vergeben. **Selbst** zu **liefern**, z.B. Marmorbänke o.ä., sollten Sie **vermeiden**, da Sie dann selber die volle Haftung bei Diebstahl, Beschädigungen usw. übernehmen. Manchmal bietet sich allerdings die Möglichkeit, selbst zu liefern und die Haftung trotzdem beim Handwerker unterzubringen; meist aber nur dann, wenn Sie dem Handwerker einen Aufschlag auf Ihre Lieferung zugestehen.

Übersehen Sie auch nicht, daß für das Umplanen zusätzliche **Planungskosten** verlangt werden. Fragen Sie also danach, bevor Sie endgültig umplanen. Hier wie überall gilt der Grundsatz: **Was man abhandelt, muß man nicht bezahlen!**

17 WELCHE SONDERWÜNSCHE SIND BEI NEUBAUWOHNUNGEN MÖGLICH? ANREGUNGEN AUCH FÜR GEBRAUCHTWOHNUNGEN!

17.1 Rohbau und Putz

Wenn Sie im Rahmen der gegebenen Möglichkeiten am Rohbau Ihrer Wohnung etwas umplanen wollen: Was können Sie denn überhaupt ändern, und wen sprechen Sie an? Normalerweise brauchen Sie sich nur an denjenigen zu wenden, der Ihnen die Wohnung verkauft hat, nämlich an den Bauträger. Mit Ausnahme der Fälle, in denen der Bauträger selber die Bauleitung durchführt, gibt er Ihre Wünsche aber lediglich an den bauleitenden Architekten weiter. Dieser sitzt – das können Sie sich sicher gut vorstellen – in einem wahren Ameisenhaufen von Einzelkoordinierungen und -planungen und freut sich daher besonders über ein zusätzliches Sonderwunschkribbeln irgendwo im riesigen Bau.

Nehmen Sie ihm die Arbeit ab, indem Sie die Baubeteiligten, die für Ihre speziellen Sonderwünsche zuständig sind, direkt ansprechen, genaue Vereinbarungen treffen und dann vom bauleitenden Architekten (Oberbauleiter) die Zustimmung einholen.

In all den Fällen, in denen Sie Wände oder, z.B. im Dachgeschoß, auch etwas an den Decken ändern wollen, müssen Sie mit dem Statiker sprechen, der meist auch die Konstruktionspläne für die Decken zeichnet. Ihre Wünsche müssen von ihm in die Schal- und Bewehrungspläne der Decken übernommen werden, wenn Sie auf diese Einfluß nehmen. Die Bewehrungen der Decken müssen fast in allen Fällen geändert werden, wenn Sie z. B. tragende Wände kürzen wollen.

Ferner müssen Sie sich an den Bauleiter der Rohbaufirma bzw. an seinen Polier wenden, die Änderung mit ihm durchsprechen und ein Angebot ausarbeiten lassen.

Wenn Ihr Bauträger das alles für Sie organisiert, sparen Sie viel Arbeit. Normalerweise gehen solche Sonderwünsche aber im komplizierten Bauablauf unter. Ohne Ihre persönliche Kontrolle werden Sonderwünsche zu einem »Va-Banque-Spiel«; wie im Kasino heißt es dann zu Ihrer großen Enttäuschung: Rien ne va plus, und Sie müssen Ihre Sonderwünsche einmauern oder zubetonieren, weil es zu spät dafür ist oder die Koordinierung nicht geklappt hat. Machen Sie also die Baustelle möglichst oft zu Ihrem Lieblingsplatz, und fragen Sie den Bauleiter oder Polier, ob die gewünschten Änderungen bis zu ihm durchgedrungen sind.

Was kann man denn nun überhaupt ändern?

a. Alle leichten Trennwände können beliebig verschoben oder weggelassen werden. Das bezieht sich also mit Sicherheit auf alle Wände bis 10 cm Dicke (Rohbaumaß), die nicht aus Ziegeln oder Kalksandsteinen gemauert sind.

b. Nichttragende schwere Trennwände aus 11,5 cm bzw. 17,5 cm Mauerwerk können (mit Ausnahmen) wegen ihres hohen Gewichtes nicht verschoben, aber, wenn sie nicht als Aussteifung der Tragwände gebraucht werden, teilweise weggelassen oder durchbrochen werden.

c. Tragende Wände (im allgemeinen 24 cm dick) können evtl. durchaus mit Öffnungen versehen oder verkürzt werden.

d. Falls Sie in eine **Dachgeschoßwohnung** einziehen, ergeben sich, insbesondere bei einem Flachdach, viele Möglichkeiten für die Anbringung von Lüftungen und Lichtkuppeln durch zusätzliche Ausbildung von Deckenauslässen und -öffnungen.

e. In der Küche kann ein zusätzlicher **Wandlüfter** eingebaut werden.

f. Die Innenputzstruktur kann geändert werden.

17.2 Sanitärinstallation

Warm-, Kalt-, Abwasser und sanitäre Objekte

Sie finden in diesem Buch einen Satz, der penetrant wiederkehrt: Fragen Sie! Also auch hier: Stellen Sie zunächst genau den **Ausstattungsstandard** Ihrer Sanitärräume: Bad und WC mit Klosettbecken, Waschbecken, Badewanne, Sitzwaschbecken (Bidet), Dusche, Spiegel, Handtuchhalter, Seifenschalen, Armaturen, Bodenabläufen, Waschmaschinenzu- und -ablauf usw. in Typ und Qualität fest. In den Baubeschreibungen, die Ihrem Kaufvertrag zugrunde liegen, sind die sanitären Objekte meist einzeln aufgeführt. Ansonsten gibt Ihnen der Sanitärprojektant Auskunft.

Was ist in der Küche vorgesehen? Ein Küchenblock mit Spüle? Liegen dort Warm- und Kaltwasser oder nur Kaltwasser und ein Elektrospeicher? Hat das Handwaschbecken im WC auch Warmwasser? Gerade in der Sanitärinstallation bleibt oft, je nach Ausstattungsstandard, ein weiter Bereich von Sonderwünschen offen; z.T. kann man mit geringem Aufwand viel verbessern.

Ihr Sanitärprojektant hat genaue Objektpläne und Ausschreibungen von der Einrichtung. Bitten Sie ihn um Planpausen! Er weiß auch, wo alle Zapfstellen und Abwasseranschlüsse liegen.

17.2.1 Sonderwünsche in Bad und WC

a. Farbige Objekte. Badewanne, Klosett, Waschbecken, Duschwanne – auf den Farbton der Fliesen abgestimmt. Ein Wunsch, den Sie sich meist ohne Aufpreis erfüllen können.

b. Wahl der WC-Art (lesen Sie bitte unter Kapitel 14 nach): Wegen der Untersuchungsmöglichkeit im Krankheitsfall ist ein Flachspülklosett zu empfehlen, wenn in der Wohnung nur ein Klosett in einem WC (getrennt vom Badezimmer) vorhanden ist. Gegen Geruch gibt es die Dienstanweisung der kaiserlichen Diplomaten: »Der Diplomat legt Papier ein und zieht nach jedem Ereignis sofort an der Kette.«

c. Badewanne (lesen Sie bitte unter Kapitel 14 nach): Die Badewanne braucht eigentlich keinen teuren Drehverschluß mit Hebelmechanik, um den Stöpsel herauf- und herunterzubewegen. Der normale Stöpsel mit Halterung genügt, es sei denn, Sie finden ihn nicht schön genug.

Falls Sie keine gesonderte Dusche haben und genügend Platz vorhanden ist, kann die Badewanne um eine Fliese von der Wand abgerückt, hintermauert und mit einer Duschwand versehen werden. Das ergibt eine herrlich große Duschkabine von ca. 90 cm Breite.

d. Waschbecken: Normalerweise genügt eines im Bad. Für Notfälle können Sie, als zweite Waschgelegenheit, die Badewanne schräg oder mit Untertritt einfliesen lassen. Lassen Sie sich Typ und Größe des Waschbeckens zeigen: hier geht es kaum um Vor- oder Nachteile, sondern um Ihren persönlichen Geschmack.

e. **Armaturen** sind dagegen **vor allem eine Kostenfrage** (bitte lesen Sie in Kapitel 14 nach).

f. Dusche: Das Duschen hat einige Vorteile gegenüber dem Baden. Der Warmwasserverbrauch beträgt nur ca. ein Fünftel einer Wannenfüllung; Schmutz und Bakterien werden hygienisch weggespült; Wechselduschen stärken den Kreislauf (Baden allerdings ist wichtig für Kleinkinder, medizinische Zwecke und zur Entspannung). Wenn Sie keine separate Dusche einbauen können, sollten Sie die Badewanne mit einer Duschwand versehen. Es gibt viele Fabrikate und Typen am Markt. Ein Duschvorhang dagegen ist schlecht zu reinigen und wird zudem beim Duschen in die Wanne gesaugt. Als normale Größe für das Duschbecken empfiehlt sich, wenn möglich, 90/90 cm. Wird die Dusche nämlich zu klein, ist die Lösung Badewanne mit Duschwand billiger und besser. Wichtig ist hier natürlich eine genaue Kalkulation vor dem Einbau einer zusätzlichen Dusche: Warm- und Kaltwasser sowie Abwasser müssen verlegt werden. Außerdem sind eine Duschwanne und eine Duscharmatur mit Brausestange erforderlich; und der Fliesenleger muß mindestens 1,80 m hoch, besser noch wandhoch verfliesen.

g. Ausstattungsdetails sind kein Problem, wenn Sie gerne basteln. Sonst sollten notwendige Einzelheiten wie Seifenschalen, Spiegel, Handtuch- und Klosettpapierhalter und Klosettbürstenwandhalter (wegen der Reinigung praktischer als das übliche Bodengefäß), Spiegelschränke usw. gleich angebracht werden, falls sie nicht im Standard enthalten sind.

h. Bidet (= Sitzwaschbecken): Lesen Sie bitte unter Kapitel 14 nach.

i. Sehr hygienisch ist ein kleines **Wohnungs-Wandurinal**, das oft leicht angebracht werden kann und Klosettbrille und die nähere Bodenumgebung sauberhält.

j. Warmwasserleitung zum **Handwaschbecken** im WC, wenn dies der Standard nicht vorsieht. Zentral bereitetes Wasser ist billiger; Elektrospeicher sind bei viel Verbrauch später teurer.

17.2.2 Sonderwünsche in der Küche

Der Geschirrspülmaschinenanschluß paßt am besten unter bzw. neben die Spüle. Auf der Spüle oder unter Putz an der Wand sollte ein Ventil zum Absperren des Wasserzuflusses sein. Doppelt hält besser: trotz Geschirrspülmaschine sind für den Abwasch zwischendurch zwei Spülbecken günstig – wenn Platzmangel hier nicht die Grenzen setzt. Hat Ihre Küchenspüle Warmwasseranschluß (vergleiche oben: j)?

17.2.3 Gesonderter Waschmaschinenraum (falls keine zentrale Waschküche im Haus vorhanden ist)

Vielleicht finden Sie ein stilles Eck für sie, eine Kammer, einen Abstellraum mit Wasseranschluß, Abdichtung und Bodenablauf zur Sicherheit, dann sind beide ungestört: Sie und die Maschine.

17.2.4 Garten und Terrassen

Wenn Sie glücklicher Besitzer einer Garten- oder Terrassenwohnung sind: Lassen Sie sich einen Außenwasseranschluß verlegen, damit Sie nicht den Schlauch durch die ganze Wohnung ziehen müssen.

17.3 Heizungsinstallation und Lüftung

Der Heizungsprojektant gibt Ihnen Auskunft darüber, ob die üblichen Radiatoren eingeplant sind oder nicht. Das sind z. B. die normalen Rippenheizkörper (aber auch Röhren- und Plattenheizkörper), die die Wärme durch Strahlung und Luftumwälzung (= Konvektion) abgeben. Konvektoren dagegen sind, in einfachster Ausführung, Lamellenblechpakete, welche die Wärme den Rohren entnehmen und nur durch Luftumwälzung wieder abgeben.

Schließlich gibt es noch Mischformen zwischen Radiator und Konvektor, nämlich Plattenheizkörper mit aufgeschweißten Rückenblechen zur Vergrößerung der Konvektion, die optisch schöner sind als reine Radiatoren oder Konvektoren.

17.3.1 Umplanung von Heizkörpern

Sie können z. T. ohne allzu großen finanziellen Aufwand einzelne Heizkörper austauschen lassen, falls es Ihre Umplanungen erforderlich machen. Deshalb einige wenige Fachausdrücke, die Ihnen die Besprechungen mit dem Heizungsprojektanten erleichtern:

Normale Radiatoren-Rippenheizkörper sind nun einmal nicht sehr schön, lassen sich aber – auch an den Innenflächen – am leichtesten reinigen. Verkleidungen sind wiederum wegen der reduzierten Heizkörperleistung nicht zu empfehlen, es sei denn, Sie gesellen zur Schönheit (Verkleidung) die Größe (des Heizkörpers). Es gibt **zwei Typen** von **Rippenheizkörpern**: die **normalen**, relativ tiefen **oder** die **sog. Schmalsäuler** mit enger angeordneten Rippen und geringer Tiefe. So ein Schmalsäuler hilft evtl. dann, wenn Sie die Heizkörpernische ganz entfallen lassen wollen und der Heizkörper vor der Wand nicht zu sehr auftragen soll. Wenn Sie einen kleinen Radiator mit trotzdem hoher Leistung brauchen, dann ist ein **Röhrenheizkörper** das richtige. **Plattenheizkörper** dagegen, die an sich besser aussehen und leichter zu reinigen sind, bringen keine hohe Leistung und reichen daher meist nicht aus.

Heizkörper müssen **immer unter dem Fenster** eingeplant werden, sonst stimmt die Luftzirkulation nicht mehr. Nur in Bad und WC sind andere Lösungen möglich: hier kann man eine falsche Luftströmung akzeptieren. Ein Heizkörper, der Sonderplanungen behindert, kann in Bad und WC ohne weiteres sogar hoch an die Wand gesetzt werden.

17.3.2 Zusätzliche Lüftungen

Sollte Ihr **Schlafzimmer** an einer Verkehrsstraße liegen, so lassen Sie sich vom Sanitärprojektanten, der im allgemeinen auch die Abluft der sog. gefangenen Räume (innenliegendes Bad und WC) plant, beraten, ob er evtl. auch Ihre Räume an der Straßenseite **be- bzw. entlüften** kann, da Sie ja das Fenster nachts schalldicht schließen wollen. Vielleicht kann er es zumindest über ein Innenbad entlüften. Zuluft kann man durch offene Türen von der ruhigen Wohnungsseite bekommen.

17.4 Elektroinstallation

17.4.1 Vertraglicher Ausstattungsstandard – HEA-Tabellen

Gerade der Standard der Elektroausstattung kann mit relativ geringen Mitteln entscheidend verbessert werden. Ihr Ansprechpartner ist hier in jedem Fall der zuständige Elektroprojektant.

Nehmen Sie dazu bitte die in Kapitel 14 abgedruckte »Wohnungskennziffer Elektroinstallation« zur Hand. Diese Tabellen der HEA geben Ihnen Anregungen für eine zukunftssichere Elektroinstallation.

Damit Sie die Elektroplanung Ihrer Wohnung in den Griff kriegen, lassen Sie sich vom Elektroplaner den Installationsplan pausen.

17.4.2 Sonderwünsche

Die HEA-Tabellen sprechen für sich selbst! Deshalb nachfolgend nur einige Anregungen:

a. **Geschaltete Steckdosen**, mit denen Sie mehrere Lampen, wie z. B. auch Stehlampen, schon vom Wandschalter an der Zimmertür aus einschalten können.

b. **Außensteckdosen** mit Deckel auf dem **Balkon** bzw. der **Terrasse** für Grillgeräte oder einen **Balkonlichtauslaß**. Die Steckdose muß von innen abschaltbar sein, damit ein Einbrecher nicht auch noch den erforderlichen Strom für die Bohrmaschine von Ihnen bekommt.

c. **Drehstromanschluß** nicht nur für den **Küchenherd**, wie er meist ohnehin von den E-Werken vorgeschrieben ist, sondern auch für die Geschirrspülmaschine. Drehstrom verkürzt die Aufheizzeit.

d. **Waschmaschinenanschluß** in einem für Sie ganz individuell günstigen Raum. In der Küche oder im Bad wirkt die Waschmaschine oft störend. Eventuell gibt es eine geeignete Abstellkammer, in die neben dem Elektroanschluß auch Wasser und Abwasser gelegt werden können.

e. **Eigene Stromkreise** für einen separaten **Brat- oder Heißluftofen**, getrennt vom Stromanschluß der Kochmulde, und evtl. für einen **Mikrowellenherd**, neben dem Stromkreis für **weitere Gerätesteckdosen** (siehe HEA-Tabellen).

f. In der Küche sollte auch möglichst ein **Anschluß für** einen **Dunstabzug bzw. Umluftfilter** vorhanden sein.

g. Im **WC** empfiehlt sich, falls nicht vorhanden, eine **Steckdose**.

h. Es ist angenehm, die gesamte **Küchenbeleuchtung** (also auch die direkte Arbeitsplatzbeleuchtung) von der Tür aus einschalten zu können und sich nicht jedesmal von Schalter zu Schalter vortasten zu müssen (siehe geschaltete Steckdosen unter a).

i. Stichwort: **Lampenschalter.** Haben Sie sich schon geärgert, weil Sie noch einmal aus dem Bett aufstehen mußten, um eine Lampe auszuschalten? Oder kennen Sie die andere angenehme Erfahrung, daß Sie im ersten Moment gar nichts sehen können, nachdem Sie die Nachttischlampe angeschaltet haben? Auch hier gibt es kleine Verbesserungen.

Die normale Ausstattung besteht in einem Schalter in der Nähe des Nachttisches. Günstig ist aber ein Nachttischschalter, der auch eine weiter entfernte Lampe einschaltet, um das lästige Blenden abzustellen. Auch ein Schalter mit Schnur im Bett, ähnlich wie im Krankenhaus, gibt diese Möglichkeit. Das neueste auf diesem Gebiet sind Infrarotsender, die, ähnlich wie beim Fernsehen, eine Fernbedienung (gedimmt) ermöglichen.

j. Und schließlich: Vorsorge ist besser als Putzwunden heilen: Lassen Sie sich möglichst noch **Leerrohre**, die wenig kosten, für das Verziehen von **Telefon**leitungen und **Antennen** einplanen. Die Post nagelt später rigoros in der Wohnung herum, wenn Sie z. B. Ihr Telefon an einer anderen Stelle als geplant angeschlossen haben wollen. Auch Ihr Fernsehgerät fühlt sich dann vielleicht in einer anderen Ecke als der vorgesehenen wohler, und vielleicht wollen Sie Stereo einmal in jedem Raum über **Zusatzlautsprecher** hören.

k. Die **Ausleuchtung** eines evtl. vorhandenen **Innenbades** erfordert auch genaue Überlegung. Wegen der Verfliesung müssen hier alle Leitungen rechtzeitig festgelegt werden. Wollen Sie Leuchten, z. B. links und rechts vom Spiegel über dem Waschbecken, haben?

l. Vergessen Sie beim zusätzlichen Einbau einer Duschwanne nicht, daß **Dusch- und Badewannen** vom Elektriker geerdet werden müssen!

m. Sehr empfehlenswert ist ein **Fehlerstromschutzschalter** in der Wohnung, der bei Auftreten von Fehlerströmen an defekten Lampen, Küchengeräten o. ä. sofort nach dem Einschalten des Gerätes den gesamten Strom abschaltet.

n. Eine **Tonunterscheidung** in der i. allg. vorhandenen **Türsprechanlage** ist sehr angenehm, da man bereits am Klingeln feststellen kann, ob der Besucher vor der Haustür oder bereits vor der Wohnungstür steht.

o. Vielleicht können Sie in Ihrem **Kellerabteil** – mit einer gesonderten Leitung zu Ihrem Stromzähler – eine **Steckdose** für eine Tiefkühltruhe oder einen Weinkühlschrank installieren lassen.

Sehr teuer werden die Sonderwünsche im Elektrobereich dann, wenn Sie besonders schöne Steckdosen und Schalter, vielleicht sogar mit Sensortaste, haben möchten. Besprechen Sie diese Dinge jedenfalls genau mit dem Elektroprojektanten, und fragen Sie auch nach den **Kosten** für die **Zusatzplanungen**.

17.5 Fenster und Türen

Normen und Empfehlungen für den Fensterbau sind wie der Nebel in der Schiffahrt. Damit der Laie durch diesen Nebel durchfindet, haben sich führende Hersteller zu einer Gütegemeinschaft zusammengeschlossen und garantierten durch Vergabe eines speziellen **RAL-Gütezeichens** je für Holz- und Kunststoffenster die Einhaltung aller wichtigen Bedingungen: Fragen Sie danach!

17.5.1 Änderungen und Sonderwünsche an Fenstern und Verglasung

Wärmeschutzverbesserung

Zunächst gibt es ein verbessertes **Zweischeibenisolierglas mit Metallbedampfung**, das die Wärmedämmung um ca. 80% verbessert. Die Scheiben kosten um ca. 100% mehr – die Scheiben, nicht das ganze Fenster –, und sie passen in jeden Isolierglasfensterflügel. Ein Nachteil besteht in bezug auf die Lichtdurchlässigkeit, die auf ca. 60% vermindert wird (normales Isolierglas hat eine Lichtdurchlässigkeit von ca.

80%). Das Licht wird auch farblich etwas verändert, ein Nachteil, den man dem **Dreischeibenisolierglas** nicht nachsagen kann. Es verbessert die Wärmedämmung um ca. 60%, kostet aber auch etwa das Doppelte des normalen Isolierglases. Die Lichtdurchlässigkeit sinkt bei diesem Dreischeibenisolierglas nur mäßig ab, nämlich auf ca. 72%. Von der Scheibendicke her paßt das Glas in jedes Fenster. Da es aber um ca. 10 kg/m² mehr wiegt als das Zweischeibenisolierglas, müssen von bestimmten Fenstergrößen an der Fensterrahmen, die Flügel und Beschläge verstärkt werden, was das ganze Fenster verteuert.

Hierbei läßt sich keine einheitliche Maximalgröße festlegen, da mehrere Faktoren wie Fensterbauart, Flügelbreite und -höhe zusammenwirken. Sie müßten also in Erfahrung bringen, ob Dreischeibenisolierglas ohne sonstigen Mehraufwand in Ihre Fenster paßt.

Schallschutzverbesserung

Normale Isolierglasfenster erreichen die sogenannte **Schallschutzklasse** 2. Die Schallschutzklasse wird durch vereidigte Gutachter in Versuchen am verglasten Fenster festgestellt und von den Firmen mit dem teuer erworbenen Prüfzeugnis stolz den Kunden (auf Anfrage) präsentiert.

An Hauptverkehrsstraßen mit geschlossener Bebauung wird für die Fenster Ihrer Schlafräume bis zu Schallschutzklasse 5, im Flughafenbereich sogar bis zu Schallschutzklasse 6 erforderlich. Die Schallschutzklassen 3, 4, 5, 6 werden bei der Fensterplanung, entsprechend der Lage des Wohnhauses, meist berücksichtigt; aber es handelt sich hier um Empfehlungen und nicht um Vorschriften! Womit wir wieder beim Refrain dieses Baugesangbuches sind: Fragen Sie nach! – Denn ich habe schon Neubauwohnungen an Straßen mit hoher Verkehrsdichte und geschlossener Bebauung abgenommen, deren Fenster mit höchstens Schallschutzklasse 3 nur ein »Mangelhaft« verdienten.

In diesem Zusammenhang sollten Sie auch auf die **Brüstungskonstruktion** unter Ihrem Fenster achten. Fensterelemente mit einer dünnen Brüstungskonstruktion in Sandwichbauweise (Außenverkleidung – Schaumplatte – Innenverkleidung) reichen an Hauptverkehrsstraßen zur Schalldämmung nicht aus. Für die Fenster selbst haben die Hersteller oft Schallprüfzeugnisse, für Fensterelemente selten. Refrain: Fragen!

Sie interessiert sicher in erster Linie die Annahme: relativ ruhige Wohngegend, das heißt, Fensterschallschutz der Klasse 2 genügt. Der Bereich der Schlafräume ist dann aber trotzdem oft verbesserungsbedürftig. Ohne großen Mehraufwand können Sie hier **Schallschutzisolierglas** einbauen lassen. Dieses Isolierglas enthält statt getrockneter Luft ein schweres Gas zwischen den Scheiben. Es kostet ca. 60% mehr als das normale Isolierglas und bringt Ihr Fenster etwa in die Schallschutzklasse 3. »Etwa« deswegen, weil das Fenster auch dann wegen der fehlenden Verbesserung von Rahmen- und Flügeldämmung der amtlichen Klasse 3 noch immer nicht entspricht. Die Verbesserung ist aber trotzdem sehr beachtlich, und Sie haben damit schon viel für Ihren wohlverdienten guten Schlaf getan. Sie können (und müssen) aber noch mehr tun: lüften.

Lüftung

Energieknappheit ist leider kein leeres Schlagwort mehr, daher ist die ökonomische Lüftung Ihrer Wohnung besonders wichtig. Zu empfehlen ist der Einbau von verschließbaren **Lamellenschlitzen** oben oder unten in die Fensterrahmen. Die erwachsenden Kosten sind nicht allzu hoch, und Sie können dafür auf Kippflügel verzichten und (billigere) Drehflügel wählen. Für eine oben am Fensterrahmen angebrachte Entlüftung gibt es auch **Zwangsentlüftungen** mit Ventilatoren im Handel, die nicht sehr teuer sind (während die bei den »echten« Schallschutzfenstern der Klassen 4, 5, 6 z. T. eingebauten Zu- und Abluftvorrichtungen sehr teuer und dadurch nur für besondere Schallbelästigungen an Flughäfen o. ä. gedacht sind).

17.5.2 Vertraglicher Ausstattungsstandard der Innentüren

Welche Türen sind vorgesehen? **Stahlzargen** mit Holztürblättern oder reine **Holzfuttertüren** mit einer seitlichen Wandbekleidung aus Holz? Welche **Holztürblätter** sind vorgesehen: **nichtdeckend gestrichene, deckend gestrichene** oder **kunststoffbeschichtete**? Bei nichtdeckend gestrichenen Blättern: Welche **Holzart** wird als Deckfurnier verwendet?

17.5.3 Sonderwünsche bei Türen

»Stahl« klingt sehr nüchtern, aber **Stahlzargentüren** müssen deswegen nicht unbedingt häßlich sein: mit nur wenig Mehrkosten erhalten Sie z. B. Stahlzargen mit einer Schattennut. Fragen Sie auch, was Holztüren, sogenannte »**Futtertüren**«, kosten. Die heute eingebauten Futtertüren mit ihren dünnen furnierten Spanplattenseitenteilen, zwischen Mauerwerkswand und Türfutter ausgeschäumt, kosten normalerweise nicht mehr als Stahlzargentüren.

Deckend gestrichene **Türblätter** sind billiger als nichtdeckend gestrichene oder kunststoffbeschichtete. Nichtdeckend gestrichene Türblätter mit Edelholzfurnier harmonieren mit gleich furniertem Türfutter und gleich furnierter Wandbekleidung. Lassen Sie sich Angebote machen! – Dem Luxus sind hier natürlich nicht so leicht Grenzen gesetzt, denn statt der üblichen Türblätter mit Edelholzfurnier, welche durchaus erschwinglich sind, können Sie auch Vollholztüren erhalten. Die normalen Türblätter bestehen nur aus einem Leistenrahmen, in den, je nach Hersteller, bienenwabenartige Pappeinlagen o.ä. gelegt und mit dem dünnen Decksperrholz verleimt werden. Das gilt auch für die Eingangstür. Vollholztüren dagegen bestehen aus verleimten Holzlamellen, sind daher erheblich teurer, bringen aber natürlich mehr Schalldämmung, sind also evtl. bei Schlafzimmer- oder Eingangstüren angezeigt.

Der Luxus kennt auch bei den **Beschlägen** keine Grenzen – bis zu vergoldeten Rokokobeschlägen ist alles zu haben. Aber auch ohne viel Geld können Sie Ihre Türen durch geschmackvolle Beschläge aufwerten. Lassen Sie sich aber wenigstens in die WC-Tür und evtl. in die Badezimmertür WC-Garnituren mit Innenverriegelung einbauen, falls diese nicht von Haus aus vorhanden sind.

Lichtausschnitte in Türen verbessern die Flurbelichtung. Überlegen Sie sich, wo Sie welche gebrauchen können. Die Badtür sollte einen kleinen Ausschnitt erhalten, damit Sie abends von außen sehen können, ob der Raum belegt ist.

Sehr ungünstig sind Türblätter mit Lüftungsschlitzen an den Unterseiten, z. B. zu innenliegenden WCs, die Nichtbeteiligte zur »Anteilnahme« zwingen. Fragen Sie den Lüftungsprojektanten nach Alternativen!

Die **Eingangstür** braucht einen diebstahlsicheren Beschlag, eine von außen zu verriegelnde Innenkette und einen Türspion. Es gib auch

»einbruchsichere« Eingangstüren. Lassen Sie sich beraten! Falls Sie in Ihren Umplanungen den Flur entfallen lassen und z. B. als Eßecke verwenden, was häufig geschieht, wählen Sie eine schalldämmende Eingangstür. In diesem Fall gibt es gegen Zugerscheinungen unten an der Eingangstür Gummiabschlüsse, die beim Schließen herabklappen.

17.5.4 Fensterbänke

Lesen Sie dazu bitte die Kapitel 7 und 14!

17.6 Fliesen

Darf ich Sie an den Refrain erinnern: Fragen! – In der Auswahl der Fliesen gilt ein bekannter Spruch, leicht abgewandelt: Wer kennt die Fliesen, zählt die Muster! – Die Auswahl ist riesig. Und da guter Geschmack schon immer teuer war, sind auch dem Preis nach oben so leicht keine Grenzen gesetzt. Trotzdem ist es notwendig, auf den Boden der Tatsachen zurückzukehren, im wörtlichen Sinn: Ergründen Sie, in welchem **Umfang** gefliest wird: Bis zur Decke? Bis zur Türoberkante? 10 Reihen hoch? Mit Fliesensockel? Werden die Heizkörpernischen im Bad gefliest? Wird die Badewanne auch voll verfliest, oder bekommt sie vorn eine Emailleschürze mit Heizkörper dahinter, was funktional nicht schlechter ist, aber Ihrem Geschmack vielleicht nicht entspricht?

Stellen Sie ferner fest, welche Fliesen vorgesehen sind. Am einfachsten natürlich durch Anschauen beim Fliesenlieferanten. Bitte lesen Sie auch Kapitel 14 nach!

17.6.1 Bad und WC

Als besondere Ausführungen (abgesehen von der Fliesenauswahl) kommen in Frage:

In Verbindung mit einer als Sonderwunsch eingebauten Dusche das **Höherfliesen im Duschbereich**, mindestens 1,80 m (besser: bis zur Decke), und das Einmauern und **Einfliesen** der **Duschwanne**. Ferner: Das schräg Einmauern und **Einfliesen** der **Badewanne** oder die Ausbildung eines **Untertritts**, um die Wanne im Notfall als zusätzliche Waschgelegenheit benützen zu können.

Lassen Sie sich von vornherein einige Fliesen **gesondert** als Ersatz für evtl. später zerschlagene geben. Viele Fliesen sind nach Jahren nicht mehr im Handel erhältlich, und dann gibt es nur noch Reparaturen mit Schönheitsfehlern. Für den Fall, daß Sie selber erst später bis zur Decke hochfliesen wollen, lassen Sie sich am besten von der Rohbau- oder Putzerfirma den Wandputz zur späteren Aufnahme von Fliesen gegen Aufschlag mit richtigem Putzaufbau und vor allem **eben** ausführen. Der Anstrich muß mit dem Maler gesondert besprochen werden.

17.6.2 Küche

In der Küche sind lt. Ausstattungsstandard meist nur vier Reihen Fliesen im Bereich der Spüle vorgesehen, welche selten zur später eingebauten Kücheneinrichtung passen. Diese Fliesen sind später leicht und billig (und vor allem passend) zur Küche zu ergänzen und können daher ohne weiteres zunächst (gegen Verrechnung!) entfallen.

17.6.3 Bodenfliesen im Wohnbereich

Vielleicht wollen Sie oder einer der Käufer nach Ihnen später einmal keramische Bodenfliesen verlegen. Insbesondere bei Fußbodenheizungen eine elegante Lösung. Barfußlaufen können Sie dann allerdings im Sommer nicht!

Keramische Bodenfliesen aber können Sie auf dem üblichen schwimmenden Zementestrich nur verlegen lassen, wenn er bei der Ausführung mit einer Baustahlgewebeeinlage versehen (bewehrt) wurde. Das schreibt die DIN 18353 über Estricharbeiten zwingend vor. Dieser Sonderwunsch kostet nicht viel, läßt aber alle Möglichkeiten offen!

17.7 Bodenbeläge

17.7.1 Parkett

Lesen Sie bitte Kapitel 14 nach!

Die Auswahl ist u.a. auch eine Frage der Zimmereinrichtung. Die Standardausstattung sieht meist eine mittlere Qualität vor. Als Sonderwünsche gibt es, neben Änderungen in der Qualität, die (allerdings nicht ganz billige) Möglichkeit, afrikanische Hölzer als Mosaikplatten verlegen zu lassen. Diese Hölzer sind z. T. so hart, daß man sie mit Diamantsägen zuschneiden muß. Ihr großer Vorteil daher: Im Gegensatz zu den normalen Eichen-Mosaikparkettböden wird die Oberfläche unter Stühlen o. ä. nicht zerkratzt: spiegelndes Parkett im wahrsten Sinn des Wortes. Ob Sie sich für die meist relativ dunklen Farben dieser Hölzer begeistern können, ist wieder eine Frage Ihres persönlichen Geschmacks.

Eichen-Mosaikparkette werden meist von sog. Schmetterlingsleisten, das sind billige Leisten, eingefaßt. Wie auch bei allen anderen Belägen gibt es für Sockelleisten, je nach Geldbeutel, eine Reihe anderer Möglichkeiten.

17.7.2 Textile Bodenbeläge

Stellen Sie zunächst wieder einmal den Ausstattungsstandard fest: Welcher Teppichbelag ist vorgesehen? Lesen Sie bitte in Kapitel 14 nach!

Refrain: Nachfragen, auch beim Händler, nach Siegeln und Eignungssymbolen.

Interessant ist darüber hinaus die **Verlegeart des Teppichs**. Die beste, aber auch teuerste Verlegeart ist das **Verspannen** der Teppiche an den Rändern, wobei der Teppich oft noch eine Filzunterlage o.ä. erhält. Billiger ist das vollflächige **Verkleben** des Teppichs auf dem Estrich, was aber später bei einem evtl. gewünschten Auswechseln Schwierigkeiten bereitet. Sehr viel angewandt wird auch das lose Verlegen mit Teppichklebeband an den Rändern bei Raumgrößen bis ca. 30 m^2.

Über weitere Bodenbeläge, z. B. in der Küche, lesen Sie bitte in Kapitel 14 nach!

17.8 Decken- und Wandanstriche

Lesen Sie dazu bitte im Kapitel 14 nach!

Bei falschem Wohnverhalten (siehe Kapitel 19) ist allerdings nicht das Teuerste, sondern das Billigste – nämlich Kalkfarben – das beste!

TEIL 3
Wissen auch Sie eigentlich schon, was Sie als Wohnungskäufer bei der Abnahme Ihrer Wohnung alles erwartet?

18 MÄNGELFESTSTELLUNGEN BEI ABNAHMEN DES SONDEREIGENTUMS VON NEUBAUWOHNUNGEN! AUCH ANREGUNG FÜR DIE BESICHTIGUNG VON GEBRAUCHTWOHNUNGEN.

18.1 Allgemeine Hinweise

Der nachfolgende Satz wird Sie vielleicht verwundern: **Die Abnahmecheckliste wenden Sie am besten an, indem Sie sie nicht anwenden!**

Geben Sie die Liste schon während der Bauzeit dem Bauleiter mit der Bitte, die einzelnen Checkpunkte gewerkweise an die betreffenden Handwerker weiterzugeben. Der Bauleiter ist Ihnen möglicherweise dankbar für die Liste, die für ihn sicherlich eine Anregung bedeutet! Kündigen Sie an, daß Sie bei der Abnahme alle Checkpunkte eiskalt durchgehen werden. Über die Abnahme des Gemeinschaftseigentums lesen Sie bitte Kapitel 3.2 nach!

Eine alte Geheimregel der Bauleiter heißt: Laß andere deine Arbeit tun! Deshalb:

Versuchen Sie zu erreichen, daß die Handwerker von allein ihre Arbeiten kontrollieren und der Bauleiter die Handwerker dabei von allein unterstützt.

Baumängel kann man mit minimalem Kostenaufwand drastisch einschränken,

wenn alle Baubeteiligten von der Stunde Null an wissen, daß ihre Leistungen von bauerfahrenen Praktikern kontrolliert und hierbei feste Kriterien angewandt werden. **Erfahrungsgemäß sinkt die Mängelrate bereits durch Wissen um Kontrolle!**

Vielleicht erreichen Sie, daß Ihnen der Bauleiter bei der Abnahme bereits mit einer abgehakten Checkliste entgegenkommt, die Liste freundschaftlich mit Ihnen diskutiert und Sie nur noch Stichproben machen müssen.

Eine wichtige Fleißarbeit möchte ich Ihnen in diesem Zusammenhang während der Bauarbeiten, also lange vor der Abnahme, noch empfehlen: Nehmen Sie eine **Kamera** und ein **Blitzlicht** mit. Fotografieren Sie:

a. Alle Wandinstallationen (Sanitär-, Elektro-) vor dem Verputzen. Machen Sie ein Foto von jeder Wand. Dann werden Sie später nie eine Elektroleitung anbohren, weil Sie nicht wissen, wo die Leitungen liegen. Fotografieren Sie auch die **Decke**! Elektro-Wandleitungen, die die Decke kreuzen, sollen das rechtwinklig tun. Im Akkord diagonal genagelte Deckenleitungen sind auch mit den Leitungsdetektoren (in dem Bastlerladen zu haben) nur schwer zu finden.

b. Fotografieren Sie **alle Konstruktionspunkte, die Ihnen mängelverdächtig erscheinen**, z.B. schlecht abgedichtete Balkonschwellen. Später liegt die Beweislast bei Ihnen; beim Auftreten späterer Mängel sind solche Fotos daher sehr wertvoll.

Wie kommen Sie während des Baues auf die Baustelle?

Ein Refrain dieses Baugesangbuches lautet, daß Sie so oft wie möglich den Bau zu Ihrem Lieblingsplatz machen sollten; das ist aber nicht so zu verstehen, daß er zum Lieblingsspielplatz der ganzen Familie, einschließlich von Kindern und Babys, werden darf. Für den Bauleiter der Rohbaufirma sind nämlich solche Familienausflüge eine echte Zumutung, da seine Firma die **volle Haftung** für Unfälle trägt und er persönlich vor den Kadi zitiert wird, wenn tatsächlich durch mangelhafte Sicherheitsvorkehrungen etwas passiert.

Der Unfallschutz auf Baustellen unterliegt zwar strengen gesetzlichen Regelungen, aber es kommt immer wieder vor, daß Schutzvorrichtungen, wie z.B. provisorische Treppengeländer, noch nicht angebracht sind. Die Leute vom Bau haben sich dafür natürlich den richtigen Blick und die entsprechende Vorsicht erworben. Wenn Sie also den Rohbau betreten wollen, bitten Sie den Bauleiter oder den Polier um Erlaubnis.

Viele Bauträger belegen die Baustelle aus Haftungsgründen mit einem strikten: Betreten verboten! Dafür aber bieten sie Ihnen u. a. die

Möglichkeit, den Rohbau zu einem bestimmten Termin in Augenschein zu nehmen.

Ein weiterer Ratschlag in Zusammenhang mit Baustellenbesuchen: Fragen Sie auf der Baustelle nicht die Handwerker der einzelnen Firmen im Rohbau über Mängel aus, und lassen Sie sich auch nicht von ihnen »beraten«. »Rohbauleiter« ist kein leerer Titel, sondern eine konkrete Funktion mit viel Verantwortung. Weder er noch der Polier darf daher übergangen und ihre Untergebenen dürfen nicht von ihrer Arbeit abgehalten werden. Überfallen Sie Ihren Bauleiter auch nicht mit tausend Fragen, sondern schreiben Sie ihm diese kurz auf. Er kann sich so Ihre Fragen in einer ruhigen Minute überlegen. Installateure arbeiten oft ohne Bauleiter auf der Baustelle, aber es ist auch hier günstig, trotzdem den Dienstweg einzuhalten. Refrain: Fragen, aber zuerst immer nach dem Bauleiter, Polier, Meister, Schieber, Vorarbeiter oder wie immer der Häuptling heißt.

Zur Abnahme. Nachdem alle Leistungen erbracht worden sind, findet vor dem Einzug in Ihre Wohnung die sog. Abnahme bzw. Wohnungsübergabe oder Schlüsselübergabe statt. Das bedeutet nichts anderes, als daß Sie Ihrem Vertragspartner – in der Regel dem Bauträger – bescheinigen, daß er alle vertraglichen Leistungen erbracht hat. Sollte es Ihnen trotz Ihrer Bemühungen nicht möglich sein, ein Vertrauensverhältnis zum Bauleiter herzustellen, dann allerdings ist es grundsätzlich zu empfehlen, zur Abnahme nicht nur die Checkliste mitzunehmen, sondern einen **Fachmann** und am besten einen **vom Stamm der Bärenbeißer**.

18.2 Erläuterungen zur Checkliste

Ein Auto hat stets zwei Scheinwerfer und vier Reifen. Jede Wohnung aber hat eine individuelle Anzahl von Räumen, von denen jeder eine individuell verschiedene Anzahl von Fenstern, Rollädenkästen, Heizkörpern usw. aufweist. Das unterscheidet und erschwert das listenmäßige Abchecken von Wohnungsmängeln gegenüber Mängeln z.B. an Autos.

Nehmen wir an, Ihr Wohnzimmer hat vier mit Rolläden versehene Fenster und unter jedem Fenster einen Heizkörper. In diesem Fall gehen Sie bitte wie folgt vor:

Nehmen Sie die Checkliste »Mängel an Fenstern«, und füllen Sie die Liste für das Fenster Nr. 1 (gemäß Ihrer Numerierung) aus. Wenn Handwerker einmal einen Fehler machen, wiederholen sie ihn meist hartnäckig. Erfahrungsgemäß wiederholen sich ca. 70% der auftretenden Mängel an allen gleichen Bauteilen. Checken Sie deshalb Fenster Nr. 2 und gegebenenfalls Fenster Nr. 3 durch. Stellen Sie die sich an diesen drei Fenstern wiederholenden Mängel fest. Diese Mängel generalisieren Sie durch ein ■ statt ☒. Sie können von jedem Handwerker verlangen, daß er bei mehrmaligem Auftreten bestimmter Mängel alle Bauteile daraufhin nachbessert. Nachdem Sie so die sich generell wiederholenden Mängel festgestellt haben, sehen Sie die übrigen Fenster nur noch auf spezifische Einzelmängel durch. Schreiben Sie diese Einzelmängel auf ein Beiblatt (»Einzelmängel«).

Nur wenn jedes Fenster völlig verschiedene Mängel aufweist, brauchen Sie ein eigenes Formblatt für jedes Fenster.

Gleichermaßen vorgehen sollten Sie auch bei den Rolläden, Heizkörpern und Innentürblättern sowie bei Putz und Anstrich. **Sollten Sie in einem Raum auffällig viele Putzmängel sehen, fertigen Sie eine Handskizze auf dem Beiblatt »Putz- und Anstrichmängel« an.** Z.B.:

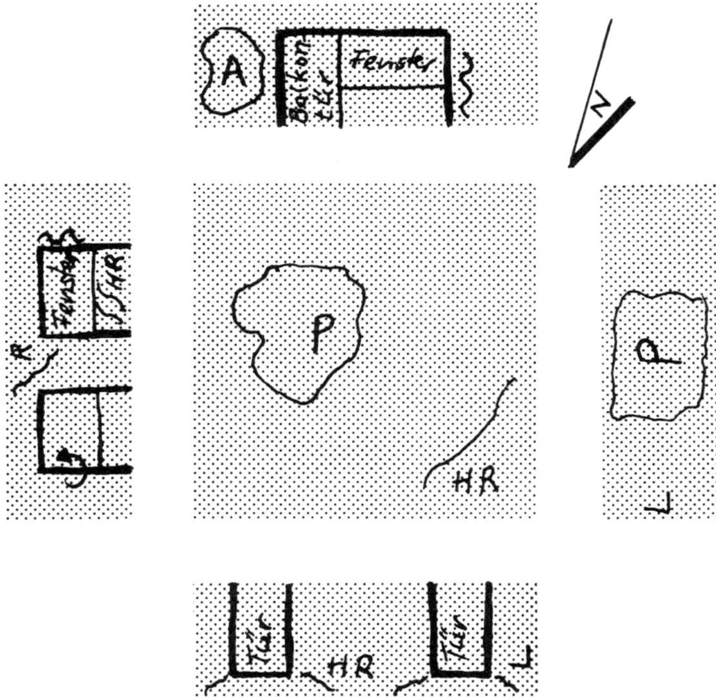

Wenn Sie Laie in der Bautechnik sind, empfehle ich Ihnen, die folgende »Schenkungsliste« zu beachten, mit der Sie den Handwerkern entgegenkommen sollten. Herschenken sollten Sie danach:

- alle Mängel, an deren Anblick sich ein Durchschnittsmensch gewöhnt. D.h., auch wenn Ihre berufliche Tätigkeit darin besteht, daß Sie mit dem Mikroskop die Qualität von Mikroprozessoren prüfen, sollten Sie sich bei der Wohnungsabnahme auf das durchschnittliche Niveau begeben. **Ein Bauwerk ist nun einmal kein Uhrwerk.** Zu diesen Mängeln gehören z.B. geringfügige Beschädigungen, Anstrichverschmutzungen und dergleichen mehr;

- alle Mängel und Verunreinigungen, die Sie selbst an 2–3 Wochenenden ohne großen Aufwand beseitigen können. 2–3 Wochenenden sollten Sie herschenken.

Nicht nachmessen sollten Sie alle Unebenheiten, die Sie bei normalen Lichtverhältnissen mit dem Auge nicht erkennen können.

An dieser Stelle noch ein Hinweis auf die DIN 18202 »Toleranzen im Hochbau« (Kosten ca. 33,– DM) und die relativ häufig gebrauchte DIN 68360 »Holz für Tischlerarbeiten, Teil 1« (Kosten ca. 20,– DM). Beide können Sie nur im Beuth-Verlag GmbH, Postfach 1145, 1000 Berlin 30, Tel. 0302601/260-263 bestellen.

Als Käufer ist für Sie die wichtigste Rechtsfolge der Abnahme die Beweislastumkehr. Für alle Mängel, die im Abnahmeprotokoll stehen, hat der Bauträger bzw. sein Handwerker den Beweis zu erbringen, daß nach den anerkannten Regeln der Baukunst gebaut wurde. Häufig kann man sich während der Abnahme nicht auf die Ursachen eines Mangels einigen. Anstatt in die oft endlosen Diskussionen darüber einzutreten, ob ein von Ihnen festgestellter Mangel vom Bauträger als Mangel entgegengenommen wird, sollten Sie vor diesen Mangel einen ● zeichnen, was bedeutet, daß der Mangel vom Bauträger bei der Begehung entgegengenommen, aber vorbehaltlich erforderlicher Nachprüfung und dergleichen mehr vom Bauträger vorerst nicht anerkannt wird. Damit liegt zunächst einmal klar, daß der Bauträger diesen Mängelvorbehalt entgegengenommen hat. **Damit liegt auch die Beweislast weiterhin bei ihm.**

Als Abnahmeausrüstung sollten Sie mitnehmen:

1 Meterstab, 1 Wasserwaage (mindestens 80 cm lang) und 1 starke Taschenlampe bzw. besser 1 Handlampe mit Kabelanschluß, um innenliegende Bäder und Toiletten ausleuchten zu können. Diese Ausrüstung wird allein schon beim Bauleiter während der Abnahme hoffentlich keine Gänsehaut, sondern einen gewissen wohlwollenden Respekt vor Ihnen bewirken.

18.3 Checkliste X: Mängelfeststellungen bei der Wohnungsabnahme

Objekt	
Wohnung	
Datum	

Anwesende .... Käufer

.... Käufer

.... Bauleiter

.... Sachverständiger

....

....

....

Legende der verwendeten Abkürzungen

■ Mangel wiederholt sich generell in der gesamten Wohnung, auch wenn er nur einmal erwähnt wird.

* Nicht zutreffendes streichen.

! Muß nachgearbeitet bzw. nachgebessert werden

⚡ Stark, erheblich

○ Einzelne, vereinzelt

E Ecke

← Links

→ Rechts

a Außen

i Innen

↑ Oben

↓ Unten

— fehlte

● Vom Bauträger bzw. der Firma bei der Begehung entgegengenommene, aber vorbehaltlich erforderlicher Nachprüfung u. dgl. vom Bauträger vorerst nicht anerkannte Mängelrügen.

Eigene Kürzel:

....

....

....

....

Feinreinigung

☐ Die Feinreinigung ist noch nicht erfolgt

☐ Die Feinreinigung ist nicht ausreichend: ....

....

Innenputz mit Anstrich

Raum .... ☐ Es sind Mängel vorhanden, siehe Beiblatt.

Raum .... ☐ Es sind Mängel vorhanden, siehe Beiblatt.

Raum .... ☐ Es sind Mängel vorhanden, siehe Beiblatt.

Raum .... ☐ Es sind Mängel vorhanden, siehe Beiblatt.

Raum .... ☐ Es sind Mängel vorhanden, siehe Beiblatt.

Fenster und Fenstertüren

Raum .... ☐ Es sind Mängel vorhanden, siehe Beiblatt.

Raum .... ☐ Es sind Mängel vorhanden, siehe Beiblatt.

Raum .... ☐ Es sind Mängel vorhanden, siehe Beiblatt.

Raum .... ☐ Es sind Mängel vorhanden, siehe Beiblatt.

Raum .... ☐ Es sind Mängel vorhanden, siehe Beiblatt.

☐ **Die Fensterprofilstärken sind unzureichend; vorhandenes Profil:** ....

....

Innenputz und Anstrich

Raum ....

- ☐ Es fehlen Eckschutzschienen an gefährdeten Ecken: ....
- ☐ Im Decken-Wandanschnitt fehlt ein Putzeinschnitt: ....
- ☐ Die Fensterbänke sind unsauber eingeputzt: ....
- ☐ Die Fensterbank-Unterseiten sind verschmutzt: ....
- ☐ Die Zimmertürzargen * / -futter * sind unsauber eingeputzt: ....
- ☐ Die Rolladenkastendeckel sind unsauber eingeputzt: ....
- ☐ Die Putzstruktur ist generell mangelhaft bzw. uneinheitlich: ....
- ☐ Der Wand- * / Deckenanstrich * weist Verschmutzungen auf: ....
- ☐ Der Wand- * / Deckenanstrich * deckt nicht: ....
- ☐ Die Tapeten lösen sich: ....
- ☐ Der Tapetenanschluß ist unsauber: ....
- ☐ Der Wand- * / Deckenanstrich * ist über Mörtelbatzen und dergl. gestrichen worden: ....

....

Sonstiges: ....

....

....

....

....

....

Legende:

HR = Haarriß

R = Riß

= Unebenheit

= Aus dem Winkel

F = Der Fensterleibungsputz ist uneben.

F = Der Fensterleibungsputz ist verdreht.

P = Die Putzstruktur ist wolkig.

A = Der Anstrich deckt nicht.

Raumskizze

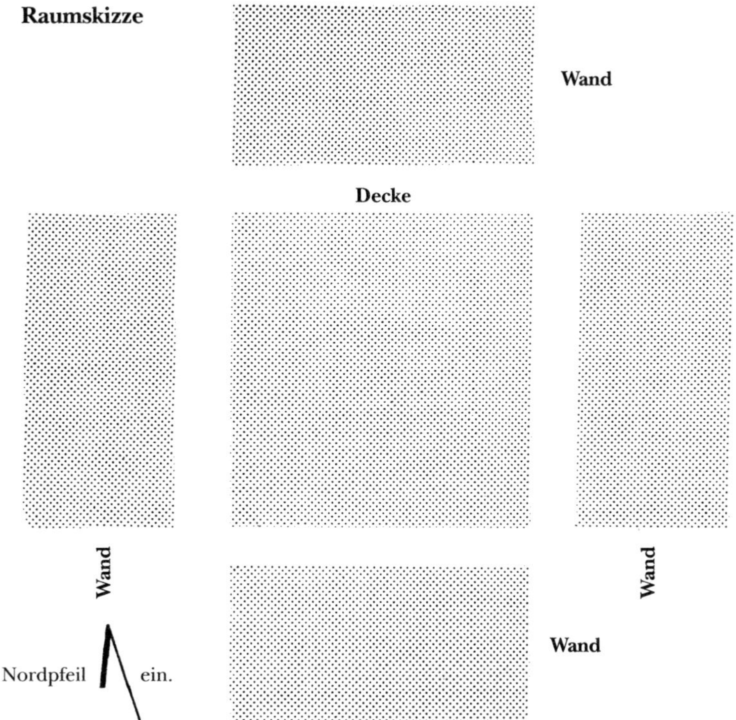

Bitte, tragen Sie zur genauen Festlegung einen Nordpfeil ein.

Raum ...... **Fenster Nr.** ......

Die Fensternumerierung erfolgt im Uhrzeigersinn, beginnend mit dem Fenster Nr. 1 = ...

Es sind Beschädigungen vorhanden. Im einzelnen:

☐ Rahmen: ....

☐ Flügel: ....

☐ Glashalteleisten: ....

☐ Scheiben: ....

☐ Fensterblech: ....

☐ Fensterbank: ....

☐ Brüstungspaneel: ....

Es sind nach DIN 68 360 unzulässige Holzfehler vorhanden. Im einzelnen:

☐ Rahmen: .... ☐ Flügel: .... ☐ Glashalteleisten: ....

☐ **Das Brüstungspaneel hat Mängel:** ....

☐ **Die Profilkanten der Fensterhölzer sind nicht ausreichend gerundet:** ....

Der Anstrich hat Mängel. Im einzelnen:

☐ Der Anstrich ist nach Augenschein nicht ausreichend: ....

☐ Die Flügelober- und Unterseiten sind ungestrichen: ....

☐ Der Anstrich hat Tropfnasen: ....

☐ Das Fenster ist vor dem Anstrich nicht ausreichend gereinigt*/geschliffen* worden: ....

....

Der Dichtungsgummi hat Mängel. Im einzelnen:

☐ Der Gummi ist verdreht.

☐ Der Gummi sitzt nicht in der Nut.

☐ Der Gummi ist in den Ecken nicht ausreichend verschweißt.

Die Regenschutzschiene hat Mängel. Im einzelnen:

☐ Die Regenschutzschiene ist verunreinigt. ☐ Ist beschädigt.

Die Scheibenversiegelung hat Mängel. Im einzelnen:

☐ Die Versiegelung löst sich.

☐ Die Versiegelung ist unsauber überstrichen worden.

☐ Die Versiegelung ist unsauber ausgeführt worden.

☐ Die Versiegelungsmasse ist zum Überstreichen ungeeignet.

Die Fensterfunktion ist mangelhaft. Im einzelnen:

☐ Der . . . . Fensterflügel klemmt.

☐ Der . . . . Fensterflügel schließt selbsttätig.

. . . .

Die Fensteroliven haben Mängel. Im einzelnen:

☐ Die . . . . Olive ist überstrichen worden.

☐ Die . . . . Olive ist beschädigt.

Die Fensterbeschläge haben Mängel. Im einzelnen:

☐ Der Beschlag ist zu locker: in Kipplage* / in Drehlage*.

Das Fensterblech hat Mängel. Im einzelnen:

☐ Das Fensterblech ist verunreinigt. ☐ Ist zu schmal. ☐ Ist zu kurz.

☐ Die Putzanschlüsse des Fensterbleches sind mangelhaft: . . . .

☐ Das Fensterblech ist nicht ausreichend untermörtelt worden: . . . .

☐ Das Fensterblech ist am Fensterrahmen nicht schlagregendicht angeschlossen worden:. . . . .

. . . .

Die Fensterbank hat Mängel. Im einzelnen:

☐ Die Fensterbank ist verunreinigt. ☐ Hat beschädigte Kanten. ☐ Ist fleckig.

☐ Die Fensterbank ist schief eingebaut worden. ☐ Die Fensterbankkonsolen sind ungestrichen.

☐ Die Fensterbank ist nicht ausreichend aufgelagert: ....

Sonstiges: ....

....

☐ Ein Schallprüfzeugnis ist noch nachzureichen.

- **Bitte, kopieren Sie sich die Seiten 208–212 für jeden Raum bzw. für jedes Fenster!**

Rolläden / Heizkörper

Raum ...... Rolladen über dem Fenster ....

☐ Der Rolladenpanzer klemmt. ☐ Der Rolladenpanzer ist zu kurz.

☐ Der untere Abschluß ist mangelhaft. ☐ Der Rolladenkasten sitzt schief.

☐ Der Deckelanschluß ist mangelhaft. ☐ Der Deckelanstrich ist mangelhaft.

☐ Gurt * bzw. Wickelkasten * haben Mängel: ....

Sonstiges: ....

....

....

....

Raum ...... Heizkörper unter dem Fenster ....

☐ Der Heizkörper ist in der Waagerechten verkehrt geneigt: ....

☐ Die Rosetten fehlen: .... ☐ Der Heizkörperanschluß ist undicht: ....

☐ Die Heizkörperbefestigung ist unzureichend: ....

☐ Der Thermostatventilkopf fehlt.

☐ Der Heizkörper steht nicht lotrecht.

Der Heizkörperanstrich hat Mängel. Im einzelnen:

☐ Der Anstrich ist beschädigt: ....

☐ Der Anstrich ist unzureichend: ....

☐ Die Zuleitungen sind ungestrichen. ☐ Die Halterungen sind ungestrichen.

☐ Die Heizkörper wurden vor dem Anstrich nicht gründlich gereinigt * / nicht entrostet *.

☐ Die Heizkörperunterseiten sind unzureichend gestrichen.

Rolläden / Heizkörper

Raum ...... Rolladen über dem Fenster ....

☐ Der Rolladenpanzer klemmt. ☐ Der Rolladenpanzer ist zu kurz.

☐ Der untere Abschluß ist mangelhaft. ☐ Der Rolladenkasten sitzt schief.

☐ Der Deckelanschluß ist mangelhaft. ☐ Der Deckelanstrich ist mangelhaft.

☐ Gurt * bzw. Wickelkasten * haben Mängel: . . . .

Sonstiges: . . . .

. . . .

. . . .

Raum . . . . . . Heizkörper unter dem Fenster . . . .

☐ Der Heizkörper ist in der Waagerechten verkehrt geneigt: . . . .

☐ Die Rosetten fehlen: . . . . ☐ Der Heizkörperanschluß ist undicht: . . . .

☐ Die Heizkörperbefestigung ist unzureichend: . . . .

☐ Der Thermostatventilkopf fehlt.

☐ Der Heizkörper steht nicht lotrecht.

Der Heizkörperanstrich hat Mängel. Im einzelnen:

☐ Der Anstrich ist beschädigt: . . . .

☐ Der Anstrich ist unzureichend: . . . .

☐ Die Zuleitungen sind ungestrichen. ☐ Die Halterungen sind ungestrichen.

☐ Die Heizkörper wurden vor dem Anstrich nicht gründlich gereinigt * / nicht entrostet *.

☐ Die Heizkörperunterseiten sind unzureichend gestrichen.

Sonstiges: . . . .

. . . .

. . . .

- **Bitte, kopieren Sie sich die Seiten 212–214 entsprechend oft!**

Raum . . . . . . **Tür Nr.**. . . . . . **Wohnungseingangstür * / Haustür ***

Die Innentürnumerierung erfolgt im Uhrzeigersinn, beginnend mit Tür Nr. 1 = ...

Das Türblatt hat Mängel. Im einzelnen:

☐ Das Türblatt ist beschädigt.

☐ Die Oberfläche löst sich:. . . . .

☐ Das Türblatt ist verunreinigt.

☐ Der Abstand zwischen Türblatt und Bodenbelag ist zu groß, ca. . . . . cm.

☐ Das Türblatt streift am Boden.

☐ Das Türblatt ist verzogen: . . . .

☐ Im Türblatt fehlt ein Belüftungsschlitz.

. . . .

Das Türfutter bzw. die -bekleidung haben Mängel. Im einzelnen:

☐ Das Futter steht mit ca. . . . . mm oben * / seitlich * / außenseitig * / innenseitig * vom Putz ab.

☐ Das Futter ist beschädigt: . . . . ☐ Das Futter ist verunreinigt: . . . .

☐ Der Dichtungsgummi fehlt.

. . . .

Die Türfunktion ist mangelhaft. Im einzelnen:

☐ Die Tür klemmt. ☐ Das Schloß * / der Schnapper * schließt nicht.

☐ Die Tür schließt selbsttätig.

Die Türbeschläge haben Mängel. Im einzelnen:

☐ Fehlen (fehlt) noch. ☐ (Ist) sind zu locker.

☐ Der Türschlüssel fehlt. ☐ (Ist) sind verschmutzt:. . . . .

☐ (Ist) sind beschädigt:. . . . .

Die Stahlzarge hat Mängel. Im einzelnen:

☐ Die Zarge ist beschädigt: . . . . ☐ Die Zarge ist mangelhaft eingeputzt: . . . .

Der Stahlzargenanstrich hat Mängel. Im einzelnen:

☐ Der Anstrich ist über Schmutz * /Rost * ausgeführt worden.

☐ Der Anstrich ist unsauber: . . . . ☐ Der Anstrich blättert ab:. . . . .

☐ Der Anstrich ist beschädigt: . . . .

Die Türverglasung hat Mängel. Im einzelnen:

☐ Die Verglasung fehlt.

☐ Die Verglasung ist unsauber verleistet: . . . .

☐ Die Verglasung ist beschädigt: . . . .

. . . .

. . . .

Die Türbeschläge sind nicht diebstahlsicher: . . . .

Sonstiges:

☐ Ein Schallprüfzeugnis ist erforderlich, da: . . . .

☐ Der untere Türanschlag ist nicht ausreichend: ....

....

☐ Ein Türspion ist nicht vorhanden: ....

....

....

....

....

- **Bitte, kopieren Sie sich die Seiten 215–217 entsprechend oft!**

Für Einzelmängel an: Innenputz, Anstrich, Fenstern, Rolläden, Türen und Heizkörpern ggf. ein gesondertes Blatt einlegen.

Sanitäre Installation

Küche

☐ Es fehlen Eckventile an: ....

☐ Der Warmwasserzähler fehlt.

☐ Der Warmwasserzähler ist fehlerhaft montiert: ....

☐ Folgende Ausstattungsteile fehlen: ....

....

....

Bad

Die Badewanne hat Mängel. Im einzelnen:

☐ Die Badewanne ist beschädigt: .... ☐ Am oberen Rand

☐ Die Badewanne ist verkratzt: .... ☐ Am Boden

☐ Der Exzenter klemmt.

☐ Die Armatur hat folgende Mängel * bzw. Beschädigungen *: ....

Die Duschwanne hat Mängel. Im einzelnen:

☐ Die Duschwanne ist beschädigt: .... ☐ Am oberen Rand

☐ Die Duschwanne ist verkratzt: .... ☐ Am Boden

☐ Der Exzenter klemmt.

☐ Die Armatur hat folgende Mängel * bzw. Beschädigungen * : ....

Das (die) Waschbecken hat (haben) Mängel. Im einzelnen:

☐ Das (die) Waschbecken ist (sind) beschädigt: ....

☐ Das (die) Waschbecken ist (sind) verkratzt: ....

☐ Der Exzenter klemmt.

☐ Die Armatur hat folgende Mängel * bzw. Beschädigungen * : ....

Toilette

Das WC hat Mängel. Im einzelnen:

☐ Das WC-Becken ist beschädigt: ....

☐ Das WC-Becken ist verkratzt: ....

☐ Die Befestigung des WC-Beckens ist mangelhaft: ....

☐ Die Ablauf-* / Zulauffunktion * ist mangelhaft. ☐ Der WC-Sitz ist locker.

☐ Der WC-Sitz ist beschädigt: .... ☐ Eine Ablaufmanschette fehlt: ....

Die WC-Entlüftung hat Mängel. Im einzelnen:

☐ Entlüftung fehlt ☐ Die Abdeckung ist mangelhaft: ....

Sonstiges: ....

....

....

Elektroinstallation

☐ Die Beschriftung des Sicherungskastens fehlt.

☐ Folgende Schalter- und Steckdosenabdeckungen fehlen: ....

....

☐ Folgende Antennendosen fehlen: ....

Sonstiges (ggf. ein gesondertes Blatt einlegen): ....

....

....

....

....

....

Fliesen

Küche

Die Bodenfliesen haben Mängel. Im einzelnen:

☐ Der Fliesenbelag ist außerhalb der Toleranz der DIN 18202, Teil 5, uneben: ....

☐ Der Fugenverlauf ist ungleichmäßig:..

☐ Es sind ...... Stück Fliesen beschädigt: ....

☐ Die Randfugen sind fest verfugt: ....

☐ Zwischen Fliesen und textilen Bodenbelägen fehlen Trennschienen.

☐ Die Türanschlüsse sind unsauber: .... ☐ Sockelfliesen o. ä. fehlen.

☐ Die Fliesen sind verschmutzt: .... ☐ Der Fliesenbelag ist nicht voll verfugt.

☐ Der Fliesenbelag hat Überzähne.

Die Wandfliesen haben Mängel. Im einzelnen:

☐ Der Fugenverlauf ist ungleichmäßig. ☐ Der Fliesenbelag ist außerhalb der Toleranz der DIN 18202, Teil 5, uneben.

☐ Es sind ...... Stück Fliesen beschädigt. ☐ Die Wandecken * / Türanschlüsse * sind fest verfugt.

☐ Die Fliesen sind verschmutzt: ....

☐ Der Fliesenbelag ist nicht voll verfugt:..

☐ Die freien Fliesenkanten sind nicht verfugt worden:...

☐ Der Fliesenbelag hat Überzähne:..

Sonstiges: ....

Bad

Die Bodenfliesen haben Mängel. Im einzelnen:

☐ Der Fliesenbelag ist außerhalb der Toleranz der DIN 18202, Teil 5, uneben: ....

☐ Der Fugenverlauf ist ungleichmäßig: ....

☐ Es sind ...... Stück Fliesen beschädigt: ....

☐ Die Randfugen sind fest verfugt: ....

☐ Zu anderen Belagsarten fehlen Trennschienen.

☐ Die Türanschlüsse sind unsauber: ....

☐ Sockelfliesen o. ä. fehlen.

☐ Die Fliesen sind verschmutzt: ....

☐ Der Fliesenbelag ist nicht voll verfugt.

☐ Der Fliesenbelag hat Überzähne.

☐ Fliesenausschnitte sind zu groß.

Die Wandfliesen haben Mängel. Im einzelnen:

☐ Der Fugenverlauf ist ungleichmäßig.

☐ Der Fliesenbelag ist außerhalb der Toleranz der DIN 18202, Teil 5, uneben.

☐ Es sind ...... Stück Fliesen beschädigt.

☐ Die Wandecken * / Türanschlüsse * sind fest verfugt.

☐ Die Fliesen sind verschmutzt: ....

☐ Der Fliesenbelag ist nicht voll verfugt: ....

☐ Die freien Fliesenkanten sind nicht verfugt worden: ....

☐ Der Fliesenbelag hat Überzähne: ....

☐ Die Wanneneinmauerung ist mangelhaft: ....

☐ Anschlußfugen an die Bade-* bzw. die Duschwanne* sind mangelhaft: ....

☐ Die Fliesenausschnitte sind zu groß: ....

☐ Die Revisionstürchenverfliesung ist mangelhaft: ....

☐ Die oberen Randfugen sind offen:. ....

Sonstiges:. ....

Toilette

Die Bodenfliesen haben Mängel. Im einzelnen:

☐ Der Fliesenbelag ist außerhalb der Toleranz der DIN 18202, Teil 5, uneben: ....

☐ Der Fugenverlauf ist ungleichmäßig: ....

☐ Es sind ...... Stück Fliesen beschädigt: ....

☐ Die Randfugen sind fest verfugt: ....

☐ Zwischen Fliesen und textilen Bodenbelägen fehlen Trennschienen.

☐ Die Türanschlüsse sind unsauber: ....

☐ Sockelfliesen o. ä. fehlen.

☐ Die Fliesen sind verschmutzt: ....

☐ Der Fliesenbelag ist nicht voll verfugt.

☐ Der Fliesenbelag hat Überzähne.

☐ Fliesenausschnitte sind zu groß.

Die Wandfliesen haben Mängel. Im einzelnen:

☐ Der Fugenverlauf ist ungleichmäßig.

☐ Der Fliesenbelag ist außerhalb der Toleranz der DIN 18202, Teil 5, uneben.

☐ Es sind . . . . . . Stück Fliesen beschädigt. ☐ Die Wandecken * / Türanschlüsse * sind fest verfugt.

☐ Die Fliesen sind verschmutzt: . . . .

☐ Der Fliesenbelag ist nicht voll verfugt:. . . . .

☐ Die freien Fliesenkanten sind nicht verfugt worden: . . . .

☐ Der Fliesenbelag hat Überzähne: ☐ Mehrfach ☐ Vereinzelt

☐ Die Wanneneinmauerung ist mangelhaft:. . . . .

☐ Anschlußfugen an die Bade- * bzw. die Duschwanne * sind mangelhaft: . . . .

☐ Die Fliesenausschnitte sind zu groß: . . . .

☐ Die Revisionstürchenverfliesung ist mangelhaft: . . . .

☐ Die oberen Randfugen sind offen:. . . . .

Sonstiges (ggf. ein gesondertes Blatt einlegen):. . . . .

. . . .

. . . .

. . . .

. . . .

. . . .

. . . .

. . . .

. . . .

. . . .

Schwimmender Estrich:

Raum . . . . . .

Die Randdämmung hat Mängel. Im einzelnen:

☐ Die Dämmung ist mangelhaft: . . . .

☐ Die Dämmstreifen sind nicht abgeschnitten worden.

Die Trennschienen haben Mängel. Im einzelnen:

☐ Die Trennschienen sind verschmutzt. ☐ Die Trennschienen sind zu niedrig.

☐ Fehlen zwischen Fliesen- und textilen Bodenbelägen.

Die Oberfläche: ☐ Ist uneben. ☐ Hat Risse. ☐ Hat Vorsprünge.

☐ Ist beschädigt: . . . .

☐ **Die Rohrdurchführungen u. ä.** sind nicht abgedämmt.

. . . .

. . . .

BODENBELÄGE

Raum . . . . . .

Der Textile Bodenbelag* bzw. das Parkett * hat Mängel. Im einzelnen:

☐ Der Belag ist verunreinigt * / beschädigt *:. ☐ Hat Stoßstellen. ☐ Ist fleckig.

☐ Der Belag ist uneben: . . . .

☐ Übergangsschienen fehlen: . . . . ☐ Die Ecken sind nicht abgedeckt, z. B.: . . . .

. . . .

☐ Die Türanschlüsse sind unsauber angepaßt: . . . .

☐ Der Belag ist nicht vollständig aufgeklebt, z. B.: . . . .

☐ Die Bahnenstöße des textilen Belages verlaufen parallel zum Fenster.

☐ Im textilen Bodenbelag sind Farbunterschiede vorhanden: . . . .

Die Sockelleisten haben Mängel. Im einzelnen:

☐ Die Befestigung der Sockelleisten ist unzureichend: . . . .

☐ Es sind unsaubere Stöße vorhanden: . . . .

☐ Es sind zu viele Stöße vorhanden: . . . .

☐ Die Eckausbildung ist mangelhaft: . . . .

☐ Die Sockelleisten fehlen noch: . . . .

☐ Die Türanschlüsse u. ä. sind mangelhaft: . . . .

Die Parkett-Versiegelung * bzw. der -Schliff * ist unzureichend: . . . . ☐ Ist unsauber.

Sonstiges (ggf. ein gesondertes Blatt einlegen): . . . .

. . . .

. . . .

. . . .

. . . .

. . . .

Balkone und Terrassen

Balkon * / Terrasse * am (an): ....

☐ Eine abgedichtete Türschwelle ist nicht vorhanden.

☐ Es fehlen Notüberläufe.

☐ Die Deckenrandausbildung ist mangelhaft: ....

☐ Eine Tropfkante fehlt. ☐ Eine Tropfnase fehlt.

☐ **Die Abdichtung hat folgende Mängel:** ....

....

Der Belag hat Mängel. Im einzelnen:

☐ Das Gefälle ist ungenügend, auf ca. ...... m Länge ca. ...... cm Höhe:

....

....

Das Geländer hat Mängel. Im einzelnen:

☐ Das Geländer ist zu niedrig, ... m.

☐ Die Geländerbefestigung ist unzureichend: ....

☐ Der Anstrich ist mangelhaft: ....

....

Die Brüstung hat Mängel. Im einzelnen:

☐ Eine Brüstungsabdeckung fehlt. ☐ Die Brüstungsabdeckung hat eine Neigung nach außen.

☐ Der Brüstungsputz hat folgende Mängel: ....

☐ **Die Spenglerarbeiten haben folgende Mängel:**

. . . .

Im einzelnen: . . . .

Bitte kopieren Sie sich die Seiten 224–227 entsprechend der Anzahl Ihrer Räume, Balkone bzw. Terrassen!

Sonstige Mängel in der Wohnung: ggf. ein gesondertes Blatt einlegen.

Abweichungen von der verbrieften Baubeschreibung: ggf. ein gesondertes Blatt einlegen.

Ablesungen

☐ Die Warmwasserzähler und die Verdunstungsmesser an den Heizkörpern werden von der Firma . . . . nach dem Einzug abgelesen.

Stromzähler. . . . . kWh

Warmwasserzähler . . . . Kcal/J

Warmwasserzähler . . . . Kcal/J

Warmwasserzähler . . . . Kcal/J

Gaszähler. . . . . m^3

Schlüsselübergabe

. . . . Innentürschlüssel

. . . . Wohnungsschlüssel

. . . . Sonstige

Hiermit nehme(n) ich (wir) meine (unsere) Wohnung (Sondereigentum) ab unter dem Vorbehalt aller Rechte aus den vorstehenden Mängeln (Protokoll: . . . . Seiten). Vorbehalten werden ferner alle Rechte aus den Rohbau- und Rohinstallationskontrollprotokollen vom: . . . .

Diese Abnahme beinhaltet nicht die Abnahme des Gemeinschaftseigentums. Ferner behalte(n) ich (wir) mir (uns) alle Rechte wegen verspäteter Baufertigstellung (Miet-, Zinsausfall, Vertragsstrafe sowie). . . . . vor.
Ich (wir) fordere(n) zur Mängelbeseitigung bis zum . . . . auf.

. . . .

(Wohnungseigentümer)

Bemerkungen:. . . . .

. . . .

. . . .

. . . .

. . . .

(Unterschrift Bauträger)

19 TROCKENWOHNEN – WOHNVERHALTEN

Früher ließ man zunächst für ein halbes oder sogar ein ganzes Jahr sogenannte Trockenwohner in der Wohnung vorwohnen, bevor man die Zimmer mit Tapeten vervollständigte und selber einzog. **Mauermörtel und Putz sind eine chemische Wasserfabrik**, die ohne Ihr Zutun und ohne Ihre Billigung stillschweigend bis zu einem Jahr lang produziert. Im chemischen Abbindeprozeß muß ja der Mörtel (Kalkhydrat) Kohlensäure eingliedern, um zum gewünschten harten Kalkstein zu erstarren. Dabei wird unvermeidlich Wasser abgesondert; und da hilft kein Trockenheizen allein, sondern: lüften, lüften und nochmals lüften, damit der Mörtel durch die einströmende Kohlensäure abbinden und das entstehende Wasser verdunsten kann.

Falsche Behandlung von Neubauwohnungen ist **ein Streitpunkt ersten Ranges zwischen Bauleitung und Käufer**, der dann in solchen Situationen oft anklagend auf schwarz verfärbte Wände und Fensterstürze (vor allem im Bad und im Schlafzimmer) zeigt und sich nicht vorstellen kann, daß er selber sie verursacht hat: Feuchtigkeit in jeder Form ist ein Genuß für Schimmelpilze, und sie wehren sich daher auch hartnäckig gegen Abwaschen (noch feuchter, welche Freude!) und Vergiften (auch auf dem Gift wachsen sie fröhlich weiter). Bei bereits eingetretenem Schimmelbefall hilft nur: austrocknen durch viel Lüften und Heizen und dann: abbürsten und neu streichen.

Im Sommer brauchen Sie nur zu lüften. Wie aber verhalten Sie sich in der kalten Jahreszeit bauphysikalisch richtig? Rücken Sie Schränke und Möbel 5 cm von der Wand ab. Lassen Sie sich auch mit den Vorhängen Zeit. Hinter Möbeln, Vorhängen, Bildern und in Wandecken zirkuliert die Luft wenig, die Feuchtigkeit bleibt. Kaufen Sie sich ein Thermo- und ein Hygrometer. Heizen Sie alle Räume (auch das Schlafzimmer, in dem Sie vielleicht kalt schlafen) auf mindestens 22 °C auf.

Schließen Sie dabei alle Fenster, und öffnen Sie alle Innentüren. Jedesmal nun, wenn das Hygrometer mehr als 45%, maximal 50% relative Luftfeuchtigkeit anzeigt, lüften Sie die ganze Wohnung 5 bis 10 Minuten lang kräftig (möglichst quer) durch. Nicht länger!

Wenn Sie diese einfachen Regeln einhalten und trotzdem ungebetene Schimmelgäste bekommen, lassen Sie die Wärmedämmung überprüfen!

Wie sollten Sie sich nach dem Trockenwohnen verhalten? Ihr Wohnverhalten sollte auf das Baumaterial Ihrer Wohnung abgestimmt sein!

Ein Ziegelbau mit Kalkinnenputz und Kalkfarbenanstrich darauf saugt, wenn Sie z. B. im Schlafzimmer kalt schlafen, kondensierende Atemfeuchtigkeit durch die vorhandenen Kapillaren auf und verteilt die Feuchtigkeit in der Wand. Ein Ziegelbau verzeiht Fehler im Wohnverhalten eher als ein Betonbau mit Dispersionsfarbenanstrich, bei dem Tauwasser an der Oberfläche unaufgesaugt als Lebensraum für Schimmelpilze stehenbleibt.

Sie sollten daher Ihr Lüftungsverhalten aus der Zeit des Trockenwohnens, insbesondere bei modernen Wandaufbauten, beibehalten. Das ist leider mühsam, aber sehr wichtig! Sparen Sie auch auf keinen Fall an der Heizung! Regeln Sie die Heizkörperventile nicht herunter. Auch nicht, wenn Sie tagsüber nicht daheim sind! Die geringe Energieeinsparung steht in keinem Verhältnis zu den durch Sparsamkeit verursachten Bau- und Gesundheitsschäden. Schimmel ist weit mehr als nur ein unästhetischer Anblick. Betätigen Sie auch bei fensterlosen Innenbädern die motorische Entlüftung nach jedem Duschen oder Baden. Allgemein muß man leider feststellen, daß durch moderne Bauweisen und dichtere Fenster im Verein mit falscher oder mangelhafter Lüftung sowie Herunterregeln der Heizkörpertemperaturen Schimmelbildungen und Bauschäden erheblich zugenommen haben.

20 ACHT GOLDENE REGELN FÜR DIE VERGABE KLEINERER BAULEISTUNGEN

Einem Freund gewidmet, der sich seit Jahren scheut, notwendige Arbeiten an Handwerker zu vergeben, weil er selber einer ist.

Haben auch Sie schon erlebt, wie Freunde und Bekannte nach Beauftragung von Handwerkern in Schwermut und Weltschmerz verfielen? Insbesondere, wenn diese Bauherren mit der Rechnung in der Hand vor den teuer erworbenen Bauleistungen und ihren Mängeln standen, wochenlang im Flur nächtigten, weil sich nach einem rasanten Anfang, der wie eine Bombe in ihre Behausung einschlug, kein Handwerker mehr blicken ließ? Wenn Sie das alles schon miterlebt haben, Handwerker beauftragen und sich trotzdem ein heiteres Gemüt bewahren wollen, sollten Sie folgende acht Regeln beachten!

1 Sie sollten wissen, was Sie wollen!

Legen Sie vor Angebotseinholung stets die Qualität und den Leistungsumfang fest! Zum Beispiel Malerarbeiten:

Wie viele m^2 sollen gestrichen werden, in welchem Farbton, mit welcher Farbe und wie oft? Das ist keine Mehrarbeit! Abrechnen müssen Sie sowieso, es sei denn, Sie wollen es dem Maler überlassen, wie viele m^2 er abrechnet. Auch die Qualität der Farbe müssen Sie ohnehin festlegen, es sei denn, es stört Sie nicht, wenn Ihnen der Maler für Ihr mühsam erarbeitetes Geld das Billigste hauchdünn draufpinselt.

Was aber, wenn Sie nun einen heißen Tip aus Ihrem engsten Freundeskreis für einen preiswerten Tophandwerker, berühmt für Qualität, Termintreue und Fleiß, erhalten? Einen von der guten alten Art, der von jahrelanger Mundpropaganda lebt und dem man voll vertrauen kann? Dann lesen Sie nicht weiter! Beauftragen Sie diesen Mann!

Alle, denen kein heißer Tip zuteil wurde, sollten jetzt weiterlesen. Wir waren bei der Festlegung von Leistungsumfang und Qualität. Tja, die Qualität: Waschbecken ist nicht gleich Waschbecken, Armatur ist nicht gleich Armatur, Heizkessel ist nicht gleich Heizkessel, Außenputz auf Wärmedämmplatten und Fenster sind nicht gleich ... Übrigens Fenster: Ein typischer Fall für eine Qualitätsfestlegung nach Muster. Legen Sie Hersteller und Typ – in Ausstellungen und Katalogen leicht durchführbar – fest, und fordern Sie ein Kostenangebot mit dem Zusatz »oder gleichwertig« an. Damit sind wir allerdings wieder bei einem springenden Punkt: Wer sagt Ihnen, was gleichwertig ist bei einem Anstrich, einem Fenster, einem Außenputzsystem oder einem Heizkessel bei völlig unterschiedlichen Fabrikaten in den Angeboten?

Um gleich den Leistungsumfang anzusprechen: Wer sagt Ihnen, ob ein Angebot auch wirklich komplett ist? Ein Seminar »Der methodische Weg zum erfolgreichen Nachtrag« ist seit Jahren ein Renner in Handwerkerkreisen! Wenn Sie Leistungsumfang und Qualität nicht selbst festlegen können, haben Sie drei Möglichkeiten:

- Legen Sie sich auf nur ein Fabrikat fest, dem Sie vertrauen. Stellen Sie aber fest, ob Sie sich dadurch nicht selber einen engen Markt schaffen, weil nur wenige Handwerker in Ihrem Gebiet dieses Fabrikat anbieten und bereits der Hersteller die Preisabsprachen organisiert. Ausschreibungstexte erhalten Sie heute für praktisch alle Markenfabrikate von den Herstellern von Fliesen, Putzsystemen, Heizkesseln, Dachziegeln usw. Im Fachbuchhandel erhalten Sie dazu Baustofflieferanten-Kataloge oder vom Baustoffhandel (Gelbe Seiten der Telekom) Auskünfte über Hersteller.

Oder:

- Lassen Sie überhaupt einen Fachmann die Leistungen ausschreiben, und holen Sie mit dieser Ausschreibung Kostenangebote ein. Das Honorar des Projektanten holen Sie fast immer durch den Erhalt von Qualität zum angemessenen Preis wieder herein.

Oder:

- Fragen Sie einen Fachmann, welches das beste Angebot ist. Für ca. DM 150,– kann man in einer Stunde von einem Fachmann – Architekt, Ingenieur, Meister usw. – viel erfragen, und in drei Stunden läßt sich vieles ausschreiben. Natürlich sprechen wir hier über kleinere Leistungen, die keine umfangreiche Planung und Ausschreibung erfordern und daher nicht nach den Honorartabellen der HOAI (= Verordnung über die Honorare für Leistungen der Architekten und Ingenieure) abgerechnet werden. Fragen Sie aber Ihren Fachmann vorher nach seinem Honorar!

2 Sorgen Sie für Konkurrenzdruck!

Wenn Sie zum Beispiel Kostenangebote für Heizkessel anfordern, sitzen Sie eventuell mit fünf verschiedenen Kesselfabrikaten, Wärmeleistungen und dazu völlig verschiedenen Preisen da. Drehen Sie den Spieß um: Führen Sie eine **beschränkte Ausschreibung** durch.

Dabei verschicken Sie oder Ihr Fachberater die Ausschreibungen an ausgewählte Bieter und fordern ein Kostenangebot an. Bei diesem Verfahren können Sie sicher sein, daß nur leistungsfähige, zuverlässige Firmen anbieten, denn Sie oder Ihr Fachberater haben die Firmen ja ausgewählt. Nachteil des Verfahrens: Wenn die Anbieter – und Ihr Fachberater – einander wie siamesische Zwillinge verbunden sind, vermauscheln sie eventuell den Auftrag zu Ihrem Nachteil. Schicken Sie deshalb die Ausschreibung auch an Außenseiter – ohne es (auch wenn Schuldgefühle Sie plagen) Ihrem Fachberater zu offenbaren. Falls ein Außenseiter billiger anbietet – bis zu 40% kommen je nach Gewerk vor –, wird Ihr Berater eventuell empört jede Verantwortung, die er ohnehin nicht hat, für diesen »Krauter« ablehnen. In diesem Fall prüfen Sie selbst die Referenzen. Verlangen Sie als Referenz Kundenadressen, und gehen Sie auch hin, auch einmal zu denen, die keine Gewährleistung mehr haben. Was man da so alles hört! Manchmal beißt einen schon der Hofhund, wenn man nur den Firmennamen nennt.

Oder führen Sie eine **öffentliche Ausschreibung** durch.

Setzen Sie ein Inserat in eine geeignete Zeitung, z.B. »Dachdeckungsarbeiten, 200 m² Biberschwanzziegel, zu vergeben. Angebotseröffnung am … um … in …, Ausschreibungsunterlagen anfordern bei …« Damit erhalten Sie oft die günstigsten Preise, müssen aber die Seriosität und Bonität der Firmen sorgfältig selbst recherchieren, damit Sie sich kein faules Ei ins Nest legen.

Klagen über Unzuverlässigkeit, insbesondere bei kleinen Leistungsumfängen, nehmen leider stark zu. Dafür gibt es zwei Gründe:

- Handwerker haben entweder beängstigend auftraglose Zeiten, oder aber sie ersticken in Aufträgen, die ihre Kapazität überschreiten.
- Handwerker unterschätzen fast immer die Dauer ihrer Arbeiten. Dadurch kommen alle Termine durcheinander.

Dagegen hilft nur:
- Versuchen Sie Auftragslücken zu erwischen, auch wenn Sie warten müssen.
- Versuchen Sie den Handwerkern kleinere Leistungen schmackhaft zu machen, indem Sie sich:
  - auf möglichst einfach auszuführende Konstruktionen beschränken und die Preise nicht in den Keller handeln,
  - vorher Alternativen für den Fall, daß ein Handwerker ausfällt, überlegen, z. B. statt Putz- und Maurerarbeiten für Trennwände im Innenbereich Trockenbauarbeiten, die auch eine Zimmerei ausführen kann.

Wenn Sie keine Ausschreibung durchführen, sondern nur Kostenangebote einschließlich Qualitäts- und Leistungsbeschreibung von Handwerkern anfordern mit der Absicht, dazu später einen Fachberater zu Rate zu ziehen, schreiben Sie: »Ich bitte um ein kostenloses, unverbindliches Angebot.« Mit der Auftragsvergabe machen Sie dann das Angebot verbindlich (vgl. Regel 6).

Was Sie nicht machen sollten:

Schlaumeier lassen sich von einer Firma ein Angebot ausarbeiten, kopieren dann das Angebot ohne Firmenkopf und Preise, danach schicken sie es als Ausschreibung an Konkurrenten. Oberschlaumeier tippen das Angebot mit ihrem Briefkopf ab, setzen niedrigere Preise ein und bitten um ein Angebot. Ein altes orientalisches Verfahren.

Da die Branchenmitglieder sich und ihren Angebotsstil aber gegenseitig seit Jahren kennen, ist die Chance groß, daß dem ersten Anbieter der üble Trick – vor allem bei kleinen Einmalkunden – von seinen Kollegen mitgeteilt wird. Er verlangt dann Schadenersatz für seine Ausarbeitung.

3 Legen Sie Ihren Aufträgen stets die VOB, Teil B (Verdingungsordnung für Bauleistungen), zugrunde!

Der gesetzliche Rahmen, das Bürgerliche Gesetzbuch, trifft kaum Festlegungen zu Bauleistungen. Das BGB rahmt daher eine Baulandkarte, die nur weiße Flecken aufweist. Erst mit Vereinbarung der VOB wird der BGB-Rahmen mit einer lückenlosen Karte gefüllt. Benutzen Sie am besten dazu vorgedruckte Bauvertragsformulare. Jede Fachbuchhandlung berät Sie dabei. Auch die VOB, Teil B, erhalten Sie dort auf wenigen Seiten im Kleinstdruck. Falls Sie keinen Formularbauvertrag verwenden, schreiben Sie auf jeden Fall: »Zugrunde liegt die VOB/B in der derzeit gültigen Fassung.« Damit sind Sie aus der Grauzone der Rechtsunsicherheit heraus und können z. B. einen säumigen Handwerker nach entsprechender schriftlicher Mahnung und letztmaliger Fristsetzung schadenersatzpflichtig feuern. Verkürzt sind gegenüber dem BGB die Gewährleistungszeiten der VOB: zwei Jahre, bzw. für einfache Reparaturarbeiten, z. B. an der Fassade, ein Jahr. Bezahlt wird nach Baufortschritt für erbrachte, mangelfreie Leistungen. Anzahlungen auf »des Kaisers neue Kleider« leisten Sie nur gegen Sicherheit.

Die Beichte eines alten Handwerkers nach der dritten Maß hört sich nämlich so an: »Wenn ich das Geld erst habe, komme ich nicht mehr.«

4 Schwarz ist oft teurer als Weiß!

Mal ganz unter uns: Wer hat nicht schon mal einem Maler nach Beendigung seines augenscheinlich mängelfreien Anstrichs das Bare ohne Rechnung auf die Hand gelegt? Kein Vertrag, keine VOB, keine Gewährleistung. Nun ja, wenn die Farbe nicht abblättert! Was glauben Sie aber, wie melancholisch eine schwarz eingebaute Treppe oder Fliesenbeläge machen, deren empörende Mängel jeden Tag Ihr Auge beleidigen, auch wenn Sie einen Restbetrag nicht mehr rausrücken? In solchen Fällen kommt es häufig zu bösen Überraschungen: Plötzlich erhalten Sie eine offizielle Rechnung über die Gesamtsumme, woraus sich dann eventuell ein Rechtsstreit ohne schriftlich fixierten Vertrag mit gutachterlichen Stellungnahmen entwickelt. Ein Alptraum, insbesondere bei Stundenlohnverträgen! Viele »Schwarze« arbeiten nur auf Stundenlohnbasis. DM 35,– schwarz – gegenüber DM 75,– weiß – fallen angenehm auf. Aber wie viele Stunden werden es? Auch eine Pauschale hilft hier nur, wenn Qualität und Leistungsumfang vorher exakt festgelegt wurden.

Tja, der »Methodische Weg zum erfolgreichen Nachtrag«! Auf diese Weise werden aus DM 35,– oft DM 75,– und mehr. Da hätten Sie gleich eine seriöse Firma offiziell auf der Grundlage der VOB beauftragen können. Die Referenzen können Sie auch nicht prüfen, denn welcher »Schwarze« gibt schon Adressen her? Was passiert, wenn »Ihr« Mann zwischendurch krank wird und Sie in Ihrer Ruine sitzen läßt? Eine Firma führt die Arbeiten, wenn überhaupt, nur mit hohen Aufschlägen zu Ende.

5 Keine mündlichen Angebote!

Vor Gerichten stehen »mündliche« Vertragspartner Schlange! In Zeiten mit Auftragsmangel haben Firmen auch schon den Leistungsumfang ungefragt erweitert. Wenn Sie dann mal wieder vorbeikommen, ist alles mögliche gemacht worden. Nun beweisen Sie mal, welchen Umfang Sie mündlich in Auftrag gegeben haben!

Also, auch wenn Sie der Refrain langweilt: Verlangen Sie entweder schriftliche Angebote, und besprechen Sie sie mit einem Fachmann, oder aber machen Sie von vornherein eine Ausschreibung.

Noch etwas sollten Sie tun: Wenn Sie ein Angebot durchleuchtet haben, sicher sind, daß die Baumassen stimmen und alle erforderlichen Leistungen enthalten sind, pauschalieren Sie es. Sie wissen dann vorher schon hundertprozentig, was die Arbeiten Sie kosten werden und daß daran nichts geändert werden kann. »Die Auftragssumme für die beschriebenen Leistungen beträgt pauschal …« Damit diese Vereinbarung gilt, muß die Firma natürlich auch unterschreiben.

Die Baumassen (m, m^2, m^3, St) sollten schon deshalb stimmen, da bei Baumassenmehrungen und -minderungen über oder unter 10% vom Handwerker nach der VOB/B § 2 Preisänderungen verlangt werden können.

6 Lassen Sie alle terminlich und gewährleistungstechnisch voneinander abhängenden Leistungen in einer Hand!

Auch wenn es teurer wird: Beauftragen Sie den Heizungsbauer, der die Fußbodenheizung verlegt, auch mit den Estricharbeiten; den Dachdecker auch mit den Spenglerarbeiten; die Firma, die den Balkon abdichtet, auch mit allen Bodenbelagsarbeiten; den Fensterschreiner auch mit den Verglasungsarbeiten. Putz und Anstrich sind dagegen voneinander unabhängig.

Am problemlosesten leben Sie, wenn Sie die Leistungen nicht an Einzelgewerke vergeben, sondern gleich **alle** Leistungen in die Hand eines **Generalunternehmers**, z. B. eines angesehenen Meisterrings legen. Allerdings kostet Sie Ihre garantierte Nachtruhe erheblich mehr. Einen **Generalübernehmer** sollten Sie nur nach eingehender Prüfung der Referenzen beauftragen! Der ist einer, der nur einen Schreibtisch besitzt und Aufträge nach Abzug eines Anteils weitergibt. Wenn es schiefgeht, verschwindet er und kauft sich einen neuen Schreibtisch. Also, wenn Sie sich einen Generalunternehmer suchen, dann möglichst einen, der wesentliche Arbeiten selbst ausführt.

7 Je höher der Aufwand für eine Leistung, desto wichtiger sind Alternativen!

Falls Sie bei Ihren Anfragen nach Angeboten überhaupt keine Antworten bekommen, hat das meist einfache Gründe, z.B. für den zusätzlichen Einbau einer Dachgaube die folgende Überlegung des Zimmermeisters: »Für den kleinen Auftrag muß ich extra ein Schutzgerüst erstellen und das Dach umdecken. Auch wenn ich alles einkalkuliere, brauche ich noch einen Gewinnausgleich dafür, daß dieser Miniauftrag mich blockiert und von der Annahme eines größeren Auftrages abhält. Das zahlt mir dieser Einmalkunde sowieso nie.«

Wenn Sie die Dachgaube in Bauboomzeiten unbedingt brauchen, sollten Sie wissen, daß Sie sich Luxus leisten. Vielleicht reicht Ihnen aber auch ein ausgefallenes Dachflächenfenster, das seinen verglasten Kniestock gleich mitbringt, oder ein Gaubenfertigteil?

Und zu guter Letzt:

8 Räumliche Nähe zum Handwerker ist oft wichtiger als niedrige Preise!

Mit der Sanierung Ihres Schornsteines mit Edelstahleinsätzen könnten Sie z. B. eine Spezialfirma beauftragen, aber auch Ihren Schornsteinfegermeister fragen. Ein guter Rat: Auch wenn Ihr Schornsteinfegermeister um DM 3000 teurer sein sollte und Sie Ihre Sommerreise kostet, geben Sie ihm Ihren Auftrag! Schließlich ist es sein Schornstein, und Sie können die nächsten 15 Jahre, immer wenn Sie den Meister treffen, anklagend auf Mängel deuten. Vielleicht besorgen Sie sich – ethisch nicht ganz in Ordnung, aber psychologisch mitten im Leben – preiswerte auswärtige Angebote und fragen dann den entsprechenden Handwerker in Ihrem Ort, warum er es, nahe wie er wohnt, nicht auch für den Preis machen kann. Wenn er es dann macht und Mängel einbaut, können Sie ihn und seine Familie – wann immer Sie ihnen über den Weg laufen – vor versammelter Ortsgemeinschaft ärgern.

TEIL 4
Die Finanzierung von Eigentumswohnungen

Gliederung

Einleitung
I Tendenzen und Hintergründe des Kapitalmarkt- und Hypothekenzinses für Baukredite
II Die Gesamtlaufzeit und der Effektivzins
III Erst kaufen, dann finanzieren oder umgekehrt – Was gilt?
IV Die Objektwahl
V Der »richtige« Kapitaleinsatz
VI Das Problem der Bereitstellungszinsen
VII Finanzierung mit oder ohne Disagio?
VIII Die Bausparkassentarife
IX Vorsorge ist besser als Nachsorge
X Begrenzung des Zinsrisikos durch Bausparauffüllungskredite
XI Tilgungsstreckung – am besten selbst gestrickt
XII »Tilgung« der Baudarlehen durch Kapitallebensversicherung?
XIII Die Risikolebensversicherung und ihre verschiedenartigen zivilrechtlichen Ausgestaltungen
XIV Das neue Darlehensrecht des BGB (§ 6091 a BGB) und der weitgehende Kündigungsausschluß
XV Interessante Fallgestaltungen zur Reduzierung des Kapitalaufwands bei selbstgenutzten Eigentumswohnungen
XVI Der geschickte Einsatz der Grundschuld
XVII Kauf einer »Studentenbude« für auswärts studierende Kinder
XVIII Checkliste wichtiger steuerrechtlicher Vergünstigungen
XIX Exkurs: wichtige Begriffe des Immobilienerwerbs
Anhang I:
Einkommensteuerrechtliche Grund- und Splittingtabelle 1999 mit Solidaritätszuschlag
Anhang II:
Wohnflächenberechnung nach § 42–44 der II. Berechnungsverordnung

EINLEITUNG

Beim Kauf und der Finanzierung von Eigentumswohnungen werden zahlreiche Verträge mit nicht unerheblichen wirtschaftlichen Auswirkungen abgeschlossen. Gestaltung und Inhalt dieser abgeschlossenen Verträge beeinflussen nicht nur den Erfolg oder Mißerfolg der getätigten Maßnahme – Kauf einer Eigentumswohnung –, sondern auch die vom Käufer gewünschte steuerliche Anerkennung und die hieraus resultierenden Steuervorteile. Denn auch das Finanzamt knüpft bei der steuerlichen Beurteilung der ihm zur Prüfung vorliegenden Vorgänge, trotz der für das Steuerrecht ansonsten üblichen wirtschaftlichen Betrachtungsweise, vorrangig an die durch die geschlossenen Verträge eingetretene bürgerlich-rechtliche, zivilrechtliche Rechtslage an.

Angesichts dieser beim Kauf und der Finanzierung von Eigentumswohnungen immer wieder festzustellenden inneren Verknüpfung von Zivilrecht, Wirtschaftsrecht und Steuerrecht erscheint es angebracht, auch die hierbei auftretenden rechtlichen Probleme, Gefahren und Lösungsmöglichkeiten mit zu erörtern.

Erklärtes Ziel der nachfolgenden Abhandlung ist es, den potentiellen Käufer einer Eigentumswohnung im Rahmen der hier gegebenen Möglichkeiten umfassend aufzuklären, ihn vor möglichen Fallstricken zu bewahren und Lösungsmöglichkeiten aufzuzeigen, um sein wirtschaftliches Risiko langfristig möglichst gering zu halten. Zur Vermeidung von Mißverständnissen und Irrtümern sei auf folgendes hingewiesen: Nachfolgende Ausführungen beziehen sich vorrangig und unmittelbar auf den Kauf einer Eigentumswohnung. Diese Ausführungen gelten jedoch entsprechend auch bei einer sonstigen Immobilienmaßnahme, beim Neubau eines freistehenden Eigenheims ebenso wie etwa beim Kauf eines Reihenhauses aus zweiter Hand.

Die Neuauflage dieses Buches stellt den bei Kauf einer Immobilie seit 1.1.1999 gültigen, aktuellen Rechtszustand dar und will so dem Bürger trotz zahlreicher steuerlicher Änderungen gerade auf dem Immobiliensektor, trotz des »Steuer-Dschungels« eine zuverlässige Orientierungshilfe geben, damit er die zahlreichen steuerlichen Vergünstigungen infolge Immobilienerwerbs erkennen und nutzen kann.

I TENDENZEN UND HINTERGRÜNDE DES KAPITALMARKT- UND HYPOTHEKENZINSES FÜR BAUKREDITE

Hypothekenbanken refinanzieren sich durch Ausgabe von Pfandbriefen. Private Anleger kaufen derartige Pfandbriefe und leihen der ausgebenden Bank für bestimmte Zeit ihr Geld zu einem bestimmten Zinssatz. Je länger die Laufzeit derartiger festverzinslicher Wertpapiere ist, um so höher ist der Zinssatz, den der private Anleger hierfür bekommt. Mit dem Geld, das die Hypothekenbank auf diese Art erhält, gibt sie ihrerseits zu einem höheren Zinssatz Baudarlehen an Käufer, die zur Sicherung der privaten Anleger in aller Regel vor allem dinglich abgesichert sind. Der Unterschied zwischen dem Pfandbriefzins, den die Bank an den privaten Anleger zu zahlen hat, und dem Hypothekenzins, den die Bank ihrerseits vom Bauwilligen erhält, ist die sogenannte Zinsmarge, d. h. der Bruttogewinn der Bank. Diese Zinsmarge beträgt z.B. bei Tilgungshypotheken mit 7jähriger Laufzeit in der Regel 0,75 bis 1% pro Jahr. Wichtig hierbei ist, daß dieser Zinsabstand immer gleich groß ist, egal, ob eine Niedrigzins- oder Hochzinsphase vorherrscht. Es gehört daher zu den weitverbreiteten Irrtümern anzunehmen, bei einer Hochzinsphase würde die Bank einen höheren Zinsgewinn einstreichen.

Der Hypothekenzins wird daher entscheidend vom Rentenmarkt geprägt. Der heutige deutsche inländische Rentenmarkt zeichnet sich aber dadurch aus, daß er im Gegensatz zu früher nicht mehr entscheidend von nur inländischen Anlegern getragen wird, sondern zu einem großen Teil von ausländischen Kapitalanlegern.

Diese Anleger treffen ihre Anlageentscheidung nicht nur danach, ob die wirtschaftlichen Verhältnisse eines Landes stabil sind, eine »starke« Währung vorherrscht, sondern auch danach, welcher Nominalzins ihnen für ihre Anlagen gewährt wird. Ist der Zinsabstand zwischen einer starken Währung mit niedriger Nominalverzinsung und einer schwachen ausländischen Währung mit hoher Nominalverzinsung zu groß, dann ist mit einem unerwünschten Kapitalabfluß ins Ausland zu rechnen. Die Folge hiervon ist, daß der Rentenmarkt »schwach« wird. Um wieder attraktiv für ausländische Anleger zu werden, müssen dann zwangsläufig die Renditen bei Rentenpapieren erhöht werden, was zu einer zwangsläufigen Erhöhung von Hypothekenzinsen führt.

Hierzu zum Verständnis folgendes kleine *Beispiel*:
Ein deutsches Rentenpapier mit 5jähriger Laufzeit erbringt 6% Zinsen, während eine amerikanische Anleihe mit gleicher Laufzeit 10% Zinsen abwirft. Der Kaufpreis für 1 Dollar soll 1,75 DM betragen. Die amerikanische Anleihe bringt daher in 5 Jahren einen Bruttomehrgewinn von 20%, ohne Berücksichtigung des Währungsrisikos. Praktisch bedeutet dies, daß der amerikanische Dollar in 5 Jahren um 20% auf 1,40 DM fallen könnte und ein derartiger Anleger gleichwohl gegenüber einem inländischen Anleger im Endergebnis keine Mindereinnahmen zu verzeichnen hätte.

An diesem Beispiel wird offensichtlich:
Je höher der Zinsabstand zwischen ausländischen und inländischen Kapitalanlagen liegt, um so mehr verringert sich das Währungsrisiko, was viele ausländische Anleger dann verleitet, ihr Geld in höher verzinsliche Anlagen anzulegen. Die hier von der ersten Auflage an vertretene Sichtweise einer weitgehend »fremdbestimmten« und nicht »hausgemachten« Zinsentwicklung des Rentenmarktzinses ist in der Ausgabe der Süddeutschen Zeitung vom 9. 8. 1999, Nr. 181, S. 26, im SZ-Börsenbarometer »Das große Zittern wegen der Zinsen«, wieder eindrucksvoll bestätigt worden. Es heißt dort:

»Die Angst vor einem weiteren Zinsanstieg in den USA und in Europa prägte in der vergangenen Woche die Stimmung an den Aktien- und Rentenmärkten. Die am Freitag veröffentlichten US-Arbeitsmarktzahlen signalisierten anhaltenden Inflationsdruck. Daher kletterte die Rendite der 10jährigen US-Staatsanleihe bis auf 6%, und die Rendite des deutschen Pendants erreichte 5,04%. Erstmals seit Mai 1998 werfen Bundesanleihen mit dieser Laufzeit damit wieder über 5% ab.

Den Zinsanstieg der jüngsten Wochen hält die SGZ-Bank aufgrund der weiterhin niedrigen Inflationsrate für übertrieben. Auch die Hamburgische Landesbank stellt fest, der steile Zinsanstieg habe mit den Fundamentaldaten in Europa nichts zu tun. Doch werde er wohl erst zum Stillstand kommen, wenn sich die US-Zinsentwicklung beruhige.«

Diese auf dem heutigen Kapitalmarkt zu beachtende, weitgehende Fremdbestimmung des Rentenmarktzinses, die durch binnenwirtschaftliche Maßnahmen nur begrenzt gesteuert werden kann, gestattet keine zuverlässige Prognose auf die oft gestellte Frage: Wohin geht der Hypothekenzins?

Diese labile Lage auf dem Rentenmarkt gilt es bei der Baufinanzierung zu berücksichtigen.

Dieses aufgezeigte Wechselverhältnis von Rentenmarktzins und Hypothekenzins einerseits und die aufgezeigte, in aller Regel gleichbleibende Zinsmarge andererseits versetzen Bauwillige und Käufer in die Lage, selbst in groben Zügen die aktuelle Entwicklung des Hypothekenzinses mit zu verfolgen. Man schlage den Wirtschaftsteil führender deutscher Tageszeitungen auf und suche die Rubrik durchschnittliche Rendite von Rentenpapieren. Addiert man zu diesem Wert nun 0,8 bis 1% hinzu, so erhält man überschlägig und annähernd den aktuellen Hypothekenzins für 7jährige Hypotheken.

II DIE GESAMTLAUFZEIT UND DER EFFEKTIVZINS

Aufgrund der Neuregelung der Preisangabenverordnung ist mit Wirkung vom 1.9.1985 hinsichtlich der Preisangabe für Kredite eine wesentliche Neuregelung getroffen worden. Danach ist nunmehr bei Krediten der effektive bzw. anfängliche effektive Jahreszins gemäß Preisangabenverordnung im Gegensatz zu den tatsächlich zu zahlenden Konditionen bekanntzugeben. Zu beachten ist hierbei, daß die Bezeichnung »effektiver Jahreszins« den Krediten mit über die gesamte Laufzeit festen Konditionen vorbehalten ist. Dagegen ist bei sonstigen Krediten der »anfängliche effektive Jahreszins« anzugeben. Schon aus dieser Bezeichnung wird deutlich, daß während der Gesamtlaufzeit, d. h. bis zur vollständigen Tilgung, mit Konditionsänderungen zu rechnen ist. Zum Zwecke des Verbraucherschutzes ist hierbei zusätzlich anzugeben, wann eine Änderung frühestens möglich ist.

Einzubeziehen sind in die Berechnung des effektiven bzw. anfänglich effektiven Jahreszinses alle bei »regelmäßigem Kreditverlauf preisbestimmenden Faktoren«. Hierzu zählen der Nominalzins ebenso wie Einmalkosten (Bearbeitungsgebühren, Agio, Disagio), Tilgungsleistungen sowie Zahlungs-, Verrechnungs- und Zinssollstellungstermine, also Kosten, die mit dem Kredit wirtschaftlich unmittelbar zusammenhängen. Demgegenüber sind keine preisbestimmenden Faktoren jene Kosten, die sich nur mittelbar auf den Kredit beziehen. Hierzu zählen Aufwendungen, die für die Bestellung von Sicherungsrechten für den Kredit anfallen (Notar-, Schätzungsgebühren, Grundbuchkosten usw.) und die bei regelmäßigem Kreditverlauf nicht vorkommenden Einzelfälle, insbesondere Verzugsfolgen, Bereitstellungsprovisionen, Teilauszahlungszinsaufschläge und Kontoführungsgebühren in marktüblichem Umfang. Wichtig erscheint in diesem Zusammenhang nur der Hinweis, daß es sich bei den letztgenannten Positionen zweifelsohne um Kostenfaktoren für den Kredit handelt, die gleichwohl nicht in den Effektivzins Eingang finden. Hierauf ist es zurückzuführen, daß die erforderliche Preistransparenz durch Angabe eines effektiven Jahreszinses nur begrenzt hergestellt werden kann. Der effektive Jahreszins kann geschönt werden, indem Bearbeitungsgebühren außen vor bleiben, Bereitstellungszinsen und Schätzgebühren jedoch erhoben werden. Hierauf ist beim Abschluß von Darlehensverträgen zu achten. Dies gilt seit Änderung der Preisangabenverordnung 1993 in verstärktem Maße. Denn seit diesem Zeitpunkt ist das lange Jahre verbotene Disagio-Splitting wieder erlaubt, wodurch der Effektivzins geschönt wird.

Beim Disagio-Splitting wird nur ein Teil des bei Darlehensauszahlung erfolgten Auszahlungsabschlags als Disagio auf die vertraglich vereinbarte Zinsbindungsdauer umgelegt, der Rest des Auszahlungsabschlags dagegen als bloße Bearbeitungsgebühr ausgewiesen und auf die vorgesehene Gesamtlaufzeit des Darlehens umgelegt. Da bei der Berechnung des Effektivzinses die Bearbeitungsgebühr außen vor bleibt, errechnet sich bei dieser Konstellation bei ansonsten gleichlautenden Konditionen ein wesentlich besserer Effektivzins als bei der konventionellen, ehrlichen Handhabung, den bei Darlehensausreichung erfolgten Auszahlungsabschlag voll als Disagio auszuweisen und nur auf die tatsächlich vereinbarte Zinsbindungsdauer zu verteilen.

Die Auswirkungen des Disagio-Splittings zeigt eindrucksvoll folgendes *Beispiel*:
Bank A und Bank B fordern für ein Darlehen in Höhe von DM 200 000 bei fünfjähriger Laufzeit mit 1%iger Tilgung bei einem Auszahlungskurs von 94% jeweils 7% Zinsen pro Jahr. Zins und Tilgungsverrechnung sind bei beiden Banken gleich. Bank A arbeitet jedoch ohne Disagio-Splitting und weist daher im Darlehensvertrag den Auszahlungsabschlag von 6% als Disagio aus. Dieses ausgewiesene Disagio von 6%, verteilt auf 5 Jahre (anteiliges jährliches Disagio von 1,2%) führt zu einem im Darlehensvertrag selbst ausgewiesenen Effektivzins von 8,89%.

Bank B weist dagegen vom Auszahlungsabschlag von 6% lediglich 4% als Disagio und den Rest von 2% als sogenannte Bearbeitungsgebühr für die vorgesehene Gesamtlaufzeit des Darlehens von 5 Jahren aus. Da hier lediglich 4% Disagio, verteilt auf 5 Jahre, also nominal jährlich 0,8% statt 1,2% in die Effektivzinsberechnung einfließen, ergibt sich bei tatsächlich gleichen Konditionen ein um 0,35% geschönter Effektivzins von lediglich 8,54% statt 8,89%.

Als Verbraucher können Sie den Umfang der Schönung des Effektivzinses durch Anwendung des Disagio-Splittings überschlägig leicht errechnen, indem Sie folgende Formel anwenden:

Im Darlehensvertrag ausgewiesene Bearbeitungsgebühr geteilt durch tatsächliche Zinsbindungsdauer = Umfang des reduzierten Effektivzinses.

Im Beispiel beträgt die Bearbeitungsgebühr 2%, die Bindungsdauer 5 Jahre. Entsprechend der Formel ergibt sich hieraus eine Schönung des Zinses von 0,4%. Die überschlägige Berechnung nähert sich daher weitgehend der tatsächlichen Berechnung des geschönten Effektivzinses von 0,35% an.

Seit Wiedereinführung des Disagio-Splittings wird empfohlen, im eigenen Interesse sorgfältig die vorbereiteten Darlehensverträge daraufhin zu überprüfen, ob lediglich ein Disagio ausgewiesen ist oder zusätzlich noch sogenannte Bearbeitungsgebühren. Sorgfältiges Lesen lohnt sich!

Nachhaltig zu warnen ist im übrigen vor der Euphorie, durch einen günstigen anfänglichen effektiven Jahreszins jegliches Zinsrisiko weitestgehend ausgeschaltet zu haben. Denn der anfängliche effektive Jahreszins vermag dem Verbraucher keinen Aufschluß darüber zu geben, ob ein voll variabler oder ein Kredit mit einer Konditionsfestschreibungsperiode günstiger ist. Er ermöglicht lediglich einen Vergleich der zum Zeitpunkt der Preisangabe gültigen Konditionen. Der Umstand, daß etwa der Nominalzins in einem bestimmten Zeitpunkt neu festgesetzt werden kann oder sich entsprechend der Marktzinsentwicklung ändern wird, bleibt unberücksichtigt, weil er von vornherein nicht bestimmbar ist. Dieses nicht unerhebliche Risiko muß vom Verbraucher zusätzlich bewertet und beachtet werden. Demgemäß können auch der Verbraucher und Käufer bei Krediten mit »anfänglichem effektiven Jahreszins«, bei denen die Zirkagesamtlaufzeit angegeben ist, nicht darauf vertrauen, daß innerhalb der ca. angegebenen Zeit bei gleichbleibendem monatlichen Aufwand das gewährte Darlehen zurückgezahlt sein wird. Denn bei Angabe dieser Zirkagesamtlaufzeit unterstellt der Darlehensgeber stillschweigend gleichbleibende wirtschaftliche Verhältnisse und gleichbleibende Zinssätze während der gesamten Tilgungsdauer.

Da in der heutigen Zinslandschaft Tilgungshypotheken und Lebensversicherungshypotheken in aller Regel nicht mehr mit über die gesamte Laufzeit festen Konditionen versehen sind, ergibt sich hieraus ein nicht unerhebliches Zinsrisiko nach Ablauf der Zinsfestschreibung. Dieses Risiko stellt sich formell auch bei einer Bausparkassen-Zwischenfinanzierung deshalb ein, weil nach § 4 des Bausparkassengesetzes eine verbindliche Zusage für einen festen Zuteilungstermin nicht zulässig ist und deshalb möglicherweise länger als vorgesehen zwischenfinanziert werden muß.

Dieses Risiko läßt sich aber bei geschickten Verhandlungen oft weitgehend dadurch ausschließen, daß unmittelbar durch Einschaltung der betreffenden Bausparkasse der Weg einer Bausparkassen-Zwischenfinanzierung gewählt wird, jedoch mit der entscheidenden und gewichtigen Besonderheit, daß hier die Dauer der Zwischenfinanzierung nicht zeitlich befristet ist, sondern bis zur tatsächlichen Zuteilung zu einem Festzinssatz gewährt wird. Hierdurch tritt der effektivste Verbraucherschutz ein, weil nach tatsächlicher Zuteilung des Bausparvertrages bausparspezifisch der monatliche Kapitaldienst für die Tilgung und Verzinsung des Bauspardarlehens gleichbleibend ist und Konjunkturschwankungen völlig entzogen ist.

III ERST KAUFEN, DANN FINANZIEREN ODER UMGEKEHRT – WAS GILT?

Der Kauf einer Eigentumswohnung stellt für viele Bundesbürger die Erfüllung eines langgehegten Wunsches, Eigentum zu erwerben, dar. Hierfür wurde oft jahrelang gespart, und nicht selten wurden erhebliche Entbehrungen in Kauf genommen. Um so mehr ist deshalb darauf zu achten, daß der Kauf einer beabsichtigten Eigentumswohnung nicht vorschnell erfolgt. Es wird daher dringend davor gewarnt, sich zu einem vorschnellen Kauf einer Wohnung überreden zu lassen, ohne vorher die Finanzierung sichergestellt zu haben.

Drängt der Bauträger wirklich auf einen schnellen Kauf, so kann bei diesem, da er ja der Verkäufer ist, die Wohnung für eine bestimmte Dauer ohne Entgelt reserviert werden. Läßt sich der Bauträger in einem derartigen Reservierungsvertrag ein Entgelt zusichern, so ist diese Vereinbarung wegen Verstoßes gegen § 313 Satz 2 BGB nichtig. Der Bauträger kann keine Vergütungsansprüche gegenüber dem potentiellen Käufer herleiten, wenn dieser vom Reservierungsvertrag zurücktritt (Ständige Rechtsprechung des BGH; Neue Juristische Wochenschrift [NJW] 1979, 307).

Dies gilt auch gegenüber einem Makler. Auch ein Makler kann sich einem Kaufinteressenten gegenüber, ohne notarielle Vereinbarung für den Fall des Nichterwerbs der reservierten Eigentumswohnung, die Zahlung einer Vertragsstrafe oder einer Provision nicht rechtswirksam sichern (BGH NJW 1980, 1622). Möglich und rechtswirksam ist bei einem Makler, ohne Einschaltung eines Notars, allenfalls die Vereinbarung, im Falle des Rücktritts vom Reservierungsvertrag, die beim Makler tatsächlich angefallenen Kosten, seinen Aufwand, der jedoch über 10–15% der üblichen Maklerprovision nicht hinausgehen darf, zu erstatten (BGH NJW 1984, 1622).

Die bereits angesprochene Sicherung der Finanzierung vor tatsächlichem Kaufvertragsabschluß ist auch deshalb zu empfehlen, um eine mögliche öffentliche Förderung im Rahmen des sozialen Wohnungsbaus zu erhalten. So fördern die Länder bei Erfüllung bestimmter Voraussetzungen den Kauf neuer Eigentumswohnungen durch Gewährung eines äußerst günstigen Darlehens.

Diese öffentlichen Vergünstigungen werden aber nur dann gewährt, wenn zumindest der Antrag auf öffentliche Bewilligung vor Kaufvertragsabschluß gestellt worden ist und die öffentliche Hand vor öffentlich-rechtlicher Bewilligung einem Kaufvertragsabschluß ausdrücklich zugestimmt hat. Wird diese formelle Antragsfrist versäumt und vorschnell ein Kaufvertrag abgeschlossen, ist jegliche ansonsten mögliche öffentliche Förderung ausgeschlossen und verwirkt.

Gleiches gilt auch bei den Familienheimdarlehen, die Bund und Länder ihren öffentlichen Bediensteten zur Verfügung stellen. Ferner bei Sonderprogrammen wie z. B. dem Familienheimprogramm der Stadt München.

Es ist daher ratsam, vor dem Kauf die Finanzierung sicherzustellen und mit den verbindlichen Darlehenszusagen der Bank und den vorbereiteten Grundschulderklärungen zugunsten der Bank den Kaufvertrag abzuschließen.

Klären Sie bitte vor Abschluß des Kaufvertrags folgende Fragen in Ruhe ab:

1. Ist der monatliche Aufwand langfristig tragbar?
2. Wie hoch ist das Restdarlehen nach Ablauf der Zinsbindungsdauer? Habe ich für ein eventuelles Zinsrisiko nach Ablauf der Zinsbindungsdauer ausreichend vorgesorgt?
3. Ist die monatliche Belastung im Falle der Selbstnutzung nach Ablauf der gewährten Eigenheimzulagen bzw. nach Ablauf der erhöhten steuerlichen Begünstigungszeiträume im Falle der Vermietung aller Voraussicht nach tragbar?
4. Mit welchen staatlichen Zulagen oder steuerrechtlichen Vergünstigungen kann ich bei dem geplanten Objektkauf rechnen? Wird die Wohnung vermietet oder selbst genutzt bzw. einem Angehörigen unentgeltlich überlassen?

a. Die Eigenheimzulage

Seit 1.1.1996 fördert der Staat die Herstellung und den Erwerb selbstgenutzten Wohneigentums mit der Eigenheimzulage. Bei der Eigenheimzulage handelt es sich um einen Barzuschuß des Staates für bestimmte Investitionen zur Förderung des selbstgenutzten Wohneigentums. Die Eigenheimzulage setzt sich aus drei Komponenten zusammen, dem Fördergrundbetrag, der Kinder- und der Ökozulage.

Fördergrundbetrag

Wird eine eigengenutzte Wohnung angeschafft, richtet sich die Höhe des Fördergrundbetrages danach, ob es sich bei der Wohnung um einen Neubau oder um einen Altbau handelt.

Aus sozialen Gründen hat der Gesetzgeber hier zugunsten des Käufers wie bereits bei der Vorgängerregelung des § 10 e EStG den Begriff der »Neuheit« erweitert. Neu ist eine Wohnung, die spätestens bis zum Ende des zweiten Kalenderjahres nach dem Jahr der Fertigstellung angeschafft worden ist. Hierbei ist es völlig gleichgültig, ob diese Wohnung zwischenzeitlich leer stand oder schon anderweitig als Wohnung genutzt worden ist.

Bei Erwerb einer derartigen »neuen« eigengenutzten Wohnung erhält der Erwerber vom Staat einen jährlichen Fördergrundbetrag von 5% der Anschaffungskosten, zu denen sowohl die Anschaffungskosten für Grund und Boden als auch die Anschaffungskosten für das Gebäude zählen, höchstens DM 5000 jährlich.

Wird die Eigentumswohnung erst nach Ablauf des zweiten Kalenderjahres nach dem Jahr der Fertigstellung zur Selbstnutzung erworben, liegt ein Altbau vor, für den nur ein jährlicher Fördergrundbetrag von 2,5% der Anschaffungskosten, höchstens ein Betrag von DM 2500 gewährt wird. Auch bei Ausbauten und Erweiterungen wird lediglich ein Fördergrundbetrag von 2,5% der angefallenen Baukosten bewilligt, maximal DM 2500.

Werden einzelne Räume der erworbenen Eigentumswohnung nicht zu Wohnzwecken, sondern zu anderen Zwecken genutzt, beispielsweise als Arbeitszimmer, ist der auf das Arbeitszimmer entfallende Teil der Anschaffungskosten aus der Bemessungsgrundlage für die Eigenheimzulage auszuscheiden.

Wirtschaftlich ist es für einen Erwerber einer Eigentumswohnung wichtig und bedeutsam, ob er für die Selbstnutzung einen jährlichen Fördergrundbetrag von DM 5000 oder lediglich den auf die Hälfte reduzierten Betrag von DM 2500 erhält.

Da der Käufer eines Objekts in aller Regel den Zeitpunkt der Fertigstellung des Objektes nicht kennt – es sei denn, er wohnt zufällig in der unmittelbaren Nachbarschaft des Neubauobjektes und beobachtet tagtäglich den Baufortgang –, ist er auf die zuverlässige Information des Bauträgers über die erfolgte Fertigstellung angewiesen, um beurteilen zu können, ob bei dem geplanten Erwerb dieses Objektes zum späteren Selbstbezug die nach der Eigenheimförderung vorteilhafte »Neuregelung« zum Zuge kommt oder nicht.

Um sicherzugehen, daß man auch tatsächlich die erhöhte Eigenheimzulage für den Kauf eines »neuen« Objekts erlangt, empfiehlt es sich, in den notariellen Kaufvertrag folgenden Passus aufzunehmen:

»Der Verkäufer sichert zu, daß die verkaufte Eigentumswohnung am ... (z.B. 30.11.1999) fertiggestellt worden ist. Dem Verkäufer ist bekannt, daß der Käufer diese Wohnung zur Selbstnutzung erwirbt. Der Verkäufer haftet für jeden Schaden, der dem Käufer durch eine etwaige unrichtige Angabe des Verkäufers über den Fertigstellungstermin der verkauften Wohnung entsteht.«

Der Käufer ist hierdurch – Solvenz des Bauträgers bzw. Verkäufers vorausgesetzt – voll abgesichert. Trifft die Zusicherung zu, und erwirbt der Käufer die Wohnung spätestens zwei Jahre nach der erfolgten Fertigstellung, erhält er die erhöhte Eigenheimzulage für den Erwerb einer Neubauwohnung.

Trifft demgegenüber die Zusicherung des Verkäufers nicht zu, und erhält der auf die Angaben des Verkäufers vertrauende Käufer wegen der tatsächlich früher erfolgten Fertigstellung des Objekts vom Finanzamt wegen Erwerbs einer »alten« Wohnung lediglich die um die Hälfte reduzierte Eigenheimzulage, hat der Bauträger bzw. Verkäufer dem Käufer die Differenz zur erhöhten Eigenheimzulage schadenersatzrechtlich in voller Höhe zu erstatten (§ 463 BGB).

Jeder Steuerpflichtige darf in seinem Leben nur für ein begünstigtes Objekt eine Förderung in Anspruch nehmen. Hierbei ist es gleichgültig, ob das begünstigte Objekt einkommensteuerrechtlich nach § 7b EStG bzw. § 10 e EStG oder mittels Barzulage nach dem Eigenheimzulagegesetz gefördert worden ist.

Zusammen veranlagte Ehepaare können die Förderbegünstigungen maximal für zwei selbstgenutzte Objekte in Anspruch nehmen.

Die Gewährung der Eigenheimzulage setzt voraus, daß noch kein

Objektverbrauch beim Ledigen bzw. bei zusammen veranlagten Eheleuten vorliegt.

Darüber hinaus ist die Gewährung der Eigenheimzulage davon abhängig, daß der Gesamtbetrag der Einkünfte des Erwerbers bestimmte Höchstbeträge nicht überschreitet. Die Einkunftsgrenze wird nur für das Jahr geprüft, für das erstmals eine Eigenheimzulage beantragt wird. Maßgeblich sind für die Ermittlung der Einkunftsgrenzen die Einkünfte des Antragsjahres und die Einkünfte des Vorjahres, die zusammenzurechnen sind. Der Gesamtbetrag dieser Einkünfte darf bei einem Alleinstehenden den Betrag von DM 240 000, bei zusammen veranlagten Ehegatten den Betrag von DM 480 000 nicht übersteigen.

Voraussetzung für die Eigenheimzulage ist die Anschaffung einer im Inland gelegenen Wohnung, die der Erwerber selbst nutzt. Eine Nutzung zu eigenen Wohnzwecken liegt auch vor, wenn er diese erworbene Wohnung unentgeltlich einem Angehörigen im Sinn von § 15 AO zu Wohnzwecken überläßt.

Die Eigenheimzulage ist beim Finanzamt schriftlich zu beantragen und wird nach Festsetzung der Zulage jährlich am 15. 3. eines jeden Jahres vom Finanzamt auf das im Antrag angegebene Bankkonto überwiesen.

Die Eigenheimzulage wird maximal für einen Förderzeitraum von acht Jahren, der mit dem Jahr der Anschaffung beginnt, ausgezahlt. Die jährliche Auszahlung der Eigenheimzulage in den Folgejahren setzt voraus, daß auch in diesen Jahren das Objekt selbst zu Wohnzwecken genutzt wird bzw. von Angehörigen aufgrund unentgeltlicher Überlassung.

Kinderzulage

Neben dem Fördergrundbetrag wird für jedes Kind, das im Zeitpunkt des Bezugs der eigengenutzten Wohnung zum Haushalt des Antragstellers gehört, eine Kinderzulage von jährlich DM 1500 gewährt, sofern der Anspruchsberechtigte oder sein Ehegatte für dieses Kind Kindergeld oder einen Kinderfreibetrag erhalten.

Ökozulage

Eine Zusatzförderung in Höhe von jährlich 2% der aufgewandten Kosten, maximal DM 500 jährlich erhält derjenige, der vor Beginn der

Nutzung der Wohnung zu eigenen Wohnzwecken und noch vor dem 1. 1. 2001 eine Wärmepumpenanlage, eine Solaranlage oder eine Wärmerückgewinnungsanlage einbauen läßt.

Eine weitere Zusatzförderung in Höhe von jährlich DM 400 erhält ein Wohnungserwerber, der vor dem 1. 1. 2001 eine Wohnung in einem Niedrigenergiehaus erwirbt. Die Wohnung muß in einem Gebäude liegen, dessen Jahres-Heizwärmebedarf den für dieses Gebäude geforderten Wert nach der Wärmeschutzverordnung aus dem Jahre 1994 um mindestens 25% unterschreitet.

b. Förderung im Rahmen des sozialen Wohnungsbaus

Zur Förderung von Familienheimen und eigengenutzten Eigentumswohnungen gewähren die Länder im Rahmen des sozialen Wohnungsbaus äußerst zinsgünstige Darlehen mit nur geringer monatlicher Belastung in den wichtigen ersten Jahren nach Einzug in das eigene Heim.

An dieser Stelle können nicht sämtliche Förderbestimmungen der einzelnen Länder dargelegt werden. Wenden Sie sich daher bezüglich der jeweiligen persönlichen Voraussetzungen einer Förderung im sozialen Wohnungsbau an die für Ihr Bauobjekt zuständige Bewilligungsstelle, auch bei Fragen über wirtschaftliche, technische und finanzielle Einzelheiten.

Auf die Gewährung von Förderungsmitteln besteht auch bei Erfüllung aller Voraussetzungen kein Rechtsanspruch. Die von den Ländern zur Verfügung gestellten Mittel reichen angesichts leerer Kassen in der Regel nicht aus, um alle Antragsteller berücksichtigen zu können. Es wird daher empfohlen, sich schon frühzeitig mit der jeweiligen, für Ihr Objekt zuständigen Stelle (Landratsamt, kreisfreie Stadt) in Verbindung zu setzen.

Nicht gefördert wird im sozialen Wohnungsbau Wohnraum, wenn bereits vor Bewilligung der Baudarlehen mit dem Bau begonnen oder ein notarieller Kaufvertrag über den Erwerb als Kaufeigenheim oder Kaufeigentumswohnung geschlossen worden ist. Die Bewilligungsstelle kann aber auf Antrag einem vorzeitigen Baubeginn oder einem vorzeitigen Vertragsabschluß zustimmen.

In Eilfällen wird daher geraten, bei der zuständigen Behörde eine Zustimmung zum vorzeitigen Baubeginn oder vorzeitigen Vertragsabschluß einzuholen. Erfolgt diese Zustimmung, die als solche noch keinen Rechtsanspruch auf Förderung begründet, ist die Gewährung öffentlicher Mittel im Rahmen des sozialen Wohnungsbaus nach wie vor möglich.

c. Kauf einer Neubauwohnung zur Vermietung – degressive AfA (§ 7 V EStG)

Wird eine Eigentumswohnung gekauft, die vermietet werden soll, können bei einem Neubau die Anschaffungskosten, jedoch bezogen lediglich auf den Gebäudewert ohne Berücksichtigung von Grund und Boden, nach § 7 Abs. 5 EStG degressiv abgeschrieben werden, gleichgültig, wo diese Neubauwohnung im Bundesgebiet liegt. Die gestaffelten Abschreibungssätze bei Neubauten, soweit sie Wohnzwecken dienen, betragen in den ersten acht Jahren jeweils 5%, in den darauf folgenden sechs Jahren jeweils 2,5% und in den anschließenden 36 Jahren jeweils 1,25% des Gebäudewertes. Die degressive Abschreibung kann jedoch nur in Anspruch genommen werden, wenn es sich wirklich um einen Neubau handelt, d. h. um den Erwerb einer Eigentumswohnung aus erster Hand noch im Jahr der Fertigstellung.

Die degressive Abschreibung entfällt, wenn der Erwerber erst im Jahr nach der Fertigstellung die Wohnung erwirbt. Dies hat einkommensteuerrechtlich zur Folge, daß der Gebäudeanteil der Wohnung nur mit 2% steuermindernd geltend gemacht werden kann anstatt mit den erhöhten Abschreibungssätzen von 5% für die ersten acht Jahre nach Erwerb einer Neubauwohnung.

Beträgt etwa der anteilige Gebäudeanteil der Wohnung DM 300 000 und erfolgt wegen den unrichtigen Angaben des Veräußerers über den Zeitpunkt der Fertigstellung der Wohnung der für die erhöhte Abschreibung erforderliche Besitzübergang nicht spätestens zum 31. 12. 1999, sondern erst verspätet im Januar 2000, verliert der Käufer hierdurch ein jährliches Abschreibungsvolumen von 3% aus DM 300 000, jährlich also DM 9000. Für die ersten acht Jahre der erhöhten Abschreibung führt dies dazu, daß der Käufer bei der Einkommensteuererklärung der betreffenden Jahre insgesamt einen Abschreibungsbetrag von DM 72 000 nicht steuermindernd geltend machen kann. Bei einem Steuersatz von 40% ergibt dies einen Verlust von insgesamt DM 28 800 in acht Jahren wegen fehlender Steuerersparnisse.

Es wird daher auch beim Erwerb einer Neubauwohnung zwecks späterer Vermietung dringend geraten, sich vom Verkäufer den Fertigstellungstermin im notariellen Vertrag verbindlich zusichern zu lassen.

d. Kauf einer Altbauwohnung zur Vermietung – lineare AfA (§ 7 IV EStG)

Beim Kauf einer Eigentumswohnung aus zweiter Hand zur Vermietung können von den Anschaffungskosten jährlich nur 2% gemäß § 7 Abs. 4 EStG ohne Berücksichtigung von Grund und Boden als steuerlich gleichbleibender Absetzungsbetrag (lineare Absetzung für Abnutzung = lineare AfA) geltend gemacht werden. Dieser steuerlich verminderte Anreiz wird jedoch mitunter dadurch ausgeglichen, daß die Einstandskosten bei einer bereits gebrauchten Immobilie in der Regel 15–20% unter denjenigen von neuen Eigentumswohnungen liegen. Klarstellend ist darauf hinzuweisen, daß ansonsten beim Kauf von Eigentumswohnungen, die vermietet werden sollen, keinerlei Unterschiede in der steuerlichen Anerkennung bestehen. In beiden Fällen ist die erzielte Miete als Einnahme den sonstigen Finanzierungskosten und sonstigen Aufwendungen, insbesondere den zu zahlenden Zinsen, gegenüberzustellen.

Erfreulicherweise können nunmehr gemäß Schreiben des Bundesfinanzministers vom 8. 9. 1992 ab sofort alle Verluste aus Vermietung und Verpachtung als Freibetrag auf der Lohnsteuerkarte eingetragen werden, unabhängig davon, woraus sie resultieren. Die langersehnte steuerrechtliche Gleichstellung von Arbeitnehmern und Gewerbetreibenden bzw. Freiberuflern, die schon bisher diese Verluste im Rahmen der Einkommensteuervorauszahlungen steuermindernd geltend machen konnten, ist damit hergestellt. Lediglich im Jahr der Fertigstellung oder Anschaffung des Objektes darf der in diesem Jahr entstandene Verlust aus Vermietung oder Verpachtung nicht als Freibetrag auf der Lohnsteuerkarte eingetragen werden, weil dieser Verlust auch bei den Einkommensteuervorauszahlungen nicht berücksichtigt wird.

Diese Regelung, daß Verluste aus Vermietung und Verpachtung im Vorauszahlungs- und Lohnsteuerermäßigungsverfahren nicht im Jahr der Anschaffung oder Fertigstellung des Gebäudes berücksichtigt werden, verstößt nicht gegen die Verfassung (BFH, Urteil vom 17. 3. 1994 – VI B 154/93). Will gleichwohl ein Steuerpflichtiger für die Bauphase bzw. für das Jahr der Fertigstellung eines Gebäudes größere Finanzierungsverluste in Form der im Ergebnis nicht geschuldeten Einkommensteuer vermeiden, empfiehlt es sich bei der oben dargelegten Rechtslage, die Einkommensteuererklärung so bald wie möglich abzugeben, damit die im Vorauszahlungs- bzw. Lohnsteuerermäßigungsverfahren nicht berücksichtigten Verluste sich möglichst bald auswirken können und eine Einkommensteuererstattung aufgrund des Einkommensteuerbescheides alsbald erfolgen kann.

IV DIE OBJEKTWAHL

1 Kauf einer Eigentumswohnung vom Bauträger – »Kauf vom Plan, von der Stange weg«

Bei dem beabsichtigten Kauf einer erst noch zu errichtenden Eigentumswohnung von einem Bauträger sind folgende Gesichtspunkte zu beachten, um wirtschaftlich nachteilige Folgen für den Erwerber weitestgehend auszuschalten:

a. Solvenz des Bauträgers

Bei dem beabsichtigten Kauf einer Eigentumswohnung von einem Bauträger ist insbesondere darauf zu achten, ob der Bauträger solvent, d.h. zahlungsfähig ist.

§ 3 der Makler- und Bauträgerverordnung legt als wichtigste Verbraucherschutzbestimmung Bauträgern besondere Sicherungspflichten auf. Danach dürfen Bauträger, sofern dem Auftraggeber Eigentum bzw. Miteigentum an einem Grundstück oder ein Erbbaurecht übertragen oder bestellt werden soll, Vermögenswerte des Auftraggebers zur Ausführung des Auftrags unter anderem erst entgegennehmen, wenn die Freistellung des Vertragsobjekts von allen vom Käufer nicht übernommenen Grundpfandrechten gesichert ist, und zwar auch für den Fall, daß das Bauvorhaben nicht vollendet wird (§ 3 Abs. 1 Satz 3 Makler- und Bauträgerverordnung). Zu beachten ist jedoch, daß § 3 Abs. 1 Satz 3 der Makler- und Bauträgerverordnung dem Globalgläubiger, d.h. dem Kreditgeber, der die Bauträgermaßnahme finanziert, ausdrücklich das Wahlrecht einräumt, anstelle dieser Freistellung alle vom Auftraggeber, vom Wohnungskäufer vertragsgemäß bereits geleisteten Zahlungen bis zum anteiligen Wert des Vertragsobjekts zurückzuzahlen. Eine derartige problematische Situation kann insbesondere dann eintreten, wenn es sich um Eigentumswohnungen handelt, für die der Bauträger nur zum Teil einen Käufer gefunden hat. Da es dem Globalgläubiger in bezug auf die übrigen noch nicht verkauften Wohnungen Schwierigkeiten bereiten kann, seine Forderung zu realisieren – beispielsweise würde sich bei einer Zwangsversteigerung des Bauvorhabens schwerlich ein Erwerber für eine Bauruine finden, an der dieser nicht ungeschmälertes Eigentum erwerben könnte –, besteht in diesen Fällen aus der Sicht des Käufers vor allem die Gefahr, daß der Globalgläubiger lediglich die bereits dem Bauträger geleisteten Anzahlungen zurückzahlt. Sichergestellt ist damit aber im Ergebnis lediglich die Rückzahlung der tatsächlich erfolgten Anzahlung als solcher. Der Globalgläubiger ist nämlich nicht verpflichtet, dem Käufer beim fehlgeschlagenen Kauf etwa auch den zur Finanzierung der Anzahlung aufgewendeten Kapitaldienst zu erstatten. Eine Haftung des Bauträgers wegen fahrlässiger Vertragsverletzung wird vom Käufer faktisch nur selten erreicht. Ist das Bauvorhaben erst steckengeblieben, so ist eine Schadenersatzforderung praktisch nicht mehr realisierbar. Gerade deshalb erscheint es wichtig, auf die Solvenz des Bauträgers besonderen Wert zu legen.

Wird nach dem Konkurs des Bauträgers das steckengebliebene Bauvorhaben von anderen Bauhandwerkern fertiggestellt und anschließend vermietet, können die an den in Konkurs gegangenen Bauträger geleisteten Vorauszahlungen für das Bauvorhaben, die infolge Konkurses verloren sind, zumindest im Rahmen der Steuererklärung nach dem richtungweisenden Beschluß des Großen Senats des Bundesfinanzhofes vom 4.7.1990 – GrS 1/89 – (Der Betrieb 1990, 1897, NJW 1990, 2776) als sofort abziehbare Werbungskosten bei Vermietung und Verpachtung geltend gemacht und so über die Steuer der eingetretene endgültige Verlust wenigstens teilweise gemindert werden.

Müssen dagegen schon während der Bauphase schwerwiegende Mängel des Bauunternehmens behoben werden und ist der Erstattungsanspruch gegen den Bauunternehmer nicht durchsetzbar, gehören die entsprechenden Aufwendungen zu den Herstellungskosten des Gebäudes (BFH Urteil vom 27.1.1993, IX R 149/90; BFH Urteil vom 18.12.1990, VIII R 34/88 in BFH/NV 1991, 593 und VIII R 101/87 in BFH/NV 1991, 734). Diese Aufwendungen können im Falle einer Vermietung der Immobilie nicht als sofort abzugsfähige Werbungskosten im Jahr der Zahlung abgesetzt werden. Sie rechtfertigen auch keine Absetzung für außergewöhnliche Abnutzung. Im Falle der Vermietung führen sie lediglich zu einer Erhöhung der Bemessungsgrundlage der linearen bzw. degressiven Abschreibung für Abnutzung und können daher nur über die gesamte Abschreibungsdauer verteilt anteilsmäßig geltend gemacht werden.

Im Falle der Selbstnutzung und einer gewährten Eigenheimzulage wirkt sich diese Erhöhung der Bemessungsgrundlage in aller Regel nicht aus, weil die maximale Höchstgrenze der Bemessungsgrundlage für Anschaffungskosten bzw. Herstellungskosten eines Immobilienobjekts einschließlich Grund und Boden lediglich DM 100 000 beträgt und in aller Regel auch ohne die zusätzlichen Aufwendungen bereits erreicht wird.

b. Abruf von Teilraten im Bauträgervertrag

§ 3 Abs. 2 des Makler- und Bauträgervertrags bestimmt in Ziffer 1 ausdrücklich, daß der Bauträger höchstens 30% der Vertragssumme in den Fällen, in denen Eigentum an einem Grundstück übertragen werden soll, oder 20% der Vertragssumme in den Fällen, in denen ein Erbbaurecht bestellt und übertragen werden soll, *nach* Beginn der Erdarbeiten entgegennehmen darf. Mit dieser ersten Rate können Grundstücks- und Erschließungskosten sowie etwaige einmalige öffentlich-rechtliche Folgekosten, die Gebühren für Architekten- und Ingenieurleistungen sowie die Kosten der Verwaltungsleistungen des Gewerbetreibenden abgegolten werden. Sofern jedoch die erste Rate nicht ausreicht, die vorstehend genannten Kosten des Gewerbetreibenden zu decken, weil z.B. der Grundstücksanteil im Vergleich zu den Gesamtkosten unverhältnismäßig hoch ist, muß der Bauträger für den überschießenden Betrag zunächst weiter in Vorlage treten, bis er durch die weiteren Raten der Nummer 2 aufgefangen wird. Hierauf sollte ein Käufer achten. Geachtet werden sollte ferner darauf, daß ein Bauträger, der von der Makler- und Bauträgerverordnung nicht befreit ist, von dem nach Beginn der Erdarbeiten verbleibenden Teil der Vertragssumme 40% erst nach *Rohbaufertigstellung*, 25% erst nach der Fertigstellung der *Rohinstallation* einschließlich Innenputz, ausgenommen Beiputzarbeiten, 15% erst nach Fertigstellung der Schreiner- und Glaserarbeiten, ausgenommen Türblätter, 15% erst nach Bezugsfertigkeit und Besitzübergabe, und weitere 5% erst nach vollständiger Fertigstellung fordern darf und nicht, wie vielfach versucht wird, schon vorher. »Vollständige Fertigstellung« bedeutet hierbei als Voraussetzung der Zahlungsfälligkeit absolut mangelfreie Fertigstellung, liegt daher erst dann vor, wenn alle Arbeiten ausgeführt und sämtliche – auch geringfügige – Mängel beseitigt sind (OLG Hamm, Urteil vom 24.9.1993 – 12 U 175/92 = OLG-Report Hamm 1994, 63).

c. Das Risiko der Fertigstellung

Vor dem geplanten Kauf einer Eigentumswohnung vom Bauträger ist dringend darauf zu achten, wann die geplante Eigentumswohnung nach Aussage des Bauträgers fertiggestellt sein wird. Dieser sogenannte Fertigstellungstermin ist aus finanzierungstechnischer Sicht deshalb so wichtig, weil die Bank des Käufers im Ergebnis letztlich die konkrete, vom Käufer gekaufte Eigentumswohnung finanziert. Erst wenn bezüglich dieser konkreten Eigentumswohnung die Bank zur dinglichen Absicherung ihres Baukredits die vorgesehene Hypothek oder Grundschuld eintragen kann, ist die Ausreichnung eines zinsgünstigen Hypothekenkredits bzw. Baudarlehens mit Zinsfestschreibung möglich. Vorher kann nur variabel bei 100%iger Auszahlung finanziert werden. Die Ausreichung des zinsgünstigen Darlehens setzt daher zunächst voraus, daß die Eigentumswohnungsanlage tatsächlich fertiggestellt ist und rechtlich das gesamte Objekt in Wohnungseigentum gemäß dem Wohnungseigentumsgesetz aufgeteilt worden ist bzw. aufgeteilt wird. Verzögert sich die vorgesehene Fertigstellung über Gebühr, so läuft der Käufer Gefahr, die Zinsfestschreibung erst zu einem Zeitpunkt vornehmen zu können, bei dem sich die Zinssätze gegenüber den bei Kaufvertragsabschluß gültigen Zinssätzen nicht unwesentlich erhöht haben. Dringend geraten wird daher, bei Abschluß des Kaufvertrags auf einen für den Bauträger verpflichtenden Fertigstellungstermin zu drängen. Hierbei bietet allerdings ein Fertigstellungstermin, der seinerseits von einem zukünftigen ungewissen Ereignis abhängt, nur eine bloße Scheinsicherheit. Gewarnt wird daher vor der Vereinbarung einer Klausel der folgenden Art: »Das Bauvorhaben wird innerhalb von 12 Monaten nach Beginn der Erdarbeiten oder nach Vorliegen der Baugenehmigung erstellt.« Empfohlen wird dringend, auf einen kalendermäßig schon heute bestimmten Fertigstellungstermin zu achten, wie z. B. »Das Bauvorhaben ist spätestens am 1. 9. 1999 fertiggestellt.« Sinnvoll erscheint in diesem Zusammenhang die Vereinbarung einer Vertragsstrafe bei Fristüberschreitung für den Fall der nicht fristgemäßen Bauausführung. Zur Sicherung dieser Vertragsstrafe ist es jedoch erforderlich, sich diese Vertragsstrafe bei Abnahme vorzubehalten. Um den immer wieder festzustellenden Einwand von Bauträgern, sie treffe an der verspäteten Ausführung kein Verschulden, auszuschließen, kann zulässigerweise durch eine inhaltlich klare und eindeutige Absprache vereinbart werden, daß die Vertragsstrafe, die ansonsten ein Verschulden des Bauträgers voraussetzt, auch dann zum Tragen kommen soll, wenn den Bauträger an der Fristüberschreitung kein subjektives Verschulden trifft (vgl. BGH Baurecht 1975, 209/210, BGHZ 72, 178; BGHZ 82, 402).

d. Austausch des Bauträgers

Nicht selten kommen in letzter Zeit Fälle vor, in denen frühere Mitarbeiter von Bauträgern in Konkurrenz zum Bauträger, mit dem der Käufer einer Eigentumswohnung bereits einen verbindlichen Vertrag abgeschlossen hat, eine eigene Bauträgerfirma gründen und das Grundstück, auf dem die beabsichtigte Errichtung einer Eigentumswohnanlage geplant war, ihrem früheren Arbeitgeber »wegschnappen«. Nach dieser erfolgten Transaktion bieten sie dann dem potentiellen Käufer formlos an, anstelle des ursprünglichen Bauträgers den geplanten Kauf durchzuführen. Wie soll sich ein Käufer hierbei verhalten?

Folgender Hinweis ist in jedem Fall zu beachten, wie immer auch der Käufer sich entscheidet:

Der Kauf einer Eigentumswohnung vom Bauträger bedarf, weil auch Eigentum übertragen wird, zur Wirksamkeit zwingend der notariellen Form. Will eine Vertragspartei anstelle der bisherigen Vertragspartei in einen bestehenden Vertrag eintreten, ist die Form des übernommenen Vertrags zu wahren (BGHZ 72, 396). Im vorliegenden Fall genügt daher eine etwaige mündliche Vereinbarung zwischen Käufer und neuem Bauträger nicht. Erforderlich ist vielmehr ein diesbezüglicher notarieller Vertrag, der zudem, soll der alte bisherige Bauträger wirksam ausscheiden, als sogenannter »dreiseitiger Vertrag« auch die notarielle Zustimmung des bisherigen Bauträgers voraussetzt (BGHZ 96, 302). Tücken enthält die angebotene Vertragsübertragung vor allem dann, wenn der ursprüngliche Verkäufer staatlicherseits ausnahmsweise von den Schutzbestimmungen der Makler- und Bauträgerverordnung befreit worden ist und demgemäß hierüber im Kaufvertrag die Schutzbestimmungen der Makler- und Bauträgerverordnung nicht aufgenommen sind, während der neue, erst jüngst gegründete Bauträger selbstverständlich unter die Makler- und Bauträgerverordnung fällt.

Sollte sich in einem derartigen Falle der Käufer wirklich mit der vorgesehenen Auswechslung der Vertragspartei auf Bauträgerseite einverstanden erklären, so ist dringend darauf zu achten, daß der neue Bauträger nicht nur die bisherigen notariellen Verpflichtungen übernimmt, sondern daß ihm auch notariell die für ihn zwingenden Bestimmungen der Makler- und Bauträgerverordnung mit auferlegt werden. Werden diese Gesichtspunkte nicht beachtet, läuft der Käufer Gefahr, an einen neugegründeten Bauträger, der überhaupt nicht seine Vertragspartei geworden ist, rechtsgrundlos Zahlungen zu erbringen. Hiervor kann nur gewarnt werden.

2 Der Optionskauf

Der sogenannte Optionskauf unterscheidet sich von dem herkömmlichen Kauf einer Eigentumswohnung vom Bauträger durch die Besonderheit, daß hier der Käufer einer Eigentumswohnung nicht vom Bauträger vertraglich das Eigentum übertragen erhält, sondern durch Vermittlung des Bauträgers mit einem Dritten, in der Regel dem Grundstückseigentümer, einen gesonderten Grundstückskaufvertrag abschließt. Diesen Grundstückskaufvertrag schließt er rechtlich gesehen mit den übrigen Käufern der Eigentumswohnungsanlage ab, wobei in aller Regel sämtliche Käufer der Eigentumswohnungsanlage gegenüber dem Grundstückseigentümer im Außenverhältnis gesamtschuldnerisch in voller Höhe haften. Gerade diese Ausführungen belegen, daß hierbei ein nicht unerhebliches Risiko für Käufer auftreten kann. Nach Grundstückserwerb schließen diese mit dem Bauträger isoliert einen Bauträgervertrag hinsichtlich der Errichtung der geplanten Eigentumswohnung ab. Diese Gestaltungsform wird von Bauträgern aus zweierlei Gründen bevorzugt. Erstens ersparen sie sich hiermit die ansonsten beim konventionellen Bauträgervertrag anfallende Vorfinanzierung des Grundstückserwerbs. Zweitens wird hierdurch bewußt die Makler- und Bauträgerverordnung ausgeschaltet. Denn nach der maßgeblichen Entscheidung des BGH (BGH NJW 1978, 1054) greift die Makler- und Bauträgerverordnung dann nicht ein, wenn der Auftraggeber des Bauträgers bereits Eigentümer des Grundstücks ist.

Gerade bei einem Optionsvertrag wird dringend geraten, bereits im Grundstückskaufvertrag mit dem Eigentümer die Frage der Bebaubarkeit ausdrücklich zum Vertragsinhalt zu machen. Von einem ansonsten bei Grundstückskaufverträgen nicht unüblichen Ausschluß jeglicher Gewährleistung kann nur abgeraten werden, da der Käufer sich in einem solchen Fall selbst dann nicht auf die mangelnde Bebaubarkeit berufen könnte, wenn sie vertraglich vorausgesetzt war (BGH WPM 1969, 273).

3 Kauf einer bereits fertiggestellten Neubauwohnung

Da die Neubauwohnung bereits fertiggestellt ist, treten in diesem Fall keine besonderen Finanzierungsprobleme auf. Rechtlich ist lediglich darauf zu achten, daß die Globalbelastung der Bank, die dem Bauträger während des Bauvorhabens Globaldarlehen zur Verfügung gestellt hat, gelöscht wird, die gesamte Wohnungsanlage rechtlich in Wohnungseigentum aufgeteilt wird und die Endfinanzierung, d.h. Ausreichung eines Darlehens, das hypothekarisch oder grundschuldmäßig unmittelbar an der gekauften Eigentumswohnung selbst abgesichert werden kann, gewährleistet ist.

Wird eine fertiggestellte Neubauwohnung unmittelbar vom Bauträger gekauft, so ist zu beachten, daß in diesem Fall der Bauträger die anteilsmäßigen Grundstückskosten bis zum späteren Kauf vorfinanziert hat. In aller Regel fällt dann der Kaufpreis höher aus, als wenn der Käufer die Wohnung schon vom Plan weg gekauft hätte.

Die vom Bauträger während der Entstehungsphase des Bauobjekts gezahlten Schuldzinsen und die sonstigen Finanzierungskosten, die der Bauträger über einen höheren Kaufpreis in Rechnung stellt, sind grundsätzlich Anschaffungskosten der neu gekauften Eigentumswohnung bzw. des neu gekauften Hauses. Sie können daher nicht als sofort abzugsfähige, vorweggenommene Werbungskosten bei geplanter Vermietung geltend gemacht werden. Derartige vorweggenommene Werbungskosten aus Vermietung und Verpachtung liegen nur vor, wenn nach formwirksamem Kaufvertragsabschluß eine im notariellen Vertrag aufgeführte fällige Kaufpreisrate vom Käufer nicht fristgerecht gezahlt wurde und der Bauträger deshalb zwischenfinanzieren mußte (BFH Urteil vom 19. 4. 1977; BStbl 1977 II, S. 598). Nur diese beim Bauträger wegen Verzugs des Käufers zusätzlich angefallenen Kosten der Zwischenfinanzierung, die der Käufer dem Bauträger als Verzugschaden zu erstatten hat (§ 284 ff. BGB), können im Zeitpunkt der tatsächlichen Erstattung vom Käufer sofort in voller Höhe als Werbungskosten geltend gemacht werden.

Bei Erwerb einer fertiggestellten Wohnung ist es wichtig, schon vor dem Kauf deren nach der 2. Berechnungsverordnung maßgebliche tatsächliche Wohnfläche zu ermitteln. Immer häufiger schönen Bauträger ihr Angebot, indem sie von der konkreten Ausweisung der tatsächlichen Wohnfläche absehen, in ihrer Offerte nur die sogenannte »Wohn-Nutzfläche« der Wohnung angeben, den Gesamtpreis der Wohnung sodann durch die größere Gesamtfläche (Wohnfläche + Nutzfläche) teilen, um auf diesem Weg einen günstigeren, »billigeren« Quadratmeterpreis zu errechnen, der – bezogen auf die tatsächliche Wohnfläche – weitaus höher liegt.

Bei späterem Wiederverkauf kommt der Wohnfläche erhebliche Bedeutung bei der Preisbildung und dem erzielbaren Veräußerungserlös zu. Weitere preisbildende Faktoren sind Lage, Zuschnitt, Zustand der Wohnung und maßgebliche Baubeschreibung zum Zeitpunkt der Errichtung des Gebäudes.

Auch im Falle der Vermietung hat die Wohnfläche erhebliche Bedeutung, nämlich für die Mietzinshöhe, insbesondere bei der Frage, ob eine Mietzinserhöhung unter Berücksichtigung von Vergleichswohnungen und des dort erzielten Mietzinses möglich ist.

Ist etwa eine Wohnung vor 4 Jahren mit DM 1200 kalt vermietet worden bei einer angenommenen, im Mietvertrag ausgewiesenen Wohnfläche von 100 m^2 und beträgt die Vergleichsmiete beispielsweise DM 14/m^2 Wohnfläche, liegt der Ausgangsmietzins bei einer tatsächlichen Wohnfläche von 80 m^2 statt irrtümlich angenommener 100 m^2 nicht bei DM 12, sondern bereits bei DM 15/m^2 (DM 1200 : 80 m^2), mit der Folge, daß eine Mieterhöhung bei dieser Konstellation von vornherein ausscheidet. Denn der errechnete tatsächliche Mietzins pro m^2 von DM 15 liegt immer noch über der Vergleichsmiete von DM 14/m^2.

Wegen der enormen Bedeutung der Wohnflächenberechnung nach der 2. Berechnungsverordnung wird der Text der entsprechenden Bestimmung dieser Verordnung im Anhang unter II wiedergegeben.

Empfehlenswert ist die Aufnahme folgender Klausel im Kaufvertrag: »Der Verkäufer sichert zu, daß die verkaufte ETW eine tatsächliche Wohnfläche von … m^2 nach § 42 bis 44 der 2. Berechnungsverordnung hat.«

Zur tatsächlichen Ermittlung der Wohnungsgröße empfiehlt sich außerdem die Einschaltung eines Sachverständigen vor dem Kauf. Erweisen sich nämlich die Angaben des Bauträgers (Verkäufers) als falsch, und geht der Bauträger später in Konkurs, steht dem Käufer kein tatsächlich realisierbarer Schadenersatzanspruch zu.

Auch steuerrechtlich läßt sich aus diesen Umständen zugunsten des Käufers nichts herleiten. Denn der bloße Umstand, daß der Wert der Eigentumswohnung wegen ihrer geringeren Größe – möglicherweise – nicht den aufgewendeten Kosten entspricht, rechtfertigt ebensowenig den Abzug einer außerordentlichen Absetzung (AfA) wie die geringere Ertragsfähigkeit aufgrund der geringeren Wohnfläche (BFH Urteil vom 27. 1. 1993, IX R 146/90).

Erfahrungsgemäß treten insbesondere beim Kauf neuer Eigentumswohnungen erst nach längerem Zeitraum schwerwiegende Baumängel zutage, die zu nicht unerheblichen Investitionen nötigen. Von seiten der Käufer von Eigentumswohnungen ist daher darauf zu achten, daß die gesetzliche Gewährleistungsfrist von fünf Jahren zu ihren Gunsten gewahrt bleibt.

Hinzuweisen ist in diesem Zusammenhang darauf, daß Versuche der Bauträger, mit dem Erwerber einer Eigentumswohnung »isoliert« eine Gewährleistung nach § 13 der Verdingungsordnung für Bauleistungen Teil B und damit einhergehend eine Verkürzung der Gewährleistungsfrist auf zwei Jahre formularmäßig zu vereinbaren, vom Bundesgerichtshof mit Urteil vom 10.10.1985 (Neue Juristische Wochenschrift 1986, 315) als unwirksam anzusehen sind. Um dieser vom BGH festgestellten Unwirksamkeit zu entgehen, sind nunmehr viele Bauträger dazu übergegangen, für den Bauträgervertrag formell die uneingeschränkte Geltung der VOB Teil B zu vereinbaren, ohne Rücksicht darauf, daß die VOB Teil B in ihrer Gesamtheit für den Bauträgervertrag überhaupt nicht paßt, was allein schon anhand des § 8 VOB Teil B nachgewiesen werden kann. Diese Vorschrift räumt nämlich dem Auftraggeber (Käufer) das jederzeitige Kündigungsrecht ein, was nun einem Erwerb vom Bauträger diametral entgegenläuft (und daher auch abbedungen werden muß). Werden Einzelregelungen der VOB Teil B in diesem Zusammenhang ausdrücklich oder auch schlüssig abbedungen, so ist der hier von Bauträgern beschriebene Kunstgriff zum Scheitern verurteilt. Hierfür spricht auch die beiläufige Feststellung des BGH in NJW 1983, 453 (454), wonach das der VOB Teil B insgesamt innewohnende Gleichgewicht durch einen beim Bauträgervertrag »zu vermutenden Ausschluß« von Teilen der VOB/B gestört sei. Wesentliches Ergebnis der neueren BGH-Rechtsprechung ist jedenfalls, daß der Präsident der Landesnotarkammer Bayern in einem Rundschreiben vom 28.1.1986 die bayerischen Notare ausdrücklich auf die Auffassung des Vorstands hingewiesen hat, daß der Notar, um seinen Amtspflichten zu genügen, im Regelfall das Ansuchen des Bauträgers abzulehnen habe, die VOB »als Ganzes« formularmäßig zur Vertragsgrundlage eines Bauträgervertrags zu machen und damit einhergehend die Gewährleistung zu Lasten des Käufers einer Eigentumswohnung auf zwei Jahre zu verkürzen.

Festzuhalten ist, daß in einem notariellen Formularvertrag die gesetzliche 5jährige Gewährleistungsfrist nicht zu Lasten des Erwerbers von Eigentumswohnungen verkürzt oder abbedungen werden kann. Die gesetzliche Gewährleistungsfrist von 5 Jahren beginnt mit der Abnahme des erstellten Gewerkes bzw. der erstellten Eigentumswohnung (§ 638 I BGB). Immer wieder zu beobachten sind Versuche der Bauträger, in ihren Formularverträgen zu Lasten der Käufer die Abnahme vorzuverlagern, beispielsweise durch die Klausel: »Wird die Wohnung ganz oder teilweise vor Fertigstellung genutzt, gilt die Wohnung bereits zu diesem Zeitpunkt als beanstandungsfrei abgenommen.«

Diese Abnahmefiktion in Formular-Werkverträgen (Bauträgerverträgen), wonach die Vertragsobjekte spätestens mit dem Einzug als abgenommen gelten, ist jedoch wegen Verstoßes gegen § 11 Nr. 10f. des Gesetzes über allgemeine Geschäftsbedingungen (unzulässige Verkürzung der Gewährungsfristen) unwirksam. Es handelt sich um eine unzulässige Abweichung von der gesetzlichen Abnahmeregelung des § 640 BGB, wonach die Abnahme neben der körperlichen Hinnahme des Werkes im Wege der Besitzübertragung auch die Erklärung des Bestellers, er erkenne das Werk als der Hauptsache nach vertragsgemäße Leistung an, vorausgesetzt.

Durch die Abnahmefiktion obiger Klausel werden die Gewährleistungsrechte des Erwerbers unbillig ausgehöhlt und die Verjährungsfristen des § 638 BGB unangemessen verkürzt (OLG Report Hamm 1994, 74).

Ein gänzlicher Ausschluß der gesetzlichen Gewährleistung ist zwar grundsätzlich in einem notariellen Individualvertrag zulässig.

Ein Ausschluß der Gewährleistung für Sachmängel beim Erwerb neu errichteter oder noch zu errichtender Eigentumswohnungen ist jedoch auch in einem Individualvertrag nach ständiger Rechtsprechung des Bundesgerichtshofs unwirksam, wenn die einschneidenden Rechtsfolgen einer solchen Freizeichnung nicht vorher zwischen den Vertragsparteien eingehend erörtert worden sind und der Erwerber darüber nicht nachhaltig vom Notar belehrt worden ist (vgl. BGH NJW 1984, 2094; NJW 1986, 1026). Als eine derartige formularhafte Freizeichnung gilt beispielsweise die notarielle Formulierung, wonach der Veräußerer für »sichtbare Sachmängel« nicht haften soll (BGH NJW 1988, 135).

4 Kauf einer Eigentumswohnung aus zweiter Hand

Besondere Finanzierungsprobleme bestehen hier nicht. Bei Abschluß des Kaufvertrags ist jedoch darauf zu achten, ob und ggf. welche Kredite des Verkäufers, die dinglich noch im Grundbuch verlautbart sind, bestehen. Zugunsten des Käufers ist notariell sicherzustellen, daß der Kaufpreis unmittelbar zur Tilgung der vom Verkäufer aufgenommenen Kredite dient und dem Verkäufer nur der nach Tilgung von Restschulden des Verkäufers noch offene Kaufpreisrest verbleibt, um sicherzustellen, daß die den Wohnungskauf des Käufers finanzierende Bank bzw. das den Wohnungskauf finanzierende Institut die bestimmungsgemäße Rangstelle erhält. Zulässig ist beim Kauf einer bereits gebrauchten Wohnung auch formularmäßig der völlige Gewährleistungsausschluß, abgesehen von dem oft leider nicht zu beweisenden Fall einer arglistigen Täuschung seitens des Verkäufers über den Zustand der Eigentumswohnung. Wegen dieser Sachlage und der mit dem Erwerb einer Eigentumswohnung verbundenen erheblichen Aufwendungen wird dringend geraten, vor dem tatsächlichen Kaufvertragsabschluß einen Sachverständigen damit zu beauftragen, das in Betracht kommende Objekt insbesondere auf verborgene Mängel hin zu untersuchen und ein Privatgutachten auch über die Frage zu erstellen, mit welchen Sanierungs- bzw. Renovierungskosten zu rechnen ist. Denn der Verkäufer einer gebrauchten Immobilie muß nicht von sich aus über solche Mängel aufklären, die einer Besichtigung zugänglich oder ansonsten ohne weiteres erkennbar sind. Derartige Mängel kann der Käufer bei der im eigenen Interesse gebührenden Sorgfalt selbst erkennen (BGH NJW RR 1994, 907).

In jedem Fall sollte darauf geachtet werden, sich vom Verkäufer, solange noch Gewährleistungsfristen des Bauträgers laufen, die Gewährleistungsansprüche des Verkäufers gegenüber dem Bauträger abtreten zu lassen, ohne daß der Verkäufer für den Bestand und die Durchsetzbarkeit dieser abgetretenen Gewährleistungsansprüche einzutreten hat. Entschließt sich der potentielle Käufer einer Eigentumswohnung aus zweiter Hand, die zukünftig selbst genutzt werden soll, zum Erwerb und fallen hierbei Renovierungskosten an, hat der Erwerber zu beachten, daß die den Kaufpreis verteuernde Renovierung, auch wenn sie vor Selbstbezug der Wohnung durchgeführt werden sollte, steuerrechtlich nicht mehr als Sonderausgabe nach § 10i EStG geltend gemacht werden kann.

Nach bisherigem Recht konnten Erwerber einer nach dem Eigenheimzulagegesetz begünstigten Wohnung nach § 10i EStG Aufwendungen für Erhaltungsmaßnahmen, die sie vor Bezug der Wohnung durchführten, bis zu einem Betrag von DM 22 500 wie Sonderausgaben abziehen. Darüber hinaus konnten Bauherren und Erwerber eines Eigenheims neben der Eigenheimzulage eine sogenannte Vorkostenpauschale von DM 3500 geltend machen.

Mit dem Steuerentlastungsgesetz 1999 ist mit Wirkung ab 1.1.1999 der erst seit 1995 eingeführte Vorkostenabzug weggefallen. In den Genuß des Vorkostenabzuges gelangen nur noch Bauherren, die mit der Herstellung ihres Hauses bzw. ihrer Wohnung vor dem 1.1.1999 begonnen haben, sowie Käufer, bei denen der Abschluß des notariellen Kaufvertrages vor dem 1.1.1999 liegt.

Wird jedoch auf die Eigenheimzulage verzichtet, kann der Steuerpflichtige Erhaltungsmaßnahmen bei einem zu eigenen Wohnzwecken genutzten Baudenkmal bzw. Gebäude in Sanierungsgebieten und städtebaulichen Entwicklungsbereichen im Kalenderjahr des Abschlusses und den darauffolgenden neun Jahren jeweils bis zu 1/10 wie eine Sonderausgabe steuermindernd geltend machen (§ 10f II EStG). Dies gilt auch dann, wenn Teile einer eigengenutzten Wohnung unentgeltlich einem Dritten zu Wohnzwecken überlassen werden.

Wird demgegenüber eine gebrauchte Eigentumswohnung zum Zwecke der Vermietung erworben und nach Anschaffung auch tatsächlich vermietet, können die nach Erwerb in der Folgezeit vom Erwerber durchgeführten und bezahlten Reparaturmaßnahmen grundsätzlich im Jahr der Zahlung als Erhaltungsaufwendungen uneingeschränkt als Werbungskosten aus Vermietung und Verpachtung steuermindernd geltend gemacht werden.

Es ist jedoch darauf zu achten, ob diese Reparaturarbeiten innerhalb der ersten drei Jahre nach der entgeltlichen Anschaffung des Hauses oder der Eigentumswohnung angefallen sind und es sich hierbei um sogenannte anschaffungsnahe Aufwendungen handelt oder nicht.

Nach der maßgeblichen Rechtsprechung des Bundesfinanzhofs können die innerhalb der ersten drei Jahre nach entgeltlicher Anschaffung der Eigentumswohnung durchgeführten Reparaturen einschließlich der hierauf entfallenden Umsatzsteuer als Erhaltungsaufwand in voller Höhe nur dann als Werbungskosten geltend gemacht werden, wenn diese Arbeiten zusammengerechnet ohne Umsatzsteuer nicht mehr als 15% der Anschaffungskosten des Gebäudes (ohne Grund und Boden) betragen. Die Beachtung der 15-%-Grenze führt zur Bejahung von sofort abzugsfähigem Erhaltungsaufwand, zu sofort in voller Höhe abzugsfähigen Werbungskosten, die Nichtbeachtung hingegen zur Annahme nachträglichen Herstellungsaufwandes mit der Folge, daß die Renovierungskosten hier nur mit 2% linear verteilt über einen Zeitraum von 50 Jahren gemäß § 7 IV EStG abgeschrieben werden können (BFH Urteil vom 30. 7. 1991, BStBl 1992 II S. 49). Denn bei Vermietung und Verpachtung »gebrauchter« Immobilien darf die lineare Abschreibung von 2% von den tatsächlichen Anschaffungskosten des Gebäudes – ohne Grund und Boden – ohne höhenmäßige Begrenzung vorgenommen werden. Gleiches gilt von nachträglichen Herstellungskosten bei gebrauchten Immobilien.

Für die Beurteilung, ob die 15-%-Grenze überschritten wird oder nicht, sind daher alle Instandsetzungsarbeiten innerhalb der ersten drei Jahre ab Anschaffung zusammenzuzählen. Es ist damit zu rechnen, daß das Finanzamt, wenn innerhalb der Dreijahresfrist Erhaltungsaufwendungen steuerrechtlich geltend gemacht werden, diese Aufwendungen nur vorläufig anerkennen wird mit dem Vorbehalt der Nachprüfung nach Ablauf des Dreijahreszeitraums.

Werden Reparaturarbeiten als sofort abzugsfähiger Erhaltungsaufwand anerkannt, sind diese Arbeiten seit 1.1.1999 nur noch im Jahre der Bezahlung dieser Arbeiten nach § 11 EStG steuerlich abzugsfähig.

Bis Ende 1998 konnte nach § 82 b EStDV größerer Erhaltungsaufwand bei vermieteten Wohngebäuden bzw. Eigentumswohnungen auf zwei bis fünf Jahre verteilt als Werbungskosten abgezogen werden. Durch Aufhebung dieser Vorschrift ist diese Möglichkeit ab 1999 entfallen. Ab 1999 verbleibt es daher bei der Grundregel des § 11 EStG, wonach Erhaltungsaufwand nur im Jahr der Zahlung als Werbungskosten bei Vermietung und Verpachtung geltend gemacht werden kann.

Wegen dieser Neuregelung und wegen des progressiv gestalteten Einkommensteuertarifes kann es gegebenenfalls ratsam sein, größere Erhaltungsmaßnahmen zukünftig nicht mehr in einem Zuge durchzuführen, sondern die Durchführung und Bezahlung der erforderlichen Erhaltungsmaßnahmen auf mehrere Kalenderjahre zu verteilen.

Eine auf einen Zeitraum von zwei bis fünf Jahren gleichmäßige Verteilung des Erhaltungsaufwandes im Falle der Vermietung ist nur noch möglich, wenn es sich um ein im Inland gelegenes Gebäude in einem förmlich festgelegten Sanierungsgebiet oder städtebaulichen Entwicklungsbereich oder um ein im Inland gelegenes Gebäude, das nach den jeweiligen landesrechtlichen Vorschriften ein Baudenkmal ist, handelt (§ 11 a EStG; § 11 b EStG).

Die schwerwiegenden und enormen Konsequenzen der Rechtsprechung zum sogenannten anschaffungsnahen Aufwand zeigt folgendes *Beispiel*:
A ist ledig und hat ein zu versteuerndes Einkommen von DM 100 000. Er erwirbt Anfang 1999 ein älteres Haus, das zum 1.12.1999 vermietet wird. Der anteilige Kaufpreis für das Gebäude beträgt DM 400 000. A führt ab Erwerb in den nächsten vier Jahren Reparaturarbeiten in Höhe von insgesamt DM 61 000 netto (ohne Berücksichtigung der Umsatzsteuer) durch. Noch vor Einzug des Mieters läßt er im Jahre 1999 Reparaturarbeiten in Höhe von DM 60 000 netto, unter Berücksichtigung der Umsatzsteuer von 16% von brutto DM 69 600 durchführen. A bezahlt sofort an die Handwerker den Rechnungsbetrag von DM 69 600. Die restliche Reparaturarbeit in Höhe von DM 1000 netto wird erst im vierten Jahr ab Erwerb ausgeführt.

Variante 1:
Die im ersten Jahr der Anschaffung durchgeführten Reparaturarbeiten von netto DM 60 000 betragen 15% der auf das Gebäude entfallenden Anschaffungskosten von DM 400 000. Da A innerhalb der ersten drei Jahre ab Anschaffung keine weiteren Reparaturarbeiten hat ausführen lassen, ist der Grenzwert von 15% der Anschaffungskosten nicht überschritten. A kann daher für das Einkommensteuerjahr 1999 die in diesem Jahr gezahlten Reparaturkosten von DM 69 600 als Erhaltungsaufwendungen in voller Höhe steuermindernd geltend machen.

Das bisherige zu versteuernde Einkommen des A von DM 100 000 (Einkommensteuerschuld DM 30 669) reduziert sich folglich um DM 69 600 auf DM 30 400. Die neue Steuerschuld für das Kalenderjahr 1999 beträgt daher nur noch DM 4641.

Die Anerkennung sofort abzugsfähigen Erhaltungsaufwands führt hier zu einer sofortigen Steuerersparnis von DM 26 028.

Variante 2:
Würde demgegenüber A die restliche Reparaturarbeit von DM 1000 noch innerhalb der ersten drei Jahre ab Erwerb durchführen, würde wegen Überschreitung der 15-%-Grenze der obige sofortige Werbungskostenabzug entfallen. Die Reparaturarbeiten von brutto DM 69 600 würden lediglich zu einer nachträglichen Erhöhung der Bemessungsgrundlage des gebrauchten Gebäudes, das mit 2% linear jährlich abzuschreiben ist, führen.

Konkret bedeutet dies, daß A lediglich 2% des nachträglichen Herstellungsaufwandes von DM 69 600 als jährlichen Abschreibungsbetrag steuermindernd geltend machen kann. A kann daher verteilt auf den Abschreibungszeitraum von 50 Jahren hier nur den jährlich anfallenden AfA-Betrag von DM 1400 steuerlich geltend machen.

Das bisher zu versteuernde Einkommen von DM 100 000 wird daher im Kalenderjahr 1999 nur um den AfA-Betrag von DM 1400 auf DM 98 600 reduziert.

A erhält hier für das Kalenderjahr 1999 lediglich eine Steuerersparnis von DM 687,40 (siehe Anhang I A Grundtabelle Spalte 1 und 8) im Gegensatz zu der bei Variante 1 erzielten Steuerersparnis von DM 26 028.

V DER »RICHTIGE« KAPITALEINSATZ

Durch den richtigen Einsatz des vorhandenen Eigenkapitals bei der Finanzierung einer Eigentumswohnung werden oft wichtige, entscheidende Weichen für eine langfristig gesicherte, weitgehend konjunkturunabhängige Finanzierung gestellt, eine Tatsache, die oft verkannt wird. Dies gilt insbesondere im Falle selbstgenutzter, seit 1. 1. 1999 erworbener Eigentumswohnungen, bei denen keinerlei Schuldzinsen mehr abgezogen werden können. Entgegen weitverbreiteter Meinung ist es keinesfalls gleichgültig, in welcher Form Eigenkapital zum Einsatz kommt. Vielmehr hängt vom konkreten Einsatz des vorhandenen Eigenkapitals oft entscheidend der Erfolg oder Mißerfolg einer Baufinanzierung ab, die bestimmt und geleitet werden soll von dem Grundgedanken, nach Ablauf einer festen, gesicherten Darlehenszinsbindung das dann auftretende Zinsrisiko weitestgehend auszuschalten.

Zum Verständnis und zur Klarstellung vorstehender Ausführungen soll folgender *Beispielfall* dienen:
Käufer A, B und C kaufen jeweils eine Eigentumswohnung zum Gesamtpreis von DM 300 000. Sie besitzen jeweils ein Bankkapital von DM 100 000. Käufer A, der keinen Bausparvertrag besitzt, wählt den Weg einer Bauspar-Zwischenfinanzierung, Käufer B den Weg einer Tilgungshypothek, während der Käufer C die Finanzierung über eine Lebensversicherung bevorzugt. Alle drei Käufer nehmen jeweils bei ihrer Bank ein festverzinsliches Darlehen für die Laufzeit von sechs Jahren auf, wobei der Nominalzinssatz bei 100% Auszahlung jeweils 6% p. a. betragen soll. Alle drei Käufer sind in der Lage, einen monatlichen Bruttoaufwand von DM 1500 insgesamt für die Finanzierung zu tragen. Die Finanzierungssituation gestaltet sich in den einzelnen Fällen wie folgt:

Käufer A schließt einen Bausparvertrag in Höhe von DM 300 000 ab. Gleichzeitig nimmt er bei der Bank einen Baukredit nominal in Höhe von DM 300 000 in Anspruch, zu dessen Absicherung der Bausparvertrag über DM 300 000 mit DM 100 000 Eigenkapital an die Bank abgetreten wird. Da das echte Risiko der Bank hier nur DM 200 000 beträgt, wird in diesem Fall das echte Darlehensrisiko der Bank dinglich durch eine Grundschuld über DM 200 000 abgesichert. Infolge bausparinterner Verzinsung des eingesetzten Eigenkapitals von DM 100 000 erreicht der Bausparer A selbst bei einer Verzinsung von nur 3% im 6. Jahr ein Ansparguthaben von DM 120 000. Dies entspricht 40% der Bausparsumme von DM 300 000. Sofern der Bausparer einen Bausparkassentarif gewählt hat, der eine Zuteilung bereits bei 40% Guthaben ermöglicht, kann er nach Ablauf des 6. Jahres und zu Beginn des 7. Jahres, sofern er die zur Zuteilung erforderlichen Bewertungspunkte erreicht hat, mit dem zugeteilten Bausparvertrag über DM 300 000 den gesamten Bausparzwischenkredit der Bank über DM 300 000 ablösen. Aufgrund der ab Zuteilung bausparkassentechnisch feststehenden gleichbleibenden Zins- und Tilgungsleistungen, die von Kapitalmarktschwankungen völlig unberührt sind, ist in diesem Fall das Zinsrisiko völlig ausgeschlossen. Es ist auch dann wesentlich vermindert, wenn entgegen der ursprünglichen Annahme der Vertrag im 7. Jahr noch nicht zugeteilt, sondern noch geringfügig zwischenfinanziert werden sollte.

Abgesehen davon kann, um ein etwaiges befürchtetes Zuteilungsrisiko auszuschalten, anstelle eines Bausparkassentarifes mit 40% Ansparguthaben ein sogenannter Optionstarif mit 50% Ansparung gewählt werden, der hinsichtlich der Zuteilung einen Beschleunigungsfaktor enthält. Dies würde dann im Beispielsfall dazu führen, daß aufgrund eines vorhandenen Guthabens von mindestens DM 120 000 zumindest ein Teilbetrag von DM 240 000, aus wirtschaftlicher Sicht weitestgehend gesichert, mit einem sehr geringen monatlichen Tilgungsbeitrag von ca. DM 4,00–4,50 pro ein Tausendstel Bausparsumme abgelöst werden könnte. Offen bliebe in diesem Beispielfall dann nur noch eine Finanzierungslücke nach Ablauf des 6. Jahres von DM 60 000.

Der Käufer B zahlt DM 100 000 bar und schließt eine Tilgungshypothek über DM 200 000 mit 6% ab. Er zahlt hierfür monatlich DM 1000, so daß ihm für die Tilgung angesichts des von ihm zu tragenden Gesamtaufwandes vom DM 1500 noch DM 500 verbleiben. Aufgrund des gleichbleibenden Kapitaldienstes von DM 1500 monatlich hat der Käufer B sein Hypothekendarlehen zu Beginn des 7. Jahres um ca. DM 42 000 auf DM 158 000 abgebaut. Dies ist sein Restrisiko im 7. Jahr.

Der Käufer C zahlt ebenfalls DM 100 000 bar und nimmt bei der

Bank ebenfalls ein Darlehen über DM 200 000 auf, jedoch ohne Tilgung. Statt einer Tilgung schließt er eine Lebensversicherung ab. Er kann hierfür monatlich DM 500 zahlen. Wegen des Verrechnungsverbotes von Festhypothek und Lebensversicherungseinzahlungen beträgt die Festhypothek auch zu Beginn des 7. Jahres nach wie vor DM 200 000. Auf die Kapitallebensversicherung hat der Käufer C jetzt DM 30 000 eingezahlt. Dieser Betrag steht jedoch wirtschaftlich gesehen ihm nicht unmittelbar zur Verfügung, weil die Kapitallebensversicherung lediglich Sicherheit für das gewährte Bankdarlehen ist und die eingezahlten Beträge auf die Kapitallebensversicherung lediglich dazu dienen, nach Ablauf der Lebensversicherung mit dem dann ausgezahlten fälligen Versicherungskapital in einem Zuge die Festhypothek abzulösen. Bis dahin ist, und darauf muß mit Nachdruck hingewiesen werden, der Bankkredit immer unverändert aus dem vollen Ursprungsdarlehen zu verzinsen. Die Grundschuld beträgt auch in diesem Fall DM 200 000.

Zusammenfassend ergibt sich, daß in allen drei Beispielfällen die Grundschuld zu Anfang immer DM 200 000 beträgt. Der oft gehörte Einwand, bei einer Bausparkassen-Zwischenfinanzierung werde das Eigenkapital nicht berücksichtigt, ist daher in dieser Form nicht zutreffend. Vorstehende Beispiele haben auch deutlich gemacht, daß bei einer Lebensversicherung das Risiko einer Zinssteigerung nach Ablauf der ersten Zinsbindung am größten ist, bei einer Tilgungshypothek durch tatsächliche Tilgung des Darlehens dieses Risiko geringer anzusetzen ist, während es bei einer Bausparkassen-Zwischenfinanzierung ganz oder zumindest weitestgehend ausgeschlossen oder erheblich vermindert werden kann.

Hinzu kommen die erfreulichen Aspekte der Steuerreform 1993. Derzeitig bleiben ansonsten steuerpflichtige Einkünfte aus Kapitalvermögen bei ledigen Personen bis zu einem Betrag von DM 6100 und bei zusammen veranlagten Ehepaaren bis zu einem Betrag von DM 12 200 steuerfrei. Ab dem Jahre 2000 kommt es zwar zu einer Reduzierung dieser Freibeträge auf den halben Betrag. Es bleiben aber immerhin noch DM 3100 (ledige Personen) bzw. DM 6200 (zusammen veranlagte Ehepaare) steuerfrei.

Nach Wegfall der Nutzungswertbesteuerung, 31. 12. 1986, sind Guthabenzinsen aus einem Bausparvertrag bei Selbstnutzung des erworbenen Objektes regelmäßig Einnahmen bei den Einkünften aus Kapitalvermögen. Angesichts der Höhe der neuen Freibeträge kommt diesem Umstand jedoch in aller Regel keine steuerrechtlich erhebliche Relevanz zu. Wird der Bausparvertrag bis zur Zuteilung vorfinanziert bzw. zwischenfinanziert, entstehen für das Vorfinanzierungsdarlehen bzw. für den Zwischenkredit Schuldzinsen. Sofern Vorfinanzierungsdarlehen bzw. Zwischenkredite nach dem 31. 12. 1986 aufgenommen worden sind, ist eine Verrechnung der hieraus erwachsenden Schuldzinsen mit den Guthabenzinsen aus einem Bausparvertrag nicht zulässig (BFH-Urteil vom 8. 12. 1992, VIII R 78/89).

Die Schuldzinsen für den zur Finanzierung der später selbst genutzten Wohnung aufgenommenen Zwischenkredit bzw. für das aufgenommene Vorfinanzierungsdarlehen sind einkommensteuerrechtlich nicht abzugsfähig.

Der früher oft gehörte Einwand gegen eine Bausparzwischenfinanzierung, hier werde im Gegensatz zur direkten Barzahlung das auf den Bausparvertrag eingezahlte Barkapital über die gewährten Zinsen mittelbar sogar noch versteuert, hat daher durch die Steuerreform 1993 zumindest erheblich an Gewicht verloren, sofern dieser Einwand faktisch nicht ganz obsolet geworden ist.

VI DAS PROBLEM DER BEREITSTELLUNGSZINSEN

Die Problematik der Bereitstellungszinsen taucht insbesondere dann auf, wenn eine noch nicht errichtete Eigentumswohnung von einem Bauträger gekauft wird und das im Rahmen der Finanzierung aufgenommene Baudarlehen dinglich an der gekauften Eigentumswohnung abgesichert werden soll. Die Auszahlung eines zinsgünstig aufgenommenen Festdarlehens, einer Festhypothek oder eines Bauspardarlehens setzt voraus, daß das Gesamtgrundstück, auf dem die gekaufte Eigentumswohnung errichtet wird, rechtlich in Wohnungseigentum aufgeteilt worden ist oder werden wird, gemäß dem Wohnungseigentumsgesetz § 2, 8 WEG, und die Eigentumswohnung tatsächlich errichtet worden ist. Denn die Bank oder Bausparkasse des Wohnungskäufers finanziert immer nur *seine*, d.h. die konkret gekaufte Eigentumswohnung. Erst wenn bezüglich dieser Eigentumswohnung die Bank zur dinglichen Absicherung ihres Bankkredits eine Hypothek oder Grundschuld auf die Eigentumswohnung des Käufers eintragen kann, ist die Ausreichung eines Hypothekenkredits oder Festdarlehens mit Zinsfestschreibung möglich. Vorher kann nur variabel, in aller Regel bei 100%iger Auszahlung, finanziert werden. Scheut der Käufer das Zinsrisiko bis zur Fertigstellung der Eigentumswohnungsanlage, weil er bis dahin nicht unerhebliche Zinssteigerungen befürchtet, kann er durch vorzeitigen Abschluß eines Festdarlehens das Risiko steigender Zinsen ausschalten. Hierbei ist allerdings zu berücksichtigen, daß sich die Bank in aller Regel hinsichtlich des fest zugesagten Darlehens refinanziert (vergleiche hierzu die Ausführungen unter Ziffer I Hintergründe des Kapitalmarktzinses). Um die von der Bank einkalkulierte Zinsmarge zwischen fest zugesagtem Darlehen und den von ihr ausgegebenen Pfandbriefen trotz fehlender sofortiger Ausreichung des Festdarlehens nicht zu gefährden, erhebt die Bank gewöhnlich ab dem dritten Monat ab Zusage des Festdarlehens sogenannte Bereitstellungszinsen, die in aller Regel 3% pro Jahr = 0,25% pro Monat der Festdarlehenssumme betragen. Da neben diesen Bereitstellungszinsen von 3% jährlich bis zur tatsächlichen Ausreichnung des Festdarlehens auch die aufgrund des Baufortschritts angefallenen variablen Zinsen zu zahlen sind, empfiehlt sich, insbesondere bei länger dauernden Bauvorhaben, eine Zinsfestschreibung bereits zum Zeitpunkt des Kaufs in aller Regel nicht. Denn die Laufzeit des Festdarlehens beginnt bereits ab Darlehenszusage und nicht erst ab Ausreichung. Wird etwa ein Kaufvertrag im März 1999 abgeschlossen und die Eigentumswohnung erst zu Beginn des Jahres 2001 fertiggestellt, so müßte der Käufer der Eigentumswohnung bei sofortiger fünfjähriger Zinsfestschreibung von beispielsweise 6%, bei 90% Auszahlung und einem variablen Zinssatz von 9% der bis zum Einzug anfallenden Baukosten, zwei Jahre lang jährlich 3% Bereitstellungszinsen zahlen, neben den variabel anfallenden Bauzeitzinsen von 9%. Zudem würde sich im Beispielsfall die tatsächliche Inanspruchnahme des zinsgünstigen Darlehens auf den Zeitraum Januar 2001 bis März 2004 verkürzen. Deshalb empfiehlt sich bei insbesondere noch länger dauernden Bauvorhaben in aller Regel eine frühzeitige Zinsfestschreibung nicht. Das Risiko zwischenzeitlicher Zinssteigerungen bis zur Fertigstellung der Eigentumswohnung kann durch eine Bausparzwischenfinanzierung bei vorsichtiger Schätzung des Zuteilungszeitpunkts und der Zugabe eines Sicherheitszuschlags reduziert werden.

Hierzu folgendes *Beispiel*:
März 1999 Kauf, Einzug März 2000, voraussichtliche Zuteilung des Bausparvertrags März 2004. Würde der Käufer bereits im Jahre 1999 einer 5jährigen Zinsfestschreibung zustimmen, würde der Zinssatz beispielsweise 6% bei 90% Auszahlung betragen, bezogen auf eine Laufzeit von fünf Jahren. Schreibt dagegen der Käufer erst zum Zeitpunkt der Fertigstellung, März 2000 fest, hat er lediglich ein Disagio für eine Zeit von vier Jahren zu überbrücken, da er sich hierdurch ein Disagio für ein Jahr erspart. Wegen des ersparten Disagios von 2% könnte daher, bezogen auf die festzuschreibende Laufzeit von vier Jahren, der Zinssatz im Jahre 2000 gegenüber März 1999 um 0,5% steigen, ohne daß der Käufer der Eigentumswohnung wirtschaftlich gesehen mehr aufwenden müßte.

Sofern der Käufer einer Eigentumswohnung anderweitigen Grundbesitz (Haus oder Eigentumswohnung) hat, der weitgehend unbelastet ist und eine Eintragung der vorgesehenen Grundschuld oder Hypothek auf diesem Ersatzobjekt ermöglicht, können hierdurch auch beim Kauf vom Bauträger die ansonsten fälligen Bereitstellungszinsen umgangen werden. Insbesondere beim Kauf vom Bauträger einer noch nicht fertiggestellten Anlage empfiehlt es sich, mit der Bank eine sogenannte Grundvereinbarung zu treffen, die sicherstellt, daß noch vor Fertigstellung der Wohnanlage exorbitanten Zinssprüngen durch vorzeitige Zinsfestschreibung vorgebeugt werden kann. Im übrigen läßt sich durch nicht völlige Ausschöpfung von Zahlungszielen ein nicht unerheblicher Gewinn für den Käufer verbuchen. Denn die Bereitstellungszinsen von 0,25% pro Monat werden in aller Regel »pro angefangenen Monat« und nicht etwa tageweise berechnet. Nutzt etwa der Käufer einer Eigentumswohnung das ihm eingeräumte Zahlungsziel voll aus und zahlt er erst am 2. 1. statt am 30. 12., so fallen für den gesamten Monat Januar 0,25% Bereitstellungszinsen des gesamten Festdarlehens an.

VII FINANZIERUNG MIT ODER OHNE DISAGIO?

Damnum oder Disagio ist der von seiten der Bank vorgenommene Abzug vom Nennwert eines Darlehens als Vergütung für die Darlehensgewährung. Die oft verbreitete Ansicht, die Bank würde bei Inkaufnahme eines Darlehensabzugs beim Disagio wesentlich mehr Geld einnehmen als bei einer 100%igen Darlehensgewährung ohne Disagio, trifft nicht zu.

Dazu folgendes *Beispiel*:
Laufzeit 5 Jahre, 100% Auszahlung, Zinssatz der Bank 6%, Darlehen DM 100 000.

In diesem Falle betragen die Zinseinnahmen der Bank DM 30 000. Wird demgegenüber ein 10%iges Disagio für die Laufzeit von 5 Jahren gewählt, beträgt der Auszahlungskurs 90%, der Zinssatz 4%. Die unmittelbar gezahlten Zinsen betragen hier 20% = DM 20 000. Das vorab eingehaltene Disagio beträgt 10% = DM 10 000.

An diesem Beispielsfall wird deutlich, daß im Gesamtergebnis die Bank gleich viel Geld eingenommen hat, unabhängig davon, ob 10% Disagio vereinbart worden sind oder nicht. Zinshöhe und Disagio sind daher in Wahrheit voneinander abhängig und austauschbar. Das Disagio ist laufzeitabhängig und als vorweggenommener Zins zu werten. Es bietet insbesondere den wirtschaftlichen Vorteil, daß durch Inanspruchnahme eines Disagios der monatliche Aufwand enorm reduziert werden kann. Im Beispielsfall beträgt die monatliche Entlastung durch Inanspruchnahme eines Disagios 1/3, weil statt 6% nur 4% Zinsen gezahlt werden müssen.

Abgesehen davon kann durch die Vereinbarung eines Damnums (Disagio) im Falle der Fremdvermietung eine erhebliche Senkung der Steuerschuld erreicht werden. Denn das Damnum, das im Rahmen der Finanzierung einer vermieteten Wohnung anfällt, kann im Jahr des Anfalls einkommensteuerrechtlich sofort in voller Höhe als Werbungskosten aus Vermietung und Verpachtung geltend gemacht werden.

Bei Baudarlehen sollte deshalb bei Fremdvermietung aus steuerlichen Gründen ein möglichst hohes Damnum (bis zu 10%) vereinbart werden. Die Höhe des Damnums richtet sich dabei auch nach den jeweils geltenden Zinssätzen und der Laufzeit des Darlehens. Bezüglich der Höhe des in Anspruch genommenen Damnums ist mit der steuerlichen Anerkennung zu rechnen, wenn pro Jahr Laufzeit des Darlehens kein höheres Disagio als 2% jährlich vereinbart worden ist, das insgesamt 10% nicht überschreitet. Die hier von der ersten Auflage an vertretene Auffassung steht in völligem Einklang mit den internen Verwaltungsrichtlinien der Finanzverwaltung. Nach dem neuesten, sog. zweiten Bauherrenerlaß vom 31. 8. 1990 (BStBl I 1990, S. 366, 369) erkennt die Finanzverwaltung ein Damnum bis zu 10% ausdrücklich an, wenn die Zinsfestschreibung mindestens 5 Jahre beträgt (vergleiche Textziffer 3.3.4). Dies entspricht pro Jahr einem anteiligen Disagio von 2%. Selbst wenn das Damnum bereits vor Auszahlung des Darlehens entrichtet wird, kann es in vollem Umfang abgezogen werden, wenn der Termin der Zahlung des Damnums vertraglich vereinbart war und ein enger zeitlicher Zusammenhang zwischen der Leistung des Damnums und der Auszahlung des Darlehens besteht. Nach Ansicht des Bundesfinanzhofes (Urteil des BFH vom 13.12.1983, BStBl II 1984, S. 428) ist diese Voraussetzung nur erfüllt, wenn das Darlehen spätestens einen Monat nach Vertragsschluß ausgezahlt wird. Der zweite Bauherrenerlaß vom 31. 8. 1990 weicht hiervon erfreulicherweise zugunsten des Bürgers ab. Nunmehr reicht es aus, wenn das Darlehen spätestens 3 Monate nach Vertragsschluß bei vorheriger Auszahlung des Damnums vollständig ausgezahlt worden ist.

Durch die steuerliche Anerkennung eines Damnums bei Fremdvermietung und durch die anteilsmäßig erfolgende Rückerstattung im Rahmen des Einkommensteuerrechts reduziert sich im Endergebnis auch die Differenz, die im Falle eines Disagios zwischen der nominalen Darlehensgewährung und dem tatsächlich ausbezahlten Darlehensbetrag von seiten der Bank entsteht.

Beispiel:

Ein Lediger, bisher zu versteuerndes Einkommen DM 60 000, kauft eine Eigentumswohnung zur Vermietung. Er nimmt ein Bankdarlehen von brutto DM 100 000 mit 10% Disagio, Laufzeit fünf Jahre, Festzins 4%, in Anspruch.

Durch das Disagio reduziert sich das zu versteuernde Einkommen auf DM 50 000. Nach der am Ende dieses Buches im Anhang I aufgeführten einkommensteuerrechtlichen Grund- und Splittingtariftabelle 1999 mit Solidaritätszuschlag ergibt sich wegen der Verminderung des zu versteuernden Einkommens um DM 10 000 eine Steuerersparnis von DM 3644 (36,44% x DM 10 000 – siehe Anhang I Grundtabelle 1999, Spalte 1, zu versteuerndes Einkommen DM 60 000, Spalte 10 – Verminderung um DM 10 000).

Im Beispielsfall hat die Bank von dem nominal gewährten Darlehen von DM 100 000 tatsächlich nur DM 90 000 an den Kunden ausbezahlt. Der ledige Bankkunde erhält aber hier vom Finanzamt eine Einkommensteuererstattung von DM 3644, so daß sich die ursprüngliche Differenz von DM 10 000 zwischen nominal gewährtem und tatsächlich ausgezahltem Darlehen im Ergebnis um DM 3644 auf DM 6356 reduziert.

Die angeführten Überlegungen sprechen insbesondere beim Kauf einer fremdvermieteten Eigentumswohnung dafür, ein möglichst hohes Damnum zu vereinbaren. Dies gilt besonders dann, wenn neben dem Erwerb einer vermieteten Eigentumswohnung noch eine weitere Eigentumswohnung zur Selbstnutzung angeschafft werden soll und die Gefahr besteht, daß der für die Eigenheimzulage zulässige Gesamtbetrag der Einkünfte im Erstjahr der Eigenheimförderung und des Vorjahres von derzeit DM 240 000 (ledig) bzw. DM 480 000 (verheiratet) überschritten wird und daher eine Versagung der Eigenheimzulage droht.

Liegen etwa die Gesamteinkünfte im maßgeblichen Zeitraum um DM 18 000 über dem für die Gewährung der Eigenheimzulage zulässigen Gesamtbetrag der Einkünfte und wird für den Erwerb der vermieteten Eigentumswohnung ein fünfjähriges Bankdarlehen von DM 200 000 benötigt, empfiehlt es sich, bei Abschluß dieses Darlehens ein 10%iges Disagio in Anspruch zu nehmen, z.B. ein Bruttodarlehen von DM 222 000. In diesem Fall wird von der Bank tatsächlich nur ein Betrag von DM 199 800 ausgezahlt und zur Finanzierung des Objektes zur Verfügung gestellt. Durch das hier aber anfallende Disagio von DM 22 200 (10% aus DM 222 000) reduzieren sich die bisherigen Gesamteinkünfte um diesen Betrag und liegen daher unter der für die Eigenheimzulage maßgeblichen Einkunftsgrenze. Die Eigenheimzulage für die selbstgenutzte Wohnung kann daher beansprucht werden.

Wird eine Eigentumswohnung zwecks späterer Vermietung gekauft, die erst im nächsten Jahr fertiggestellt wird, empfiehlt es sich, wegen der progressiv gestalteten Einkommensteuer bei Inanspruchnahme eines Disagios gegebenenfalls eine Splittung der Darlehensverträge dergestalt vorzunehmen, daß ein Darlehensvertrag im Jahr des Kaufes und der weitere Darlehensvertrag erst im Jahr der Fertigstellung geschlossen wird.

Wie der im Anhang I aufgeführten einkommensteuerrechtlichen Grund- und Splittingtariftabelle 1999 zu entnehmen ist, ist der Einkommensteuertarif nicht linear, sondern progressiv gestaltet. Die Einkommensteuer steigt immer mehr an, je höher das zu versteuernde Einkommen ist. Hinzu kommt, daß die tatsächliche Steuerpflicht wegen der verfassungsrechtlich gebotenen Einräumung eines steuerfreien Existenzminimums erst bei einem zu versteuernden Einkommen von DM 13 068 (ledig) bzw. DM 26 136 (verheiratet) einsetzt.

Zur Verdeutlichung der steuerrechtlichen Vorteile eines Darlehenssplittung soll folgendes *Beispiel* dienen:
Ein Lediger mit einem zu versteuernden Einkommen von DM 50 000 kauft am 15.12.1999 eine Eigentumswohnung zum Gesamtpreis von DM 400 000 (Baukosten DM 300 000, Grundstückskosten DM 100 000). Die Wohnung wird am 30. 6. 2000 fertiggestellt und sofort ab 1. 7. 2000 für monatlich DM 1500 vermietet. Die auf den Mieter nicht abwälzbaren Betriebskosten ab Bezug belaufen sich im Jahre 2000 auf einen Betrag von DM 2000. Der Erwerber der Wohnung nimmt einen Bankkredit in Höhe von insgesamt brutto DM 300 000 mit 10% Disagio und einer Laufzeit von fünf Jahren zu einem Festzinssatz von 4% auf.

Fall 1:
Disagiovereinbarung erst Anfang 2000:
Das Disagio von DM 30 000 fällt hier in voller Höhe erstmals im Jahre 2000 an. Hieraus ergeben sich einkommensteuerrechtlich folgende Konsequenzen:

Im Jahre 1999 unterliegt das bisherige zu versteuernde Einkommen von DM 50 000 voll der Steuerpflicht. Der ledige Steuerpflichtige hat daher für dieses Jahr DM 10 905 an Einkommensteuer mit Solidaritätszuschlag zu zahlen (siehe Anhang I).

Im Jahre 2000 ergibt sich einkommensteuerrechtlich bei Einkünften aus Vermietung und Verpachtung folgende Situation:

Mieteinnahmen	DM 9000	(6 x DM 1500)
– degressive AfA	– DM 15 000	(5% aus DM 300 000)
– Schuldzinsen	– DM 12 000	(4% Festzins aus DM 300 000 Bankkredit)
– Disagio	– DM 30 000	
– laufende Kosten	– DM 2000	
negative Einkünfte	– DM 50 000	

Durch die Geltendmachung dieser negativen Einkünfte aus Vermietung und Verpachtung von DM 50 000 im Jahre 2000 reduziert sich das bisherige zu versteuernde Einkommen von DM 50 000 um DM 50 000 und beträgt demgemäß 0.

Der Steuerpflichtige hat daher für das Jahr 2000 keinerlei Einkommensteuer zu zahlen.

Die gesamte Einkommensteuerschuld für die Kalenderjahre 1999 und 2000 beläuft sich hier auf DM 10 905.

Fall 2:
Das benötigte Gesamtdarlehen von DM 300 000 wird hier gesplittet. Es werden zwei Darlehensverträge über DM 200 000 brutto und über DM 100 000 brutto abgeschlossen jeweils mit 10% Disagio.

Das erste Darlehen über DM 200 000 brutto mit 10% Disagio wird noch Ende des Jahres 1999 abgeschlossen und ausbezahlt. Das Disagio von DM 20 000 fällt daher noch in das Kalenderjahr 1999. Das zweite Darlehen von DM 100 000 mit 10% Disagio wird erst kurz vor Bezug in Anspruch genommen.

Durch diese Variante vermindert sich bereits im Kalenderjahr 1999 das bisherige zu versteuernde Einkommen von DM 50 000 wegen des im Jahr 1999 angefallenen Disagios um DM 20 000 auf ein zu versteuerndes Einkommen von DM 30 000.

Der ledige Steuerpflichtige hat daher für das Kalenderjahr 1999 nur DM 4641 an Einkommensteuer inklusive Solidaritätszuschlag zu zahlen.

Wegen der Vorwegnahme des Disagios von DM 20 000 bereits im Kalenderjahr 1999 verringern sich die im *Fall 1* dargelegten negativen Einkünfte aus Vermietung und Verpachtung im Kalenderjahr 2000 von DM 50 000 um DM 20 000 auf DM 30 000.

Das bisherige zu versteuernde Einkommen von DM 50 000 sinkt daher im Kalenderjahr 2000 ab auf DM 20 000. Es verbleibt für das Kalenderjahr 2000 bei einer Steuerschuld von DM 1812.

Insgesamt zahlt der Steuerpflichtige hier für die Kalenderjahre 1999 und 2000 DM 6453 an Einkommensteuer einschließlich Solidaritätszuschlag. Gegenüber der Fallvariation 1, bei der insgesamt DM 10 905 an Steuern angefallen sind, ergibt sich durch die Splittung der Darlehensverträge eine zusätzliche Steuerersparnis von DM 4452.

Abschließend sei darauf hingewiesen, daß die Frage, ob und in welcher Höhe im Falle der Fremdvermietung die Vereinbarung eines Disagios sinnvoll ist, nur durch Heranziehung eines aktuellen Steuerbescheids unter Berücksichtigung des aktuellen monatlichen Einkommens zuverlässig beantwortet werden kann. Ob ein aus steuerrechtlicher Hinsicht mögliches und sinnvolles Disagio tatsächlich von seiten der Bank gewährt wird, hängt jedoch vom Eigenkapitaleinsatz des Käufers, seiner Bonität, der Beleihungsfähigkeit des Objekts und nicht zuletzt davon ab, bis zu welchem Prozentsatz die jeweilige Bank oder Bausparkasse das in Betracht kommende Objekt hinsichtlich seines Verkehrswerts fremdfinanziert.

VIII DIE BAUSPARKASSENTARIFE

Der Käufer einer Eigentumswohnung, der diese Wohnung durch Einsatz von Bausparverträgen finanziert, ist in aller Regel gut beraten, wenn er sich vor Abschluß eines Bausparvertrags hinreichend über die unterschiedlichen Tarifstrukturen im klaren ist und sich hiervon ein zuverlässiges Bild verschafft. Die herkömmlichen Bauspartarife bieten entweder als »Schnellspartarife« die Möglichkeit einer schnellen Tilgung, als »Normaltarife« die einer mittelfristigen oder als »Langzeittarife« die einer langfristigen Tilgung. Diese herkömmlichen Tarife zeichnen sich in der Regel dadurch aus, daß hier nur ein Anspargrad von 40% erforderlich ist. Ein Wechsel in eine andere Tarifart führt bauspartechnisch hier immer zum Verlust der bisher erzielten Bewertungszahl.

Diese bestehende klassische Tarifpalette ist seit einigen Jahren durch Einführung von Optionstarifen entscheidend erweitert worden. Diese Optionstarife zeichnen sich, von geringfügigen Abweichungen abgesehen, durch folgende Besonderheiten aus:

- Aktualisierung des vorhandenen Guthabens
- Beschleunigung der Zuteilung
- Erforderlicher Anspargrad 40–50% der Bausparsumme
- Individuelle Wahlmöglichkeit des Bausparers (Schnellspar-, Normal- oder Langzeitvertrag) ohne Verzicht auf bisher erzielte Bewertungszahlen

Gegenüber den herkömmlichen Bauspartarifen fordern die Optionstarife zwar einen Anspargrad bis zu 50%. Ihr entscheidender Vorteil liegt jedoch in ihrer enormen Variationsfähigkeit und nicht zuletzt darin, daß auch aufgrund des variablen Zins- und Tilgungsbeitrags von in der Regel maximal DM 8 bis DM 4 (Zins und Tilgung pro DM 1000 Bausparsumme), ohne *Verlust* der bisher erzielten Bewertungszahl, bausparkassentechnisch der ab Zuteilung vom Bausparer zu erbringende Zins- und Tilgungsaufwand dem späteren wirtschaftlichen Leistungsvermögen, das heute oft noch gar nicht zu übersehen ist, angepaßt werden kann. Der in der Vergangenheit oft gehörte Einwand gegenüber einer Bausparkassen-Finanzierung, der Zins- und Tilgungsaufwand sei insbesondere für Normalbürger zu hoch, ist jedenfalls seit Einführung der Optionstarife, die ohne Inanspruchnahme von Tilgungsstreckungsdarlehen Bauspardarlehenstilgungen bereits mit monatlich DM 4 pro DM 1000 Bausparsumme ermöglichen, nicht mehr gerechtfertigt.

IX VORSORGE IST BESSER ALS NACHSORGE

Dringend empfohlen wird, rechtzeitig hinsichtlich eines beabsichtigten Erwerbs einer Eigentumswohnung auch in finanzieller Hinsicht vorzusorgen und entsprechende Vorsorgemaßnahmen zu treffen. Je eher und je gründlicher diese Vorsorgemaßnahmen in finanzieller Hinsicht erfolgen, um so günstiger gestaltet sich der künftige Erwerb. Ansonsten auftretende Finanzierungsrisiken, die in Grenzfällen sogar zur Zwangsversteigerung von Eigentumswohnungen führen können, können hierdurch zumindest reduziert, wenn nicht sogar völlig ausgeschaltet werden.

Vorsorge statt Nachsorge! Dieser Leitsatz, der für jeden Wohnungskauf gilt, gleichgültig, ob die Eigentumswohnung später vermietet oder selbst genutzt werden soll, gewinnt aus steuerlicher Sicht, insbesondere bei späterer Selbstnutzung, zusätzlich an Gewicht und Bedeutung.

Auszugehen ist bei der finanziellen Betrachtung von der steuerrechtlich gegebenen Lage, daß seit 1.1.1999 für selbstgenutzten Wohnraum keinerlei Schuldzinsen mehr steuerrechtlich abgesetzt werden können, gleichgültig ob die Schuldzinsen vor oder nach dem Selbstbezug angefallen sind. Bei Selbstbezug wirken sich daher die im Rahmen der Immobilienfinanzierung anfallenden Schuldzinsen in keiner Weise mehr steuermindernd aus. Hauptaugenmerk einer seriösen Finanzierung muß es daher sein, die anfallenden Finanzierungskosten hier möglichst gering zu halten. Hierzu bietet sich als Vorsorgemaßnahme der Abschluß eines Bausparvertrags an. Die in den letzten Jahren ständig steigende Zahl von Vertragsabschlüssen bei den Bausparkassen und die Neubildung neuer Bausparkassen zeigt deutlich an, daß der Bausparvertrag eine der beliebtesten Finanzierungsformen ist.

Bauwillige schließen aufgrund der ab Darlehensgewährung günstigen, unveränderbaren konjunkturunabhängigen Zinssätze, der gleichbleibenden monatlichen Belastung nach Zuteilung und den gewährten staatlichen Förderungen meist schon frühzeitig einen Bausparvertrag ab.

Dieser frühzeitige Abschluß eines Bausparvertrags für eine künftige wohnwirtschaftliche Verwendung wird auch einkommensteuerrechtlich gefördert. Wird ein Bausparvertrag abgeschlossen, so ist in aller Regel eine Abschlußgebühr fällig. Erfolgt der Abschluß des Bausparvertrags zur Sicherstellung eines späteren Immobilienerwerbs zwecks Vermietung, kann die Abschlußgebühr bereits im Jahr der Zahlung als vorweggenommene Werbungskosten aus Vermietung und Verpachtung steuermindernd geltend gemacht werden. Entscheidend für die Geltendmachung der Abschlußgebühr bei Vertragsabschluß als vorweggenommene Werbungskosten bei späterer Fremdvermietung ist hierbei der Umstand, daß der Bausparvertrag nur deshalb abgeschlossen wird, um wirtschaftlich gesehen in naher Zukunft ein günstiges Baudarlehen zu erhalten. Es ist darauf hinzuweisen, daß besonders auf den wirtschaftlichen Zusammenhang abzustellen ist. Der zeitliche Zusammenhang allein ist, wie der BFH im Urteil vom 8. 2. 1983, BStBl 1983, II, S. 554, ausdrücklich betont, kein zusätzliches gesetzliches Tatbestandsmerkmal. Von seiten der Finanzverwaltung wird ein derartiger wirtschaftlicher Zusammenhang in aller Regel bejaht, wenn die beabsichtigte wohnungswirtschaftliche Maßnahme sich in einem Zeitraum von in der Regel drei bis fünf Jahren nach Planung realisiert.

Indiz für einen echten späteren wohnungswirtschaftlichen Verwendungszweck ist auch die Höhe der abgeschlossenen Bausparsumme sowie der Umstand, daß der Bausparer beispielsweise hohe Sonderzahlungen leistet, die erheblich über die Beträge hinausgehen, die zur Ausnutzung der Prämienvorteile erforderlich sind, oder bei einer Bank zur Auffüllung des Bausparguthabens einen Kredit (»Auffüllkredit«) in Anspruch nimmt.

Wichtig erscheint der Hinweis, daß das Finanzamt, sollte es an der Erklärung, hiermit werde eine wohnungswirtschaftliche Maßnahme später finanziert, zweifeln, die Anerkennung von vorweggenommenen Aufwendungen im Zusammenhang mit dem Abschluß eines Bausparvertrags nicht endgültig ablehnen kann und darf. Vielmehr ist nach dem Urteil des BFH vom 8. 2. 1983, VIII R 63/81, bei Zweifelsfällen das Finanzamt lediglich befugt, die endgültige Beurteilung bis zur Zuteilung des Bausparvertrags aufzuschieben und die Steuer bis dahin nur vorläufig gemäß § 165 Abgabenordnung festzusetzen. Es empfiehlt sich, das Finanzamt hierauf bei der beabsichtigten Ablehnung der Anerkennung von vorweggenommenen Aufwendungen als Sonderausgaben oder Werbungskosten hinzuweisen.

Im übrigen kann selbst der, der bei Abschluß eines Bausparvertrages noch nicht weiß, ob er den Bausparvertrag später für den Kauf eines Hauses oder einer Wohnung wohnwirtschaftlich verwenden will, die bei Abschluß des Bausparvertrages entstandenen Abschluß- bzw. Einlagegebühren steuerlich geltend machen. In aller Regel erzielt der Bausparer aufgrund der von den Bausparkassen gewährten Zinsgutschriften auf die erfolgten Bauspareinzahlungen im Verlauf der Ansparzeit insgesamt Einkünfte aus Kapitalvermögen, die höhenmäßig die jeweilige Abschlußgebühr übersteigen.

Da der Bausparer somit aller Voraussicht nach während der Ansparung seines Vertrages im Rahmen der Einkunftsart Einkünfte aus Kapitalvermögen einen Überschuß erzielt, kann er die Abschlußgebühr bereits im Jahre des Abschlusses steuerrechtlich als Werbungskosten aus Kapitalvermögen geltend machen (BFH-Urteil vom 24. 7. 1990, BStBl 1990 II, S. 975).

Der Staat fördert die rechtzeitige Ansparung eines Bausparvertrages auf vielfache Art und Weise.

Ist der Bausparer Arbeitnehmer, kann er hierauf seine vermögenswirksamen Leistungen von jährlich DM 936 anlegen. Übersteigt das zu versteuernde Einkommen, nicht zu verwechseln mit dem höheren Bruttoeinkommen, laut Steuerbescheid im Anlagejahr bei einem Ledigen nicht den Betrag von DM 35 000, bei zusammen veranlagten Ehepaaren nicht den Betrag von DM 70 000, so erhält der Bausparer hierfür eine Sparzulage vom Staat von 10%, max. 10% aus DM 936. Diese Sparzulage wird aber nicht mehr von Amts wegen gewährt, sondern nur auf Antrag. Spätestens im 2. Jahr nach dem Anlagezeitraum ist der diesbezügliche Antrag beim Finanzamt zu stellen, für 1999 somit spätestens Ende 2001. Sind beide Ehegatten Arbeitnehmer, kann der Betrag von DM 936 zweimal angelegt werden.

Während die Gewährung der Sparzulage voraussetzt, daß der Bausparer aktiver Arbeitnehmer ist, sich in einem Arbeits- oder gleichwertigen Verhältnis befindet, steht die Gewährung einer Wohnungsbauprämie jedermann zu. Alleinige Voraussetzung hierfür ist lediglich die Einhaltung der Einkommensgrenzen von DM 50 000 (ledig)/DM 100 000 (verheiratet). Die prämienrechtlich höchstzulässige Einzahlung beträgt DM 1000 (ledig) bzw. DM 2000 (verheiratet), der Prämiensatz 10%, d. h. die jährliche Wohnungsbauprämie beträgt max. DM 100 bei Ledigen und DM 200 bei Verheirateten.

Sofern der Bausparer frei verfügbares Sparguthaben hat, ohne hierbei Notreserven angreifen zu müssen, ist es ratsam, diesen Betrag sofort auf einen Bausparvertrag einzuzahlen. Denn die gewünschte Zuteilung eines Bausparvertrags wird nicht nur durch den Faktor Zeit, sondern entscheidend auch vom Geldfaktor geprägt. Je früher und je höher deshalb Sondereinzahlungen erfolgen, um so eher ist deshalb mit der Zuteilung eines Bausparvertrags zu rechnen. Hierbei sollte man sich nicht von der Überlegung abhalten lassen, daß bei etwaigen Notfällen kein Zugriff auf das Guthaben möglich wäre. Denn der Bausparvertrag weist eine doppelte Funktion auf. Er ermöglicht zum einen die Gewährung eines späteren zinsgünstigen Darlehens. Zum anderen ist er, wie bereits das Wort »Bau-Spar-Vertrag« aufzeigt, einem Sparbuch gleichzusetzen. Deshalb kann auch beim Bausparvertrag wie beim normalen Sparbuch unter Einhaltung von Kündigungsfristen das gesamte Guthaben samt Zinsen ungeschmälert ausgezahlt werden, während etwa bei einer Kündigung einer Lebensversicherung nur der sogenannte Rückkaufwert, der wesentlich unter den Einzahlungsbeträgen liegt, zur Rückzahlung gelangt. In Betracht kommt bei einer derartigen Kündigung lediglich die Rückzahlung gewährter staatlicher Vergünstigungen, die aufgrund der erfolgten Einzahlungen erfolgt sind. Zudem hat sich aufgrund der Optionstarife die Situation insofern zugunsten der Bausparkunden verbessert, als nunmehr bei einzelnen Bausparkassen zum Zwecke der Auszahlung des Guthabens der Bausparvertrag insgesamt nicht mehr gekündigt werden muß. Vielmehr kann der Bausparvertrag, sofern ein Mindestguthaben verbleibt, sogar unter Beibehaltung der bisherigen Bewertungspunkte als solcher fortgesetzt werden. Diese Ausführungen zeigen, daß hohe Einzahlungen auf einen als Vorsorgemaßnahme abgeschlossenen Bausparvertrag für künftige wohnwirtschaftliche Maßnahmen nicht, wie vielfach angenommen, zu Lasten einer finanziellen Sicherheit des Bausparkunden gehen. Vielmehr eröffnet dieser den Rechtsanspruch auf ein nachrangiges Darlehen zu vertraglich vereinbarten Darlehenskonditionen im voraus, weil die bei Vertragsabschluß gültigen Bedingungen fortgelten.

Wer dagegen keinen Bausparvertrag abschließt, weiß nicht, wie hoch die Darlehenszinsen sein werden, wenn er später zur Finanzierung des gewünschten Hauses oder einer Eigentumswohnung ein Darlehen aufnimmt.

Abgesehen von diesen Überlegungen spricht auch der finanzwirtschaftliche Gesichtspunkt einer günstigen Gesamtfinanzierung für einen möglichst frühen Bausparvertragsabschluß mit möglichst frühen Sondereinzahlungen. Überspitzt ausgedrückt könnte man raten, eher gestern als heute und schon gar nicht erst morgen einen Bausparvertrag abzuschließen.

Von der hier empfohlenen möglichst hohen Einzahlung von frei verfügbarem, anderweitig nicht benötigtem Sparkapital sollte man sich auch nicht durch den Hinweis abhalten lassen, die Einzahlung auf den Bausparkassenvertrag biete gegenüber anderen Geldanlagen eine geringere Rendite. Entscheidend ist in diesem Zusammenhang die Gesamtschau und nicht die isolierte Einzelbetrachtung.

Dies mag folgender *Beispielfall* verdeutlichen:
Bausparer A schließt im Jahr 1999 einen Bausparvertrag in Höhe von DM 100 000 im Optionstarif ab. Er zahlt hierauf sofort DM 40 000 ein. Er beabsichtigt im Jahr 2004 eine Eigentumswohnung zu kaufen. Von seiten der Bausparkasse erhält er für den eingezahlten Betrag jährlich 4% Guthabenzinsen, das sind jährlich, ohne Berücksichtigung von Zinseszinsen, DM 1600, insgesamt somit in fünf Jahren DM 8000.

Ist der Bausparvertrag im Jahr 2004 zugeteilt, kann der Bausparer A beim Kauf einer Eigentumswohnung im Jahre 2004 und sofortigem Einzug bereits zu Beginn der achtjährigen staatlichen Eigenheimförderung – Gewährung der Eigenheimzulage – mit der entsprechenden Darlehenstilgung beginnen.

Kunde B folgt dieser Empfehlung nicht. Er legt statt dessen den Betrag von DM 40 000 für fünf Jahre bei einer Bank an und erhält hierfür jährlich 5% Zinsen, das sind DM 2000, insgesamt ohne Berücksichtigung von Zinseszinsen bis 2004 DM 10 000 Zinsen. Erst im Jahre des tatsächlichen Wohnungskaufs, 2004, schließt er zwecks Finanzierung einen Bausparvertrag über DM 100 000,– ab, auf den er sofort DM 50 000 (DM 40 000 ursprüngliches Kapital + DM 10 000 Zinsen) einzahlt. Kunde B hat zwar durch die anderweitige Anlage in den Jahren 1999 – 2004 ohne Berücksichtigung von Steuern gegenüber der Einzahlung auf den Bausparvertrag ca. DM 2000 (DM 10 000 bis 8000) mehr Zinsen erzielt. Demgegenüber muß er aber, weil er seinen Bausparvertrag erst im Jahr 2004 abgeschlossen hat, diesen Bausparvertrag zwingend zwischenfinanzieren und deshalb an die Bausparkasse oder an ein zwischenfinanzierendes Institut für die gesamte Vertragssumme von DM 100 000 Zinsen zahlen. Beträgt der Zwischenfinanzierungszeitraum beispielsweise nur vier Jahre bei einem angenommenen Zinssatz von 8% und 100% Auszahlung, belaufen sich die ab Selbstnutzung nicht absetzbaren Finanzierungskosten auf DM 32 000. Selbst unter Berücksichtigung des mehr eingenommenen Bruttozinses von DM 2000 steht daher der Kunde B im Gesamtergebnis um DM 30 000 schlechter da; ganz abgesehen davon, daß die Zuteilung erst in einem Zeitraum beginnt, in dem die staatliche Eigenheimförderung schon mehrere Jahre angelaufen ist.

Zu einem möglichst frühzeitigen Abschluß eines Bausparvertrags und einer möglichst frühen Einzahlung von Sonderzahlungen wird deshalb geraten, weil sich hierdurch die für die Zuteilung erforderliche Bewertungspunktzahl *von Anfang an* ständig schnell erhöht und eine beschleunigte Zuteilung ermöglicht.

Wenngleich sich der Zuteilungszeitpunkt beim Bausparen nicht im voraus hundertprozentig bestimmen läßt und demgemäß der Gesetzgeber bestimmt hat, daß sich Bausparkassen nicht verpflichten können, die Bausparsumme zu einem bestimmten Zeitpunkt auszuzahlen, ist in letzter Zeit aufgrund der Einführung der Optionstarife hinsichtlich der Zuteilungssicherheit eine erhebliche Verbesserung für den Bausparer geschaffen worden. Verbindliche Voraussagen sind auch bei Optionstarifen nicht möglich. Gleichwohl gibt es jedoch hier einen entscheidenden und gewichtigen Unterschied zu den herkömmlichen konventionellen Bauspartarifen. Beim konventionellen Bausparen liegen alle Konditionen fest. Bei zwischenfinanzierten Verträgen gehören auch der Tilgungszeitpunkt und die Tilgungshöhe zu den vorher vereinbarten festen Bedingungen, die unabänderlich sind. Dies ist bei den Optionstarifen entscheidend anders. Hier ist nämlich der Tilgungsbeitrag an die jeweils erreichte Bewertungszahl geknüpft. Hinzu kommt, daß sich diese Bewertungszahl bei den Optionstarifen durch Einbau eines Beschleunigungsfaktors gegenüber den herkömmlichen Tarifen erhöht. Wegen der flexiblen Gestaltung des Tilgungsbeitrags, den der Bausparer entscheidend selbst bestimmt, verringert sich das Zeitsicherheitsrisiko. Entscheidend für das Verständnis der Optionstarife ist folgender Gesichtspunkt: Je länger der Bausparer bis zu der von ihm gewählten Zuteilung seine Ersparnisse der Bausparkassengemeinschaft zur Verfügung gestellt hat, desto länger kann er Darlehensleistungen entgegennehmen, d. h., desto geringer ist der Tilgungsbeitrag. Demgegenüber verkürzt sich im gleichen Maße, wie der Bausparer sein Sparguthaben der Bausparkassengemeinschaft für kürzere Zeit zur Verfügung stellt, auch die Zeit der Darlehenstilgung mit der Folge, daß sich demgemäß auch der Tilgungsbeitrag erhöhen muß. Das bei jedem Bausparkassenfinanzierungssystem nötige ausgleichende Verbindungsstück zwischen Bausparkasseneinzahlungen einerseits und Darlehensgewährung der Bausparkasse andererseits hat sich, und das ist charakteristisch für die Optionstarife, auf die Höhe der monatlichen Rückzahlungen verlagert. Im Vordergrund steht hier nicht mehr die Frage: Wann wird mein Bausparvertrag zugeteilt? Im Vordergrund steht hier vielmehr die Frage: Will ich von der Option, den Bausparvertrag schon zum jetzigen Zeitpunkt in Anspruch nehmen zu können, Gebrauch machen? Will bzw. kann ich den sich hieraus ergebenden Tilgungsbetrag tragen, oder will ich das Darlehen erst später in Anspruch nehmen, um einen monatlichen niedrigeren Tilgungsbeitrag zu erreichen?

X BEGRENZUNG DES ZINSRISIKOS DURCH BAUSPARAUFFÜLLUNGSKREDITE

Über Bausparauffüllungskredite läßt sich das ansonsten aufgrund fehlenden Eigenkapitals eintretende Zinsrisiko bei der Finanzierung von Eigentumswohnungen weitestgehend begrenzen. Bei einem Bausparauffüllungskredit zahlt die Bank statt des Bausparers das zur Zuteilung erforderliche Guthaben auf den Bausparvertrag ein. Nach Zuteilung erhält die Bank ihren zur Guthabenauffüllung eingezahlten Betrag zurück. Über die gesamte Bausparsumme, abzüglich des an die Bank zurückgezahlten Guthabens, kann der Bausparer verfügen, etwa in der Form, daß er hiermit einen zum Zeitpunkt der Zuteilung des Bausparvertrags noch offenen Restkredit tilgt und sich gleichzeitig ab Zuteilung einen gleichbleibenden, konjunkturunabhängigen monatlichen Aufwand sichert.

Zum Verständnis hierfür soll folgender *Beispielfall* dienen:
Der Käufer einer Eigentumswohnung benötigt insgesamt DM 300 000. Er schließt zum Zwecke der Finanzierung einen Bausparvertrag in Höhe von DM 200 000 ab, auf den er sein gesamtes vorhandenes Eigenkapital von DM 80 000 einzahlt. Bis zur Zuteilung in fünf Jahren überbrückt er die Zeit durch Aufnahme einer Bausparzwischenfinanzierung von fünf Jahren. Nach Zuteilung der Bausparsumme von DM 200 000 zahlt er gleichbleibende Zins- und Tilgungsraten an die Bausparkasse. Für das offene Restdarlehen von DM 100 000 wählt er bei der Bank eine Laufzeit von vier Jahren. Da er für diesen weiteren Kredit von DM 100 000 keine weiteren Barmittel zur Absicherung mehr zur Verfügung hat, bliebe ihm ohne Auffüllfinanzierung nur die Möglichkeit, dem Risiko einer Zinssteigerung nach Ablauf der ersten fünf Jahre durch monatliche Besparung oder Tilgung vorzubeugen. Aber selbst bei einer 1%igen Tilgung in den ersten fünf Jahren würde immer noch ein Restrisiko von ca. DM 94 000 hinsichtlich des ursprünglich aufgenommenen Darlehens von DM 100 000 bestehen. Zur Absicherung dieses ansonsten nach Ablauf von fünf Jahren Bindungsdauer auftreten-

den Zinsrisikos bietet sich spätestens beim Abschluß des Kaufvertrags einer Eigentumswohnung der rechtzeitige Abschluß eines Auffüllungskredits an.

Im Beispielsfall schließt daher der Käufer zur Absicherung des ansonsten im sechsten Jahr auftretenden Zinsrisikos einen weiteren Bausparvertrag über DM 160 000 ab, der mit 40% zu besparen ist. Die bausparkasseninterne Verzinsung des Ansparguthabens beträgt 3%. Der Käufer nimmt hier einen zusätzlichen Auffüllkredit von DM 60 000 auf mit einer Laufzeit von vier Jahren. Durch die bausparkasseninterne Verzinsung von 3% weist dieser Vertrag nach vier Jahren das erforderliche Eigenkapital von DM 64 000 (= 40% aus DM 160 000) auf. Sofern nach Ablauf des vierten Jahres der Bausparvertrag über DM 160 000 die für die Zuteilung erforderliche Bewertungszahl erreicht hat, gelangt insgesamt eine Bausparsumme von DM 160 000 zur Zuteilung. Da die Bank bei Abschluß des Bausparvertrags hierauf mittels Auffüllkredit DM 60 000 eingezahlt und sich zur Sicherheit diesen Vertrag hat abtreten lassen, erhält sie bei Zuteilung das anteilig eingezahlte Ansparguthaben von DM 60 000 ausgezahlt. Mit der restlichen Bausparsumme von DM 100 000 erfolgt die Tilgung des aufgenommenen Baudarlehens bei der Bank in Höhe von DM 100 000, für das der Käufer bis zur Zuteilung nur Zinsen, »Bauzinsen«, gezahlt hat.

Der wirtschaftliche Aufwand für den Kauf einer Eigentumswohnung läßt sich trotz fehlenden Eigenkapitals optimieren, wenn nicht erst zum Zeitpunkt des Kaufs ein derartiger Bausparauffüllkredit aufgenommen wird, sondern schon lange vorher, wodurch nicht unerhebliche Zinszahlungen vermieden werden.

Dies soll an folgendem *Beispielfall* belegt werden:
Bausparvertrag DM 250 000, abgeschlossen 1999; gewählt wird ein Tarif mit 40% Besparung, der eine schnelle Zuteilung ermöglicht, mit einer bausparkasseninternen Verzinsung von 3%. Die Auffüllung erfolgt durch Aufnahme eines Auffüllkredits bei einer Bank zum Bruttobetrag von DM 100 000, Auszahlung 92%, Laufzeit 4 Jahre, Festzinssatz 4%.

Der von der Bank auf den Bausparvertrag eingezahlte Darlehensbetrag von netto DM 92 000 ist bankmäßig dadurch abgesichert, daß sich die Bank diesen Bausparvertrag sicherheitshalber abtreten läßt. Die Differenz zwischen dem Darlehensnennbetrag von DM 100 000 und dem tatsächlich ausgezahlten Darlehensbetrag von DM 92 000 wird bankmäßig im Beispielfall dadurch überbrückt, daß sich die Bank als weitere Sicherheit Wertpapiere im Gegenwert von DM 8000, die der spätere Wohnungskäufer als Notreserve hat, abtreten läßt. Durch die bausparkasseninterne Verzinsung von 3% des vorhandenen Bausparguthabens ist dieser Vertrag bereits im vierten Jahr voll angespart. Wird er im Jahre 2003 zugeteilt, bekommt die Bank ihren Auffüllkredit von DM 100 000 zurück. Die Rückzahlung erfolgt hier durch das auf DM 100 000 aufgelaufene Bausparguthaben. Demgemäß kann die Bank die Wertpapiere von DM 8000 wieder freigeben. Mit dem bausparkasseninternen Darlehen von DM 150 000 wird das offene Restdarlehen zur Finanzierung der Eigentumswohnung, die erst im Jahr der Zuteilung des Bausparvertrages gekauft wird, konjunkturabhängig abgedeckt.

Durch diese rechtzeitige Vorsorge erspart sich dieser Käufer die ansonsten erforderliche Inanspruchnahme einer Bausparzwischenfinanzierung. Hinzu kommt in diesem Beispielfall der nicht zu unterschätzende Vorteil, daß die Bausparkassentilgung bereits ab Bezug beginnt und daher während der ersten acht Jahre der Bauspardarlehenstilgung der auftretende monatliche Aufwand durch die infolge Selbstbezugs eingreifende staatliche Eigenheimförderung gemildert wird. Durch diesen sofortigen Tilgungsbeginn bei Kauf der Eigentumswohnung – im Beispielfall im Jahre 2003 – erspart sich der Wohnungskäufer eine teure, langfristige Vor- und Zwischenfinanzierung, die selbst dann anfallen würde, wenn er etwa erst im Jahre 2003 den Bausparauffüllkreditvertrag abschließen würde.

Im Beispielfall hat zwar der spätere Wohnungskäufer für den Auffüllkredit an die Bank jährlich DM 4000 Zinsen zu zahlen, insgesamt für vier Jahre somit DM 16 000. Dieser verbleibende Gesamtaufwand von DM 16 000 bei späterer Eigennutzung des erworbenen Objekts ist durch die im Jahre 2003 wieder freiwerdenden Wertpapiere von DM 8000 und die ab 1999 weiterlaufende Verzinsung dieser Wertpapiere intern wirtschaftlich bereits weitgehend abgedeckt.

Zur Klarstellung sei darauf hingewiesen, daß dieser verbleibende Gesamtaufwand von DM 16 000 nur dann zum Tragen kommt, wenn bei Zuteilung im Jahre 2003 eine Eigentumswohnung zur Selbstnutzung gekauft werden soll. Soll dagegen eine Wohnung zur Vermietung erworben werden, können die im Rahmen des Auffüllkredits angefallenen Finanzierungskosten schon im Jahr des jeweiligen Anfalls gegebenenfalls als vorweggenommene Werbungskosten aus Vermietung und Verpachtung geltend gemacht und hierdurch der verbleibende selbst zu tragende Gesamtaufwand für die Auffüllfinanzierung erheblich reduziert werden. Als vorweggenommene Werbungskosten aus Vermietung und Verpachtung kommen im Beispielsfall das bei Auszahlung des Auffüllkredits angefallene Disagio von DM 8000 (8% aus DM 100 000) und die jährlich an die Bank zu zahlenden Darlehenszinsen abzüglich der von der Bausparkasse gewährten Guthabenzinsen in Betracht.

Seit 1987 zählen bei späterer Selbstnutzung der gekauften Eigentumswohnung die Guthabenzinsen aus Bausparverträgen als Einnahmen aus Kapitalvermögen.

Mit Schreiben vom 28. 2. 1990 (BStBl 1990 I, 124) hat das Bundesfinanzministerium zur steuerlichen Behandlung eines Auffüllkredits bei selbstgenutztem Wohneigentum folgendes ausgeführt:

»Schuldzinsen für einen Auffüllungskredit sind dem Grunde nach Werbungskosten bei den Einkünften aus Kapitalvermögen. Regelmäßig werden die Schuldzinsen jedoch die Zinsen aus dem Bausparguthaben auf Dauer übersteigen, so daß das Tatbestandsmerkmal der Einkunftserzielungsabsicht nicht erfüllt ist (vergleiche Abschnitt 153 Absatz 1 Satz 4 EstR). Unter diesen Voraussetzungen sind weder die Guthabenzinsen noch die Schuldzinsen den Einkünften aus Kapitalvermögen zuzuordnen.«

Besteht bereits ein Bausparvertrag, der schon ganz oder weitgehend angespart ist, kann es steuerrechtlich unter Beachtung der obigen Auffassung des Bundesfinanzministeriums sinnvoll sein, auf diesem bestehenden Vertrag als Finanzierungsbaustein aufzubauen und mittels Auffüllkredit eine weitere Einzahlung hierauf zu leisten.

Zum Verständnis und zur Vertiefung soll folgender *Beispielfall* dienen:
Der Bausparer A hat bereits einen bestehenden Bausparvertrag über DM 200 000, auf den er bereits das erforderliche Ansparguthaben von 40%, also DM 80 000 eingezahlt hat. Das Guthaben wird mit 3% verzinst.

Der Bausparer will jedoch erst dann eine kleine Eigentumswohnung zur Selbstnutzung kaufen, wenn er für sich über eine zugeteilte Bausparsumme von insgesamt DM 260 000 verfügen kann. Da er kein weiteres Bargeld hat, sein Ziel jedoch schnell realisieren will, entschließt er sich, sein Bausparvolumen um DM 100 000 zu erweitern und bei seiner Hausbank einen Bausparauffüllkredit von DM 40 000 in Anspruch zu nehmen.

Für diesen Auffüllkredit hat er jährlich 6% Zinsen an die Bank zu zahlen, also jährlich DM 2400.

Da bei Zuteilung der gesamten Bausparsumme von DM 300 000 an die Hausbank der gewährte Auffüllkredit von DM 40 000 zurückgezahlt wird, kann A im Ergebnis bei Zuteilung über die gewünschte Bausparsumme von DM 260 000 (DM 300 000 – DM 40 000 Rückzahlung Auffüllkredit) verfügen.

Der Bausparer A ist sich nur nicht schlüssig, ob er die bisherige Bausparsumme von DM 200 000 um DM 100 000 auf DM 300 000 erhöhen oder neben dem bestehenden Bausparvertrag von DM 200 000 isoliert einen weiteren neuen Vertrag über DM 100 000, bei dem das Ansparguthaben ebenfalls mit 3% verzinst wird, abschließen soll.

Variante 1: Neuabschluß über DM 100 000; Einzahlung von DM 40 000 erfolgt auf Neuvertrag

Die jährlichen Guthabenzinsen von 3% aus dem auf den Neuvertrag eingezahlten Betrag von DM 40 000 belaufen sich auf DM 1200. Demgegenüber sind an die Bank für den Auffüllkredit jährlich DM 2400 zu zahlen.

Die Darlehenszinsen übersteigen hier auf Dauer die Guthabenzinsen und können daher im Beispielsfall nicht als Werbungskosten aus Kapitalvermögen steuermindernd geltend gemacht werden.

Variante 2: Erhöhung der Bausparsumme von DM 200 000 auf DM 300 000; Einzahlung der Bank auf erhöhten Bausparvertrag

Da der Bausparer A hier bereits DM 80 000 selbst eingezahlt hat, weist dieser Vertrag nach Bankauffüllung von DM 40 000 ein Ansparguthaben von insgesamt DM 120 000 auf.

Der jährliche Guthabenzins von 3% beläuft sich daher auf DM 3600 (3% x DM 120 000). Der an die Bank wegen der Auffüllung zu zahlende jährliche Darlehenszins beträgt demgegenüber nur DM 2400.

Hier übersteigen also die Guthabenzinsen trotz teilweiser Fremdauffüllung des Bausparvertrages auf Dauer die Schuldzinsen für den Auffüllkredit. Daher können hier die anfallenden Schuldzinsen für den Auffüllkredit im Gegensatz zur Variante 1 uneingeschränkt bei den Werbungskosten aus Kapitalvermögen steuermindernd geltend gemacht werden.

Durch geschickte Planung kann bei rechtzeitigem Abschluß eines Bausparauffüllungskredites trotz fehlenden Eigenkapitals ein sonst später auftretendes Zinsrisiko möglichst verringert bzw. ausgeschaltet werden. Gleichzeitig läßt sich hierdurch ein späterer, gleichbleibender monatlicher Aufwand berechnen und planen. Nicht zuletzt ist auf diese Weise, unter Ausschöpfung aller sich hieraus ergebenden Steuervorteile, die gewünschte Optimierung der Steuervorteile zu erreichen.

XI TILGUNGSSTRECKUNG – AM BESTEN SELBST GESTRICKT

Im Rahmen der Bausparkassendarlehenstilgung gewähren die meisten Bausparkassen entweder direkt oder über Banken einen Tilgungszuschuß zur Reduzierung des monatlichen Zins- und Tilgungsaufkommens. Rechtlich handelt es sich hierbei um ein Tilgungszuschußdarlehen, das bei Inanspruchnahme mit dem jeweiligen Tageszinssatz versehen ist. Dieses Tilgungszuschußdarlehen senkt zwar den monatlichen Tilgungsbeitrag für das Bauspardarlehen, es entsteht hierbei aber ein zweites Darlehen, das im Anschluß an die Tilgung des Bauspardarlehens zurückzuzahlen ist. Insgesamt steigen hierdurch die Finanzierungskosten an. Da der Zinssatz des Tilgungszuschußdarlehens jeweils marktabhängig, d. h. den jeweiligen Tageszinssätzen unterworfen ist, läßt sich eine verbindliche Aussage über die gesamte Höhe und Laufzeit eines derartigen Tilgungszuschußdarlehens nicht machen. Im Ergebnis tritt durch ein derartiges Tilgungszuschußdarlehen eine Tilgungsstreckung, also eine Verlängerung der ursprünglich vorgesehenen Darlehenslaufzeit ein. Derartige Zinsrisiken lassen sich jedoch bei geschickter Vorplanung und geschickter Ausnutzung der Bausparbedingungen vermeiden bzw. wesentlich verringern. Insbesondere kann durch eine vorausschauende Planung für den Fall vorgebeugt werden, daß nach Ablauf des 8jährigen Begünstigungszeitraums nach Erwerb der selbstgenutzten Eigentumswohnung die staatliche Eigenheimzulage wegfällt.

Den Einstieg in eine zukünftige monatliche Entlastung bei der Bausparkassentilgung bieten die Bausparkassenbedingungen selbst mit der Regelung, daß Sondertilgungen jederzeit zulässig sind und hierdurch der monatliche Tilgungsaufwand reduziert werden kann.

Statt vieler Worte folgen zwei *Beispielfälle:*

Fall 1: Vorsorge durch künftige Ansparung

Ein verheiratetes Ehepaar mit einem kleinen Kind, Ehemann angestellt, zu versteuerndes Einkommen DM 68 000, kauft erstmals eine neue Eigentumswohnung zum Kaufpreis von DM 400 000.

Durch die jährliche Eigenheimzulage von DM 5000 und das zusätzliche jährliche Baukindergeld von DM 1500 tritt während des achtjährigen Begünstigungszeitraumes eine Entlastung von monatlich DM 541,66 (DM 6500 : 12) ein.

Zur Finanzierung des Objektkaufs wird ein zugeteilter Bausparvertrag über DM 200 000 Bausparsumme in einem Optionstarif (DM 100 000 Guthaben, Ursprungsdarlehen DM 100 000) in Anspruch genommen mit einem monatlichen Zins- und Tilgungsbeitrag von DM 4,50 pro Tausend Bausparsumme. Der monatliche Zins- und Tilgungsaufwand aus der zugeteilten Bausparsumme beträgt mithin DM 900 (DM 4,50 × 200).

Da zur Finanzierung des Objektkaufes der zugeteilte Bausparvertrag verwandt worden ist und kein weiterer Bausparvertrag in der Ansparphase mehr vorhanden ist, schließt das Ehepaar, das aufgrund seines zu versteuernden Einkommens von DM 68 000 wohnungsbauprämienberechtigt ist, zur Sicherung der Wohnungsbauprämie sofort einen neuen Bausparvertrag über DM 38 000 in einem Optionstarif ab. Hierauf zahlt es jährlich den im Rahmen des Wohnungsbauprämienrechts zulässigen Höchstbetrag von DM 2000 ein. Darüber hinaus läßt der angestellte Ehemann auf den Bausparvertrag von seinem Arbeitgeber monatlich DM 78 vermögenswirksame Leistungen einzahlen, um sich auch die Arbeitnehmersparzulage zu sichern.

Durch die lange Laufzeit von acht Jahren und durch die von seiten der Bausparkasse erfolgende interne Verzinsung der Einzahlungen erreicht dieser Ansparbauvertrag selbst ohne Berücksichtigung der gewährten Wohnungsbauprämie einen Anspargrad von DM 19 000, was 50% des Ansparvertrags (neuer Bausparvertrag über DM 3800) entspricht. Mit diesem angesparten Bausparvertrag kann nunmehr nach Ablauf von acht Jahren entweder direkt, sofern dieser neue Vertrag bereits zugeteilt ist, oder mittels einer Zwischenfinanzierung in steuerlich zulässiger Form das Restdarlehen aus dem großen Bausparvertrag abgelöst werden. Hierdurch entfällt der monatliche Aufwand von DM 900. An dessen Stelle tritt, wenn der Ansparvertrag zugeteilt ist, selbst bei Wahl des höchsten Tilgungssatzes von DM 8 pro Tausend Bausparsumme lediglich eine nunmehrige Gesamtbelastung von DM 304 (38 × DM 8). Trotz des Wegfalls der Eigenheimzulage im neunten Jahr von DM 541,66 ist durch diese geschickte Vorplanung unter Ausschöpfung des Steuer- und Wohnungsbauprämienrechts im Endergebnis sogar eine Entlastung um DM 54,34 eingetreten. Der ursprüngliche Zins- und Tilgungsaufwand von DM 900 hat sich auf DM 304 reduziert. Dieser verbleibenden Bruttoentlastung von monatlich DM 596 ist der Wegfall der Eigenheimzulage von monatlich DM 541,66 gegenzurechnen. Dies ergibt im Endergebnis den bereits erwähnten Entlastungsbetrag von monatlich DM 54,34.

An diesem Beispielfall wird folgendes deutlich:
Je eher vorgesorgt wird für eine spätere Sondertilgung durch Abschluß eines neuen Ansparvertrags und je später diese Sondertilgung erfolgt, um so mehr wirkt sich dies auf den monatlichen Aufwand entlastend aus.

Zweite Fallvariante: Einsatz eines Reserveeigenkapitals
Der obige Beispielsfall gilt unverändert mit folgender Abwandlung:
Das verheiratete Ehepaar besitzt noch ein restliches Eigenkapital von DM 16 000. Würde dieses Eigenkapital vor Zuteilung des Bausparvertrags auf den Bausparvertrag eingezahlt werden, würde sich das ursprüngliche Bausparkassendarlehen von vornherein auf DM 84 000 vermindern, ohne daß hiermit eine Reduzierung des monatlichen Zins- und Tilgungsaufkommens von DM 900 verbunden wäre. Um ein möglichst hohes Bausparkassendarlehen zu erhalten, setzt daher das verheiratete Ehepaar zunächst die Reserve von DM 16 000 Eigenkapital nicht ein und zahlt den bestimmungsgemäßen Tilgungsbetrag von DM 900, der sich durch die Eigenheimzulage um DM 541,66 auf DM 358,34 netto reduziert. Die Reserve von DM 16 000 wird verzinslich angelegt mit einem Zinssatz von mindestens 4%. Nach Ablauf des achtjährigen Begünstigungszeitraums ist diese Reserve auf mindestens DM 19 000 angewachsen. Das ursprüngliche Darlehen von DM 100 000 ist auf DM 38 000 zu Beginn des neunten Jahres abgesunken. Nunmehr wird der Betrag von DM 19 000 unmittelbar als Sondertilgung auf den Tilgervertrag eingezahlt und gleichzeitig bei der Bausparkasse beantragt, daß in Höhe der erfolgten Sondertilgung, die im Beispielsfall 50% des verbleibenden Restdarlehens beträgt, der monatliche Zins- und Tilgungsbeitrag im gleichen Umfang um 50% von DM 900 auf DM 450 gesenkt wird. Der monatliche Zins- und Tilgungsbeitrag liegt in diesem Falle nach Ablauf des achtjährigen Begünstigungszeitraums nur um DM 91,66 über dem bis dahin zu erbringenden monatlichen Nettoaufwand von DM 358,34.

Durch geschickte Ausnutzung der Bausparkassenbedingungen kann daher durch »selbstgestrickte« Tilgungsstreckung der monatliche Tilgungsaufwand reduziert werden, ohne daß ein die Finanzierung verteuernder Tilgungszuschuß von dritter Hand in Anspruch genommen werden muß.

XII »TILGUNG« DER BAUDARLEHEN DURCH KAPITALLEBENSVERSICHERUNG?

Von Vertretern von Versicherungsgesellschaften hört man immer wieder die Empfehlung: Tilgen Sie doch das aufgenommene Darlehen durch Abschluß einer Kapitallebensversicherung! Bei vielen Leuten entsteht dabei die Vorstellung, mit jeder Mark Einzahlung auf die Kapitallebensversicherung würde sich das zur Finanzierung aufgenommene Baudarlehen unmittelbar verringern. Trifft diese Vorstellung zu?

Um diese Frage zuverlässig beantworten zu können, ist es erforderlich, die Strukturen der Finanzierung beim Abschluß einer Kapitallebensversicherung aufzuzeigen.

In aller Regel wird eine Kapitallebensversicherung über einen Zeitraum von 30 Jahren abgeschlossen, um auf diese Weise den monatlichen Aufwand möglichst gering zu halten. Bezogen auf die Versicherungssumme beträgt der Aufwand ca. 4% jährlich. Das sich durch die Einzahlungen auf die Kapitallebensversicherung ansammelnde Kapital wird einschließlich der sich ansammelnden Überschüsse erst nach Ablauf der Versicherungsdauer in einem Betrag an den Versicherungsnehmer ausbezahlt, sofern dieser den Ablauf der Versicherung noch erlebt. Stirbt der Versicherungsnehmer vor Ablauf der Versicherungsdauer, wird die Versicherungssumme vorzeitig ausgezahlt. Für das Verständnis entscheidend ist der Hinweis, daß ansonsten erst nach Ablauf der Kapitallebensversicherung der volle ungeschmälerte Zugriff auf die abgeschlossene Versicherungssumme möglich ist. Wird nun bei einer Baufinanzierung eine Kapitallebensversicherung als Sicherheit für das aufgenommene Darlehen zugrunde gelegt, so dient diese während ihrer Dauer lediglich als bloße Sicherheit für das aufgenommene Baudarlehen. Wegen des Verrechnungsverbots von Kapitallebensversicherung und aufgenommenem Baudarlehen tritt jedoch durch die Einzahlung auf die Kapitallebensversicherung keinerlei Reduzierung des Baudarlehens ein.

Hierzu folgender kleiner *Beispielfall:*
Ein 30jähriger nimmt zur Finanzierung des Kaufs einer Eigentumswohnung ein Baudarlehen von DM 200 000 auf, zu einem Zinssatz von 6% bei 100% Auszahlung, Laufzeit des Baudarlehens fünf Jahre. Gleichzeitig schließt er eine Kapitallebensversicherung ab, die bis zum 60. Lebensjahr gelten soll, und zahlt hierfür 4% aus der Versicherungssumme von DM 200 000. Trotz kapitalmäßig anwachsender Lebensversicherung bleibt das aufgenommene Baudarlehen von DM 200 000 unverändert bestehen. Da die Kapitallebensversicherung jedoch im Beispielsfall erst im 30. Jahr ab Aufnahme des ersten Baudarlehens zu dessen Tilgung bestimmungsgemäß verwendet werden soll, muß der Käufer für 30 Jahre die Zinsen aus der vollen Nennsumme von DM 200 000 zahlen. Hinzu kommt das nicht zu unterschätzende Risiko, daß der Festzinssatz im Beispielsfall nur auf fünf Jahre festgeschrieben worden ist und demgemäß der Käufer, sofern er immer eine fünfjährige Festzinsschreibung wählt, insgesamt fünfmal, nämlich nach Ablauf des 5., 10., 15., 20 und 25. Jahres, ein Zinsrisiko auf sich geladen hat.

Da bei einer ab 1. 1. 1999 erworbenen, selbstgenutzten Eigentumswohnung Schuldzinsen steuerrechtlich überhaupt nicht mehr geltend gemacht werden können, empfiehlt sich diese Art der Finanzierung in aller Regel für den Selbstnutzer einer Eigentumswohnung nicht.

Eine andere Sache wäre es, wenn der Käufer einer Eigentumswohnung schon vor längerer Zeit eine Kapitallebensversicherung abgeschlossen hat, deren Ablauf in absehbarer Zeit bevorsteht, beispielsweise im 5. Jahr ab Kauf der Eigentumswohnung, weil in diesem Fall ausnahmsweise die tatsächliche Tilgung des aufgenommenen Bauspardarlehens wirtschaftlich gesehen in naher Zukunft erfolgt.

Abgesehen von der steuerlichen Nichtberücksichtigung der Schuldzinsen bei Selbstnutzern ist auch bei dieser Finanzierungsform zu berücksichtigen, daß im Konfliktfall das in die Kapitallebensversicherung eingezahlte Eigenkapital, im Gegensatz etwa zur Einzahlung auf einen Bausparvertrag, dem Darlehensnehmer nicht ungeschmälert zur Verfügung steht. Kündigt nämlich der Darlehensnehmer während der Laufzeit der Kapitallebensversicherung dieselbe, so erhält er nicht etwa seine eingezahlten Beiträge ungeschmälert zurück, sondern lediglich den sogenannten Rückkaufwert, der oft erheblich und wesentlich unter der eingezahlten Nennsumme bleibt. Hinzu kommt ferner der Gesichtspunkt, daß wegen der nicht erfolgten Tilgung des Baudarlehens während der Laufzeit der Kapitallebensversicherung das ursprüngliche Baudarlehen in aller Regel unverändert gleichbleibt, während sich bei einer Tilgungshypothek und insbesondere bei Tilgung eines Bauspardarlehens das ursprünglich aufgenommene Darlehen immer mehr reduziert. Durch diese Reduzierung des ursprünglich aufgenommenen Darlehens, das bankmäßig bzw. bausparkassenmäßig durch Grundschulden abgesichert ist, ergeben sich wirtschaftlich gesehen Freiräume zugunsten des Darlehensnehmers, die es diesem ermöglichen, finanzielle Engpässe zu überbrücken.

Zum Verständnis folgendes *Beispiel*:
Ursprüngliches Bauspardarlehen zum Zeitpunkt des Kaufs DM 100 000; durch zwischenzeitlich erfolgte Tilgung ist das Bauspardarlehen auf DM 60 000 abgesackt. Hierdurch ist ein sogenannter »freier Grundschuldteil« von DM 40 000 zugunsten des Darlehennehmers entstanden, der im Konfliktfall eine Überbrückung und Leistungshilfe seitens der Bank ermöglicht. Diese Lösungsmöglichkeit würde jedoch bei einer Lebensversicherungsfinanzierung, bei der das Baudarlehen gemäß vorstehenden Ausführungen unverändert DM 100 000 betragen würde, nicht bestehen.

Vorstehende Ausführungen gelten vorrangig für den Käufer einer *selbstgenutzten* Eigentumswohnung. Sie haben jedoch auch Bedeutung für den Käufer einer Eigentumswohnung, der dieselbe zunächst vermieten will. Dieser Käufer kann zwar die aufgrund der Finanzierung über Kapitallebensversicherung aufgenommenen und anfallenden Zinsen steuerlich geltend machen. Hierbei ist jedoch der nicht zu vernachlässigende Gesichtspunkt zu berücksichtigen, daß sich diese Finanzierungsform langfristig gesehen nur dann rentiert, wenn der Käufer, der etwa eine 30jährige Lebensversicherung abschließt, während dieser Laufzeit die Wohnung vermietet und sich in einer steuerlich hohen Progression befindet. Wirtschaftlich gesehen werden hierdurch die Freiheit und Disposition eines Käufers einer Eigentumswohnung weitgehend eingeschränkt. Dies gilt vor allem für den nicht selten anzutreffenden Fall, daß der Käufer einer Eigentumswohnung, zunächst etwa für die Dauer von vier Jahren, die gekaufte Eigentumswohnung vermieten will, um sie etwas später selbst zu nutzen oder seinen Kindern, wenn diese studieren sollten, unentgeltlich zur Verfügung zu stellen. Diese Gestaltungsform ist insbesondere beim Kauf einer neu erbauten Eigentumswohnung, bei der für den Käufer im Fall der Vermietung steuerrechtlich die Möglichkeit besteht, die Anschaffungskosten für die ersten acht Jahre gemäß § 7 Abs. 5 EStG erhöht jährlich abzusetzen, interessant. Aufgrund des grundlegenden Urteils des BFH (Bundesfinanzhof) vom 10. 3. 1987 (IX. R24/86, in: Der Betrieb, 1987, 1764) ist es zulässig, eine neu gekaufte Eigentumswohnung zunächst zu vermieten und hinsichtlich der Anschaffungskosten die degressive Abschreibung nach § 7 Abs. 5 EStG zu wählen, und dann innerhalb des achtjährigen Begünstigungszeitraums ab Anschaffung später die gekaufte Eigentumswohnung selbst zu nutzen, mit dem weiteren Vorteil, ab dann als Selbstnutzer bis zum Ablauf des achtjährigen Begünstigungszeitraums ab Anschaffung die noch offenen Förderbeträge nach dem Eigenheimzulagegesetz in Anspruch nehmen zu können.

Hierzu folgender *Beispielfall:*
Kauf einer Neubaueigentumswohnung im Jahr der Fertigstellung 1999 mit sofortiger Vermietung im gleichen Jahr bis 2003, ab dann Selbstbezug; Anschaffungskosten insgesamt DM 400 000 (Hausanteil DM 300 000, Grundstücksanteil DM 100 000).

Hier können während der ersten vier Jahre jährlich 5% der auf den Hausanteil entfallenden Anschaffungskosten von DM 300 000, d.h. jährlich DM 15 000 degressiv nach § 7 V EStG bei Vermietung und Verpachtung als Werbungskosten abgesetzt und darüber hinaus für weitere vier Jahre ab Selbstbezug im fünften Jahr bis zum Ablauf des achten Jahres die jährliche Eigenheimzulage von DM 5000 in Anspruch genommen werden.

Auf eine wichtige Änderung aufgrund des Steueränderungsgesetzes 1992 ist im Rahmen dieses Kapitels besonders hinzuweisen. Bei beabsichtigter Vermietung und bei beabsichtigter betrieblicher Nutzung der gekauften Eigentumswohnung ist der Einsatz einer Kapitallebensversicherung im Rahmen der Baufinanzierung im Gegensatz zur bisherigen Rechtslage steuerunschädlich nur noch in begrenztem Umfange zulässig. Gemäß § 10 Abs. 2a EStG n. F. können nunmehr Beiträge zu Kapitallebensversicherungen als Sonderausgaben nicht mehr abgezogen werden, wenn die Ansprüche aus Versicherungsverträgen während deren Dauer im Erlebensfall der Tilgung oder Sicherung eines Darlehens dienen, dessen Finanzierungskosten Betriebsausgaben oder Werbungskosten sind, es sei denn, das Darlehen dient unmittelbar und ausschließlich der Finanzierung von Anschaffungs- oder Herstellungskosten eines Wirtschaftsgutes, das dauernd zur Erzielung von Einkünften bestimmt und keine Forderung ist, und die ganz oder zum Teil zur Tilgung oder Sicherung verwendeten Ansprüche aus Versicherungsverträgen übersteigen nicht die mit dem Darlehen finanzierten Anschaffungs- oder Herstellungskosten.

Davon abgesehen besteht aufgrund Änderung von § 20 Abs. 1 Nr. 6 EStG die Steuerfreiheit für Zinsen aus in den Versicherungsbeiträgen enthaltenen Sparanteilen nur so lange, wie die vorgenannten Voraussetzungen für den Abzug von Versicherungsbeiträgen als Sonderausgaben erfüllt werden.

Wird die Lebensversicherung steuerschädlich für Finanzierungszwecke eingesetzt, verliert der Lebensversicherungsvertrag alle Steuervorteile. Es kommt dann zur Nachversteuerung aller als Vorsorgeaufwendungen geltend gemachten Versicherungsbeiträge, Versagung des künftigen Abzugs von Vorsorgeaufwendungen und zur Steuerpflicht der rechnungsmäßigen und außerrechnungsmäßigen Zinsen aus dem Versicherungsvertrag.

Um schädliche Auswirkungen zu vermeiden, sollte aus steuerlichen Gründen die abgetretene Lebensversicherung nur im Todesfall – etwa als Ersatz für eine Risikolebensversicherung – der Darlehenstilgung dienen. Räumt der Versicherungsnehmer und Darlehensschuldner ausschließlich für den Fall seines Todes dem Darlehensgläubiger ein unwiderrufliches Bezugsrecht an der Kapitallebensversicherung ein, greifen vom Wortlaut her die Bestimmungen des § 10 Abs. 2 EStG nicht ein. Gleichwohl sieht der Bundesminister der Finanzen (NJW 1994, 1714 = BStBl I 1994, S. 311) hierin eine steuerschädliche Vereinbarung. Nach Auffassung des Bundesministers der Finanzen liegt in dem Umstand, daß die Lebensversicherungsansprüche – trotz der Beschränkung des unwiderruflichen Bezugsrechts auf den Todesfall – im Erlebensfall nicht anderweitig zu Sicherungszwecken eingesetzt werden können, ein Dienen der Versicherungsansprüche auch im Erlebensfall mit der Folge, daß der Sonderausgabenabzug für die Lebensversicherungsbeiträge und die Steuerfreiheit der Versicherungserträge zu versagen ist, es sei denn, einer der Ausnahmetatbestände nach § 10 Abs. 2 S. 2a–c EStG ist erfüllt.

Angesichts dieser Sachlage wird geraten, bei bloßer Abtretung der Kapitallebensversicherung für den Todesfall von der Einräumung eines unwiderruflichen Bezugsrechts zugunsten des Darlehensgläubigers Abstand zu nehmen.

Ist die Inanspruchnahme der Leistungen aus der zu Finanzierungszwecken abgetretenen Lebensversicherung auch für den Erlebensfall vorgesehen, sollte die Abtretung der Versicherung auf die mit dem Darlehen finanzierten Anschaffungs- oder Herstellungskosten beschränkt werden. Mit Schreiben vom 19.5.1993 (NJW 1993, 1841/1842) hat der Bundesminister der Finanzen nochmals eindringlich auf die Gefahr einer derartigen Abtretung hingewiesen. Sind die zur Sicherung oder Tilgung des Darlehens verwendeten Ansprüche aus Kapitallebensversicherungsverträgen nicht auf die mit dem Darlehen finanzierten Anschaffungs- oder Herstellungskosten und auf die Darlehenshöhe, gegebenenfalls abzüglich der banküblichen einmaligen Finanzierungskosten bei der erstmaligen Finanzierung, begrenzt, führt dies zur vollen Steuerschädlichkeit. Diese Begrenzung muß zudem in der Abtretungs- oder Verpfändungserklärung oder bei der Hinterlegung vorgenommen werden. Die Einschränkung durch eine Sicherungsabrede reicht als Begrenzung nicht aus.

Angesichts dieser aufgezeigten Gefahren der steuerlichen Anerkennung und steuerunschädlichen Abtretung von Kapitallebensversicherungen wird empfohlen, während der Dauer des Versicherungsvertrages auf eine derartige Abtretung völlig zu verzichten. Da die Verwendung zur Sicherung oder Tilgung eines Darlehens während der Dauer des Versicherungsvertrages erfolgen muß, um die oben aufgezeigten schädlichen Wirkungen zu entfalten, ergibt sich hieraus, daß ein steuerschädlicher Fall nicht vorliegt, wenn die Ablaufleistung der Versicherung erst nach Beendigung des Vertrages zur Tilgung eines Baukredits verwendet wird, nachdem die Versicherungsleistung fällig und ausgezahlt worden ist, vorher aber mit dem Darlehensgeber darüber keinerlei Vereinbarungen getroffen worden sind.

Zur Klarstellung ist darauf hinzuweisen, daß diese einschränkenden Bestimmungen des § 10 Abs. 2 S. 2 EStG nur bei Fremdvermietung und beruflicher Nutzung eingreifen, dagegen nicht bei Selbstnutzung einer Immobilie. Im letzteren Falle ist der Einsatz einer Kapitallebensversicherung im Rahmen der Baufinanzierung – wie bisher – uneingeschränkt steuerrechtlich möglich und zulässig. In zwei Pressemitteilungen vom 13.10.1993 (Pressemitteilung Nr. 117/93 vom 13.10.1993) und vom 28.6.1993 (Pressemitteilung Nr. 68/93 vom 28.6.1993) hat der Bundesminister der Finanzen hierzu ergänzend dargelegt, daß die Finanzierung eines Arbeitszimmers oder privat genutzten Pkw mit Kapitallebensversicherungen ohne steuerliche Nachteile möglich ist.

Beim geplanten Einsatz einer Kapitallebensversicherung als Tilgungsersatz ist mit zu berücksichtigen, daß nach bisheriger Rechtslage bei vertragsgemäßem Ablauf der Kapitallebensversicherung mit einer Laufzeit von mindestens zwölf Jahren die in einem Betrag ausgezahlte Versicherungssumme nebst Überschußanteilen völlig steuerfrei bleibt und der Ertrag dieser Anlageform weder ganz noch teilweise besteuert wird.

Nach den aktuellen Bonner Sparplänen soll zukünftig die Differenz zwischen der Ablaufleistung und der Summe der Beiträge, die der Versicherte eingezahlt hat, also der Versicherungsertrag, besteuert werden. Nur 20% des Versicherungsertrages, höchstens aber DM 30000 sollen nach dem Entwurf des Bonner Finanzministeriums bei Auszahlung des vollen Versicherungskapitals nach vertragsgemäßem Ablauf steuerfrei bleiben.

Die Verträge sollen lediglich dann steuerfrei bleiben, wenn der Versicherungsnehmer vor Ende der Laufzeit stirbt und die Todesfalleistung an die im Versicherungsvertrag bestimmte begünstigte Person ausgezahlt wird; fernerhin dann, wenn bei vertragsgemäßem Ende die Ablaufleistung statt einer einmaligen Summe nur häppchenweise als monatliche Rente ausgezahlt wird. In allen übrigen Fällen ist der Versicherungsertrag nach Abzug des Freibetrages in vollem Umfang steuerpflichtig.

Hat ein Versicherungsnehmer beispielsweise während der Versicherungsdauer Versicherungsprämien von insgesamt DM 100000 eingezahlt und erhält er bei Vertragsende hierfür eine Ablaufleistung von insgesamt DM 150000, also einen Versicherungsertrag von DM 50000, verbleibt nach Abzug eines 20prozentigen Freibetrages von DM 10000 ein zu versteuernder Restertrag von DM 40000. Bei einem angenommenen Spitzensteuersatz von 50% führt dies zu einer neuen zusätzlichen Steuerbelastung von DM 20000. Dem Versicherungsnehmer verbleibt daher im Beispielsfall nettomäßig lediglich ein Auszahlungskapital von DM 130000.

Diese Sparpläne sind kontraproduktiv zu der ansonsten immer betonten Notwendigkeit von immer mehr privater Vorsorge. Wenn man mehr private Vorsorge will, muß man diese eher sogar noch mit Prämien fördern, anstatt diese Vorsorge durch zusätzliche Steuern zu erschweren. Hierauf hat der frühere Präsident des Bundesfinanzhofs in München, Franz Klein, zutreffend hingewiesen.

Gleichwohl ist angesichts der bei der jetzigen Bundesregierung zu beobachtenden Tendenz einer Bevormundung des Bürgers (vergleiche SZ vom 13.8.1999, Nr. 185, S. 23, »Neue Ungerechtigkeiten«) – im Gegensatz zu einer einmalig ausgezahlten Summe sollen monatliche Rentenzahlungen aus solchen Versicherungsverträgen dem Zugriff des Fiskus entzogen bleiben – damit zu rechnen und zu befürchten, daß dieser Entwurf einer weitgehenden Besteuerung des Ertrages aus einer Lebensversicherung im Falle des vertragsgemäßen Ablaufs und sofortiger voller Auszahlung des Kapitals im Kerngehalt alsbald Gesetz und damit Realität werden wird.

XIII DIE RISIKOLEBENSVERSICHERUNG UND IHRE VERSCHIEDENARTIGEN ZIVILRECHTLICHEN AUSGESTALTUNGEN

Im Rahmen der Baufinanzierung wird in aller Regel von der Bausparkasse ab Zuteilung des Bauspardarlehens zur Absicherung der Familienangehörigen der Abschluß einer Risikolebensversicherung gefordert. Darüber hinaus wird häufig auch von Banken zur Überbrückung von Finanzierungslücken, insbesondere bei jungen Familien oder jungen unverheirateten Paaren, der Abschluß einer Risikolebensversicherung verlangt.

Die Risikolebensversicherung zeichnet sich zivilrechtlich durch die Besonderheit aus, daß hier nicht etwa Kapital angespart wird, das bei Ablauf der Versicherungszeit an die Vertragspartner ausgezahlt wird, sondern hier wird lediglich dem Todesfallrisiko durch Abschluß einer Risikolebensversicherung vorgebeugt. Nur im Todesfall, während der Laufzeit der Risikolebensversicherung, kommt die Risikolebensversicherungssumme zur Auszahlung. Die hierfür gezahlten Beiträge können auch, sofern sie im Rahmen von vermieteten Eigentumswohnungen anfallen, immer nur als sogenannte Vorsorgeaufwendungen steuerrechtlich Berücksichtigung finden, nicht jedoch als Werbungskosten aus Vermietung und Verpachtung. Die hierfür gezahlten Beiträge liegen wesentlich unter den Beiträgen, die bei einer Kapitallebensversicherung anfallen würden. Um die Familienangehörigen ausreichend abzusichern und die Finanzierung auf eine seriöse, ausreichende Grundlage zu stellen, wird der Abschluß einer Risikolebensversicherung auch dann empfohlen, wenn er vom Finanzierungsinstitut nicht zwingend vorgeschrieben sein sollte. Die Risikolebensversicherung ist personenbezogen und sichert nur das Todesfallrisiko ab. Entgegen der landläufigen Meinung stellt daher eine bloße Unfallversicherung keinen gleichwertigen Ersatz dar, weil diese nur dann eingreift, wenn versicherungsrechtlich ein »Unfall« vorliegt. Ein natürlicher Tod stellt jedoch versicherungsrechtlich keinen Unfall dar. Kaufen zwei Eheleute gemeinsam eine Eigentumswohnung, ist es erwägenswert, das Todesfallrisiko durch Abschluß von zwei Risikolebensversicherungen zu begrenzen. Dies natürlich unter Berücksichtigung der derzeitigen Familien- und Einkommensstrukturen. Verdient etwa der Ehemann DM 3000, die Ehefrau DM 1500 und beträgt das gesamte abzusichernde Gesamtrisiko insgesamt DM 300 000, dann empfiehlt es sich, dieses Gesamtrisiko entsprechend den derzeitigen Einkommensverhältnissen derart zu splitten, daß der Ehemann eine Risikolebensversicherung in Höhe von DM 200 000 (= $^2/_3$ von DM 300 000) und die Ehefrau eine Risikolebensversicherung von DM 100 000 abschließt.

Bei einem etwaigen Abschluß eines Risikolebensversicherungsvertrags sind folgende wichtige zivilrechtliche Ausgestaltungen zu beachten:

Eine Risikolebensversicherung kann jederzeit unabhängig etwa von einer bausparvertraglichen Verknüpfung abgeschlossen werden. Die Laufzeit der Versicherung und die Versicherungssumme können hierbei beliebig frei gewählt werden. Charakteristisch für diese Art der Lebensversicherung ist, daß das Eintrittsalter und die Versicherungssumme gleich bleiben und so der bei Vertragsabschluß gewährte Versicherungsschutz, die Versicherungssumme und der Bruttobeitrag sich nicht verändern.

Hierzu ein *Beispiel*:
Ein 30jähriger Mann schließt eine Risikolebensversicherung über DM 100 000 mit einer Vertragslaufzeit von fünf Jahren ab. Der monatliche Versicherungsbeitrag beträgt hier ohne Berücksichtigung von Summenrabatt und Überschußbeteiligung für die gesamte Laufzeit monatlich DM 51. Abgesichert ist für die gesamte Laufzeit eine Lebensversicherungssumme in Höhe von DM 100 000. Stirbt während der Laufzeit der Versicherungsnehmer, wird die gesamte versicherte Summe an den Bezugsberechtigten uneingeschränkt ausbezahlt.

In Abweichung von dieser Art von Risikolebensversicherungsverträgen bieten die Bausparkassen in Zusammenwirken mit Kooperationspartnern, die auf dem Lebensversicherungssektor tätig sind, Risikolebensversicherungsverträge an, die eine bausparspezifische Komponente aufweisen. Die Höhe der Versicherungssumme ist hier nämlich abhängig vom jeweiligen Anspar- bzw. Tilgungsgrad. Zivilrechtlich wird bei dieser Art von Risikolebensversicherungsverträgen zu Beginn eines jeden neuen Jahres ein neuer Versicherungsvertrag in Höhe des verbleibenden Restrisikos geschlossen; dies dann mit dem gültigen Lebensalter des Versicherten. Folge hiervon ist, daß die versicherte Risikosumme abnimmt, der anteilige Beitrag jedoch wegen des steigenden Lebensalters steigt.

Auch hierzu ein *Beispiel*:
Ein 34jähriger Mann schließt bei der Bausparkasse einen Bausparvertrag über DM 100 000 ab. Zur Absicherung dieser Bausparsumme schließt er gleichzeitig eine Risikolebensversicherung in gleicher Höhe ab. Der monatliche Beitrag beträgt im ersten Jahr bei einem angenommenen Beitrag von DM –,50 pro 1000 Versicherungssumme DM 50 (–,50 × 100). Während des ersten Jahres erbringt der Bausparer Sonderzahlungen in Höhe von DM 10 000, so daß am Jahresende sein Bausparvertrag ein Guthaben von DM 10 000 aufweist. Zu Beginn des nächsten Jahres beträgt daher die Versicherungssumme noch DM 90 000. Das Lebensalter des Versicherten beträgt jedoch versicherungsrechtlich bereits 35 Jahre, der entsprechende monatliche Beitrag hingegen DM –,51, was dazu führt, daß im zweiten Jahr ein Versicherungsbeitrag von DM 45,90 für eine Versicherungssumme von DM 90 000 geschuldet wird. Im zweiten Jahr erbringt der Bausparer weitere Sonderzahlungen in Höhe von DM 10 000, so daß im dritten Jahr die Versicherungssumme auf DM 80 000 absinkt. Der monatliche Versicherungsbeitrag steigt jedoch auf DM –,53 pro 1000. Der gesamte monatliche Beitrag beträgt dann für DM 80 000 DM 42,40. Entsprechendes gilt auch für die Darlehenstilgungsrate eines Bausparvertrags. Auch hier verringert sich durch die Darlehenstilgung zu Beginn eines jeden Jahres das sogenannte Darlehensrestrisiko und damit einhergehend die Versicherungssumme, die durch die Risikolebensversicherung abzudecken ist.

Durch diese Art der Risikolebensversicherung wird jeweils nur das bausparkassenspezifische Restrisiko getilgt, nicht jedoch anderweitiges Restrisiko.

Zu ergänzen sind vorstehende Ausführungen um den wichtigen Hinweis, daß es jedem Käufer einer Eigentumswohnung, der Baukredite aufgenommen hat, freisteht, welche Art von Risikolebensversicherungsverträgen er abzuschließen gedenkt. Denn auch die erstgenannte Art von Risikolebensversicherungsverträgen wird ebenso wie die Abtretung von etwaigen Kapitallebensversicherungsverträgen von den Bausparkassen als ausreichende Ersatzsicherheit gebilligt.

In den allgemeinen Geschäftsbedingungen der Bausparkassen findet sich hierzu fast wortgleich folgende Bestimmung:

»Zum Schutze der Hinterbliebenen des Bausparers nimmt die Bausparkasse eine Risikolebensversicherung. Hat der Bausparer bereits eine entsprechende Lebensversicherung auf seine Person abgeschlossen, so begnügt sich die Bausparkasse auf Antrag mit der Abtretung der Rechte aus diesem Versicherungsvertrag.«

XIV DAS NEUE DARLEHENSRECHT DES BGB (§ 609 a BGB) UND DER WEITGEHENDE KÜNDIGUNGSAUSSCHLUSS

Durch Artikel 5 des Gesetzes zur Änderung wirtschafts-, verbraucher-, arbeits- und sozialrechtlicher Vorschriften vom 25. 7. 1986 ist mit Wirkung vom 1. 1. 1987 im Darlehensrecht des BGB eine weitreichende und schwerwiegende Änderung eingetreten. § 247 BGB, der unter bestimmten Voraussetzungen das gesetzliche Recht der Darlehenskündigung bei einem höheren Zinssatz als 6% zugunsten des Verbrauchers ermöglichte, ist ersatzlos gestrichen worden. An die Stelle dieser Bestimmung ist § 609 a BGB getreten, der das gesetzliche Kündigungsrecht des Darlehensnehmers bei fester Zinssatzbindung weitgehend ausschließt.

Gemäß § 609a Abs. 2 BGB kann der Darlehensschuldner das Darlehen mit veränderlichem Zinssatz jederzeit unter Einhaltung einer dreimonatigen Kündigungsfrist kündigen. Dieses Kündigungsrecht gilt für jedes Darlehen, unabhängig von der Person des Darlehensnehmers. Demgegenüber kann bei Darlehen, bei denen für einen bestimmten Zeitraum ein fester Zinssatz vereinbart ist, vor Auslaufen der Zinsbindung nicht gekündigt werden. Bei Darlehen mit auslaufender Zinsbindung kann frühestens für den Ablauf des Tages, an dem die Zinsbindung endet, unter Einhaltung einer Kündigungsfrist von einem Monat, der Darlehenschuldner das gewährte Darlehen ganz oder teilweise kündigen. Darüber hinaus können gemäß § 609a Abs. 1 Nummer 3 BGB sonstige grundbuchrechtlich gesicherte Festzinsdarlehen in jedem Fall nach Ablauf von zehn Jahren nach dem vollständigen Empfang, unter Einhaltung einer sechsmonatigen Kündigungsfrist, gekündigt werden.

Bei nicht erfolgter Darlehensrückzahlung wird in der Praxis häufig von seiten der Bank nach wie vor auch nach Darlehenskündigung der vertraglich vereinbarte Zinssatz gefordert. Hinzuweisen ist darauf, daß nach Auffassung des BGH (BGH NJW 1986, 376; BGH WM 1986, Seite 8 [10]) aufgrund der wirksamen Darlehenskündigung der Anspruch auf den vertraglichen Zinssatz entfallen ist. Die Bank als Gläubiger kann allenfalls nach wirksamer Kündigung einen Ersatzanspruch ihres Verzugsschadens geltend machen, wobei offen ist, wie dieser Schaden im einzelnen zu berechnen ist.

Durch § 609a BGB ist im Darlehensrecht, bei Gewährung von festverzinslichen Darlehen zu Lasten des Verbrauchers, die Kündigungsmöglichkeit weitgehend abbedungen worden. Hinzuweisen ist jedoch auf den gewichtigen Umstand, daß es sich hierbei lediglich um eine dispositive, abdingbare gesetzliche Regelung handelt. Selbstverständlich können individualrechtlich auch kürzere Kündigungsfristen zugunsten des Darlehensnehmers vereinbart werden. Insbesondere bei Einsatz von Bausparkassenverträgen und von Lebensversicherungsverträgen, die zum Zweck der Darlehensabsicherung an Banken abgetreten werden, wird diesbezüglich empfohlen, darauf zu drängen, daß bei Zuteilung der abgetretenen Verträge bzw. bei Fälligwerden der abgetretenen Lebensversicherungsverträge eine Darlehensrückzahlung erfolgen kann und insoweit der Kündigungsausschluß von § 609a BGB nicht gilt. Beispielhaft ist hier folgende Klausel:

»Die Darlehenstilgung durch Leistungen aus einer der Bank abgetretenen fälligen Lebensversicherung und/oder einem der Bank abgetretenen und zugeteilten Bausparvertrag bleibt von den Kündigungsfristen unberührt.«

Zu empfehlen ist diese Klausel deshalb, weil hier die Darlehenstilgung und -rückzahlung ausschließlich von der bloßen Zuteilung des Bausparvertrags bzw. von der bloßen Fälligkeit der Lebensversicherung abhängt. Bedingungen, die zwar ebenfalls ab Zuteilung eine Darlehenskündigung vorsehen, dies jedoch erst ab einem bestimmten Jahr, stellen keinen gleichwertigen Ersatz dar. Zu empfehlen ist, darauf hinzuwirken, daß die Darlehenskündigung schlechthin ab Zuteilung bzw. Fälligwerden der Lebensversicherung ohne etwaige Zahlung einer Vorfälligkeitsentschädigung möglich ist. Bei vorzeitiger Beendigung eines Darlehensvertrages kann der Darlehensnehmer im Regelfall anteilige Erstattung eines vorab bezahlten Disagios verlangen, auch wenn der Darlehensvertrag keine ausdrückliche Regelung enthält (BGH NJW 1990, S. 2250 ff.). Hierfür spricht die Tatsache, daß das Disagio seine Funktion als Abgeltung eines einmaligen Verwaltungsaufwandes bei der Kreditbeschaffung und -gewährung weitgehend verloren hat und in der Bankpraxis nur noch als Rechenfaktor für die Zinsbemessung während des Zinsfestschreibungszeitraumes dient. Das Disagio ist deshalb im Regelfall bei der hier gebotenen wirtschaftlichen Betrachtungsweise als laufzeitabhängiger Ausgleich für einen niedrigeren Nominalzins anzusehen mit der Folge, daß der Darlehensnehmer bei vorzeitiger Vertragsbeendigung vom Darlehensgeber das vorab für die gesamte beabsichtigte Laufzeit des Darlehensvertrages voll bezahlte Disagio zeitanteilig zurückverlangen kann.

Zum Verständnis folgendes *Beispiel:*
Die Bank B gewährt dem Kunden K ein Darlehen über DM 100 000, Zinssatz 8% bei 100% Auszahlung, Laufzeit 5 Jahre. Nach Ablauf von 4 Jahren wird der Darlehensvertrag vorzeitig beendet. Hier kann die Bank nur Zinsen für 4 Jahre in Höhe von insgesamt DM 32 000 fordern.

Gewährt die Bank B statt dessen ein Disagio von 10%, Auszahlung nur 90%, Zinssatz 6%, so erhält die Bank B hier zunächst bei Vertragsende im 4. Jahr DM 10 000 Disagio + DM 24 000 Zinsen, insgesamt DM 34 000. Die Zuviel-Zahlung von DM 2000 (DM 34 000 ./. DM 32 000) entspricht genau $^1/_3$ des ursprünglich gewährten Disagios von DM 10 000 und ist als Überzahlung an den Kunden zurückzugeben.

Zur Ermittlung der Höhe des anteilig zurückzuzahlenden Disagios im jeweiligen Einzelfall ist folgende Formel zugrunde zu legen:

$$\text{Rückzahlungsanspruch} = \frac{\text{zeitant. nicht in Anspr. gen. Darl.}}{\text{urspr. vereinb. Gesamtlaufzeit}} \times \text{gezahltes Disagio}$$

Legt man diese Formel dem obigen Beispielfall zugrunde, so ergibt sich folgende Berechnung:

$$\frac{\text{Darl. für 1 Jahr nicht in Anspruch gen.}}{\text{5 Jahre Gesamtlaufzeit vereinbart}} \times \text{DM } 10\,000$$

$^1/_5 \times$ DM 10 000 = DM 2000 Rückzahlungsanspruch.

Wichtig erscheint der Hinweis, daß das anteilig zurückzuzahlende Disagio ab dem Zeitpunkt des vorzeitig beendeten Darlehensvertrages auch von seiten der Bank zu verzinsen ist. Denn der Anspruch auf anteilige Rückzahlung des Disagios ist bereicherungsrechtlicher Natur und entsteht erst mit vorzeitiger Beendigung des Darlehens gemäß § 812 II S. 1 BGB. Fällt der Rechtsgrund der Leistung – wie hier – nur für die Zukunft weg, ist erst ab diesem Zeitpunkt (vgl. BGH NJW 1959, 1424) die Bank bereicherungsrechtlich verpflichtet, gemäß § 818 I BGB neben dem anteilig zurückzuzahlenden Disagio auch die ab vorzeitiger Beendigung des Darlehensvertrages bis zur tatsächlichen Rückzahlung des anteiligen Disagios weiterhin hieraus gezogenen Nutzungen an den Darlehensnehmer herauszugeben. Ist – wie hier – Geld Gegenstand des Herausgabeanspruchs, sind grundsätzlich zwar nur die tatsächlich gezogenen Nutzungen seit Entstehen des Bereicherungsanspruches herauszugeben (BGH WM 1991, 1983), wobei der Anspruchsberechtigte grundsätzlich auch nachzuweisen hat, daß tatsächlich Nutzungen (Zinsen) gezogen worden sind. Diese strengen Anforderungen gelten jedoch dann nicht, wenn nach der Lebenserfahrung bestimmte wirtschaftliche Vorteile zu vermuten sind (BGH Z 64, 322). Letzteres ist aber gerade bei dem hier gegebenen Bereicherungsanspruch auf Auszahlung einer Geldsumme gegenüber einer Bank der Fall mit der Folge, daß die Bank ab vorzeitiger Beendigung des Darlehensverhältnisses bis zur tatsächlichen Rückzahlung des anteilig zurückzuzahlenden Disagios diesen Betrag auch banküblich zu verzinsen hat.

Allgemeine Geschäftsbedingungen der Banken, die die oben dargelegten Erstattungsansprüche bei vorzeitiger Beendigung des Darlehensvertrages ausschließen, stellen eine unangemessene Benachteiligung des Kunden als Verbraucher dar und sind daher gemäß § 9 Abs. 2 Nr. 1 BGB als nichtig zu werten (BGHZ 101, 287/292).

Zur Klarstellung sei darauf hingewiesen, daß es für den dargelegten Erstattungsanspruch nicht darauf ankommt, ob der Darlehensbetrag infolge einer Aufhebungsvereinbarung vorzeitig zurückgezahlt worden ist oder nicht. Auch andere Gründe für eine vorzeitige Beendigung rechtfertigen eine anteilige Erstattung des Disagios (so bereits BGHZ 111, 287/290). So hat das Kreditinstitut auch bei einer Kündigung des Darlehensvertrages vor Ablauf der Vertragsdauer das Disagio anteilig zu verrechnen.

Erklärt sich die Bank mit der vorzeitigen Ablösung des Darlehens einverstanden, ohne die Frage, ob das Disagio (Damnum) anteilig zurückgezahlt werden soll, ausdrücklich mit zu erörtern, kann nicht davon ausgegangen werden, der Bankkunde habe hiermit stillschweigend auf die anteilige Erstattung des Disagios verzichtet. Von einem derartigen Verzicht kann nur dann ausgegangen werden, wenn der Bankkunde zumindest durch sein Verhalten eindeutig zum Ausdruck gebracht hat, daß er auf die entsprechende Rückerstattung des Disagios verzichtet. Aus der bloßen Tatsache, daß über diesen Punkt nicht gesprochen worden ist, lassen sich jedoch derartige Schlüsse nicht ziehen. Dies gilt um so mehr, als ein freiwilliger Verzicht auf Rechte im allgemeinen nicht zu vermuten ist (BGH Urteil vom 16. 11. 1993, XI ZR 70/93, NJW 1993, 3257; BGH Z 111, 287/294).

Der Anspruch auf anteilige Rückerstattung des Damnums verjährt erst 30 Jahre nach vorzeitiger Beendigung des Kreditvertrages. Die Forderung nach Rückzahlung von Zinsen verjährt zwar bereits nach vier Jahren gemäß § 197 BGB. Das Disagio stellt jedoch eine eigenständige Forderung der Bank neben den Zinsforderungen dar. Dies ergibt sich schon daraus, daß der Disagiobetrag einmalig zu bezahlen ist und somit keine regelmäßig wiederkehrende Leistung im Sinne des § 197 BGB darstellt. Für die anteilige Rückforderung eines Disagiobetrages gilt deshalb die regelmäßige Verjährungsfrist von 30 Jahren gemäß § 195 BGB (BGH Urteil vom 12. 10. 1993, XI ZR 11/93; NJW 1993, 2357).

Im übrigen ist darauf hinzuweisen, daß eine anteilige Rückzahlung des gezahlten Disagios nur bei normalen Kreditverträgen in Betracht kommt, nicht jedoch, wenn es sich um einen zinsverbilligten Kredit aus öffentlichen Förderprogrammen handelt. Denn bei zweckgebundenen öffentlichen zinsverbilligten Darlehen handelt es sich um besonders günstige Mittel zur Förderung wohnungspolitischer Ziele. Solche Kredite sind anders zu behandeln als Kredite im Rahmen eines normalen Bankgeschäfts. Zins und Disagio sind hier in aller Regel unabänderlich vorgegeben mit der Folge, daß das vereinbarte Disagio nicht so zu behandeln ist wie langzeitabhängige Zinsen. Vielmehr stellt das Disagio in diesem Falle einen laufzeitunabhängigen Kostenbeitrag des Darlehensnehmers dar, mit der Folge, daß bei vorzeitiger Rückzahlung des zinsverbilligten Kredits aus öffentlichen Förderprogrammen eine anteilige Erstattung des einbehaltenen Disagios ausgeschlossen ist (BGH NJW 1992, 2285; BGH NJW 1994, 47).

Wird bei Abschluß des Darlehensvertrags auf eine günstige Gestaltung nicht geachtet, kann der weitgehende Kündigungsausschluß bei festverzinslichen Darlehen nicht etwa dadurch umgangen werden, daß lediglich getilgt anstatt gekündigt wird. Grundsätzlich kann zwar der Schuldner schon vor Fälligkeit die vorgesehene Fälligkeit bewirken, aber dieser Grundsatz ist unanwendbar, wenn der Gläubiger durch die vorzeitige Tilgung ein vertragliches Recht verliert oder seine rechtlich geschützten Interessen hierdurch beeinträchtigt werden. Das Recht zur Voraustilgung ist daher ausgeschlossen bei verzinslichen Darlehen, bei Grundschulden und Hypothekenforderungen (KGJW 35, 1641).

Dieser oben aufgezeichnete, gesetzlich weitgehende Kündigungsausschluß von Darlehen nach § 609 a BGB gilt nur für Darlehen, die seit 1.1.1987 abgeschlossen worden sind. Auf Altverträge ist diese Bestimmung nicht anwendbar. Dies gilt insbesondere für Verträge, die in der Übergangszeit zwischen Verkündigung des neuen § 609a BGB, dem 25.7.1986, und dem Inkrafttreten geschlossen worden sind. Hier bleibt es bei der alten Regelung des § 247 I BGB. Hiernach kann unter bestimmten Voraussetzungen bei gewährten Darlehen, die zu keiner gesetzlichen Deckungsmasse für Schuldverschreibungen gehören, nach wie vor das Darlehen mit der Begründung, der gewährte Zinssatz übersteige 6%, gekündigt werden. Diese zwingende Rechtsfolge kann nicht, wie geschehen, dadurch umgangen werden, daß in derartigen Altverträgen bereits die Vorwirkung von § 609 a BGB vereinbart wird. Denn das gesetzliche Kündigungsrecht nach § 247 Abs. 1 Satz 2 BGB kann weder durch Vertrag ausgeschlossen noch auf irgendeine Weise beschränkt werden. Unzulässig ist daher, sofern § 247 Absatz 1 BGB eingreift, auch eine Klausel, nach der der Schuldner bei der vorzeitigen Kündigung eine Vorfälligkeitsentschädigung zu zahlen hat. Eine derartige Bestimmung ist wegen Verstoß gegen § 247 Abs. 1 Satz 2 BGB als wirkungslos anzusehen (BGHZ 79, 165).

Im übrigen hat der Kunde auch bei Hypothekenkrediten mit einer festen Laufzeit, die seit dem 1.1.1987 abgeschlossen worden sind, trotz des formellen Kündigungsausschlusses nach § 609 a BGB vor Laufzeitende nach der maßgeblichen Rechtsprechung des Bundesgerichtshofs jedenfalls dann ein außerordentliches Kündigungsrecht, wenn andernfalls seine wirtschaftliche Handlungsfreiheit gefährdet werden würde (BGH Urteil vom 1.7.1997, XI ZR 267, 96; NJW 1997, 2875; BGH Urteil vom 1.7.1997, XI ZR 197/96; NJW 1997, 2878). Eine Gefährdung der wirtschaftlichen Handlungsfreiheit des Kunden ist immer dann gegeben, wenn die Ablösung des Kredits und der damit verbundenen Grundschuld bzw. Hypothek für einen beabsichtigten Verkauf der Immobilie notwendig ist. Darüber hinaus sind die Banken verpflichtet, ausnahmsweise einer vorzeitigen Beendigung des Darlehensvertrages zuzustimmen, wenn der Kreditnehmer das Objekt, das mit einer Grundschuld oder Hypothek belastet ist, für die Absicherung eines höheren Kredits benötigt, den er bei seiner bisherigen Gläubigerbank nicht mehr bekommt. Maßgeblich und bestimmend für die Einräumung eines außergewöhnlichen Kündigungsrechtes des Darlehensnehmers ist in beiden Fällen die Erwägung, daß die Banken an der vereinbarten Kreditlaufzeit nicht um den Preis der wirtschaftlichen Handlungsfreiheit ihrer Kunden festhalten dürfen.

Unstreitig steht der Bank bei vorzeitiger Vertragsbeendigung wegen außerordentlicher Kündigung seitens des Kunden dem Grunde nach eine Vorfälligkeitsentschädigung zu. Die Vorfälligkeitsentschädigung ist der Preis, den eine Bank verlangen kann, wenn ein Bauherr oder Erwerber einer Immobilie vorzeitig sein Hypothekendarlehen ablösen will. Grundlage der Berechnung ist hierbei die Differenz zwischen der Restschuld am Ende der vertraglichen Laufzeit und der Restschuld zum Zeitpunkt der vorzeitigen Kündigung. Kein Zweifel kann daran bestehen, daß die Bank dem Grunde nach einen Anspruch auf eine solche Entschädigung hat. Denn der Bank, die dem Kunden bei Abschluß des Darlehensvertrages das Geld oft für einen langen Zeitraum bereitstellt, entstehen bei der vorzeitigen Kündigung zusätzliche Kosten und auch Zinseinnahmeverluste. Hinzu kommt, daß sie mitunter das Geld für den Rest der Laufzeit nicht zu den gleichen, kalkulierten Bedingungen verleihen oder anlegen kann wie bei Vertragsbeginn.

Der Höhe nach stehen den Banken bei der konkreten Berechnung der Vorfälligkeitsentschädigung nach der richtungweisenden und maßgeblichen Rechtsprechung des BGH nur noch zwei Berechnungsmethoden zur Verfügung:

Nach der ersten, kundenfreundlichen Variante darf die Bank den Zinsschaden aus der Differenz zwischen dem vereinbarten Kreditzinssatz und dem Satz, den sie für ihr neues Darlehen verlangen kann, errechnen. Zusätzlich kann sie hier Ersatz des entgangenen Gewinns nebst einer Bearbeitungsgebühr fordern. Alle Zahlungen müssen bei dieser Berechnungsvariante allerdings mit dem neuen Kreditzinssatz abgezinst, das heißt auf den Gegenwartswert gebracht werden.

Nach der zweiten, bankenfreundlichen Variante kann die Bank ihren Zinsschaden aus der bloßen Differenz zwischen dem vereinbarten Darlehenszinssatz und der Rendite für Bundeswertpapiere mit der gleichen Restlaufzeit errechnen. Zusätzlich kann dem Kunden auch hier eine Bearbeitungsgebühr in Rechnung gestellt werden. Mit dem Ersatz des entgangenen Gewinns darf der Kunde hiergegen bei dieser Variante nicht belastet werden.

Im Einklang mit der ersten Berechnungsvariante unterliegen auch die hier errechneten Beträge dem Abzinsungsgebot.

Abschließend sei in diesem Zusammenhang darauf hingewiesen, daß Rückforderungsansprüche der Kunden wegen einer möglicherweise zu hohen, bezahlten Vorfälligkeitsentschädigung erst in 30 Jahren verjähren. Ein möglicher Einwand der in Anspruch genommenen Bank, der Anspruch sei schon verjährt, ist nach der maßgeblichen Rechtsprechung des BGH nicht geeignet, die begründeten Rückzahlungsansprüche der Kunden zu Fall zu bringen oder ihre prozessuale Durchsetzung zu vereiteln.

XV INTERESSANTE FALLGESTALTUNGEN ZUR REDUZIERUNG DES KAPITALAUFWANDS BEI SELBSTGENUTZTEN EIGENTUMS-WOHNUNGEN

1 Erst kaufen – dann heiraten

Als unverheiratetes Paar können Sie sich durch die geschickte Wahl des Hochzeitstermins die Eigenheimzulage gleich doppelt auszahlen lassen.

Nach § 6 I Satz 2 des Eigenheimzulagengesetzes können Ehegatten, die im Inland wohnen oder hier ihren gewöhnlichen Aufenthalt haben und daher unbeschränkt einkommensteuerpflichtig sind (§ 1 EstG) und nicht getrennt leben, die Eigenheimzulage für insgesamt zwei Objekte beanspruchen. Dies gilt für zwei in räumlichem Zusammenhang gelegene Objekte nur dann nicht, wenn die Ehegatten im Zeitpunkt der Fertigstellung oder Anschaffung der Objekte bereits verheiratet sind.

Eine Eigentumswohnung ist nach der Rechtsprechung des Bundesfinanzhofs und den einschlägigen Erlassen der Finanzverwaltung schon dann als »fertiggestellt« anzusehen, wenn lediglich noch geringfügige Restarbeiten fehlen. Dies gilt beispielsweise für den fehlenden Außenputz oder noch nicht vollständig hergestellte Außenanlagen, aber auch für noch ausstehende geringfügige Malerarbeiten und gegebenenfalls auch für das bloße Verlegen des Bodenbelags in der ansonsten fertiggestellten Wohnung. Eine Eigentumswohnung ist auch dann mit Bezugsfertigkeit »fertiggestellt«, wenn zu diesem Zeitpunkt bürgerlichrechtlich noch kein Wohnungseigentum begründet und die Teilungserklärung noch nicht abgegeben worden ist (BFH Urteil vom 26.1.1996, IX R 53/96).

»Angeschafft« ist die Eigentumswohnung bereits dann, wenn der Erwerber als wirtschaftlicher Eigentümer anzusehen ist. Auf den Zeitpunkt des bürgerlich-rechtlich wirksamen Erwerbs, der neben der Auflassung auch die Eintragung des Erwerbers im Grundbuch als neuen

Eigentümer voraussetzt, kommt es hierbei nicht an. Wirtschaftliches Eigentum wird regelmäßig bereits dann erworben, wenn Eigenbesitz, Nutzen und Gefahren sowie Lasten auf den Erwerber übergehen. Danach ist derjenige als wirtschaftlicher Eigentümer anzusehen, der die Gefahr der Verschlechterung oder des zufälligen Untergangs des Wirtschaftsguts zu tragen hat. Daher kommt der Regelung im Notarvertrag bezüglich des Übergangs von Nutzen und Lasten entscheidende Bedeutung bei der Frage zu, wann das Objekt »angeschafft« ist.

Hat noch keiner der zukünftigen Ehegatten eine Förderung nach dem früheren § 7 b EStG bzw. dem früheren § 10 e EStG oder nach dem Eigenheimzulagengesetz erhalten, kann es sich wegen der oben dargelegten Gesetzeslage aus wirtschaftlichen Gründen lohnen, zwei in räumlichem Zusammenhang gelegene Objekte zu erwerben und erst dann zu heiraten, wenn die Suche nach diesen vier eigenen Wänden abgeschlossen ist bzw. die eigenen vier Wände fertiggestellt sind. Das Finanzamt zahlt nämlich die Eigenheimzulage gleich zweimal, also doppelt aus, wenn etwa anstelle eines größeren Einfamilienhauses bewertungsrechtlich ein Zweifamilienhaus mit Einliegerwohnung errichtet wird, das von den zukünftigen Eheleuten selbst bewohnt wird. Gleiches gilt, wenn anstelle einer größeren Eigentumswohnung zwei neben- oder übereinanderliegende kleinere Eigentumswohnungen zur Selbstnutzung erworben werden oder nach dem Kauf eines Hauses das Haus später noch ausgebaut bzw. erweitert wird.

Zum Verständnis und zur Klarstellung soll folgender *Beispielfall* dienen:
Herr Huber kauft vom Bauträger ein Einfamilienhaus mit Einliegerwohnung, das im Sommer 1999 fertiggestellt und bezugsfertig ist. Nach Fertigstellung zieht Herr Huber, der bisher schon mit Frau Maier zusammengelebt hat, mit ihr sofort in das steuerrechtlich neue Zweifamilienhaus, das von ihnen ausschließlich bis einschließlich 2006 selbst bewohnt wird, ein. Der Wert des Einfamilienhauses beträgt DM 300 000, der Wert der Einliegerwohnung DM 100 000. Als Weihnachtsüberraschung heiratet Herr Huber noch im Jahre 1999 Frau Maier.

Herr Huber kann hier, da er noch im Jahr der Fertigstellung und Bezugsfertigkeit in beide in räumlichem Zusammenhang stehende Objekte eingezogen ist und erst nach Einzug – aber noch im Jahr der Fertigstellung – geheiratet hat, für das Einfamilienhaus die Eigenheimzulage von jährlich DM 5000 und für die Einliegerwohnung, bei der die Bemessungsgrundlage für die Eigenheimzulage DM 100 000 beträgt, eine weitere jährliche Eigenheimzulage von DM 5000 in Anspruch nehmen.

Jährlich erhält daher Herr Huber im achtjährigen Förderzeitraum eine Eigenheimzulage von DM 10 000, insgesamt also DM 80 000.

Hätte demgegenüber Herr Huber im obigen Beispielfall noch vor Einzug in das Zweifamilienhaus etwa bereits im Frühjahr 1999 geheiratet, hätte sich die Eigenheimzulage auf jährlich DM 5000 und insgesamt auf DM 40 000 verringert. Eine zusätzliche Förderung der Einliegerwohnung wäre hier ausgeschlossen, weil Herr Huber im Zeitpunkt der Fertigstellung bzw. Anschaffung des Einfamilienhauses mit Einliegerwohnung bereits verheiratet war:

Merke daher: Erst kaufen – dann heiraten!

Eine weitere Eigenheimzulage kann auch in Anspruch genommen werden, wenn einer der beiden zukünftigen Ehepartner bereits Alleineigentümer eines Hauses bzw. einer Eigentumswohnung ist, das der Lebensmittelpunkt der zukünftigen Ehegatten sein und bleiben soll.

Verkauft der Alleineigentümer des Objekts sein Haus bzw. seine Wohnung noch vor Eheschließung an den zukünftigen Ehegatten, kann der zukünftige Ehegatte die Eigenheimzulage für acht Jahre beanspruchen, sofern er selbst noch keine Förderung für selbstgenutztes Wohneigentum erhalten hat. Dies gilt auch dann, wenn der Veräußerer in der Vergangenheit selbst eine Förderung für selbstgenutztes Wohneigentum erhalten hat.

Zwingende Grundvoraussetzung für die Förderung des Erwerbers ist, daß der im notariellen Kaufvertrag festgelegte Übergang von Besitz, Nutzen und Lasten, also der Übergang des wirtschaftlichen Eigentums, noch vor dem Zeitpunkt der Eheschließung liegt.

Weitere Voraussetzung und Bedingung für die Gewährung einer Eigenheimzulage an den Erwerber und zukünftigen Ehegatten des Veräußerers ist, daß der Erwerber noch keine Förderung für Wohneigentum erhalten hat, den Kaufpreis allein aufbringen kann und aufgrund eigener Einkünfte die infolge Immobilienerwerbs im Rahmen der Kaufpreisfinanzierung zukünftig anfallenden monatlichen Zins- und Tilgungsleistungen alleine tragen kann.

Werden diese Voraussetzungen beachtet, wird für die vom zukünftigen Ehegatten erworbene Wohnung, die Lebensmittelpunkt der zukünftigen Ehegatten ist und bleiben soll, eine weitere Förderung für acht Jahre nach dem Eigenheimzulagengesetz gewährt, auch wenn der Veräußerer bereits eine achtjährige Förderung erhalten hat.

2 Häusliches Arbeitszimmer und Teilvermietung eines Zimmers an volljährige Kinder

Nicht zu eigenen Wohnzwecken werden Teile einer Wohnung genutzt, wenn sie betrieblichen oder beruflichen Zwecken (z.B. häusliches Arbeitszimmer, Büro) dienen oder wenn sie vermietet werden. In diesen Fällen ist die Bemessungsgrundlage für die Gewährung der Eigenheimzulage um den auf diesen als Arbeitszimmer/Büro genutzten bzw. vermieteten Teil der Wohnung zu kürzen. Diese Kürzung wirkt sich jedoch dann nicht aus, wenn die Bemessungsgrundlage für den selbstgenutzten Teil des Hauses bzw. der Eigentumswohnung nicht unter DM 100 000 liegt.

Der entscheidende Vorteil einer gemischten Nutzung einer selbstgenutzten Eigentumswohnung besteht darin, daß bezüglich der nicht zu Wohnzwecken genutzten Teile der Wohnung, die entweder betrieblich als Büro oder Arbeitszimmer benutzt oder fremdvermietet werden, die auf diese Teile der Wohnung entfallenden Aufwendungen neben der Eigenheimzulage zusätzlich als Werbungskosten aus nichtselbständiger Tätigkeit bzw. aus Vermietung und Verpachtung oder als Betriebsausgaben geltend gemacht werden können.

a. Vermietung eines einzelnen Zimmers

Der Eigentümer hat zwar die Einnahmen aus der Vermietung als Mieteinnahmen im Rahmen der Einkommensart »Vermietung und Verpachtung« anzusetzen. Demgegenüber kann er jedoch die auf das vermietete Zimmer anfallenden Kosten in vollem Umfang als Werbungskosten absetzen. Hierzu gehören neben den anteiligen Schuldzinsen insbesondere auch die auf die vermietete Wohnung entfallenden Abschreibungen. Hierbei ist darauf zu achten, daß die selbstgenutzte Eigentumswohnung noch im Jahr der Fertigstellung angeschafft worden ist und es sich somit um eine neue Eigentumswohnung aus erster Hand handelt. In einem derartigen Fall können die auf das vermietete

Zimmer entfallenden Abschreibungen entweder degressiv nach § 7 Abs. 5 EStG oder linear nach § 4 Abs. 4 EStG (AfA-Satz 2% jährlich über die gesamte Nutzungsdauer) vorgenommen werden.

Die degressive AfA (Absetzung für Abnutzung) für Mietwohnungen beträgt im Jahr der Fertigstellung und in den folgenden sieben Jahren jeweils 5%, in den darauffolgenden sechs Jahren jeweils 2,5% und in den darauffolgenden 36 Jahren jeweils 1,25% der Herstellungs- bzw. Anschaffungskosten des Gebäudes ohne Grund und Boden.

Handelt es sich um den Kauf einer bereits gebrauchten Eigentumswohnung oder um eine Eigentumswohnung, die erst nach dem Jahre der Fertigstellung angeschafft worden ist, kann lediglich die Grundabschreibung von 2% vorgenommen werden.

Interessant ist diese Fallgestaltung – Vermietung eines Zimmers – besonders deshalb, weil es einkommensteuerrechtlich nunmehr ohne Minderung des Werbungskostenabzugs zulässig ist, eine Wohnung auch an Familienangehörige um bis zu 50% unter dem Verkehrswert zu vermieten. Beträgt das Entgelt für die Überlassung einer Wohnung zu Wohnzwecken, d. h. die Kaltmiete zuzüglich der gezahlten Umlagen, mindestens 50% der ortsüblichen Miete einschließlich 50% der umlagefähigen Kosten, so können die auf diese Wohnung entfallenden Werbungskosten in vollem Umfange abgezogen werden (R162 Absatz 5 EStR).

Beträgt beispielsweise die monatliche ortsübliche Kaltmiete für ein Zimmer von 20 m² DM 300 und die monatliche ortsübliche Umlage für die umlagefähigen Nebenkosten DM 60, der ortsübliche monatliche Bruttomietzins also DM 360, ist der ungeschmälerte Abzug aller auf dieses Zimmer entfallenden Werbungskosten (Abschreibung, Schuldzinsen, Renovierungs- und Nebenkosten) gewährleistet, wenn dieses Zimmer mindestens zu einer monatlichen Kaltmiete von DM 150 und DM 30 Nebenkosten, insgesamt also zu einem Bruttomietzins von mindestens DM 180 vermietet wird. Um Risiken vorzubeugen und den ungeschmälerten Werbungskostenabzug sicherzustellen, ist die Vereinbarung einer Miete von 60% des jeweils ortsüblichen Bruttomietzinses zu empfehlen.

Wird nämlich bei Abschluß des Mietvertrages nur 50% der ortsüblichen Miete als Festmietzins vereinbart und ist eine Erhöhung dieses Mietzinses daher bei ortsüblicher Mietsteigerung ausgeschlossen, unterschreitet der vereinbarte Mietzins bei jeder ortsüblichen Mietsteigerung sofort die 50%-Grenze. Dies führt aber zu dem enormen und gewichtigen Nachteil, daß ein uneingeschränkter Abzug der auf das vermietete Zimmer entfallenden Werbungskosten nicht mehr möglich ist und die Werbungskosten nur noch prozentual im Verhältnis tatsächlicher Miete zur ortsüblichen Miete geltend gemacht werden können.

Beträgt etwa aufgrund von Mietsteigerungen der nunmehrige ortsübliche monatliche Bruttomietzins für das angemietete Zimmer statt ursprünglich DM 360 schließlich DM 400, und zahlt der Angehörige für das ihm vermietete Zimmer weiterhin lediglich DM 180, also nur noch 45% der ortsüblichen Bruttomiete, können zukünftig nur noch 45% der auf das vermietete Zimmer entfallenden Werbungskosten geltend gemacht werden.

Eine monatliche Mindereinnahme von lediglich DM 20 (DM 200 – DM 180) führt daher im Beispielfall zum Verlust von 55% der auf das vermietete Zimmer entfallenden Werbungskosten.

Die Fallkonstellation – Vermietung eines Zimmers – dürfte insbesondere dann interessant sein, wenn selbständige, bereits im Erwerbsleben stehende Kinder noch zu Hause in der selbstgenutzten Eigentumswohnung mitwohnen. Hier bietet sich der Abschluß eines entsprechenden Mietvertrages an.

Um die steuerrechtliche Anerkennung eines Mietverhältnisses mit nahen Angehörigen zu erlangen, ist bei Abschluß des Mietvertrages darauf zu achten, daß dieses Mietverhältnis einem Fremdmietvergleich standhält. Voraussetzung für die steuerrechtliche Anerkennung eines Mietverhältnisses mit nahen Angehörigen nach Maßgabe des sog. Fremdvergleichs ist daher, daß die Hauptpflichten des Mietvertrages, wie Überlassen einer konkret bestimmten Mietsache und Höhe der zu entrichtenden Miete, stets klar und eindeutig vereinbart sowie entsprechend dem Vereinbarten auch tatsächlich durchgeführt werden (BFH Urteil vom 20. 10. 1997, IX R 38/97).

b. Häusliches Arbeitszimmer

Die Voraussetzungen für die Berücksichtigung der Aufwendungen für ein häusliches Arbeitszimmer als Betriebsausgaben oder Werbungskosten sind durch das Jahressteuergesetz 1996 (§ 4 V Satz 1 Nr. 6 b EStG, § 9 V EStG) erheblich eingeschränkt worden. Es gelten zwar weiterhin die von der Rechtsprechung geprägten Grundsätze für die Anerkennung eines häuslichen Arbeitszimmers. Das Arbeitszimmer wird aber nur noch anerkannt, wenn es den Mittelpunkt der gesamten betrieblichen und beruflichen Betätigung bildet. In diesem Falle sind die Kosten für das Arbeitszimmer weiterhin in vollem Umfang abzugsfähig.

Darüber hinaus sind die Kosten des häuslichen Arbeitszimmers bis zur Höhe von jährlich DM 2400 abzugsfähig, wenn die betriebliche oder berufliche Nutzung des Arbeitszimmers mehr als 50% der gesamten betrieblichen und beruflichen Tätigkeit beträgt oder wenn für die betriebliche oder berufliche Tätigkeit kein anderer Arbeitsplatz zur Verfügung steht.

Das Arbeitszimmer bildet bei Arbeitnehmern den Mittelpunkt der gesamten betrieblichen und beruflichen Betätigung, wenn in Absprache und im Einvernehmen mit dem Arbeitgeber die anfallenden Arbeiten nur noch zu Hause in Heimarbeit im häuslichen Arbeitszimmer erledigt werden. Bei Rentnern und Pensionisten, die keine Erwerbstätigkeit mehr ausüben, bildet das Arbeitszimmer den Mittelpunkt ihrer gesamten beruflichen Betätigung, wenn es zur Vermögensverwaltung, etwa zur Verwaltung des Kapitalvermögens oder des Grundbesitzes genutzt wird.

Bei Freiberuflern und Gewerbetreibenden sind die Kosten des häuslichen Arbeitszimmers in voller Höhe abzugsfähig, wenn das Arbeitszimmer den Mittelpunkt der gesamten betrieblichen und beruflichen Betätigung darstellt. Zu beachten ist hierbei allerdings, daß das Arbeitszimmer in diesem Falle zum notwendigen Betriebsvermögen gehört, wenn sein Wert mehr als 1/5 des Wertes des gesamten Hauses bzw. der gesamten Eigentumswohnung und mehr als DM 40 000 beträgt (§ 8 EStDV). Ist dies der Fall und wird beispielsweise in elf Jahren das Haus oder die Eigentumswohnung verkauft oder die gewerbliche oder berufliche Tätigkeit aufgegeben oder das Zimmer nur noch für private Zwecke genutzt, ist der anteilige tatsächliche bzw. fiktive Veräußerungsgewinn, der sich aus tatsächlichem bzw. fiktivem Verkaufserlös nach Abzug des Restbuchwerts ergibt, in voller Höhe zu versteuern.

Als Freiberufler oder Gewerbetreibender sollten Sie daher darauf achten, daß Ihr Arbeitszimmer in den eigenen vier Wänden die oben aufgeführten Wertgrenzen nach § 8 EStDV nicht überschreitet und ein späterer Veräußerungsgewinn steuerfrei bleibt. Im Falle einer Versteuerung des anteiligen Veräußerungsgewinns würden nämlich die bisherigen Steuervorteile, die durch den jährlichen Abzug der Kosten des Arbeitszimmers als Betriebsausgaben entstanden sind, im Ergebnis erheblich reduziert oder sogar ganz entfallen.

Nutzen Lehrer und Richter ein häusliches Arbeitszimmer, können sie die Kosten für das Arbeitszimmer nicht uneingeschränkt, sondern nur bis zum Höchstbetrag von DM 2400 geltend machen, da die Schule bzw. das Gericht den Mittelpunkt ihrer jeweiligen Betätigung bildet. Darüber hinaus können auch sonstige Arbeitnehmer die Kosten des Arbeitszimmers bis zum Höchstbetrag von DM 2400 steuerlich geltend machen, wenn sie im Einvernehmen mit dem Arbeitgeber die Hälfte ihrer Arbeitszeit außer Haus und die andere Hälfte ihrer Arbeitszeit im häuslichen Arbeitszimmer erbringen.

Wird neben einer Haupttätigkeit noch eine Nebentätigkeit ausgeübt und hierfür das häusliche Arbeitszimmer genutzt, kann der Höchstbetrag von DM 2400 für die anfallenden Kosten steuerlich geltend gemacht werden. Gleiches gilt, wenn eine noch erwerbstätige Person das häusliche Arbeitszimmer etwa zur Verwaltung seines umfangreichen Kapitalvermögens oder seines umfangreichen, vermieteten Immobilienbesitzes nutzt.

Mit Urteil vom 21.11.1997 – VI R 4/97 – hat der Bundesfinanzhof den eingeschränkten Abzug von Werbungskosten ausdrücklich für verfassungskonform angesehen. Er hat aber in der genannten Entscheidung die Reichweite der nur begrenzt abzugsfähigen Kosten für das häusliche Arbeitszimmer erheblich eingeschränkt und erfreulicherweise zugunsten des Steuerpflichtigen entschieden, daß neben dem Höchstbetrag von DM 2400 zusätzlich auch Aufwendungen für solche Gegenstände abgezogen werden können, die zwar der Ausstattung des Arbeitszimmers dienen, aber gleichzeitig als Arbeitsmittel zu beurteilen sind. Aufwendungen für Schreibtisch, Schreibtischsessel, Computer, Bücherschrank oder Bücherregal können daher neben dem beschränkten Werbungskostenabzug von maximal DM 2400 zusätzlich geltend gemacht werden.

Benutzt ein Arbeitnehmer in seiner eigengenutzten Wohnung ein steuerrechtlich anerkanntes Arbeitszimmer zu beruflichen Zwecken, kann er die auf dieses Arbeitszimmer entfallenden Kosten bei seinen Einkünften aus nichtselbständiger Tätigkeit als Werbungskosten abziehen. Wird das Arbeitszimmer zur Verwaltung des Kapitalvermögens oder zur Verwaltung des vermieteten Immobilienbesitzes genutzt, stellen die Kosten des Arbeitszimmers Werbungskosten aus Kapitalvermögen bzw. aus Vermietung und Verpachtung dar.

Unterhält ein Gewerbetreibender oder Freiberufler in seiner eigengenutzten Wohnung ein steuerrechtlich anerkanntes Arbeitszimmer, stellen die hierauf entfallenden Kosten Betriebsausgaben dar.

Zu den steuerlich abzugsfähigen Beträgen gehört neben den anteiligen Schuldzinsen und Bewirtschaftungskosten (z.B. Wasser, Strom, Heizung) auch die anteilige Abschreibung der auf das Arbeitszimmer entfallenden Anschaffungskosten. Diese anteilige Abschreibung beträgt nunmehr einheitlich linear nur noch 2% der anteiligen Anschaffungskosten, gleichgültig ob es sich um einen Neubau oder Altbau handelt. Mit Wirkung vom 1. 1. 1995 ist nämlich die mehrfach verlängerte Möglichkeit der degressiven Abschreibung für Arbeitszimmer in Neubauten endgültig weggefallen.

Bezüglich der Gestaltung des Arbeitszimmers sei darauf hingewiesen, daß die steuerrechtliche Anerkennung eines Arbeitszimmers die klare Trennung zwischen Wohn- und Arbeitsbereich erfordert. Ein Arbeitszimmer, das beispielsweise auf einer anderen Ebene galerieartig über dem in offener Bauweise gestalteten Wohn- und Eßbereich liegt und nur von dort über eine Wendeltreppe erreichbar ist, kann nicht als Arbeitszimmer anerkannt werden, weil der Galerieraum nicht durch eine Tür abgeschlossen ist und somit eine klare Trennung der beruflichen und privaten Sphäre nicht möglich ist. Die bloße Trennung zwischen Wohn- und Arbeitsbereich durch die unterschiedlichen Geschoßebenen genügt nicht. Denn die Galerie bildet mit dem Wohnzimmer trotz des Höhenunterschiedes eine räumliche Einheit (vgl. BFH Urteil vom 6. 12. 1991, BStBl 1992 II S. 304).

Ebenso wie bei der Vermietung von einzelnen Räumen ist auch beim häuslichen Arbeitszimmer bei der Aufteilung der Kosten nicht von der gesamten Nutzfläche auszugehen. Vielmehr muß das Verhältnis der Fläche des Arbeitszimmers in Verhältnis gesetzt werden zur gesamten Wohnfläche (also einschließlich Arbeitszimmer und einschließlich des vermieteten Zimmers).

Zum Verständnis dient folgender *Beispielfall*:
Ehepaar mit Sohn, Vater im Außendienst tätig (mit steuerrechtlich anerkanntem Arbeitsplatz im Haus), der Sohn – bereits volljährig – mit

eigenem Verdienst, lebt jedoch noch im Haushalt der Eltern, erwirbt 1999 zu eigenen Wohnzwecken eine Neubau-Eigentumswohnung zu einem abschreibungsfähigen Gesamtbetrag von DM 472 000 (DM 300 000 Hausanteil, DM 172 000 Grundstücksanteil). Die gesamte Wohnfläche beträgt 120 m²; hiervon entfallen 15 m² auf das Arbeitszimmer des Vaters. Ein weiteres Zimmer von 20 m² wird an den volljährigen Sohn für DM 125 vermietet. Die verkehrsübliche Miete würde DM 250 monatlich betragen. Für die Finanzierung des Erwerbs der Wohnung und für die Bewirtschaftung fallen jährlich Gesamtkosten von DM 30 000 an.

Wegen der gemischten Nutzung reduziert sich die Bemessungsgrundlage für die Eigenheimzulage auf DM 330 000 (85 m² selbstgenutzt zu gesamter Wohnfläche von 120 m² = 70% von DM 472 000). Das Ehepaar erhält daher für die erworbene Neubauwohnung vom Finanzamt jährlich die maximale Eigenheimzulage von DM 5000, eine staatliche Vergünstigung von monatlich DM 416,66.

Durch die Nutzung als Arbeitszimmer ergibt sich beim Vater einkommensteuerrechtlich folgender zusätzlicher Werbungskostenabzug aus nichtselbständiger Tätigkeit:

Anteilige Anschaffungskosten 15:120 = 1/8 des reinen Hausanteils von DM 300 000 = DM 37 500. Anteiliger AfA-Betrag 2% = DM 750. Hinzu tritt als weiterer Abzugsbetrag ein Achtel der laufenden Aufwendungen von DM 30 000 = DM 3750. Die gesamten Werbungskosten belaufen sich mithin auf DM 4500. Dies entspricht bei einem angenommenen Steuersatz von 30% einer jährlichen Steuerersparnis von DM 1350 = monatlich DM 112,50.

Durch die zusätzliche Vermietung eines Zimmers an den volljährigen Sohn ergibt sich im Rahmen der Einkunftsart »Vermietung und Verpachtung« folgende weitere Ersparnis:

Anteilige Anschaffungskosten 20/120 × DM 300 000 (reiner Hausanteil) = DM 50 000. Davon 5% Abschreibung = DM 2500, hinzu tritt als weiter abzusetzender Werbungskostenbetrag ein Sechstel der laufenden Kosten von DM 30 000 = DM 5000. Demgegenüber ist als Einnahme lediglich anzusetzen der monatliche Mietwert von DM 125, der sich auf jährlich DM 1500 beläuft. Somit ergibt sich eine negative Einkunft von

DM 6000 aus »Vermietung und Verpachtung«. Bei einem angenommenen Steuersatz von 30% entspricht dies einer zusätzlichen Steuerersparnis von DM 1800 = monatlich DM 150.

Die ohne Arbeitszimmer und Vermietung sich ergebende staatliche Vergünstigung in Form der Eigenheimzulage von monatlich DM 416,66 hat sich in dem Beispielfall aufgrund der durch Vermietung eines Zimmers und zusätzlicher Nutzung eines Zimmers als Arbeitszimmer erzielten Steuerersparnisse von insgesamt DM 262,50 (Vermietung DM 150, Büro DM 112,50) auf insgesamt DM 679,16, unter Berücksichtigung des Solidaritätszuschlages von 5,5% und der Kirchensteuer von in der Regel 8% der anfallenden Einkommensteuer sogar um weitere DM 36,59 auf insgesamt DM 715,75 erhöht.

Also: Bei geschickter Ausnutzung der gegebenen steuerlichen Vorschriften können die staatlichen Vergünstigungen oft nahezu verdoppelt werden!

3 Soforteinzug im Jahr der Anschaffung / Fertigstellung

Das Finanzamt zahlt die staatliche Eigenheimzulage für die Selbstnutzung des erstellten bzw. erworbenen Eigenheims maximal für acht Jahre. Der achtjährige Förderzeitraum beginnt mit dem Jahr der Fertigstellung bzw. Anschaffung der selbstgenutzten Wohnung und endet mit dem siebten auf dieses Jahr folgende Kalenderjahr. Angeschafft ist die selbstgenutzte Wohnung dann, wenn gemäß dem notariellen Kaufvertrag Besitz, Nutzen und Lasten auf den Erwerber übergegangen sind. Wichtig und entscheidend ist der Hinweis, daß der achtjährige Förderzeitraum zwingend mit dem Jahr beginnt, in dem die erworbene Eigentumswohnung zu Wohnzwecken genutzt werden kann. Eine Verlängerung oder Verschiebung des Förderzeitraums ist nicht möglich. Der achtjährige Förderungszeitraum verlängert sich deshalb auch dann nicht, wenn der Eigentümer in einem Jahr die Wohnung weder selbst bewohnt noch einem Angehörigen im Sinne von § 15 AO unentgeltlich überläßt.

Der Erwerber einer selbstgenutzten Eigentumswohnung kann daher innerhalb des achtjährigen Begünstigungszeitraums die Eigenheimzulage nur dann uneingeschränkt in voller Höhe in Anspruch nehmen, wenn er bereits im Jahr der Anschaffung mit der Selbstnutzung beginnt – bzw. sie bereits im Jahr der Anschaffung einem Angehörigen im Sinne von § 15 AO unentgeltlich überläßt – und in jedem der folgenden sieben Jahre das Objekt entweder selbst nutzt oder einem Angehörigen im Sinne von § 15 AO unentgeltlich überläßt.

Die Eigenheimzulage gibt es für die unentgeltliche Überlassung an folgende Angehörige im Sinne von § 15 AO:

- den Verlobten;
- den Ehegatten, den geschiedenen Ehegatten;
- Verwandte und Verschwägerte in gerader Linie (Eltern, Schwiegereltern, Kinder, Schwiegerkinder, Großeltern, Enkelkinder), auch nach einer Scheidung;
- Geschwister (auch Halbgeschwister);
- Kinder der Geschwister (also Nichten und Neffen);
- Ehegatten der Geschwister und Geschwister der Ehegatten (also Schwager oder Schwägerin), auch nach einer Scheidung;
- Geschwister der Eltern (Onkel, Tante);
- Pflegeeltern und Pflegekinder, auch wenn die häusliche Gemeinschaft nicht mehr besteht, sofern die Personen weiterhin wie Eltern und Kinder miteinander verbunden sind.

Gehört die Eigentumswohnung mehreren Eigentümern, muß aus der Sicht eines jeden Miteigentümers ein Angehörigenverhältnis im Sinne von § 15 AO gegenüber der Person vorliegen, der die Wohnung unentgeltlich überlassen wird. Dagegen ist es für die Gewährung der Eigenheimzulage nicht erforderlich, daß während des achtjährigen Förderzeitraums die Wohnung bei unentgeltlicher Überlassung immer nur vom gleichen Angehörigen genutzt wird. Zieht etwa der Sohn aus, kann die Wohnung der Tochter weiterhin unentgeltlich überlassen werden.

Die Gewährung der Eigenheimzulage setzt lediglich voraus, daß der Angehörige, dem die Wohnung überlassen worden ist, die Wohnung als solche unentgeltlich nutzt und im Rahmen der Wohnungsüberlassung auf eine Kaltmiete verzichtet worden ist. Es ist daher unschädlich, wenn der Angehörige, der die Wohnung als solche unentgeltlich nutzt, nur die verbrauchsabhängigen, umlagefähigen Betriebskosten (z.B. Wasser, Strom, Heizung, Abwasser) übernimmt.

Dringend zu empfehlen ist daher, im Jahr der Anschaffung sofort in die Eigentumswohnung einzuziehen und nicht etwa den Einzugstermin in ein Folgejahr zu verlegen, weil dies zum Verlust der Eigenheimzulage im Jahr der Anschaffung führen würde.

Der Bundesfinanzhof hat gerade wieder mit Beschluß vom 4. 5. 1999 – IX B 38/99 – erneut und nachdrücklich darauf hingewiesen, daß eine »Nutzung zu eigenen Wohnzwecken« nach § 4 des Eigenheimzulagegesetzes erst nach tatsächlichem eigenem Einzug in die Wohnung vorliegt.

Erwirbt etwa ein unbeschränkt Steuerpflichtiger Mitte 1999 eine kleine, gebrauchte Eigentumswohnung zum Kaufpreis von DM 100 000, die er nach der am 15.12.1999 erfolgten Besitzübergabe vollständig renovieren läßt, und zieht er deshalb erst im Januar 2000 in die erworbene Altbauwohnung ein, die bis dahin leergestanden hat, verliert er endgültig für das Jahr der Anschaffung (1999) die Eigenheimzulage von DM 2500 (2,5% aus DM 100 000) für die erworbene Altbauwohnung.

XVI DER GESCHICKTE EINSATZ DER GRUNDSCHULD

Banken, Bausparkassen und Versicherungen sichern ihre Baudarlehen heute in aller Regel durch Grundschulden ab. Durch die Grundschuld, die vom Grundbuchamt des Amtsgerichts, in dessen Gerichtsbezirk das betreffende Objekt liegt, in das Grundbuch eingetragen wird, erfolgt eine dingliche Belastung Ihrer Eigentumswohnung bzw. Ihres Eigenheimes in Höhe der Grundschuld. Während früher Hypotheken zur Eintragung gelangten, wird heute der Weg der Grundschuldeintragung bevorzugt, weil die Grundschuld flexibler zu handhaben ist als eine Hypothek. Denn die Hypothek ist abhängig vom Bestand und Fortbestand der jeweiligen Darlehensforderung (sogenannter Grundsatz der Akzessorität), während diese Abhängigkeit von dinglicher Absicherung und Forderung bei einer Grundschuld nicht besteht. Wirtschaftlich gesehen besteht jedoch kein Unterschied zwischen Grundschuld und Hypothek.

Für die Zinshöhe des gewährten Bankkredites ist es keinesfalls gleichgültig, in welchem Umfange das betreffende Objekt dinglich belastet wird. Wird Ihre Eigentumswohnung bzw. Ihr Haus nur bis 50–54% des Verkehrswertes (abhängig von der Beleihungspraxis der jeweiligen Bank) erstrangig dinglich belastet, besteht für den Kreditgeber unter Zugrundelegung normaler wirtschaftlicher Verhältnisse fast kein Risiko, im Konfliktfall, d. h. im Fall des Konkurses des Darlehensnehmers und im Fall der Zwangsversteigerung, mit seiner Forderung ganz oder teilweise auszufallen. Die Bankpraxis spricht hier herkömmlicherweise von einer »1-a-Hypothek« (d. h. »1-a-Grundschuld«).

Dieses geringe Risiko prämiert die Bank mit einem Zinsabschlag gegenüber anderen über der Grenze von 50–54% des Verkehrswertes liegenden Darlehen. Der Zinsabschlag beträgt hier in der Regel 0,1%–0,25%. Liegt das gewährte Darlehen über der Grenze von 50–54% des Verkehrswertes, ist das Risiko der Bankinstitute erfahrungsgemäß größer, im Konfliktfall mit ihrer Forderung auszufallen. Man spricht daher hier von einer »1-b-Hypothek«. Der sich durch die unterschiedliche Belastung des Objekts ergebende Zinsunterschied ist davon abhängig, ob das gewährte Darlehen, das in der Regel insgesamt 70% des Verkehrswertes beträgt, aufgesplittet wird in ein erstrangig gesichertes Darlehen in Höhe von 50% des Verkehrswertes und in ein weiteres, nachrangig gesichertes Darlehen. Die Bandbreite des Zinsaufschlages für das zweite nachrangig gewährte Darlehen liegt zwischen 0,2% und 0,45% pro Jahr. Zu beachten ist, daß dieser Zinsaufschlag nicht für das gesamte, sondern nur für das zweite Darlehen gilt.

Wird dagegen auf die Eintragung einer zweiten nachrangigen Grundschuld und eine Aufsplittung der Darlehensverträge verzichtet und eine einheitliche über 50% des Verkehrswertes liegende Grundschuld genommen und im Grundbuch eingetragen, beträgt der Zinsaufschlag der Bank für das gesamte Darlehen in der Regel 0,1%–0,25%.

Hierzu zum Verständnis folgendes *Beispiel:*
Sie kaufen eine zentral gelegene neue Eigentumswohnung mit guter Ausstattung und Qualität. Der Kaufpreis beträgt DM 400 000. Da dieser Preis marktüblich und angemessen ist, ist der Ansatz Kaufpreis = Verkehrswert hier gerechtfertigt. Ein Abschlag vom Kaufpreis bei der Verkehrswertermittlung ist daher hier im Gegensatz zu anderen Objekten, z. B. einem alten Haus oder einer alten Eigentumswohnung mit hohem Renovierungsaufwand, nicht vorzunehmen. Für den Verkehrswert gilt daher: DM 400 000 = 100%.

Sie benötigen ein Darlehen von DM 200 000, Auszahlung 100%, Zinssatz 7%, Laufzeit 5 Jahre. Die für die Darlehensgewährung und Ausreichung erforderliche Grundschuld von DM 200 000 beträgt 50% des Verkehrswertes.

Benötigen Sie dagegen ein Bankdarlehen von DM 300 000, beträgt die Grundschuld hier 75% des Verkehrswertes des gekauften Objekts. Bei Darlehensaufnahme von DM 300 000 und Eintragung einer Grundschuld von DM 300 000 beträgt der Zinssatz für das gesamte Darlehen bei gleichem Ausgangszins, gleicher Laufzeit und gleichem Auszahlungskurs 7,2% statt 7% pro Jahr. In den fünf Jahren Darlehenszeit sind hierdurch mehr Zinsen in Höhe von insgesamt einem Prozent (0,2% pro Jahr × 5) angefallen, insgesamt also ein Mehrbetrag von DM 3000 (1% von DM 300 000).

Werden im letzteren Falle die Darlehensverträge gesplittet in ein Darlehen von DM 200 000 und in ein weiteres Darlehen von DM 100 000, ist das erste Darlehen gemäß vorstehenden Ausführungen erstrangig innerhalb der 50-%-Grenze abgesichert. Entsprechend sind DM 200 000 mit 7% zu verzinsen, bei 100% Auszahlung und fünf Jahren Laufzeit.

Das weitere Darlehen von DM 100 000 ist zweitrangig abgesichert und liegt über der 50-%-Grenze. Demgemäß kommt hier ein höherer Zinsaufschlag zum Tragen. Er beträgt für dieses Darlehen von DM 100 000 im Beispielfalle 7,4% bei gleicher Laufzeit und gleichem Auszahlungskurs. Durch den Zinsaufschag von 0,4% pro Jahr sind in fünf Jahren insgesamt 2% mehr Zinsen angefallen, insgesamt also DM 2000.

Besteht keine Möglichkeit, durch Stellung von Ersatzsicherheiten – wie nachfolgend dargelegt – den Zinsaufschlag gänzlich zu vermeiden, läßt sich die Frage, ob ein Splitting der Darlehensverträge oder ein einheitliches Darlehen wirtschaftlich günstiger ist, nicht pauschal beantworten. Entscheidend sind vielmehr die Umstände des Einzelfalls und die jeweils von den Kreditinstituten für die beiden Varianten genannten Zinskonditionen. Erst dann läßt sich eine verbindliche Entscheidung darüber treffen, welcher Variante der Vorzug zu geben ist.

Im obigen Beispiel wäre dies der Weg der Darlehenssplittung. Hier fallen zwar gemäß vorstehenden Ausführungen mehr Zinsen von insgesamt DM 2000 an. Bei einheitlichem Darlehensvertrag würden jedoch Zinsen in Höhe von DM 3000 auflaufen. Die Wahl der Variante Darlehenssplitting erspart also Zinsen in Höhe von DM 1000.

Abzuraten ist daher bei einem Baudarlehen, das über der Grenze der »1-a-Hypothek« liegt, bei fehlender Ersatzsicherheit von einem übereilten Abschluß. Klären Sie vorher in Ihrem eigenen Interesse die Zinskonditionen bei einheitlichem und bei gesplittetem Darlehen!

Der Zinsaufschlag bei über 50–54% des Verkehrswertes liegenden Darlehen läßt sich durch Stellung von Ersatzsicherheiten vermeiden. Besitzen Sie z. B. ein lastenfreies Haus oder eine lastenfreie Eigentumswohnung, die Sie schon vor geraumer Zeit erworben bzw. gebaut haben, besteht die Möglichkeit, die Grundschuld, die beim neuen Objekt über der 50-%-Grenze liegen würde, ersatzweise am alten Objekt innerhalb von 50% des für das alte Objekt geltenden Verkehrswertes abzusichern, so daß ein Zinsaufschlag völlig entfällt.

Auch hierzu folgendes *Beispiel:*
Ihr lastenfreies Haus hat einen Verkehrswert von DM 600 000. Die neue Eigentumswohnung kostet DM 400 000 (= Verkehrswert). Sie benötigen hierzu ein Darlehen von DM 300 000. Erfolgt hier eine gesplittete Grundschuldeintragung – Grundschuld von DM 200 000 auf der neuen Eigentumswohnung, Grundschuld von DM 100 000 auf Ihrem Haus –, liegt die Belastung durch die Grundschuld bei beiden Objekten nicht über 50%. Beim Haus beträgt sie nur 16,6% (Grundschuld DM 100 000, Verkehrswert DM 600 000), bei der neuen Wohnung bei 50% (Grundschuld DM 200 000, Verkehrswert DM 400 000).

In diesem Fall könnte sogar ganz auf die Eintragung einer Grundschuld für das neue Objekt verzichtet werden und diese gänzlich auf dem alten Objekt ohne Zinsaufschlag eingetragen werden. Denn die Grundschuld von DM 300 000 beträgt nur 50% des Verkehrswertes des Hauses von DM 600 000. Dieser Weg ist auf jeden Fall zu bevorzugen, wenn die Voraussetzungen hierfür vorliegen und wenn das Haus Lebensmittelpunkt ist, bleiben soll und an die spätere Wiederveräußerung der etwa als Kapitalanlage erworbenen neuen Eigentumswohnung nach Ablauf der steuerlich erhöhten Abschreibungsjahre gedacht wird. Bei sofortiger Eintragung der Grundschuld auf das Haus entfällt nämlich die ansonsten beim späteren Verkauf der Eigentumswohnung erforderliche Löschung der eingetragenen Grundschuld auf dieser Eigentumswohnung. Erfreulicherweise entfallen auch die im Falle der Löschung anfallenden Notar- und Gerichtsgebühren. Ferner wird hierdurch eine schnellere Fälligkeit und Zahlung des Kaufpreises bei Weiterverkauf der Eigentumswohnung sichergestellt, weil die ansonsten für die Fälligkeit des Kaufpreises erforderliche Lastenfreistellung von dinglichen Gläubigern der verkauften Eigentumswohnung hier entfällt.

XVII KAUF EINER »STUDENTENBUDE« FÜR AUSWÄRTS STUDIERENDE KINDER

Ein Studium an einer auswärtigen Universität ist für die Entwicklung eines Kindes zur Eigen- und Selbständigkeit oft sinnvoll und förderlich. Leider bieten alte Universitätsstädte, wie z. B. Heidelberg, nicht nur romantische Eindrücke. Auch die Mieten für Studentenbuden sind oft »romantisch«, traumhaft hoch, ganz abgesehen davon, daß mitunter den Studenten nicht ein *Zimmer*, sondern im tatsächlichen Wortsinn eine bloße *Bude* zur Verfügung gestellt wird. Für unterhaltspflichtige Eltern erhebt sich daher die Frage, ob nicht aus wirtschaftlichen und steuerrechtlichen Gründen der kurzfristige Kauf einer Eigentumswohnung, die dem studierenden Kind während dessen auswärtiger Ausbildung entweder mietweise oder unentgeltlich zur Verfügung gestellt und anschließend wieder veräußert wird, als Alternative zur Anmietung eines Zimmers oder einer Wohnung in Betracht kommt.

Mieten Eltern für ihr unterhaltsberechtigtes Kind eine Wohnung oder ein Zimmer an und zahlen hierfür den Mietzins, wirkt sich das steuerrechtlich zugunsten der Eltern überhaupt nicht aus. Derartige Mietaufwendungen zählen nämlich steuerrechtlich zu den Kosten der privaten Lebensführung, so daß sie bei der Ermittlung des zu versteuernden Einkommens keine Berücksichtigung finden können. Allenfalls der Umstand, daß ihr Kind während seiner Ausbildung nicht mehr zu Hause, sondern auswärts wohnt, kann zur Erhöhung des Ausbildungsfreibetrages führen, sofern die in § 33a EStG aufgeführten Voraussetzungen erfüllt sind. Erwachsen den Eltern steuerpflichtige Aufwendungen für die Berufsausbildung eines Kindes, für das sie einen Kinderfreibetrag oder Kindergeld erhalten, so wird auf Antrag vom Gesamtbetrag der Einkünfte je Kalenderjahr ein Ausbildungsfreibetrag wie folgt abgezogen:

1. für ein Kind, das das 18. Lebensjahr noch nicht vollendet hat, in Höhe von DM 1800, wenn das Kind auswärtig untergebracht ist;

2. für ein Kind, das das 18. Lebensjahr vollendet hat, in Höhe von DM 2400. Dieser Betrag erhöht sich auf DM 4200, wenn das Kind auswärtig untergebracht ist (§ 33a II EStG).

Gemäß § 32 EStG wird ein Kinderfreibetrag für Kinder, die das 18. Lebensjahr noch nicht vollendet haben, gewährt; fernerhin für Kinder, die zu Beginn des Kalenderjahres das 18. Lebensjahr, aber noch nicht das 27. Lebensjahr vollendet haben, wenn die Kinder für einen Beruf ausgebildet werden oder eine Berufsausbildung mangels Ausbildungsplatz nicht beginnen oder fortsetzen können.

Gegenüber den steuerlichen Nachteilen der bloßen Anmietung einer Wohnung lassen sich durch Kauf einer Eigentumswohnung, die an die auswärts studierenden Kinder entweder unentgeltlich oder mietweise zur Verfügung gestellt wird, nicht unerhebliche staatliche Vergünstigungen erzielen, auf die nun im einzelnen eingegangen werden soll.

1 Kauf einer Eigentumswohnung am auswärtigen Studienort des Kindes zur Vermietung an das Kind

Durch den Mietvertrag wird der Vermieter verpflichtet, dem Mieter den Gebrauch der Mietsache während der Mietzeit zu gewähren. Der Mieter seinerseits ist verpflichtet, dem Vermieter den vereinbarten Mietzins zu entrichten (§ 535 BGB). Auch der unter nahen Angehörigen abgeschlossene Mietvertrag wird steuerrechtlich anerkannt, sofern der Mietvertrag bürgerlich-rechtlich wirksam geschlossen ist und sowohl die Gestaltung wie auch die Durchführung des Vertrages dem zwischen Fremden *üblichen* entspricht (BFH E 171, 452; BFH/NV 1994, 96). Dieser sogenannte »Fremdvergleich« ist entscheidend für die steuerliche Anerkennung derartiger Verträge.

Zwischen fremden Vertragsteilen ist es nicht üblich, daß einerseits die regelmäßige bargeldlose Mietzahlung spätestens am 3. Werktag des Monats auf das Konto des Vermieters vereinbart wird, andererseits bei monatlichen Besuchen ohne Quittung bar bezahlt wird. Demgemäß hat der Bundesfinanzhof mit Urteil vom 25. 5. 1993, IX R 17/90 einer derartigen unter nahen Angehörigen getroffenen Gestaltung die steuerrechtliche Anerkennung als Mietvertrag versagt. Wichtig ist es daher, bei mietrechtlichen Vereinbarungen unter nahen Verwandten auf die korrekte Durchführung zu achten und diese auch nachweisbar zu gestalten.

Von einer tatsächlichen Mietzahlung des Kindes, das bei seinen Eltern eine Wohnung »angemietet« hat, kann auch dann nicht ausgegangen werden, wenn das unterhaltsberechtigte Kind den Mietzins aus dem von den Eltern monatlich erhaltenen Barunterhalt bezahlt (BFH E 152, 496; BFH/NV 1990, 97; BFH Urteil vom 23. 2. 1988, BStBl II 88, S. 604). Hierdurch fließt lediglich ein Teil der geleisteten Unterhaltszahlung als »Mieteinnahme« an die Eltern zurück.

Unterhaltspflichtige Kinder, die sich noch in der Berufsausbildung befinden, sind in aller Regel nicht in der Lage, den Mietzins aus eigenen, selbständigen Mitteln aufzubringen. Das gleiche gilt, wenn das Kind zwar eigene Einkünfte hat, diese aber für den Unterhalt nicht vollständig ausreichen und die Eltern deshalb laufend Unterhalt zahlen (Urteil des Finanzgerichts München vom 24.3.1992, EFG 1992, 675).

Für die steuerrechtliche Anerkennung eines Mietverhältnisses kommt es entscheidend darauf an, ob das unterhaltsberechtigte Kind ohne laufende Unterhaltsleistungen der Eltern in der Lage ist, den laufenden Gesamtunterhalt zu bestreiten. Ganz wichtig ist es daher, daß die Eltern als solche keinen Unterhalt leisten.

Diese erforderliche eigenständige finanzielle Leistungsfähigkeit des Kindes kann dadurch erreicht werden, daß das Kind den monatlichen Unterhalt von dritten Personen, zum Beispiel von den Großeltern, erhält. Weitere Möglichkeiten sind vorangegangene Vermögensübertragungen, z.B. Schenkungen seitens der Eltern. Interessant ist diese Komponente auch unter schenkungs- und erbschaftsteuerrechtlichen Aspekten, insbesondere des erhöhten Schenkungsteuerfreibetrages für jeden Elternteil bis maximal DM 400 000 an ihre Kinder im Falle einer Schenkung. Schenken etwa Eltern ihrem volljährigen Sohn DM 130 000 mit der Auflage, diesen Betrag bei einer Bank im Rahmen eines sogenannten Sparplans anzulegen und mit den daraus monatlich zufließenden Mitteln von DM 2000 den Lebensunterhalt der Ausbildungskosten zu bestreiten, und zahlt der Sohn mit diesen Mitteln die Miete für eine den Eltern gehörende Wohnung am Studienort, so ist der Mietvertrag zwischen Sohn und Eltern anzuerkennen, weil der Sohn eigene Mittel für den Mietvertrag aufwendet (BFH Urteil vom 23.2.1994, X R 131/93; NJW 1993, 2640). Daher können die Eltern hier die im Zusammenhang mit der Anschaffung der Wohnung anfallenden Kosten einschließlich der linearen (§ 7 IV EStG) bzw. degressiven Abschreibung für Abnutzung (§ 7 V EStG) als Werbungskosten aus Vermietung und Verpachtung geltend machen.

Dagegen haben die Eltern hier mangels unentgeltlicher Überlassung keinen Anspruch auf eine Eigenheimzulage. Ein derartiger Anspruch kommt nur in Betracht, wenn das Mietverhältnis zwischen Eltern und Kindern steuerlich nicht anerkannt wird (vgl. BFH NJW 1994, 2502). Wird es aber anerkannt, entfällt auch der Ausbildungsfreibetrag nach § 33a II EStG. Dieser steht dem Steuerpflichtigen nur zu, wenn ihm Aufwendungen für die Berufsausbildung des Kindes erwachsen sind (BFH E 151, 425, BStBl II 1988, S. 422). Bestreitet das Kind die Ausbildungskosten aus eigenem Vermögen, entfällt ein Ausbildungsfreibetrag. Dies gilt auch bei vorangegangenen Schenkungen der Eltern. Denn etwaige vorangegangene einmalige Vermögensübertragungen seitens der Eltern an ihr Kind, die es erst in die Lage versetzen, Ausbildungskosten selbständig zu bestreiten, sind nicht als laufende »Berufsausbildungsaufwendungen« im Sinne von § 33a II EStG anzusehen (BFH NJW 1994, 2640).

Die erforderliche finanzielle Selbständigkeit des Kindes läßt sich bei gegebener Sachlage auch dadurch erreichen, daß das Kind etwa einen auf seinen Namen abgeschlossenen Bausparvertrag, der sich noch in der Ansparphase befindet und den beispielsweise die Großeltern oder Eltern schenkungsweise bespart haben, an die Eltern überträgt. Hierdurch kann einerseits die Finanzierung der Wohnung möglicherweise erleichtert werden. Andererseits kann das im Ansparbausparvertrag enthaltene Guthaben als Mietvorauszahlung mietrechtlich wirksam gewertet werden. Studiert das Kind am auswärtigen Studienort z. B. vier Jahre bei einem angenommenen monatlichen Marktmietzins von DM 800, reicht für die steuerliche Anerkennung des Mietvertrages und den unbeschränkten Werbungskostenabzug eine Vermietung zu 50% der Marktmiete, also monatlich DM 400 aus. Um sicherzugehen, die 50-%-Grenze nicht zu überschreiten, einigen sich daher im Beispielfall Eltern und Kind auf eine monatliche Kaltmiete von DM 480 (= 60% der Marktmiete). Bei vierjähriger Mietdauer ergibt dies einen Betrag von DM 23 040. Beträgt nun das Guthaben des Ansparbauvertrages von DM 50 000 Bausparsumme DM 20 000 (= 40% der Bausparsumme) und vereinbaren die Parteien anläßlich der Übertragung des Bausparvertrages, daß das im Vertrag enthaltene Guthaben von DM 20 000 als verzinsliche Mietvorauszahlung unter Zugrundelegung eines jährlichen Marktzinses von 8% gewertet werden soll, reicht diese Übertragung zur Bestreitung des gesamten in den vier Jahren laufenden Mietzinses aus. Das übertragene Nennkapital von DM 20 000 liegt zwar unter der Summe von DM 23 040. Zu berücksichtigen ist jedoch hier die Besonderheit, daß der Vermieter, der grundsätzlich mietvertragsrechtlich nur Anspruch auf die jeweilige monatlich fällige Miete hat, hier im Wege der Sondervereinbarung einen Betrag von DM 20 000 vorweg als Mietvorauszahlung erhalten hat, der ihm die Möglichkeit gibt, mit diesem Geld »zu arbeiten«. Während der Mietdauer steigen die im Wege der Vorauszahlung erhaltenen Mieteinnahmen, während das vorweg erhaltene Kapital sinkt. Dieser Umstand rechtfertigt und begründet die Annahme einer mittleren Durchschnittsverzinsung des vorweg erhaltenen

Kapitals von 50% des Kapitalmarktzinses. Im Beispielfall kommen daher zu dem Nennkapital von DM 20 000 4% Zinsen jährlich (8% × 50%) mal vier Jahre = 16% Zinsen hinzu, das heißt insgesamt DM 3200, so daß im Gesamtergebnis die Eltern als Vermieter wirtschaftlich gesehen insgesamt DM 23 200 erhalten haben. Die Berechnung zeigt, daß das Kind während der Mietdauer insgesamt DM 160 mehr Miete gezahlt hat als bei monatlicher Zahlungsweise, nämlich umgelegt auf die gesamte Mietdauer von 48 Monaten sogar einen monatlichen Mietzins von DM 483,33.

Durch diese Übertragung ist im Beispielfall gewährleistet, daß der Sohn oder die Tochter zumindest die Miete voll aus eigener Tasche bezahlt. Hinsichtlich der Bestreitung der übrigen Lebenshaltungskosten dürfte es ausreichen, wenn die Eltern dem Kind einen so hohen Geldbetrag schenken, daß es hiermit sein Studium oder eine andere Ausbildung bestreiten kann. Nach Möglichkeit sollte hierbei die Geldschenkung nicht im Zusammenhang mit dem Abschluß des Mietvertrages stehen, sondern schon geraume Zeit vorher, etwa bei Volljährigkeit des Sohnes oder der Tochter erfolgen, um etwaigen Einwänden des Finanzamts, es handle sich um Gestaltungsmißbrauch nach § 42 der Abgabenordnung, von vornherein entgegenzuwirken.

Schenken im Beispielfall Eltern ihrem Kind von vornherein zum 18. Geburtstag einen Geldbetrag in Höhe von DM 50 000 (pro Elternteil DM 25 000), ist das Kind, da es ja anfangs auch noch einen Bausparvertrag mit DM 20 000 Guthaben hat, insgesamt in der Lage, die vierjährige Ausbildungszeit selbst zu bestreiten.

Bei Kauf einer Neubauwohnung, Inanspruchnahme der degressiven Abschreibung nach § 7 V EStG und späterer Weiterveräußerung nach dem Studienabschluß des Kindes während eines laufenden Kalenderjahres muß folgende Besonderheit beachtet werden:

Im Jahr der Anschaffung wird die degressive Abschreibung für Abnutzung in voller Jahreshöhe gewährt, gleichgültig, ob die Eigentumswohnung am 1. Januar oder 31. Dezember eines Kalenderjahres angeschafft wurde. Eine zeitanteilige Kürzung wird hierbei nicht vorgenommen. Demgegenüber gibt es die degressive Abschreibung im Jahr der Veräußerung nur zeitanteilig bis zum Verkauf (BFH Urteil vom 15. 3. 1994, IX R 107/91). Nach Möglichkeit sollte daher der im notariellen Vertrag geregelte Übergang von Besitz, Nutzen und Lasten möglichst auf das Jahresende verlegt werden. Zur Klarstellung sei darauf hingewiesen, daß nicht schon mit dem bloß schuldrechtlichen Abschluß des notariellen Kaufvertrages die degressive Abschreibung für Abnutzung zeitanteilig verlorengeht, sondern erst mit dem Übergang von Besitz, Nutzen und Lasten.

Zum Verständnis hierzu folgendes *Beispiel*:
V hat vor vier Jahren eine Neubau-Eigentumswohnung erworben mit einem anteiligen Gebäudewert von DM 240 000. Aufgrund degressiver Abschreibung hat er jährlich bisher DM 12 000 abgeschrieben. V verkauft die Eigentumswohnung am 31. 1. 2003 weiter. Gehen nun Besitz, Nutzen und Lasten sofort bei Verkauf, am 31. 1. 2003, über, verliert V von der Jahresabschreibung von DM 12 000 $^{11}/_{12}$, das heißt, eine Abschreibungsmöglichkeit von DM 11 000. Bei einem angenommenen Steuersatz von 30% bedeutet dies einen wirtschaftlichen Verlust von DM 3300. Würde V demgegenüber bei gleichem Sachverhalt den Übergang von Besitz, Nutzen und Lasten auf das Jahresende, also auf den 31. 12. 2003 legen, verblieben ihm trotz Veräußerung noch die volle Jahresabschreibung (AfA) und bei Besitzübergang beispielsweise zum 30. 9. 2003 immerhin noch $^{9}/_{12}$ der bisherigen Jahres-AfA.

Entgegen einer weitverbreiteten Ansicht kommt der Einsatz eines zugeteilten Bausparvertrages, der getilgt wird, wegen des geringen Zinsaufwandes auch dann in Betracht, wenn das Objekt nach relativ kurzer Zeit wieder veräußert werden soll und der Kauf eines weiteren Objekts nicht beabsichtigt ist. Denn trotz Veräußerung und des damit in aller Regel einhergehenden Wegfalls der ursprünglichen Sicherheit der Bausparkasse – Eintragung einer Grundschuld auf der bisherigen Eigentumswohnung –, ist eine weitere Gewährung des ursprünglich ausgezahlten Bauspardarlehens möglich.

Bei einer Weiterveräußerung der erworbenen Eigentumswohnung werden in aller Regel die auf sie ursprünglich eingetragenen dinglichen Belastungen gelöscht. Hiermit entfällt auch für die Bausparkasse die oben genannte Sicherheit. Sofern der Veräußerer keine neue Eigentumswohnung erwirbt und auch keinen anderweitigen Grundbesitz hat, auf dem in Höhe des Bausparrestdarlehens eine neue Grundschuld eingetragen werden kann, entfällt die Möglichkeit der Ersatzabsicherung an einem anderen Objekt des Veräußerers. Gleichwohl kann man auch in diesem Fall die Zinsvorteile des Tilgungsbausparvertrages ausschöpfen, indem ein Teil des erzielten Erlöses festverzinslich angelegt und als Ersatzsicherheit an die Bausparkasse abgetreten wird. Im Fall der Vermietung und Verpachtung müssen dann auch die hierbei erzielten Zinsgewinne aus Kapitalvermögen nicht in vollem Umfang der Einkommensteuer unterworfen werden. Reicht nämlich der Erlös aus der Veräußerung eines Grundstücks oder einer Wohnung zur Tilgung der Verbindlichkeiten aus, wird er aber anderweitig zinsbringend angelegt, weil die erzielbaren Erträge höher sind als die Darlehenszinsen, können die weiterhin gezahlten Darlehenszinsen nunmehr als Werbungskosten bei den Einkünften aus Kapitalvermögen abgezogen werden (BFH, Urteil vom 18.12.1990, VIII R 34/88, BFH/NV 1991, 539; BFH/NV 1991, 734).

Welche Zinsvorteile hierbei durch geschickte Handhabung zu erzielen sind, verdeutlicht folgendes *Beispiel*:
A erzielt bei der Veräußerung seiner Wohnung nach Tilgung der auf der Wohnung ruhenden Verbindlichkeiten ohne Berücksichtigung eines noch offenen Darlehens von DM 20 000 auf seinem Tilgungsbausparvertrag einen Erlös von DM 50 000. Er legt diesen Betrag als Kapitalanlage an und erzielt hierfür 8% Zinsen jährlich. Auf das Bauspardarlehen von zur Zeit noch DM 20 000 hat er, bezogen auf das jeweilige Restdarlehen, weiterhin 4% Darlehenszinsen zu zahlen.

Tilgt A nun das Bauspardarlehen in voller Höhe, verbleiben ihm zur Kapitalanlage nur noch DM 30 000. Er erhält insgesamt jährlich DM 2400 an Zinsen (DM 30 000 × 8%). Setzt A dagegen die Bauspartilgung fort und legt den Gesamtbetrag von DM 50 000 an, erzielt er insgesamt einen jährlichen Zinsgewinn von DM 4000 (DM 50 000 × 8%), auch für den Teilbetrag von DM 20 000 erzielt er 8% Guthabenzinsen. Dem stehen lediglich 4% Darlehenszinsen aus dem Bauspardarlehensrest von DM 20 000, Darlehenszinsen in Höhe von insgesamt DM 800, entgegen, so daß A hier in Höhe des jeweiligen Bauspardarlehensrestes einen jeweiligen Zinsgewinn von 4% (Kapital-Guthabenzins 8% ./. Darlehenszinsen 4%) macht. Allein mit diesem Zinsgewinn kann er, ohne den Hauptsachebetrag von DM 50 000 anzugreifen, zumindest teilweise den Bausparvertrag weiter tilgen. Hinzu kommt, daß A bei den Einkünften aus Kapitalvermögen nicht DM 4000 anzusetzen hat, sondern lediglich DM 3200. Denn nur durch weitere Fortsetzung der Tilgung des Bauspardarlehens trotz Veräußerung der Eigentumswohnung ist A in der Lage gewesen, insgesamt DM 50 000 anzulegen. Demgemäß können hier die angefallenen Darlehenszinsen auf dem Bausparvertrag von DM 800 einkommensteuerrechtlich als Werbungskosten von den Kapitaleinnahmen von DM 4000 abgezogen werden.

2 Kauf einer Eigentumswohnung am auswärtigen Studienort des Kindes zur unentgeltlichen Überlassung an das Kind

Erwerben Eltern am auswärtigen Studienort ihres Kindes eine Eigentumswohnung und überlassen die Wohnung anschließend ihrem Kind zur unentgeltlichen Nutzung, können die Eltern die staatliche Eigenheimzulage für den Immobilienerwerb in Anspruch nehmen, sofern bei ihnen noch kein sogenannter »Objektverbrauch« eingetreten ist und der Gesamtbetrag ihrer Einkünfte zu Beginn der Förderung bestimmte Einkommensgrenzen nicht übersteigt.

Eine ledige Person erhält die Förderung für selbstgenutztes Wohneigentum nur einmal. Hierbei ist es gleichgültig, ob der Immobilienerwerb gemäß den früheren steuerrechtlichen Bestimmungen nach § 7b bzw. 10e EStG oder nach dem Eigenheimzulagegesetz gefördert worden ist. Zusammen veranlagte Eheleute haben Anspruch auf Förderung von zwei selbstgenutzten Objekten. Haben zusammen veranlagte Ehegatten in der Vergangenheit diese Förderung bereits voll in Anspruch genommen, besteht wegen sogenannten Objektverbrauchs kein Anspruch mehr auf eine weitere Förderung.

Für die am Studienort des Kindes erworbene Eigentumswohnung können die Eltern eine Förderung nur erhalten, wenn sie bisher noch für kein oder allenfalls für ein selbstgenutztes Objekt eine Förderung erhalten haben.

Darüber hinaus dürfen die Eltern zu Beginn der Förderung bestimmte Einkommensgrenzen nicht überschreiten. Bei Anschaffung der Eigentumswohnung ist daher von den Eltern, die zusammen veranlagt sind, darauf zu achten, daß der im Jahr der Anschaffung und Vorjahr zusammengerechnete Gesamtbetrag ihrer Einkünfte nicht mehr als derzeit DM 480 000 beträgt.

Ist dies der Fall und auch noch kein Objektverbrauch eingetreten, ist die Eigenheimzulage für den erfolgten Immobilienerwerb für maximal acht Jahre gesichert.

Wegen der Höhe der Eigenheimzulage kommt es entscheidend darauf an, ob die Eltern eine »neue« oder »alte« Wohnung erworben haben.

Zu beachten ist hierbei, daß eine Wohnung, die bis zum Ende des zweiten auf das Jahr der Fertigstellung folgenden Kalenderjahres angeschafft wird, bei der Eigenheimzulage noch als Neubau gilt.

Als Altbau gilt demgemäß bei der Eigenheimzulage eine Wohnung erst dann, wenn sie frühestens im dritten auf das Jahr der Fertigstellung folgenden Kalenderjahr angeschafft wird im Gegensatz zu dem im Falle der Vermietung zu beachtenden einkommensteuerrechtlichen Bestimmungen der § 7 IV, V EStG.

Bewohnt das Kind die von den Eltern am auswärtigen Studienort erworbene Wohnung allein, steht den Eltern neben der Eigenheimzulage gegebenenfalls auch der Ausbildungsfreibetrag für die auswärtige Unterbringung von Kindern nach § 33 a III EStG zu. Dieser beträgt bei auswärtiger Unterbringung von Kindern unter 18 Jahren jährlich DM 1800, sind sie älter als 18 Jahre DM 4200.

Klarstellend sei darauf hingewiesen, daß die Gewährung eines Ausbildungsfreibetrages nur möglich ist, wenn für das unterhaltsberechtigte Kind entweder ein Kinderfreibetrag oder Kindergeld zu gewähren ist. Hierbei wird ein Kind nur berücksichtigt, wenn es Einkünfte und Bezüge, die zur Bestreitung des Unterhalts oder der Berufsausbildung bestimmt oder geeignet sind, von nicht mehr als DM 13 020 im Kalenderjahr hat. Gemäß § 32 IV EStG wird ein Kinderfreibetrag bei einem sich in Ausbildung befindenden Kind nur bis zur Vollendung des 27. Lebensjahres gewährt. Hat ein unterhaltsberechtigtes Kind das 27. Lebensjahr bereits vollendet, wird es beim Steuerpflichtigen ausnahmsweise nur noch dann berücksichtigt, wenn es wegen körperlicher, geistiger oder seelischer Behinderung außerstande ist, sich selbst zu unterhalten.

Entschließt sich etwa ein 29jähriger Sohn oder eine 31jährige Tochter, ein Studium zu beginnen, und wird diesen Kindern von den Eltern die angeschaffte Eigentumswohnung unentgeltlich überlassen, kommt hier die Gewährung eines Ausbildungsfreibetrages wegen Überschreitung der Altersgrenze nicht in Betracht.

Nach der maßgeblichen Rechtsprechung des Bundesfinanzhofs ist ein Kind auswärtig untergebracht, wenn es »sowohl räumlich als auch hauswirtschaftlich aus dem Haushalt der Eltern ausgegliedert ist« (BFH E 151, 420, BStBl 1988 II, S. 138 mit weiteren Nachweisen), d. h.

wenn es außerhalb des elterlichen Haushalts wohnt und verpflegt wird. Eine auswärtige Unterbringung ist daher nicht nur dann gegeben, wenn das Kind, z. B. zur Untermiete, in einem fremden Haushalt lebt, sondern auch dann, wenn es einen eigenen Haushalt in einer gemietete oder in einer dem Steuerpflichtigen gehörenden Wohnung führt. Durch den erhöhten Ausbildungsfreibetrag sollen die besonderen Aufwendungen, die sich bei auswärtiger Berufsausbildung regelmäßig ergeben, berücksichtigt werden (BFH E 153, 19, NJW 1988, 1639). Hierbei unterstellt der Gesetzgeber typisierend, daß die Aufwendungen für ein in Ausbildung befindliches Kind höher sind, wenn es nicht im Haushalt des Steuerpflichtigen, sondern auswärts untergebracht ist. Wie das Kind untergebracht ist (Untermiete, Miete, eigene Wohnung), ist unerheblich. Im übrigen ist der Steuerpflichtige auch bei der auswärtigen Unterbringung des Kindes in seiner eigenen Wohnung finanziell durch die Betriebskosten der Wohnung, ggf. durch die hierbei anfallenden Finanzierungskosten und auch durch den Ausfall von anderweitig zu erzielenden Mieteinnahmen, finanziell belastet (FG Hessen, EFG 1988, 240; BFH NJW 1994, 2503).

Neben dem erhöhten Ausbildungsfreibetrag für die auswärtige Unterbringung des Kindes und der Eigenheimzulage gibt es für die Eltern keine zusätzliche Kinderzulage nach dem Eigenheimzulagengesetz. Die zusätzliche Kinderzulage ist hier ausgeschlossen, weil das studierende Kind außerhalb der elterlichen Wohnung einen eigenen Hausstand hat (BMF, Schreiben vom 10. 2. 1998, BStBl I, S 190 T284).

Der erhöhte Ausbildungsfreibetrag entfällt nur dann, wenn die Wohnung von den Eltern oder einem Elternteil mitbewohnt wird und daher als Teil des elterlichen Haushaltes anzusehen ist. Ist dies der Fall, haben die Eltern neben der Eigenheimzulage auch Anspruch auf eine Kinderzulage von jährlich DM 1500. Zu beachten ist hierbei allerdings, daß ein »Mitbewohnen« der Eltern steuerlich nur anerkannt wird, wenn beide Eltern – oder zumindest ein Elternteil – die am Studienort ihres Kindes erworbene Eigentumswohnung zu ihrem Zweitwohnsitz erklären, sich dementsprechend bei der dortigen Gemeinde anmelden und diese Wohnung eine zum Mitbewohnen durch die Eltern bzw. eines Elternteils ausreichende Größe hat. Ein bloßes kleines Einzimmerappartement reicht hierfür nicht aus und schließt daher die Gewährung einer zusätzlichen Kinderzulage aus (BFH Urteil vom 25. 1. 1995, BStBl 1995 II, S. 378).

Im nachfolgenden Beispiel sollen die in Betracht kommenden staatlichen Vergünstigungen im Falle eines Immobilienerwerbs und anschießender entgeltlicher bzw. unentgeltlicher Überlassung an ein auswärts studierendes Kind aufgezeigt werden.

Ausgangsfall:
Herr Huber ist verheiratet. Er wird mit seiner Ehefrau zusammen veranlagt. Das jährliche zu versteuernde Einkommen der Eheleute beträgt sowohl im Jahr der Anschaffung als auch im Vorjahr DM 80 000. Das Ehepaar hat eine 21jährige Tochter, die bis zum Abschluß ihres Studiums an einem auswärtigen Studienort innerhalb des Bundesgebiets noch vier Jahre studiert.

Das Ehepaar erwirbt am Studienort der Tochter eine Eigentumswohnung zum Kaufpreis von DM 250 000 (Grundstücksanteil DM 50 000; Gebäudeanteil DM 200 000). Zur Wohnungsfinanzierung nimmt es ein Darlehen von DM 250 000 auf mit einer Laufzeit von vier Jahren und einem Auszahlungskurs von 100%. Da das Ehepaar ein lastenfreies Haus hat, auf dem die für das Darlehen von DM 250 000 erforderliche Grundschuld in gleicher Höhe eingetragen werden kann – vgl. hierzu die Ausführungen im Kapitel XVI »Der geschickte Einsatz der Grundschuld« –, wird ihnen trotz 100%iger Fremdfinanzierung der günstige Festzinssatz von 6% pro Jahr eingeräumt.

Die Eheleute haben bisher noch keine staatliche Eigenheimförderung erhalten. Der ortsübliche monatliche Bruttomietzins für die am Studienort der Tochter erworbene Eigentumswohnung beträgt DM 800.

Variante A:
Erwerb einer Neubauwohnung mit anschließender unentgeltlicher Überlassung

Gekauft wird zu Beginn des Jahres 1999 eine im Jahre 1998 fertiggestellte Eigentumswohnung, die der Tochter sofort unentgeltlich überlassen wird.

Da die Eltern die Eigentumswohnung im ersten Jahr nach Fertigstellung erworben haben, erhalten sie vom Finanzamt am 15.3. eines jeden Jahres der unentgeltlichen Überlassung eine jährliche Eigenheimzulage von DM 5000 (5% x DM 100 000). Die Eltern liegen mit ihrem Einkommen unter der Einkommensgrenze von DM 480 000. Der Gesamtbetrag ihrer Einkünfte (Jahr des Erwerbs + Vorjahr) beläuft sich auf DM 160 000. Auch Objektverbrauch ist nicht eingetreten.

Für das Ehepaar Huber ergibt sich für die Jahre 1999 bis 2003 folgender monatlicher Aufwand:

Monatlicher Darlehenszins	
(DM 250 000 x 6% : 12)	– DM 1250
Monatliche staatliche Eigenheimzulage	
(DM 5000 : 12)	+ DM 417
Verbleibender monatlicher Aufwand	– DM 833

Trotz fehlenden Eigenkapitals liegt der monatliche Aufwand nur um DM 33 über der ortsüblichen Miete von DM 800.

Variante B:
Erwerb einer Altbauwohnung mit unentgeltlicher Überlassung

Die Variante A gilt fort mit der Abweichung, daß die Eltern eine Eigentumswohnung erwerben, die bereits drei Jahre fertiggestellt ist.

Die Eltern erhalten hier nur die reduzierte Eigenheimzulage von jährlich DM 2500 vom Finanzamt ausgezahlt.

Für die Jahre 1999 bis 2003 ergibt sich hier folgender monatlicher Aufwand:

Monatlicher Darlehenszins	– DM 1250
Monatliche Eigenheimzulage	+ DM 208
Verbleibender monatlicher Aufwand	– DM 1042

Variante C:
Erwerb einer Neubauwohnung mit anschließender Vermietung

Variante A gilt fort mit der Abweichung, daß die Eheleute noch im Jahr der Fertigstellung die Eigentumswohnung erwerben und sofort an ihre Tochter zum monatlichen Mietzins von DM 500 vermieten. Der vereinbarte Mietzins unterschreitet die Hälfte des ortsüblichen Mietzinses von DM 800 nicht. Die hier anfallenden Werbungskosten können daher in voller Höhe steuermindernd geltend gemacht werden.

Die degressive AfA, die von den Eheleuten gewählt wird, beträgt im ersten bis vierten Jahr jeweils 5% des Gebäudeanteils von DM 200 000.

Für die Jahre 1999 bis 2003 ergeben sich hier folgende Steuerersparnisse aus Vermietung und Verpachtung:

I. jährliche Mieteinnahmen	+ DM 6000
II. Werbungskosten	
1. Schuldzinsen	– DM 15000
2. degressive AfA	– DM 10000
Gesamtbetrag der Werbungskosten	– DM 25000

III. Einkünfte aus Vermietung und Verpachtung	
1. Einnahmen	+ DM 6000
2. Gesamtbetrag der Werbungskosten	– DM 25000
negative Einkünfte aus Vermietung und Verpachtung	– DM 19000

Familie Huber hat bisher für das zu versteuernde Einkommen von DM 80 000 an Einkommensteuer jährlich DM 15 344 zahlen müssen.

Durch die Vermietung sinkt das zu versteuernde Einkommen auf DM 61 000. Die tarifliche Steuer beläuft sich auf nur noch DM 9568. Die Vermietung hat zu einer jährlichen Steuerersparnis von DM 5776, zu einer monatlichen Steuerersparnis von DM 481 geführt.

Die monatliche Aufwandsberechnung ergibt hier folgendes Bild:

Bankzinsen	– DM 1250
Mieteinnahme	+ DM 500
Steuerersparnis	+ DM 481
Verbleibender monatlicher Aufwand	– DM 269

Variante D:
Erwerb einer Altbauwohnung mit anschließender Vermietung

Variante C gilt fort mit der Abweichung, daß die Eigentumswohnung nicht sofort im Jahr der Herstellung angeschafft worden ist, sondern erst später.

Den Eheleuten steht hier nur die lineare AfA von 2% des Gebäudeanteils von DM 200 000 als Absetzungsbetrag nach § 7 IV EStG zu.

Für die Jahre 1999 bis 2003 errechnen sich hier folgende Steuerersparnisse aus Vermietung und Verpachtung:

I. Mieteinnahmen	+ DM 6 000
II. Werbungskosten	
1. Schuldzinsen	– DM 15 000
2. lineare AfA	– DM 4000
Gesamtbetrag der Werbungskosten	– DM 19 000

III. Einkünfte aus Vermietung und Verpachtung	
1. Einnahmen	+ DM 6 000
2. Gesamtbetrag der Werbungskosten	– DM 19 000
negative Einkünfte aus Vermietung und Verpachtung	– DM 13 000

Das zu versteuernde Einkommen von ursprünglich DM 80 000 sinkt hier um DM 13 000 auf DM 67 000, die ursprüngliche Steuerschuld von DM 15 344 ermäßigt sich auf DM 11 366. Die jährliche Steuerersparnis beläuft sich auf DM 3978, die monatliche Ersparnis auf DM 332.

Die monatliche Aufwandsberechnung für die Jahre 1999 bis 2003 ergibt hier folgendes Bild:

Bankzinsen	– DM 1250
Mieteinnahme	+ DM 500
Steuerersparnis	+ DM 332
Verbleibender monatlicher Aufwand	– DM 418

Variante E:

Erwerb einer Altbauwohnung mit nachträglicher Modernisierung eines Baudenkmals bzw. eines in einem Sanierungsgebiet/städtebaulichen Entwicklungsgebiet gelegenen Gebäudes mit anschließender Vermietung

Variante D gilt fort mit der Abweichung, daß der Gebäudeanteil von DM 200 000 sich wie folgt zusammensetzt:

DM 20 000 vorhandene Altbausubstanz,
DM 180 000 Herstellungskosten für Modernisierung.

Hier kann die Altbausubstanz von DM 20 000 jährlich linear mit 2% abgesetzt werden. Die Herstellungskosten für Modernisierung von DM 180 000 können hier im Jahr der Herstellung und in den folgenden zehn Jahren jeweils mit 1/10 der angefallenen Kosten steuermindernd geltend gemacht werden (§ 7 h, 7 i EStG).

Für die Jahre 1999 bis 2003 errechnen sich hier folgende Steuerersparnisse aus Vermietung und Verpachtung:

I. Mieteinnahmen	+ DM 6 000
II. Werbungskosten	
1. Schuldzinsen	– DM 15 000
2. lineare AfA	– DM 400
3. Sonder-AfA (1/10 der Modernisierungskosten)	– DM 18 000
Gesamtbetrag der Werbungskosten	– DM 33 400

III. Einkünfte aus Vermietung und Verpachtung	
1. Einnahmen	+ DM 6 000
2. Gesamtbetrag der Werbungskosten	– DM 33 400
negative Einkünfte aus Vermietung und Verpachtung	– DM 27 400

Das ursprünglich zu versteuernde Einkommen von DM 80 000 sinkt in diesem Fall um DM 27 400 auf DM 52 600. Die ursprüngliche Steuerschuld von jährlich DM 15 344 ermäßigt sich auf DM 7156. Die erzielte Steuerersparnis beläuft sich auf jährlich DM 8188, auf monatlich DM 682.

Die monatliche Aufwandsberechnung für die Jahre 1999 bis 2003 ergibt hier folgendes Bild:

Bankzinsen	– DM 1250
Mieteinahme	+ DM 500
Steuerersparnis	+ DM 682
Verbleibender monatlicher Aufwand	– DM 68

Zusammengefaßt stellt sich das Beispiel folgendermaßen dar:
Im Falle von Vermietung und Erwerb eines denkmalgeschützten Gebäudes – Variante E – beträgt der verbleibende monatliche Aufwand für die Eltern lediglich DM 68. Dieser monatliche Aufwand erhöht sich bei Erwerb einer vermieteten Neubauwohnung auf DM 269 und steigt bei Erwerb einer vermieteten Altbauwohnung an auf DM 418.

Im Falle der unentgeltlichen Überlassung einer erworbenen Neubauwohnung verbleibt ein monatlicher Aufwand von DM 833, der bei Erwerb einer Altbauwohnung auf DM 1042 ansteigt. Hierbei ist allerdings zu berücksichtigen, daß im Beispielfall von den Eltern keinerlei Eigenkapital eingesetzt worden ist, obgleich hier in den Fällen der unentgeltlichen Überlassung die anfallenden hohen Schuldzinsen nicht steuermindernd abgesetzt werden können.

Eine globale Aussage darüber, ob eine Vermietung oder unentgeltliche Überlassung an auswärts studierende Kinder für die Eltern im Falle des Immobilienerwerbs am Studienort des Kindes günstiger ist, läßt sich nicht treffen. Diese Frage kann man nur zuverlässig beantworten, wenn in der jeweiligen konkreten Situation die maßgeblichen persönlichen und wirtschaftlichen Daten zutreffend ermittelt werden.

Hierbei ist die Klärung folgender Fragen von erheblicher Bedeutung:

1. Ist das Kind zu eigenständigen Mietzahlungen überhaupt imstande?
2. Welche staatlichen Vergünstigungen kommen bei dem geplanten Immobilienerwerb mit anschließender Vermietung oder unentgeltlicher Überlassung in Betracht?
3. Wird für die Finanzierung hohes Fremdkapital mit entsprechend hohen Schuldzinsen oder wird hohes Eigenkapital mit daraus resultierender geringer Zinsbelastung eingesetzt?
4. Stehen beim Erwerb einer gebrauchten Immobilie hohe Reparaturaufwendungen an?

XVIII CHECKLISTE WICHTIGER STEUERRECHTLICHER VERGÜNSTIGUNGEN

In der nachfolgenden Checkliste werden wichtige steuerrechtliche Vergünstigungen beim Kauf einer Immobilie im Überblick dargestellt. Anwendungsbereich und Umfang der jeweiligen steuerrechtlichen Vergünstigungsnorm werden in Stichpunkten erläutert.

Benutzen Sie zu Ihrem eigenen Vorteil diese sorgfältig zusammengestellte Checkliste als Einstieg und zum Zweck der Schnellübersicht bei Prüfung der Frage, welche steuerrechtliche Vergünstigung in Ihrer Situation in Betracht kommt.

1 Bausparprämie

- prämienbegünstigte Einzahlung max. DM 1000 (Ledige)/2000 DM (zusammen veranlagte Ehepaare)
- Prämienhöhe: 10% der erfolgten Einzahlung; gewährte Prämie maximal DM 100 (Ledige)/DM 200 (Verheiratete)
- einkommensabhängige Prämiengewährung; maximal zu versteuerndes Einkommen bei Ledigen DM 50000, bei zusammenveranlagten Ehepaaren DM 100000 im Jahr der Einzahlung
- Einreichung des Prämienantrags bei der Bausparkasse; Prämiengewährung durch das Finanzamt
- begünstigter Personenkreis: jedermann, keine Eingrenzung
- keine Zinsabschlagsteuer für Zinsen auf Prämienbausparvertrag

2 Vermögensbildung – Arbeitnehmer-Sparzulage

- begünstigter Personenkreis: nur im Erwerbsleben stehende Arbeitnehmer (nicht Pensionäre, Rentner, Gewerbetreibende, Freiberufler)
- Förderhöchstbetrag: DM 936 jährlich, DM 78 monatlich

- Zahlung erfolgt unmittelbar durch Arbeitgeber, der Teil des Lohnes an das vom Arbeitnehmer gewählte Institut überweist
- Höhe der Arbeitnehmersparzulage ab 1994 einheitlich 10%
- bei Einzahlung auf Bausparvertrag maximal jährliche Vermögensbildung DM 936; Arbeitnehmer-Sparzulage 10%; beträgt maximal DM 93,60 (= 10% aus DM 936)
- für Gewährung der Sparzulage Antragstellung beim Finanzamt im Rahmen der Steuererklärung, spätestens im 2. Jahr nach erfolgter Vermögensbildung erforderlich (für Vermögensanlage 1999 Antrag spätestens 2001)
- einkommensabhängige Sparzulage; maximal zu versteuerndes Einkommen bei Ledigen DM 35 000, bei zusammen veranlagten Ehepaaren DM 70 000 im Anlagejahr

3 Sonderausgabenabzug – beschränkt abzugsfähige Vorsorgeaufwendungen

- Vorwegabzug (gilt nur für Versicherung) DM 6000 (Ledige)/ DM 12 000 (Verheiratete) jeweils gekürzt um 16% des Arbeitnehmerlohnes (keine Kürzung daher bei sonstigen Personen) zuzüglich
- Grundhöchstbetrag (gemeinsamer Abzug für Versicherungen) DM 2610 (Ledige)/DM 5220 (Verheiratete) zuzüglich
- halber Grundhöchstbetrag (Versicherung): DM 1305 (Ledige)/ DM 2610 (Verheiratete)

4 Eigenheimzulage

Art der Förderung: staatliche Zulage; jährliche Auszahlung der Zulage durch Finanzamt jeweils am 15. 3. eines Jahres; Antragstellung erforderlich

Begünstigte Objekte: Eigentumswohnung, Eigenheim, nachträglicher Ausbau und nachträgliche Erweiterung des eigenen Objekts

Nutzungsvoraussetzung: eigene Nutzung oder unentgeltliche Wohnnutzung durch Angehörige im Sinne von § 15 Abgabenordnung

Bemessungsgrundlage: bei Anschaffung voller Kaufpreis, bei eigener Herstellung des Gebäudes gesamte Herstellungskosten einschließlich Grund und Boden; bei Erwerb des Objekts auf Erbbaurechtbasis nur die auf das Gebäude selbst entfallenen Kosten

Fördergrundbetrag: bei Neubauten (= Erwerb im Jahr der Fertigstellung, spätestens aber im zweiten Jahr nach Fertigstellung):
8 Jahre je 5% der Bemessungsgrundlage, maximal jährlich DM 5000;
Ökozulage (nur bei Neubauten):
bis DM 500 bei Einbau einer Solar-, Wärmepumpen- oder Wärmerückgewinnungsanlage; Wohnung muß vor dem 1. 1. 2001 bezugsfertig hergestellt und die besonderen Anlagen müssen bis dahin eingebaut sein;
Besondere Zulage für Niedrigenergiehäuser (nur bei Neubauten):
DM 400 jährlich;

bei Altbauten (= Erwerb frühestens im dritten Jahr ab Fertigstellung) und bei Ausbauten und Erweiterungen:
8 Jahre je 2,5% der Bemessungsgrundlage, maximal jährlich DM 2500

Kinderzulage: jährlich DM 1500

Beginn der Förderung: Jahr der Fertigstellung oder Anschaffung und der begünstigten Nutzung im gleichen Jahr

Einkommensvoraussetzung: zulässiger Gesamtbetrag der Einkünfte im Erstjahr der Förderung und Vorjahr bei Ledigen DM 240 000 (ab 2000 nur noch DM 160 000),
bei Verheirateten DM 480 000 (ab 2000 nur noch DM 320 000)

Umfang der Objektförderung: Lediger ein Objekt, Verheiratete zwei Objekte; bisherige nach § 7 b und 10 e EStG geförderte Objekte zählen mit

5 Investitionszulage bei eigengenutzten Immobilien

Begünstigte Objekte: vor dem 1. 1. 1991 in den neuen Bundesländern einschließlich Berlin-Ost fertiggestellte Gebäude bzw. Wohnungen

Nutzungsvoraussetzung: eigene Nutzung oder unentgeltliche Überlassung an Angehörige (§ 15 AO)

begünstigte Aufwendungen: Erhaltungsaufwendungen und nachträgliche Herstellungskosten

Bemessungsgrundlage: die im Zeitraum 1.1.1999 bis 31.12.2004 bezahlten begünstigten Aufwendungen abzüglich DM 5000

Vergünstigung: einmalige Zulage von 15% der maßgeblichen Bemessungsgrundlage, maximal DM 40 000

6 Eigenheimförderung im Rahmen des sozialen Wohnungsbaus

- rechtzeitige Antragstellung erforderlich, gegebenenfalls Antrag auf Vorabbewilligung des Immobilienerwerbs
- Nichtüberschreitung bestimmter Einkommensgrenzen und Nichtüberschreitung von zulässiger Wohnfläche erforderlich
- Gewährung eines äußerst zinsgünstigen Darlehens (in der Regel in den Anfangsjahren Absenkung des Zinses bis auf 0 mit 1% Tilgung)
- Vorteil: gleichbleibende geringe monatliche Belastung in den »Startjahren« nach Erwerb
- Förderung durch Länder, maßgeblich die Förderrichtlinien des jeweiligen Bundeslandes
- Ansprechpartner: Landratsamt oder kreisfreie Stadt des zu fördernden Objekts

7 Eigengenutzte Baudenkmäler und eigengenutzte Gebäude in Sanierungsgebieten (§ 10 f EStG)

begünstigte Objekte: Baudenkmäler und Gebäude in Sanierungsgebieten mit entsprechender Bescheinigung des Sonderstatus des Gebäudes

begünstigte Maßnahmen: Herstellungskosten, Anschaffungskosten nach Erwerb und Erhaltungsaufwendungen

Art der Vergünstigung: nach Abschluß und Zahlung der begünstigten Maßnahmen können diese in voller Höhe im Rahmen des Einkommensteuerrechts zehn Jahre lang als Sonderausgabenabzug geltend gemacht werden (§ 10 f EStG);
jährliche Höhe des Sonderausgabenabzuges: maximal 10% der begünstigten Maßnahme

8 Erwerb einer gebrauchten Immobilie zwecks Vermietung – »Altbau« – § 7 Abs. 4 EStG

Voraussetzung: Immobilienerwerb noch im Jahr der Fertigstellung als Zweiterwerber oder Beginn der Nutzung (= Übergang von Besitz, Nutzen und Lasten) erst im Folgejahr der Fertigstellung

Bemessungsgrundlage: reiner Gebäudewert ohne Grund und Boden (ohne höhenmäßige Begrenzung)

Abschreibungssatz: gleichmäßig linear 2% der obigen Bemessungsgrundlage verteilt auf 50 Jahre

Erhaltungsaufwendungen: bei im 1. bis 3. Jahr nach Erwerb durchgeführten Maßnahmen 15-%-Grenze beachten; bei Beachtung Aufwendung im Jahr der Zahlung und nur dort in voller Höhe absetzbar. Sonstige Maßnahmen ab dem 4. Jahr nach Erwerb unbegrenzt absetzbar im Jahr der jeweiligen Zahlung

sonstige Werbungskosten: unbeschränkter Abzug aller angefallenen Kosten, die in zeitlichem und wirtschaftlichem Zusammenhang mit dem Immobilienerwerb angefallen sind, insbesondere Schuldzinsen, Damnum, Abschlußgebühr für Bausparvertrag, Bereitstellungszinsen, Geldbeschaffungskosten (Schätz- und Wertermittlungsgebühren), Kosten der Hypotheken- bzw. Grundschuldbestellung bei Notar und Grundbuchamt, Darlehensgebühr für zugeteilten Bausparvertrag, laufende Kosten für die Erhaltung und Sicherung des Objekts, Kosten der Mietersuche und der Objektbetreuung

9 Erwerb einer Neubauimmobilie zwecks Vermietung – »Neubau« – § 7 Abs. 5 EStG

Voraussetzung: Immobilienerwerb spätestens im Jahr der Fertigstellung (= Übergang von Besitz, Nutzen und Lasten) und Ersterwerb vom Bauträger

Bemessungsgrundlage: nur Gebäudewert (wie bei Altbau)

Abschreibungssätze: degressiv gestaffelt
1.–8. Jahr je 5% der Bemessungsgrundlage
9.–14. Jahr je 2,5% der Bemessungsgrundlage
15.–60. Jahr je 1,25% der Bemessungsgrundlage

Erhaltungsaufwand: nachträglicher Erhaltungsaufwand unbeschränkt im Jahr der Zahlung in voller Höhe absetzbar

sonstige Werbungskosten: gleiche Regelung wie bei Altbau – siehe vorstehende Ziffer 8

10 Immobilienerwerb von Gebäuden in Sanierungsgebieten bzw. von Baudenkmälern im Inland zur Erzielung von Einkünften – § 7 h, 7 i EStG

begünstigte Objekte: Baudenkmäler und Gebäude in Sanierungsgebieten mit entsprechender Bescheinigung des Sonderstatus des Gebäudes mit Einkunftserzielungsabsicht des Bauherrn oder Erwerbers (z.B. Einkünfte aus Gewerbebetrieb oder aus Vermietung oder Verpachtung) begünstigte Maßnahmen: Herstellungskosten des Bauherrn und Anschaffungskosten des Erwerbers nach Kaufvertragsabschluß ohne höhenmäßige Beschränkung

Art der Vergünstigung: 10jährige Abschreibung von jährlich jeweils 10% nach Zahlung der begünstigten Maßnahmen

Erhaltungsaufwendungen: unbegrenzt absetzbar; nach Wahl des Steuerpflichtigen gleichmäßige Verteilung des Erhaltungsaufwands auf 2–5 Jahre möglich – § 11 a EStG

11 Investitionszulage für vermietete, private neue Wohngebäude in den neuen Bundesländern

begünstigte Objekte: Neubauten in bestimmten innerörtlichen Bereichen in den neuen Bundesländern innerhalb des Investitionszeitraumes 1.1.1999 – 31.12.2001 mit entsprechender Bescheinigung der Gemeinde der Erfüllung der bauplanungsrechtlichen Voraussetzungen des § 3 Abs. 1 Nr. 4 b InvZulG

begünstigte Maßnahmen: Herstellungs- bzw. Anschaffungskosten abzüglich jeweils DM 5000 des neu errichteten Gebäudes, das für mindestens 5 Jahre fremdvermietet wird

Art der Vergünstigung: einmalige Zulage in Höhe von 10% der begünstigten Maßnahme, höchstens DM 4000 pro m^2 Wohnfläche

12 Investitionszulage für vermietete, private bestehende Wohngebäude in den neuen Bundesländern

begünstigte Objekte: bestehende, vor dem 1.1.1991 fertiggestellte Altbauten, bei denen Erhaltungsarbeiten und nachträgliche Herstellungsarbeiten im Investitionszeitraum 1.1.1999 – 31.12.2004 durchgeführt werden

begünstigte Maßnahmen: gezahlte Erhaltungsaufwendungen und nachträgliche Herstellungskosten, abzüglich jeweils DM 5000 einer an dem bestehenden Gebäude durchgeführten Maßnahme bei Vermietung zu fremden Wohnzwecken für mindestens 5 Jahre

Art der Vergünstigung: einmalige Zulage in Höhe von 15% der begünstigten Maßnahme, höchstens DM 1200 pro m^2 Wohnfläche

13 Der Verkauf bzw. Weiterverkauf der bisher ganz oder teilweise eigengenutzten Immobilie – § 23 EStG

Die Besteuerung des Gewinns aus der Weiterveräußerung der Immobilie entfällt völlig, ohne zeitliche Einschränkung, wenn entweder die Immobilie in dem Zeitraum zwischen Anschaffung/Fertigstellung und Veräußerung ausschließlich zu eigenen Wohnzwecken genutzt wurde oder die verkaufte Immobilie zumindest im Jahr der Veräußerung und in den beiden vorangegangenen Jahren zu eigenen Wohnzwecken genutzt wurde.

14 Der Verkauf einer bisher privat vermieteten Immobilie – § 23 EStG

Gewinne aus dem Verkauf einer bisher vermieteten Immobilie sind nur steuerfrei, wenn der Zeitraum zwischen Anschaffung und Veräußerung mehr als zehn Jahre beträgt.

Wird die Immobilie innerhalb dieses Zeitraumes veräußert, ist der erzielte Gewinn im vollen Umfang zu versteuern. Der Gewinn ist der Unterschied zwischen Verkaufspreis und den früheren Anschaffungs- oder Herstellungskosten und den Werbungskosten andererseits.

Ganz wichtig: Die Anschaffungs- oder Herstellungskosten mindern sich um die bisher vom Veräußerer einkommensteuerrechtlich geltend gemachten normalen und erhöhten Abschreibungen für die Abnutzung des Gebäudes und um die bisher geltend gemachten Sonderabschreibungen.

15 Das häusliche Arbeitszimmer und seine steuerliche Berücksichtigung

steuerrechtliche Anerkennung: Arbeitszimmer bildet Mittelpunkt der gesamten betrieblichen und beruflichen Betätigung; uneingeschränkte steuerliche Anerkennung
Folge: unbeschränkter steuerlicher Abzug der diesbezüglichen Kosten

Die betriebliche oder berufliche Nutzung des Arbeitszimmers beträgt mehr als 50% der betrieblichen und beruflichen Tätigkeit, oder für die betriebliche oder berufliche Tätigkeit steht kein anderer Arbeitsplatz zur Verfügung; eingeschränkte steuerliche Anerkennung
Folge: Kosten des häuslichen Arbeitszimmers nur bis DM 2400 jährlich absetzbar

Sonstige Nutzung des Arbeitszimmers:
Keine steuerliche Anerkennung (§ 4 Abs. 5 und § 9 Abs. 5 EStG)
Folge: völlige Nichtabsetzbarkeit der Kosten des häuslichen Arbeitszimmers

anteilige Absetzung AfA: Bei steuerrechtlicher Anerkennung des Arbeitszimmers ist die anteilige AfA entweder eine Betriebsausgabe oder den Werbungskosten zuzurechnen.
Bemessungsgrundlage ist nur der anteilige Gebäudewert.
Der Quotenanteil des Arbeitszimmers errechnet sich hierbei nach folgender Formel:

$$\frac{\text{Fläche des Arbeitszimmers}}{\text{Gesamte Wohnfläche (einschließlich Arbeitszimmer)}}$$

Abschreibungssatz:
ausschließlich lineare AfA von 2%, gleichgültig ob Alt- oder Neubau

XIX EXKURS: WICHTIGE BEGRIFFE DES IMMOBILIENERWERBS

In diesem Exkurs werden wichtige, zentrale Begriffe, die im Rahmen eines Immobilienerwerbs und einer Immobilienfinanzierung immer wiederkehren, kurz erläutert. Ratsam und empfehlenswert ist es, bei einer vertieften Lektüre dieses Buches auf die begrifflichen Erläuterungen in diesem Kapitel unterstützend zurückzugreifen.

1 Anschaffungskosten

Kaufpreis + Anschaffungsnebenkosten (Grunderwerbsteuer, Notarkosten für Kaufvertrag, Auflassungsvormerkung, Auflassung, Eintragungsgebühren hierfür beim Grundbuchamt, Maklerprovision für Kaufvertrag)
= gesamte Anschaffungskosten

2 Grundstücks- und Gebäudewertanteil an gesamten Anschaffungskosten

- grundsätzlich wertmäßige Angabe im Kaufvertrag bindend. Grenze: Gestaltungsmißbrauch
- bei Fehlen derartiger Wertangaben Faustregel: Aufspaltung 25% Grundstücksanteil, 75% Gebäudewertanteil der gesamten Anschaffungskosten
- Sonderwünsche während der Bauausführung eindeutig dem Gebäudewertanteil zuordenbar; daher ausschließlich dem ermittelten Gebäudewertanteil werterhöhend hinzuzurechnen

3 Neubau/Altbau

Seit 1994 ist hier strikt zu unterscheiden zwischen einem Immobilienerwerb zwecks späterer Selbstnutzung aufgrund eines vor dem 1.1.1994 oder danach abgeschlossenen notariellen Kaufvertrags und einem Immobilienerwerb zwecks späterer Vermietung.

3.1 Immobilienerwerb zur Selbstnutzung aufgrund notariellen Kaufvertrags vor dem 1. 1. 1994

a) Als Neubau gilt hier:
Erwerb spätestens im Jahr der Fertigstellung und Ersterwerb vom Bauträger (kein Zweiterwerb)

b) Als Altbau gilt hier:
Erwerb im Jahr der Fertigstellung aus zweiter Hand oder frühestens im ersten Jahr nach der Fertigstellung

3.2 Immobilienerwerb zur Selbstnutzung aufgrund notariellen Kaufvertrags ab 1. 1. 1994

a) Als Neubau gilt hier:
Erwerb spätestens bis zum Ende des zweiten Kalenderjahres nach erfolgter Fertigstellung

b) Als Altbau gilt hier:
Jeder Erwerb ab dem Ende des zweiten Kalenderjahres nach erfolgter Fertigstellung der Immobilie

3.3 Immobilienerwerb zur Vermietung

a) Als Neubau gilt hier:
Erwerb spätestens im Jahr der Fertigstellung und Ersterwerb vom Bauträger (kein Zweiterwerb)

b) Als Altbau gilt hier:
Erwerb im Jahr der Fertigstellung aus zweiter Hand
oder
frühestens im ersten Jahr nach der Fertigstellung.

ANHANG I

Einkommensteuerrechtliche Grund- und Splittingtariftabelle 1999 mit Solidaritätszuschlag

1 Steuerbelastung Grundtabelle 1999

Zum einfachen Ablesen der Belastung mit Einkommensteuer und Solidaritätszuschlag

Grundtabelle ohne Kirchensteuer mit Solidaritätszuschlag von 5,5%									
zu versteuerndes Einkommen DM	Einkommensteuer DM	Solidaritätszuschlag[1] DM	Durchschnittsbelastg.[2] in %	Erhöhung um DM[2] 2000 | 5000 | 10 000 Belastung Erhöhungsbetrag in %			Verminderung um DM[2] 2000 | 5000 | 10 000 Entlastung Minderungsbetrag in %		
				2000	5000	10 000	2000	5000	10 000
Spalte 1	Spalte 2	Spalte 3	Spalte 4	Spalte 5	Spalte 6	Spalte 7	Spalte 8	Spalte 9	Spalte 10
10 000	0	0	0	0	9,50	18,10	0	0	0
12 000	0	0	0	11,75	19,92	24,67	0	0	0
14 000	235	0	1,67	25,25	25,96	28,46	11,75	4,70	2,35
16 000	740	0	4,62	26,55	27,75	29,37	25,25	14,80	7,40
18 000	1 271	0	7,06	27,05	30,12	30,11	26,55	25,42	12,71
20 000	1 812	0	9,06	32,76	31,16	30,84	27,05	26,70	18,12
25 000	3 194	176	13,48	30,85	30,52	31,07	29,65	31,16	28,93
30 000	4 641	255	16,32	31,15	31,62	31,98	30,70	30,52	30,84
35 000	6 139	338	18,50	32,20	32,34	33,05	31,75	31,62	31,07
40 000	7 672	422	20,23	33,25	33,76	34,11	32,85	32,34	31,98
45 000	9 272	510	21,73	34,30	34,46	35,17	33,90	33,76	33,05
50 000	10 905	600	23,01	35,40	35,88	36,44	35,00	34,46	34,11
55 000	12 606	693	24,18	36,50	37,00	37,32	36,00	35,88	35,17
60 000	14 359	790	25,24	37,55	37,64	38,45	37,10	37,00	36,44
65 000	16 143	888	26,20	38,60	39,26	39,85	38,15	37,64	37,32
70 000	18 004	990	27,13	40,20	40,44	41,45	39,50	39,26	38,45
75 000	19 920	1 096	28,02	41,75	42,46	43,27	41,15	40,44	39,85
80 000	21 933	1 206	28,92	43,40	44,08	44,64	42,70	42,46	41,45
85 000	24 022	1 321	29,81	45,00	45,20	46,25	44,30	44,08	43,27
90 000	26 164	1 439	30,67	46,60	47,30	47,84	45,90	45,20	44,64
95 000	28 406	1 562	31,54	48,20	48,38	49,46	47,50	47,30	46,25
100 000	30 699	1 688	32,38	49,80	50,54	51,33	49,10	48,38	47,84
105 000	33 094	1 820	33,25	51,35	52,12	52,65	50,75	50,54	49,46
110 000	35 564	1 956	34,10	53,00	53,18	54,26	52,35	52,12	51,33
115 000	38 084	2 095	34,93	54,60	55,34	55,45	53,95	53,18	52,65
120 000	40 707	2 239	35,78	55,85	55,56	55,86	55,50	55,34	54,26
130 000	46 002	2 530	37,33	55,85	56,18	55,86	55,85	56,16	55,86
140 000	51 297	2 821	38,65	55,85	56,16	55,86	55,85	55,54	55,86
150 000	56 591	3 113	39,80	55,85	56,16	55,86	55,90	55,56	55,86
160 000	61 886	3 404	40,80	57,40	56,16	56,15	55,90	55,56	55,86
170 000	67 209	3 696	41,70	55,90	55,56	55,87	55,85	56,14	56,15
180 000	72 504	3 988	42,49	55,85	56,56	55,86	55,90	56,18	55,87
190 000	77 799	4 279	43,19	55,85	56,14	55,85	55,85	56,16	55,86
200 000	83 093	4 570	43,83	55,85	56,18	55,86	55,85	55,56	55,85
210 000	88 388	4 861	44,40	55,90	56,18	56,16	55,85	55,54	55,86
220 000	93 711	5 154	44,93	55,85	55,56	55,86	55,85	56,14	56,16
230 000	90 006	5 445	45,41	55,90	55,56	55,87	55,85	56,16	55,86
240 000	104 301	5 737	45,84	55,85	56,14	55,85	55,90	56,18	55,87

2 Steuerbelastung Splittingtabelle 1999

Zum einfachen Ablesen der Belastung mit Einkommensteuer und Solidaritätszuschlag

Splittingtabelle ohne Kirchensteuer mit Solidaritätszuschlag von 5,5%

zu versteuerndes Einkommen DM	Einkommensteuer DM	Solidaritätszuschlag[1] DM	Durchschnittsbelastg.[2] in %	Erhöhung um DM[2] 2000 – Belastung Erhöhungsbetrag in %	Erhöhung um DM[2] 5000	Erhöhung um DM[2] 10 000	Verminderung um DM[2] 2000 – Entlastung Minderungsbetrag in %	Verminderung um DM[2] 5000	Verminderung um DM[2] 10 000
Spalte 1	Spalte 2	Spalte 3	Spalte 4	Spalte 5	Spalte 6	Spalte 7	Spalte 8	Spalte 9	Spalte 10
10 000	0	0	0	0	0	0	0	0	0
12 000	0	0	0	0	0	0	0	0	0
14 000	0	0	0	0	0	0	0	0	0
16 000	0	0	0	0	0	0	0	0	0
18 000	0	0	0	0	0	4,70	0	0	0
20 000	0	0	0	0	0	9,54	0	0	0
25 000	0	0	0	11,60	19,08	22,82	0	0	0
30 000	954	0	3,18	26,30	26,56	26,70	24,20	19,08	9,54
35 000	2 282	0	6,52	26,10	26,84	29,76	27,40	26,56	22,82
40 000	3 624	0	9,06	31,56	32,69	31,15	27,90	26,84	26,70
45 000	4 994	264,40	11,68	30,68	29,61	30,11	32,28	32,69	29,76
50 000	6 388	351	13,47	30,70	30,60	30,54	28,90	29,61	31,15
55 000	7 838	431	15,03	29,65	30,48	30,74	31,10	30,60	30,11
60 000	9 282	511	16,32	31,85	31,00	31,60	30,00	30,48	30,54
65 000	10 752	591	17,45	32,40	32,20	32,14	30,45	31,00	30,74
70 000	12 278	675	18,50	31,25	32,08	32,35	32,70	32,20	31,60
75 000	13 798	759	19,40	31,75	32,62	33,23	33,25	32,08	32,14
80 000	15 344	844	20,23	33,95	33,84	33,76	32,10	32,62	32,35
85 000	16 948	932	21,03	32,80	33,68	33,93	34,40	33,84	33,23
90 000	18 544	1 020	21,73	33,25	34,18	34,46	34,90	33,68	33,76
95 000	20 164	1 109	22,39	35,65	34,74	35,36	33,65	34,18	33,93
100 000	21 810	1 200	23,01	36,15	35,98	35,89	34,20	34,74	34,46
105 000	23 516	1 293	23,62	34,95	35,80	36,06	36,50	35,98	35,36
110 000	25 212	1 387	24,18	37,35	36,32	36,98	35,15	35,80	35,89
115 000	26 934	1 481	24,70	37,90	37,64	37,52	35,65	36,32	36,06
120 000	28 718	1 579	25,24	36,40	37,40	37,65	38,15	37,64	36,98
130 000	32 286	1 776	26,20	39,55	39,32	39,26	37,25	37,90	37,65
140 000	36 008	1 980	27,13	38,95	40,06	40,43	40,70	39,20	39,26
150 000	39 840	2 191	28,02	42,75	42,54	42,48	40,20	40,80	40,43
160 000	43 866	2 413	28,92	44,30	43,20	44,07	44,10	42,42	42,48
170 000	48 044	2 642	29,81	43,60	44,82	45,20	45,65	44,94	44,07
180 000	52 328	2 878	30,67	47,70	46,42	47,31	44,85	45,58	45,20
190 000	56 812	3 125	31,54	46,70	47,98	48,38	48,95	48,20	47,31
200 000	61 398	3 377	32,38	50,95	50,68	50,53	47,90	48,78	48,38
210 000	66 188	3 640	33,25	49,80	51,16	52,12	52,30	50,38	50,53
220 000	71 128	3 912	34,10	51,50	52,80	53,17	53,90	53,08	52,12
230 000	76 168	4 189	34,93	55,95	54,36	55,35	52,65	53,54	53,17
240 000	81 414	4 478	35,78	54,30	55,58	55,55	57,20	56,34	55,35

3 Erläuternde Anmerkungen

a Grund- und Splittingtarif

Die einkommensteuerrechtliche Grundtabelle gilt für alle nicht verheirateten Personen, für getrennt Lebende sowie für die Ehegatten, die getrennt veranlagt werden.

Die einkommensteuerrechtliche Splittingtabelle gilt für das insgesamt zu versteuernde Einkommen von zusammen veranlagten Ehegatten. Sie gilt auch für Verwitwete, jedoch nur für das auf das Todesjahr des Ehegatten folgende Kalenderjahr. Die Splittingtabelle ist auch maßgebend für solche Personen, deren Ehe im Veranlagungszeitraum durch Tod, Scheidung oder Aufhebung aufgelöst worden ist, und auch, wenn die Ehegatten in diesem Veranlagungszeitraum die dauernde Trennung herbeigeführt haben.

b Zu versteuerndes Einkommen (= Spalte 1 der Tabelle)

Das zu versteuernde Einkommen finden Sie auf der vorletzten Zeile Ihres Steuerbescheides vor den Worten: »Ihre Steuerschuld beträgt …«

Nicht zu verwechseln ist das zu versteuernde Einkommen mit den Bruttoeinkünften aus nichtselbständiger Tätigkeit oder bloßen Betriebseinnahmen oder Einkünften aus Vermietung und Verpachtung.

Zu versteuerndes Einkommen ist: Einkommen, vermindert um Kinder- und Haushaltsfreibetrag und die sonstigen vom Einkommen abzuziehenden Beträge.

Einkommen ist: Gesamtbetrag der Einkünfte, vermindert um die Sonderausgaben und außergewöhnlichen Belastungen.

Gesamtbetrag der Einkünfte ist:
bei Selbständigen und Gewerbetreibenden der Gewinn
bei den anderen Einkunftsarten der Überschuß der Einnahmen über den Werbungskosten.

c Durchschnittssteuersatz (= Spalte 4)

Der Durchschnittssteuersatz beantwortet lediglich die Frage: Wieviel hat das Finanzamt von dem zu versteuernden Einkommen einbehalten, berechnet nach der Formel:

$$\frac{\text{gesamte Steuerschuld (Spalte 2 + 3)}}{\text{zu versteuerndes Einkommen (Spalte 1)}}$$

Beispiel:
Grundtarif zu versteuerndes Einkommen DM 40 000
Steuerschuld laut Spalte 2 und 3: DM 7672 Einkommensteuer
+ DM 422 Solidaritätszuschlag = insgesamt DM 8094
Durchschnittssteuersatz (DM 8094 : DM 40 000) × 100 = 20,23%

d Grenzsteuersatz

Der Einkommensteuertarif ist progressiv, nicht linear gestaffelt. Deshalb ist der Durchschnittssteuersatz unerheblich für die entscheidende Frage:

Wieviel Steuern muß ich überschlägig mehr bezahlen bei einer Erhöhung des bisherigen zu versteuernden Einkommens um DM 2000, DM 5000 und DM 10 000.

Die Antwort hierauf finden Sie unter den Spalten 5, 6 und 7.

Wieviel Steuern Sie weniger zu bezahlen haben bei einer Verringerung des zu versteuernden Einkommens um DM 2000, DM 5000 und DM 10 000 beantworten die Spalten 8, 9 und 10.

Beispiel:
Splittingtarif bisheriges zu versteuerndes Einkommen DM 80 000, Reduzierung um DM 10 000
Steuerliche Entlastung (Spalte 10)
32,35% von DM 10 000 = DM 3235
Kontrollrechnung nach Spalte 1 und Spalten 2/3
Bisher zu versteuerndes Einkommen DM 80 000 (Spalte 1)
Bisherige Steuerschuld gesamt DM 16 188 (DM 15 344 Spalte 2
+ DM 844 Spalte 3)

Neu zu versteuerndes Einkommen von DM 70 000 (Spalte 1)
Neue Steuerschuld gesamt DM 12 953 (DM 12 278 Spalte 2 + DM 675 Spalte 3)
Gesamte Steuerersparnis: bisherige Steuerschuld gesamt DM 16 188 – neue Steuerschuld gesamt DM 12 953 = DM 3235

ANHANG II

Wohnflächenberechnung nach § 42–44 der II. Berechnungsverordnung

§ 42
Wohnfläche

(1) Die Wohnfläche einer Wohnung ist die Summe der anrechenbaren Grundflächen der Räume, die ausschließlich zu der Wohnung gehören.

(2) Die Wohnfläche eines einzelnen Wohnraumes besteht aus dessen anrechenbarer Grundfläche; hinzuzurechnen ist die anrechenbare Grundfläche der Räume, die ausschließlich zu diesem einzelnen Wohnraum gehören. Die Wohnfläche eines untervermieteten Teils einer Wohnung ist entsprechend zu berechnen.

(3) Die Wohnfläche eines Wohnheimes ist die Summe der anrechenbaren Grundflächen der Räume, die zur alleinigen und gemeinschaftlichen Benutzung durch die Bewohner bestimmt sind.

(4) Zur Wohnfläche gehört nicht die Grundfläche von

1. Zubehörräumen; als solche kommen in Betracht: Keller, Waschküchen, Abstellräume außerhalb der Wohnung, Dachböden, Trokkenräume, Schuppen (Holzlegen), Garagen und ähnliche Räume;
2. Wirtschaftsräumen; als solche kommen in Betracht: Futterküchen, Vorratsräume, Backstuben, Räucherkammern, Ställe, Scheunen, Abstellräume und ähnliche Räume;
3. Räumen, die den nach ihrer Nutzung zu stellenden Anforderungen des Bauordnungsrechtes nicht genügen;
4. Geschäftsräumen.

§ 43
Berechnung der Grundfläche

(1) Die Grundfläche eines Raumes ist nach Wahl des Bauherrn aus den Fertigmaßen oder den Rohbaumaßen zu ermitteln. Die Wahl bleibt für alle späteren Berechnungen maßgebend.

(2) Fertigmaße sind die lichten Maße zwischen den Wänden ohne Berücksichtigung von Wandgliederungen, Wandbekleidungen, Scheuerleisten, Öfen, Heizkörpern, Herden und dergleichen.

(3) Werden die Rohbaumaße zugrunde gelegt, so sind die errechneten Grundflächen um 3 vom Hundert zu kürzen.

(4) Von den errechneten Grundflächen sind abzuziehen die Grundflächen von

1. Schornsteinen und anderen Mauervorlagen, freistehenden Pfeilern und Säulen, wenn sie in der ganzen Raumhöhe durchgehen und ihre Grundfläche mehr als 0,1 Quadratmeter beträgt,
2. Treppen mit über drei Steigungen und deren Treppenabsätze.

(5) Zu den errechneten Grundflächen sind hinzuzurechnen die Grundflächen von

1. Fenster- und offenen Wandnischen, die bis zum Fußboden herunterreichen und mehr als 0,13 Meter tief sind,
2. Erkern und Wandschränken, die eine Grundfläche von mindestens 0,5 Quadratmeter haben,
3. Raumteilen unter Treppen, soweit die lichte Höhe mindestens 2 Meter ist.

Nicht hinzuzurechnen sind die Grundflächen der Türnischen.

(6) Wird die Grundfläche aufgrund der Bauzeichnung nach den Rohbaumaßen ermittelt, so bleibt die hiernach berechnete Wohnfläche maßgebend, außer wenn von der Bauzeichnung abweichend gebaut ist. Ist von der Bauzeichnung abweichend gebaut worden, so ist die Grundfläche aufgrund der berichtigten Bauzeichnung zu ermitteln.

§ 44
Anrechenbare Grundfläche

(1) Zur Ermittlung der Wohnfläche sind anzurechnen

1. voll
   die Grundflächen von Räumen und Raumteilen mit einer lichten Höhe von mindestens 2 Metern;
2. zur Hälfte
   die Grundflächen von Räumen und Raumteilen mit einer lichten Höhe von mindestens 1 Meter und weniger als 2 Metern und von Wintergärten, Schwimmbädern und ähnlichen, nach allen Seiten geschlossenen Räumen;
3. nicht
   die Grundflächen von Räumen oder Raumteilen mit einer lichten Höhe von weniger als 1 Meter.

(2) Gehören ausschließlich zu dem Wohnraum Balkone, Loggien, Dachgärten oder gedeckte Freisitze, so können deren Grundflächen zur Ermittlung der Wohnfläche bis zur Hälfte angerechnet werden.

(3) Zur Ermittlung der Wohnfläche können abgezogen werden

1. bei einem Wohngebäude mit einer Wohnung bis zu 10 vom Hundert der ermittelten Grundfläche der Wohnung (Anmerkung der Redaktion: gilt nicht für Eigentumswohnungen),
2. bei einem Wohngebäude mit zwei nicht abgeschlossenen Wohnungen bis zu 10 vom Hundert der ermittelten Grundfläche beider Wohnungen,
3. bei einem Wohngebäude mit einer abgeschlossenen und einer nicht abgeschlossenen Wohnung bis zu 10 vom Hundert der ermittelten Grundfläche der nicht abgeschlossenen Wohnung.

(4) Die Bestimmung über die Anrechnung oder den Abzug nach Absatz 2 oder 3 kann nur für das Gebäude oder die Wirtschaftseinheit einheitlich getroffen werden. Die Bestimmung bleibt für alle späteren Berechnungen maßgebend.

GOLDMANN

Das Gesamtverzeichnis aller lieferbaren Titel erhalten Sie im Buchhandel oder direkt beim Verlag

★

Taschenbuch-Bestseller zu Taschenbuchpreisen
– Monat für Monat interessante und fesselnde Titel –

★

Literatur deutschsprachiger und internationaler Autoren

★

Unterhaltung, Kriminalromane, Thriller
und Historische Romane

★

Aktuelle Sachbücher, Ratgeber, Handbücher und Nachschlagewerke

★

Bücher zu Politik, Gesellschaft, Naturwissenschaft und Umwelt

★

Das Neueste aus den Bereichen
Esoterik, Persönliches Wachstum und Ganzheitliches Heilen

★

Klassiker mit Anmerkungen, Anthologien und Lesebücher

★

Kalender und Popbiographien

★

Die ganze Welt des Taschenbuchs

★

Goldmann Verlag • Neumarkter Str. 18 • 81673 München

Bitte senden Sie mir das neue kostenlose Gesamtverzeichnis

Name: ______________________

Straße: ______________________

PLZ / Ort: ______________________